阶梯电价的中国实践：理论与实证

Increasing Block Pricing in China：Theory and Practice

张昕竹 李成仁 等 著

中国社会科学出版社

图书在版编目（CIP）数据

阶梯电价的中国实践：理论与实证/张昕竹等著．—北京：中国社会科学出版社，2016. 12
ISBN 978 - 7 - 5161 - 7835 - 5

Ⅰ．①阶…　Ⅱ．①张…　Ⅲ．①电价—用电管理—研究——中国
Ⅳ．①F426. 61

中国版本图书馆 CIP 数据核字（2016）第 057556 号

出　版　人	赵剑英
责任编辑	卢小生
责任校对	周晓东
责任印制	王　超

出　　版	中国社会科学出版社
社　　址	北京鼓楼西大街甲 158 号
邮　　编	100720
网　　址	http：//www. csspw. cn
发 行 部	010 - 84083685
门 市 部	010 - 84029450
经　　销	新华书店及其他书店

印　　刷	北京君升印刷有限公司
装　　订	廊坊市广阳区广增装订厂
版　　次	2016 年 12 月第 1 版
印　　次	2016 年 12 月第 1 次印刷

开　　本	710×1000　1/16
印　　张	24. 25
插　　页	2
字　　数	414 千字
定　　价	90. 00 元

序　言

　　2010 年 4 月,国务院常务会做出决定,为了深化能源价格改革,加强能源需求管理,将推行居民用电阶梯价格。2010 年 10 月,电价主管部门国家发改委发布了《居民阶梯定价指导意见(征求意见稿)》,推出了实施阶梯定价的两个选择方案。

　　阶梯定价方案公布后,立刻引起了公众的广泛关注,这当然与其彰显的涨价因素有关。毕竟,居民用电是一个重要的民生问题。不过,涨价仅仅是故事的一部分,在通胀来临时,涨价并不是新闻,不涨价才是新闻。除涨价之外,这次电价改革更值得关注的,也许是从线性定价到阶梯定价这种定价方式的转变。

　　实际上,在世界各国的电价实践中,阶梯定价并不是什么新鲜事物。早在 20 世纪 70 年代,为了解决电价上涨对低收入用户的冲击,美国一些地方就引入了累进的阶梯定价时代。近年来,随着全球对环境和可持续发展问题的关注,很多国家的管制机构又重新燃起对阶梯定价的热情,纷纷引入这种定价方式。

　　但是,毋庸讳言,自打阶梯定价诞生之日起,无论是为了调节收入分配,还是旨在促进资源节约,都掩盖不了与效率原则存在的明显冲突。正是阶梯定价与资源配置效率的这种内在矛盾,决定了在选择这种定价方式时必须反思其基本逻辑。

一　涨价的艺术

　　按照国家发改委的解释,在居民阶梯电价的三个档次中,第一档电量按满足居民基本用电需求确定,电价维持较低价格水平;第二档电量反映正常合理用电需求,电价逐步调整到能弥补电力企业合理成本加合理收益的水平;第三档电量体现较高生活质量用电需求。

　　两个方案的具体情况是:对于方案 1,第一档按照电量覆盖 70% 计算,每户每月用电量在 110 千瓦时以下时,维持现有电价,并且今后三年不变；第二档按照电量覆盖90%设计，每户每月用电量在110—210千瓦时时，超出基本用电量部分，每千瓦时电上涨5分钱；第三档，每户每月用电量超过210千瓦时时，超出部分每千瓦时电上涨2毛钱。

对于方案2，第一档按照电量覆盖80%计算，每户月用电量低于140千瓦时时，每千瓦时上涨1分钱；第二档按照电量覆盖95%设计，每户每月用电量在140—270千瓦时时，超出部分每千瓦时电上涨5分钱；第三档，每户每月用电量超过270千瓦时时，每千瓦时电上涨2毛钱。

通过简单比较后可以看出，在这两个阶梯定价方案中，除方案1中第一档电量的用户电价维持在现有水平不变以外，其他用户的电价都将面临上涨，这意味着此次电价调整将提高整体电价水平。

对于为什么涨价，按照国家发改委给出的解释，同时也是发电企业的普遍抱怨，是目前的居民用电价格过低，甚至使发电企业处于亏损的边缘。由于居民供电的电压低，居民供电成本本来就高，再加上近年来煤炭价格上涨很快，而煤电价格联动机制却没有建立起来，由市场决定的煤价上涨了，但电价仍被人为地限制在较低的水平，所以，需要让电价回归理性。

无论是国家发改委的解释，还是发电企业的抱怨，显然都是一种垄断叙事，很难赢得普通百姓的认可，这很容易理解，因为在现有的电力体制下，发电企业的发电成本缺乏竞争约束，上网电价也不是在竞争中形成的，所以，谈论电价低或者供电成本高都没有实质意义。

当然，引入电力市场竞争机制，并不意味着电价必然会降低，而不过是说，竞争机制会增加成本信息和价格形成的可信性，这是问题的本质所在。定价问题的背后其实是电力体制问题，也是电力市场机制问题。但现在的情况是，虽然发电生产已经市场化，但是，销售还没有市场化，电力批发市场尚未建立起来，上网电价还是由国家控制，电力销售还在国家的控制下，由电网公司在统购统销。

2002年国务院5号文件明确电力市场化改革方向以来，电力改革可以说是进展缓慢，其根本原因在于缺乏改革的动力。希克斯说过，垄断的最大好处是可以享受悠闲的生活，也就是说，凭借垄断地位赚钱太容易了。推进电力市场化改革，就意味着要触动很多人的利益，就会存在巨大的阻力。在电力市场化改革难以推进时，就会依赖现有的电价形成机制，通过涨价来解决很多矛盾。

　　但是，涨价无疑会产生巨大的张力，这一点政府部门无疑是非常清楚的。这次电价改革很有意思的一个地方是，相关部门很聪明，他们知道，简单地按照原来的定价方式涨价，老百姓的意见肯定会非常大，会影响政府的形象，所以，在涨价的同时，突出了节约资源的主题，因为富有的人一般会消耗更多的电力，因此，在定价方案中，让这些人支付更高的电价。这样，涨价就占据了道德的制高点，看起来很美。

　　实际上，这次涨价的一个主要特点是，价格调整方案隐含了一个收入再分配的思想，这样给人的感觉是，涨价本身是在追求公平正义，价值理性的言说消弭了很多人的对抗情绪。但是，很显然，阶梯定价本身并没有解决电力价格形成机制问题，本质上讲，阶梯定价无非是给出了一个美妙的涨价理由。甚至阶梯定价改革反映出当前改革出现的一些苗头，那就是泛价值论取代了工具理性。

二　收入分配叙事

　　赋予阶梯定价调节收入分配功能，说明政府认识到民众对现阶段收入分配状况的不满，也反映了财政税收这种传统的收入分配调价方式存在很多问题。但是，即使把阶梯定价作为调节收入再分配的工具，或者说把电力消费作为实物再分配手段，仍需要考量它是不是最有效的方式。

　　此次推出的阶梯定价的最基本特点是，随着用电量的上升，适用的边际价格是累积递增的。按照最基本的经济学常识，这种定价方式违背了电力成本规律，因为电力生产的长期增量成本，包括可变成本、专属的固定成本和容量成本，并不随用电量的增加而改变。能够更好地反映这种成本结构的是二部制定价，或者实时定价，而不是阶梯定价。缺乏成本基础的阶梯定价，无疑是违背有效经济原则的，会产生无谓的福利损失。

　　在考虑是否用扭曲相对价格手段实现收入分配目标时，经济学中有一个非常著名的原理，叫作阿科森—斯蒂格利茨定理，这是任何领域政府定价都必须首先考虑的一个基本原则。它的主要意思是，在一般条件下，收入分配不需要扭曲价格，只需借助税收手段就可以了，用价格手段调整收入分配，注定是缺乏效率的。价格就是价格，其目的很简单，就是作为资源配置的信号，它不能做其他的事情，包括不能用来调节收入分配。若用价格手段调节收入分配，必然要付出资源配置效率的代价。

　　当然，现实世界是复杂的，不一定满足阿科森—斯蒂格利茨定理的条件，因此，存在用价格手段调节收入分配的空间。本质上讲，用价格手段改善收入分配的理性，取决于价格扭曲所产生的福利损失与税收系统效率的比较结果。这里要用到一个重要概念，叫作公共资金的边际成本，简单地讲，其含义是每收取一元税收所产生的社会成本。一般来说，发达国家的税收体系效率较高，因此采用财政税收手段更为合理；而发展中国家的财政税收体系效率较低，公共资金成本更高，运用价格手段的空间更大。即便如此，也要具体考量价格扭曲带来的福利损失，最好采用旨在针对特定群体的调节方式。

在现实生活中，用价格手段改善收入分配产生的一个危险是，收入分配目标常常被作为保护垄断的借口，这是因为，扭曲的价格，包括阶梯定价，与竞争机制格格不入，只有在垄断体制下，依靠强制力量，这种机制才能得以实施，从这个意义上讲，阶梯定价包含着垄断思维。现在，很多行业都提出普遍服务目标，就是给所有人都提供服务，不管其服务成本或支付能力如何，但问题是提供这些服务可能是亏本的，比如说高原或边远地区，收入水平比较低的用户，在没有政府直接补贴的情况下，提供服务需要交叉补贴，这种交叉补贴机制最后就演变成垄断的借口。

必须强调的是，阶梯定价不符合消费者的激励相容约束，因此无法给予消费者选择权。也就是说，给予消费者不同的边际价格选择，大家肯定会选择较低的价格，因此阶梯定价只能靠强制力来实施。与此相对的是，在电信领域，消费者已经有电信资费选择权，在垄断体制下，是不可能有这样的选择权的。

除效率问题外，通过扭曲价格改善收入分配还涉及程序正义问题，这个问题与"价"和"税"的混搭有关。按照国家发改委的解释，预计涨价后多收的钱中，一部分补贴电厂成本的提高，另一部分是补贴脱硫成本，这正是内部化了的部分外部成本。当然，还有尚未内部化的外部成本。由此来看，阶梯定价有三重使命：一是回收电力成本；二是将电力使用的外部成本内部化，也就是征收"庇古税"，相当于用户消费电力后，除支付直接成本外，还要支付环境成本；三是调节收入分配。

在阶梯定价中，既有价的含义，又有税的概念，但问题是，"价"和"税"是混在一起的，对于消费者来讲，只知道与个人所得税一样，阶梯定价是一种累进税，但不知道哪部分是付出的价格，哪部分付出的是

"庇古税"，哪部分属于实物收入分配。当然，这种现象并不只是在电力定价中存在，价和税混为一谈实际上是一种常态，一般的老百姓根本就不知道自己的纳税行为。

居民用电对消耗资源的社会成本，和用电多少到底是个什么关系，并不是显而易见的。显然，不能简单地说，用电多，边际成本就高。虽然累进的庇古税有调整收入分配的功能，但是，从定价角度看并不合理，更不要说有关部门连电力生产成本和环境成本都没有测算。即使是电力行业作为一个特殊行业，在使用环节增收庇古税有其逻辑基础，那也要把价和税分开，让价和税透明，这样，也有利于公民社会的建立，让老百姓清楚自己的纳税义务，同时使政府对收上来的钱负责，这是定价和征税的程序正义的要求。但政府现在的做法是，只解释了涨价后的钱用来干什么，就是以将来的用来定现在的收，而没有提供价和税的透明性，因此给人的感觉就是为了涨价。

三　资源节约命题的困境

通过征收庇古税，使用户承担用电的全部社会成本，意在节约能源，保护环境。但是，节约能源并不是简单的一个命题，即使提高电价能降低用电量，也不意味着能源消费的减少，节约能源的命题需要在更大的范围内进行考量。

调高电价，能够降低电力需求，从而能节约能源，这里面有一个假设，就是消费者会因为付费更高，而降低整体的能源需求。这个假设并不一定成立，因为消费者并不一定因为电价的上升，就减少了对能源的整体需求，很可能转用其他的替代性能源。

资源节约命题的复杂之处，在于居民电力需求并不是最终需求，而是一种其他消费所引致的需求，也就是说，人们需要的不是电力本身，而是使用电力做其他事情。问题在于，能源的种类很多，并且是可以相互替代的，用经济学语言说，就是提高电价不仅产生收入效应，因而会抑制电力需求，还会产生替代效应，而替代方式和替代程度取决于短期和长期的考量。

比如，做饭可以用电，也可以用天然气，当电价提高以后，人们会更多地使用天然气，满足做饭的需求。另外，改变电价可能会改变人们的生活方式，但不一定会改变人们的能源需求。比如电价很低时，很多人习惯用电脑在网上阅读，但如果电价上涨了，就很可能改为打印出来阅读。用电虽然少了，但是用纸多了，哪种方式能节约能源，哪种方式对环境更友好？

前一阶段，很多人讨论电动车是否节约能源，或者说是否更环境友好。从电动车取代开车的方式来看，电动车将减少汽油消耗，因此确实节约了能源，但是，电动车是要充电的，并且需要回收处理电池，而充电电池对环境的潜在影响可能难以估量，很多专家甚至认为，从长远来看，它产生的污染远远高于汽油的使用。

从电力本身的特点来看，电力是二次能源，相比于一次能源，它本身就是一种高效清洁能源，这也是国家为什么大力发展电力、为什么花那么多的钱来修建输电网络的原因。如果电价上涨，而其他的能源价格不变，人们就会选择替代能源，或者说替代的生活方式，因此涨价能否达到能源需求减少的效果很难说。如果民众能源的需求总量不变，那么用效率更低、对环境更不友好的能源来代替电力，显然是得不偿失的。

从根本上讲，资源的消耗取决于增长方式，更确切地讲，就是经济发展速度。不可否认的是，目前的全球资源定价难以反映全部成本，并且一些主要环境污染物如二氧化碳具有全球公共品属性，在这种条件下，经济增长实际上是"搭便车"行为，转变增长方式是难以承诺的政治意愿，在缺乏全球性约束机制的情况下，任何一个政府都很难约束增长的冲动。由此来看，仅仅通过提高电力价格，而不是彻底改变增长方式，降低发展速度来调整能源需求，是不大现实的。

四　阶梯定价的挑战

如果引入阶梯定价是一种政治选择，那么不管是让电价回归理性，还是调节收入分配，或者是促进能源节约，实现这些美好的意愿，都需要制定和实施合理的阶梯价格，但是，因为阶梯定价本身的一些属性，采用这种定价方式面临着巨大的挑战。对此，无论是学术界还是价格主管部门，都要有足够的认识，否则就会难以达到其效果。

根据微观经济学基本原理，对于累积性的阶梯定价，有两个问题特别值得关注：一是不同档电价的相互影响。在存在多档电价的情况下，阶梯电价的一个重要性质是，低档电价对高档电价消费者产生纯粹的收入效应，但没有替代效应，也就是说，提高适用于低收入消费者的低档电价会更有效地抑制电力消费，这是阶梯定价的一个悖论。这个悖论意味着，在电价水平和改变消费行为之间，方案1和方案2存在一个无奈的权衡：方案 2 的低档电价高于方案 1 的低档电价，但由于超边际价格产生的收入效应，尽管方案 1 和方案 2 的高档电价水平相同，但在方案 2 下，不仅低档电量消费者会减少消费，而且相对于方案 1 而言，高档电量用户也会减少电力消费。二是在阶梯定价的拐点存在用电消费的集聚，也就是说，很多具有不同偏好的消费者，会选择彼此相同的处于拐点的电力消费水平。这就等于说，阶梯定价可能会减少，而不是增加需求效应，这显然与有效电力定价原则相违背，这是阶梯定价的另一个悖论。递增阶梯定价的这个重要特征，将影响不同档电价水平的选择，以及不同档拐点的确定。

从目前来看，难以知晓相关部门是否关注到这种转变定价方式带来的技术问题。但需要强调的是，这些考虑并不仅仅是纯技术上的，在阶梯定价时代，这些看起来有些难以理解的技术问题，意味着价格主管部门必须面临非线性定价带来的技术挑战，特别是反映在微观信息的需求上。在线性定价时代，制定最优定价并不需要考虑消费者的偏好信息，只需要知道加总的需求信息就可以了，因为只要有电力总需求的弹性信息和成本信息，就可以按照拉姆齐定价原则确定最优电价。但是，作为一种非线性定价，阶梯定价彻底改变了信息需求，采用阶梯定价意味着，制定最优价格仅仅了解总需求是不够的，还需要了解个体需求信息。这对习惯于线性定价的价格主管部门，无疑是方法论的革命。

当然，从实际操作来看，这种理性诉求也许过于苛刻，政府定价可能不会太关注这种工具理性要求，或者只能满足部分理性要求。比如，由于种种原因，阶梯定价的拐点可能由政治决定，价格主管部门的政策工具变成只是对不同档的电价进行优化，在这种情况下，过去的线性定价思维也许仍在一定程度上适用。不过，按照目前的信息，无从判断不同档电价水平的理性程度，对于拐点的确定，国家发改委提出由各地方自己决定，但无法知道确定这些拐点的准则。

必须指出的是，不采用有效定价也许不影响阶梯定价的政治正确性，也不会影响阶梯定价的实施，但政府和公众必须认识到，由此带来的机会成本是巨大的，这种机会成本虽然是隐含的，但是，和直接减少消费者福利的任何方式，比如减少消费者的收入，或者减少消费者的消费满足，并没有本质区别。

阶梯定价带来的另一个挑战，将会反映在实施后对其效果的评估上。

可以预计，实施阶梯定价后，无论是政府部门还是学术界，为了评估阶梯定价的实施效果，或者是出于改善阶梯定价的目的，都需要对阶梯定价效果进行实证研究，比如估计相关的弹性。但是，在阶梯定价下，这些实证研究面临着很大的挑战，包括需要更多地了解家庭层面的微观信息，而且面临着一系列技术难题，比如，如何考虑边际价格和平均价格的影响。如果不能合理地考虑这些问题，将会误导未来的定价政策。

五　电价改革的未来

前面的分析表明，阶梯定价充其量只是一种调节收入分配的手段，但是，远没有解决电价最为核心的问题，即促进电力行业资源的有效配置。那么什么是电力行业的有效定价呢？答案在于实时定价。

电力行业最基本的技术经济特征是，电力系统的潜在需求和供给可能是不平衡的，但电力系统又必须时刻维持平衡。给定任何一个时点，如果电力需求不足，电力供应过剩，就需要电力供应系统减少发电和输电量，否则电力系统就会出问题，比如保险丝会熔断，电器会被毁坏；如果需求过剩，现有的容量不足，电力系统同样会出问题，比如灯泡会暗下来。

由于电力需求存在不确定性，而发电和输电容量的增加是非连续的，并且需要付出成本，因此电力系统的永恒主题是，如何在短期内，在容量有限的情况下进行需求管理；在长期意义上，促进容量的合理增加。电力产品的这种特征，决定了电力行业的定价与一般产品的定价是不同的，电力的最优定价必须与特定的时空相联系。

发电行业的有效定价需要解决的问题，与其他具有容量限制的行业，比如交通行业是非常类似的。对交通行业而言，供给和需求往往是不匹配的。比如，在早高峰或晚高峰时期，路网非常拥挤，满足不了车辆的需求，但除此之外的绝大部分时间，并没有那么多的车，路网在很大程度上处于利用不足的状态。越来越多的道路拥堵问题，并不仅仅在于道路的建设跟不上车辆的增加，在一定的时间内，供给确实是有限的，道路不可能一下子增加，因为修一条路不仅需要资金，还需要一定的建设时间，更重要的是，保持一定的堵塞是符合效率原则的。电力系统也是如此，在用电高峰时，供给难以满足全部需求，因此需要进行需求管理，甚至要拉闸限电，但在大部分时间内，供给是过剩的。

电力行业的技术经济特点决定了有效配置电力资源的定价方式是实

时定价。在实时定价中，一种最简单的定价方式是峰谷定价，就是在用电高峰时段，用电价格较高；而在用电低谷阶段，用电价格较低，从而使消费者有激励地选择避开峰谷时期用电。实施实时定价是国际上电价改革的主要趋势。

在技术上，实施峰谷电价，甚至更复杂的实时定价都不成问题，就是装一个智能电表，将不同时段的电力消费区别开来。其实，中国很早就试图这么做了，但至今没有大规模铺开，这里面有很多原因，最主要的原因是和我们的体制有关。在现有的垄断体制下，企业没有动力这么做，它们当然喜欢用最简单的方式赚钱。

对于未来的电价改革，在引入阶梯定价的框架下，仍存在巨大的改革空间。可以考虑的选择是，在阶梯定价中嵌入实时定价（峰谷定价），这样就可以用不同的手段实现不同的目标，其中，峰谷定价主要承担有效定价的使命，而阶梯定价更多地承担社会调节功能，这也许是下一步电价改革可以努力的方向。

但这一切都依赖利益相关者所具有的改革动力。

张昕竹
2015 年 6 月

目　录

第一篇　阶梯定价理论

第二篇　阶梯定价的国际实践

第五篇　阶梯电价政策评估——基于加总数据

第一篇　阶梯定价理论

第一章 连续递增定价、交易成本与
递增阶梯定价的渐近有效性

第一节 引言

始于 20 世纪 70 年代初，规制经济学家围绕两部制能否兼顾经济效率、分配公正和规制约束展开论战。[①] 虽然作为非线性定价的经典形式的两部制定价在现实中很常见，但是，它的使用导致相当部分的效率损失。进入 80 年代后，随着信息经济学，特别是显示原理的应用，以穆萨和罗森（Mussa and Rosen，1978）、戈德曼等（Goldman et al.，1984）、马斯金和赖利（Maskin and Riley，1984）为代表的完全非线性定价研究不断流行，并且逐渐拓展至多产品定价、多维类型甄别和竞争性非线性定价等复杂主题（Wilson，1993）。但是，在现实中，完全非线性定价[②]相当少见。因为在非线性定价的最优性论证过程中并未考虑制定与实施非线性定价过程中所产生的巨大的交易成本（Stole，1995；Seim and Viard，2004）。非线性定价的制定与实施过程需要当事人（如规制者和消费者，

---

① 两部制经典文献有 Oi（1971）、Feldstein（1972）、Ng 和 Weisser（1974）、Faulhaber 和 Panzar（1977）等。

② 如不考虑定价机制执行所致的交易成本因素，对消费者信息要求高或定价参量多的定价结构所带来的利润和福利更大，这样的定价结构称为更华丽（Armstrong，2006）。比如有 10 个参量的五列两部制菜单比仅有 3 个参量的三部制要华丽。再如有无穷参量的完全非线性定价能带来最大好处。如果不考虑交易成本，更华丽的定价结构因对消费者类型甄别更彻底，至少比更不华丽的定价结构能实现更多的利润或福利（Armstrong，2006）。这个观察背后涉及定价结构华丽根源对价格歧视的影响。比如，Bagh 和 Bhargava（2007）发现，单个三部制竟然比多列两部制菜单能带来更多的利润和福利，从而与前述直觉相悖。他们认为，两部制菜单的定价参量虽然比简单三部制多，但受制于消费者的激励相容约束，使得实际有效的参量比三部制少，所以，导致名义参量少的三部制在价格歧视方面却更有效。注意，以上结论均基于无交易成本假定。

有时还有被规制企业）进行大量的计算和信息交流，为此所付出的代价可以视为交易成本。交易成本的存在，需要耗费一定的福利。这种交易成本与福利损耗在现实定价政策实施过程中必须考虑。如果考虑信息交流和计算要求所致的交易成本，完全非线性定价和统一费率定价两种极端的情形往往并非最优（Sundararajan，2004）。力求类型完全甄别的完全非线性定价，对消费者和定价者的计算及信息要求非常高（Hoppe et al.，2011），完全甄别的成本损耗大；完全不甄别的统一费率定价下的管理和监督成本最低，但是，所能实现的利润（或社会福利）也低，完全不甄别的利益损失不小。折中地说，定价建模时常用于以两部制为基准的阶梯定价（或多部制定价）① 以实现类型的部分甄别，试图在每增加一个级数（或选项）所引起的新增交易成本与因此更能甄别消费者所挽回的效率损失之间进行权衡（Seim and Viard，2004）。

重要的是，（完全）非线性定价所能实现的绝大多数效率，大都能通过多部制来实现。Faulhaber 和 Panzar（1977）研究多部制时发现，社会福利及消费者（和生产者）剩余都随着多部制选项数的增加而递增，且任何（凹的）非线性定价都能由激励相容的两部制菜单的下包络线来逼近。只要所有消费者的个人需求非随机，任何一个分段线性递减定价结构总存在某个两部制菜单，使得两种定价结构所带来的福利（或利润）近似相等（Clay et al.，1992）。通过添加不被占优的一般性定价选项（不一定为两部制定价选项）总能实现社会福利的改进（Willig，1976），福利及消费者（和生产者）剩余均以递减的速度增加（Wilson，1993）。

基于采购和规制环境的简单机制功效问题的研究成果不少。比如，Reichelstein（1992）基于分布均匀与效用二次型假设，设计了由 N 个定价规则构成的一般性 N 部制；Sappington 和 Weisman（1996）分析了由多个价格上限规则组成的可选价格上限计划优于简单价格上限计划的特征条件。这两项研究均未探讨所研究的定价机制的相对有效性问题。只要关于代理人类型的不确定性因素较小，在许多情况下，在由纯固定价格机制组成的固定价格菜单条件下所实现的福利，与在完全最优定价菜单

---

① 鉴于本章涉及多个定价概念，有必要加以简单界定。理论上说，（完全）非线性定价是相对于线性定价而言的，因而其包括（连续）递增和递减定价。常见的数量折扣是递减定价的离散形式。如果按照收费构成而言，非线性定价的离散形式也称多部制，比如经典科斯两部制。多部制也称为阶梯定价，有递增和递减阶梯定价两类。

下能实现的福利是近似的（Bower，1993；Gasmi et al.，1999）。即使代理人类型具有较大的不确定性和固定价格菜单无效率，由固定价格规则和成本补偿规则共同构成的混合定价菜单，总能接近实现最优定价机制条件下的福利。特别地，基于分布均匀和负效用二次型假定，最优混合定价菜单所实现的期望所得，总是不低于完全最优的复杂菜单所能实现的最大期望所得的75%（Rogerson，2003）。

严格地说，N 部制替代完全非线性定价所致的福利损失是 N 的平方倒数的同阶无穷小（Chao and Wilson，1987；Wilson，1989；Spulber，1992）。有文献数值模拟并比较了多部制与非线性定价之间的相对绩效（Murphy，1977；Dimopoulos，1981；Schmalansee，1981）；Wilson（1993）通过实例进一步论证了多部制条件下的所得（如福利或利润）如何接近非线性定价条件下的所得；Miravete（2007）基于美国早期移动电话定价数据研究发现，如果不考虑因定价选项减少而节约的交易成本和福利损耗，每少提供一个定价选项所导致的平均利润损失量相当于非线性定价所能实现的最大利润的4%。还有文献基于实际数据研究非线性定价的特征或估算其他定价策略的影响，如企业之间的竞争对非线性定价形状（Busse and Bysman，2005），以及对竞争企业所提供的多部制定价阶数的影响（Seim and Viard，2004）。

多部制替代完全非线性定价的渐近有效性结论，是代理人单边信息不对称和受限行为空间条件下的机制设计相关结论[1]的一个缩影（Bergemann and Pesendorfer，2007；Milgrom，2008）。在绝大多数的现实环境中，在直接激励机制条件下，代理人（如消费者）的行为空间要小于类型空间，从而使得不同类型消费者做出相同的消费决策的现象总是存在的。如果代理人处于信息优势一方，与在行为空间不受限条件下的最优机制相比，代理人在只有 k 种行为选择条件下的机制所未能实现的福利将是同阶无穷小与 k 的平方倒数，并且有时还能在多种选择情形下实现配置效率（Blumrosen and Feldman，2008）。对于单物品拍卖，带有个人歧视的标价拍卖在投标人数递增时渐近等价于完全信息揭示拍卖（Blumrosen

---

① 受限行为（或信息）空间下的机制设计研究发展迅速。其主题之一是论证简单机制的近似有效性，诸如离散投标水平下的英式拍卖有效性（Harstad and Rothkopf，1994；Neeman，2003）；严格受限行为空间下的近似最优单物品拍卖机制的可行性（Blumrosen et al.，2007），以及多参与人环境下的信息最优机制（Kos，2008a，b）。

and Holenstein，2008）。其实，实验研究也证实，基于简单原则的受限行为空间条件下的合理机制，不仅是渐近有效的，而且还能避免选择过多对当事人参与意愿的负面影响（Iyengar and Lepper，2000）。

更一般地说，在代理人单边信息不对称下的简单机制的渐近有效性结论，在委托人和代理人双边信息不对称环境下同样成立。比如，在双边市场匹配理论中，尽管委托人和代理人双边信息都不对称，粗匹配相对于完全相称匹配仍然是渐近有效的（McAfee，2002；Hoppe et al.，2010）。使信息完全揭示和效率最大的完全相称匹配，常常能让委托人的利润最大化（Damiano and Li，2007），但是，多阶粗匹配有利于榨取信息优势一方的信息租金（Rayo，2005）。在大多数分布函数形式下，两阶粗匹配计划所能实现的社会剩余，不低于完全相称匹配和完全随机匹配计划各自实现的社会剩余的平均值。更高阶数的粗匹配计划所未能实现的福利更加有限，或者说福利损失更少，因而是渐近有效的（McAfee，2002）。有效性结论不仅对社会福利目标成立，而且对消费者剩余（或委托人利润）目标也是如此（Hoppe et al.，2010）。鉴于制订和实施完全相称匹配计划所需付出的巨大的交易成本，以及旨于信息部分揭示的粗匹配给代理人带来的长期信息优势，级数有限的粗匹配计划可能更合适。

总之，单边信息不对称与受限行为（或信息）空间条件下的最佳机制问题，以及双边信息不对称下的最优匹配问题都说明，简单机制替代复杂机制的渐近有效性结论是多么稳健和普遍。特别是在单边信息不对称条件下的简单定价机制替代复杂的完全非线性定价机制的渐近有效性结论相当值得关注。相关的文献梳理如下：基于单位需求配给服务和类型分布均匀假定，Chao 和 Wilson（1987）、Wilson（1989，1993）论证了多部制优先配给定价替代完全非线性（或即点）定价的渐近有效性。后来，将单位需求假定拓展至更一般的需求曲线向下倾斜的情形。在这种情形下，即使供给和需求均面临随机性冲击，随机性依存的离散定价相对于最优定价仍然是渐近有效的（Spulber，1992）。进一步拓展，简单多部制相对于复杂的完全非线性定价渐近有效结论，分别在社会福利和企业利润最大化两种诉求条件下都成立，这一点对于一般性的类型分布函数都适用（Bergemann et al.，2010）。

可见，上述文献都是基于利润（或社会福利）最大化，分析简单机制替代复杂机制时的渐近有效性问题。与这些文献从效率角度入手不同，本章试图从兼顾效率与公正的角度论证此主题，并将之用于解释现实政策。本章的核心主题是，从兼顾效率和公平的半福利主义视角，论证用 N 级递增阶梯定价替代完全递增定价时渐近有效性结论是否仍然成立。严格地说，用 N 级递增阶梯定价替代连续递增定价所致的修正性福利损失是否是 N 的平方倒数的同阶无穷小？研究发现：第一，N 级递增阶梯定价确实能渐近有效地执行连续递增定价。或者说用递增阶梯定价取代连续递增定价所导致的修正性福利损失是阶数的平方倒数的同阶无穷小，这一点对于任何类型分布和类型分割方式都成立。第二，鉴于满足连续递增定价实施过程中所需要的信息交流与计算要求所付出的交易成本和福利损耗随级数的快速变化的特点，以及递增阶梯定价的渐近有效性，递增阶梯定价的最优级数应该是一个相对较小的正整数。这些结论极大地促进了最优递增阶梯定价的研究，特别是第二个结论为现实中递增阶梯定价级数较少的现象提供了一个理论解释。

第二节　基本模型

在一个经济体中，有两个严格正常品 x 和商品 c，其中，商品 x 是由某个被规制的垄断经营商提供的网络型资源，如水、电之类的公用事业。大量提供这类资源常常需要借助于网络管道，同时这类资源常常是生活必需品。如果这种资源的网络系统接入率为 100%，那么每个家庭实际用量都能由所安装的仪表测度器（如水表、电表）来测量。消费者家庭难以像购买一般性商品那样，通过策略性地选择购买次数来实行套利。商品 c 可以理解为其他所有商品经加总后的希克斯式商品，且其所在市场完全竞争。假定综合商品 c 为计价物，每个消费者都有二级连续可微和严格凹的效用函数① $u = u(c, x)$，$\partial u / \partial c > 0$，$\partial u / \partial x \geqslant 0$，$\forall (c, x) \in R_+ \times R_+ := R_+^2$。给定价格政策 $K: R_+ \rightarrow R_+$，消费者的预算约束为 $c + K(x) \leqslant t$，其中，t 是消费者的总消费支出，可以简单地视为消费者家庭的货币收

---

① 注意，符号 ": =" 表示"定义为"，下同。

人。[1] 只要有利可图，消费者就会在预算约束下选择最优的消费种类和数量。假设消费者退出商品 x 市场时的保留效用标准化为 $u(t, 0) = 0$，保留效用为零时的参与约束设定对最优定价机制施加最低程度的限制（Hellwig, 2004）。此时，消费者优化问题（Ⅰ）为：

$$u(t): = \underset{x>0}{\mathrm{Max}}\{u[t-K(x),x],0\}$$

作为正常品和必需品，商品 x 的消费额占总消费支出的比重较低，且收入需求缺乏弹性。此时，收入效应对定价机制的影响很小，能近似地认为不存在收入效应（Willig, 1976；Wilson, 1993）。据此，能进一步假定消费者的净效用函数是加性可分的：

$$u(t, x, K) = v(t, x) - K(x) \tag{1-1}$$

其中，总效用函数 $v(t, x)$ 关于 t 和 x 至少是三阶连续可微的，且满足 $\partial v/\partial x > 0$，$\partial v/\partial t > 0$，$\partial^2 v/\partial x^2 \leq 0$，$\partial^2 v/\partial x \partial t > 0$（单交叉性条件）。每个家庭的实际收入 t 只有自己家庭成员知道，规制者、经营商以及其他家庭都不知道。他们只知道，该家庭的收入 t 位于紧闭的单位域 $T = [0, 1]$ 内。类型的先验概率分布 $F: T \rightarrow [0, 1]$ 和密度 $f(t) = F'(t) > 0$ 是共同知识。如果把所有定义在单位域 T 内的先念分布函数统称为标准化分布函数集，用符号表示 $\Delta: = \Delta[0, 1]$，那么 $F \in \Delta$。对于本章的研究目的而言，假定不存在总成本对最终结果不产生实质性影响，却能简化问题的分析过程。此时，垄断运营商所受到的收支约束为：

$$PS: = \int_0^1 \{K[x(t)]\}\mathrm{d}F(t) \geq H \geq 0 \tag{1-2}$$

如果存在正成本，成本恰好补偿下的正成本体现为参数 H 为正，说明无成本假定很合理。

更重要的是，这里将考虑定价机制的制定和实施过程对各利益相关者提出的信息交流和计算要求及其影响。这个新要求体现为规制者提供、实施和核实定价政策时需要搜寻相关的信息以及进行决策计算，还有消费者（和运营商）学习和理解复杂价格政策的前期准备，以及根据新的定价结构进行优化决策过程（Seim and Viard, 2004）。满足这些信息和计算要求，必须付出较大的交易成本，并损耗一定的修正性福利。对于连

---

[1] 严格意义上说，家庭消费支出只占家庭收入的一部分。但是，只要各个家庭的消费支出在家庭总货币收入中的比例外生给定，分析结果不会变化。这个固定比例与宏观经济学中的恩格尔系数类似。为了简便起见，这里假定比例为1，即家庭消费支出等于家庭收入。

续递增定价，由于信息和计算复杂性[1]所造成的福利损失将随着消费量递增。因为消费量越高，规制者需要核实的信息越多。这里着重分析递增阶梯定价这种离散情形。在递增阶梯定价实施过程当中，信息与计算复杂性主要体现为各个定价选项之间的网络干扰。递增阶梯定价级数每增加一个，对相关参与者的信息和计算要求会加速提高，耗费的交易成本和福利损失呈几何级数增加。后面将会说明这一点。假定 n 级递增阶梯定价新增一个级数所造成的福利损失函数为：

$$SWL(n) = D(n) \qquad\qquad (1-3)$$

其中，$D'(n) > 0$，$D''(n) > 0$。特别地，对于支付固定费用可以消费任意量的统一定价，福利损失为 $D(0) := D_0 > 0$；对于 1 级递增阶梯定价（或修正性两部制），福利损失 $D(1) := D_1 > D_0$。用递增阶梯定价机制取代连续递增定价的一个潜在原因就是避免因信息和计算复杂性所致的交易成本和福利损失，后文将详细论证此点。

最后，假定仁慈无私的规制者追求一般化的社会福利最大化。[2] 一般化的社会福利是兼顾整体效率和各方公平性条件下的社会福利衡量。在此称之为修正性福利，以区别于通常意义上仅追求效率的社会福利。修正性福利[3]由增广的消费者剩余（ACS）构成：

$$SW := ACS = \int_0^1 M[u(t)]f(t)\,\mathrm{d}t \qquad\qquad (1-4)$$

式中，$u(t)$ 是类型为 t 的消费者的间接效用；增广的消费者剩余

---

① 复杂性在文献中常有两个方面：一是计算复杂性概念以反映寻找最优机制所需耗费的时间和精力（Gilboa and Zemmel，1989；Hartline and Karlin，2007；Apesteguia and Ballester，2010）。基于此，不少机制设计文献探讨垄断商的近似最优定价（Armstrong，1999；Chu et al.，2011；Madarasz and Prat，2010）和多代理人机制设计中的拍卖对反复磋商的有效近似（Bulow and Klemperer，1996；Hartline and Roughgarden，2009）。二是信息交流复杂性概念以体现机制设计时需要交流的信息量（Yao，1979；Kushilevitz and Nisan，1997；Nisan and Segal，2006；Fadel and Segal，2009）。在非线性定价领域，因最优定价机制的交流负担常与类型空间和产品空间中较小者呈现线性关系，信息复杂性的影响有限（Madarasz and Prat，2010）。这两种因素在本书中作为整体加以考虑。

② 其实，这里规制者作为公正无私和仁慈的主体，还关心被规制运营商和消费者对定价机制的反应。这一点表现为规制者也在乎定价机制给他们带来的负面影响，即体现在运营商和消费者身上的交易成本部分。

③ 在收入预算约束下的消费者总剩余最大化问题与在收入预算约束下的社会福利（由消费者总剩余与生产者剩余的加权和组成）最大化问题，对定价研究而言基本等价（Wilson，1993）。此特性对公共定价和最优收入税问题均如此（Stiglitz，1987；Werning，2007）。

$ACS = \int_0^1 M(u(t))f(t)\,\mathrm{d}t$ 是规制者主观认为的消费者总剩余，通常不同于

经典的消费者剩余 $CS = \int_0^1 u(t)f(t)\,\mathrm{d}t$。由规制者决定的非负函数 M^* 体

现了规制者的主观福利判断。为了简化起见，此函数仅限于常见的高等函数形式。该函数的作用在于将特定消费者的实际福利状况映射到规制者的主观福利中，函数特性体现了规制者的目标诉求及其倾向程度。如果此函数被设定为严格凹的，即其直接导数随类型 t 而递减，那么说明设计者希望兼顾效率与公正。此时，试图兼顾效率与公正的规制者是半福利主义者，而不是一味地追求效率而忽略社会公正的福利主义者（Meran and Von Hirschhausen，2009）。主观福利判断函数的凹性程度（即绝对曲率）越大，规制者对公正目标诉求越重视，更加关注低收入消费者的福利状况。极端地说，如果函数 M^* 的（绝对）曲率无穷大，福利体现纯罗尔斯主义公正诉求，只关注最低类型消费者的福利；如果 $\mathrm{d}M^*/\mathrm{d}u$ 与类型 t 无关，如果是线性的，则福利体现纯功利主义效率诉求，规制者一视同仁地对待各类型消费者。此时，增广消费者剩余正好与经典消费者剩余相等。换言之，经典消费者剩余是增广消费者剩余在规制者不考虑社会公平的极端情形下的特例。

第三节　递增定价机制、交易成本与递增
阶梯定价的渐近有效性

　　本章着重研究在定价机制实施过程存在信息与计算方面的交易成本条件下的递增定价机制的有效执行问题。解答这个问题间接地揭示了递增阶梯定价产生的理论根据，同时有利于最优递增阶梯定价机制设计问题的解决。本节要探讨的核心问题是，基于半福利主义诉求目标，当用相对简单的递增阶梯定价替代较为复杂的连续递增定价机制时，是否仍然存在渐近有效性结论。

　　如果不考虑制定和实施定价机制过程当中因克服信息与计算复杂性所产生的交易成本和修正性福利损耗，在半福利主义诉求条件下的最优定价机制可能是连续递增定价机制。这就是未考虑外在约束条件下的标准情形。作为标尺，在此首先简要地描述这种情形下所能实现的修正性

福利函数，然后描述递增阶梯定价所能实现的修正性福利函数，最后给出用递增阶梯定价替代连续递增定价所导致的修正性福利损耗函数，并研究其特性。

一　未考虑外在约束条件下的最优修正性福利：连续递增定价

如果不考虑定价机制实施过程，也就没有信息和计算复杂性方面的约束。单从激励角度看，探讨半福利主义规制者如何根据消费者的消费选择确定支付额，使得消费越多，所支付的边际价格越高。递增定价机制的设计问题，仅仅是确定消费量与消费额的函数关系。注意连续递增定价政策是递增阶梯定价级数 n 趋于正无穷的极限情形。根据显示原理，对于类型连续统，存在类型依存的消费—价格组或者说直接激励机制。此时，规制者希望选择最佳的消费—价格组 $\zeta^* = \{x(t), k(x)\} \subset R_+^2$ 来实现修正性福利最大化。注意，当紧的企业预算约束（BB）进入规制者优化问题时，只通过拉格朗日因子产生非实质性影响（Wilson，1989）。为简化表述，这里不考虑预算约束。此时，规制者优化问题（Ⅱ）为：

$$SW_\infty := \operatorname{Max}\int_0^1 M[u(t)]\,\mathrm{d}F(t)$$

s. t. $(IC \ \& \ IR)\,u(t) := \operatorname*{Max}_{x>0}\{v(t,\ x) - K(x),\ 0\},\ \ \forall\, t \in T$

为了突出问题（Ⅱ）与后面的问题（Ⅲ）之间的联系，鉴于连续递增定价是递增阶梯定价当阶梯数 n 取正无穷（∞）时的极端情形，问题（Ⅱ）及必要条件用下标 ∞ 加以标示，问题（Ⅲ）及其各相关条件用下标 n 加以标示。直接求解消费者优化问题，一阶必要条件为：

$$(FC_\infty)\,v_t[t,\ x(t)] = K_x[x(t)] = p[x(t)] \qquad (1-5)$$

对于连续递增定价机制，有 $K''(x) > 0$，又 $\partial^2 v(t,\ x)/\partial x^2 < 0$，故净效用函数关于 x 为凹，消费者优化问题二阶条件自动满足。由于 $v_1 \equiv \partial v(t,\ x)/\partial t > 0$，$u'(t) = \partial v[t,\ x(t)]/\partial t > 0$，所以，如果最低类型消费者 $t = 0$ 满足参与约束，其他较高类型消费者的参与约束自然满足。假定最低类型消费者的保留效用 $u(0) = 0$，那么所有参与约束满足。现在，进行比较静态分析，由包络定理有：

$$u(t) = u(0) + \int_0^t v_1[\tau, x(\tau)]\,\mathrm{d}\tau = \int_0^t v_1[\tau, x(\tau)]\,\mathrm{d}\tau$$

因此，未考虑外在性约束条件下的（最大）修正性福利函数为：

$$SW_\infty = SW(\zeta^*, F) = \int_0^1 M\{v[t, x(t)] - K[x(t)]\}\,\mathrm{d}F(t) \qquad (1-6)$$

其中，$x(t)$ 是规制者优化问题中的最优消费配置规则。可见，这个函数取决于最优定价机制和先念概率分布。

二 考虑外在约束条件下的最优修正性福利：递增阶梯定价

如果不考虑定价机制的制定与实施过程，规制者能够找到某个连续递增定价 $\zeta^* \subset R_+^2$ 实现修正性福利最大。在纳什执行最大修正性福利目标的连续递增定价机制背后的博弈中，规制者的策略空间相当大，并且在递增定价机制实施过程当中，计算和信息复杂性将导致高昂的交易成本和福利损耗，规制者策略集常常缺乏效率。可以说，这种情景下规制者的策略集仅仅是考虑了外在信息和计算约束的（递增阶梯定价）机制背后的博弈策略集模的上边界。[①] 考虑定价机制制定与实施过程所致的交易成本或福利损耗，能降低策略集模的上边界（Williams，1986）。在定价机制设计领域，表现为规制者用相对简单的递增阶梯定价机制[②]，以有效权衡修正性福利尽量大和交易成本尽量低两方面。这两方面是内在矛盾的：递增阶梯定价机制设计得越复杂，比如级数越多，它所能实现的修正性福利就越多，但是，制定与实施这么复杂的定价机制所需付出的交易成本和福利损耗也就越多。

在描述递增阶梯定价机制下的修正性福利函数之前，先给出几个相关概念：

定义 1：n 级递增阶梯定价集是由阶梯边际价格满足非负性、递增性且阶数为 $n \subset I_{++}$ 的阶梯定价机制所组成的集合 Φ_n。

给定某个 n 级递增阶梯定价 $\hat{\phi}_n \in \Phi_n$，一个代表性消费者的月支付为：

$$B = \begin{cases} C + p_1 x = B_1 & 0 \leq x \leq X_1 \\ C + (p_1 - p_2) X_1 + p_2 x = B_2 & X_1 < x \leq X_2 \\ \cdots & \\ C + \sum_{i=1}^{n-1} (p_i - p_{i+1}) X_i + p_n x = B_n & X_{n-1} < x \end{cases}$$

其中，C 是固定月支出，$(X_1, X_2, \cdots, X_{n-1})$：$= [X_i]_{i=1}^{n-1}$ 和 $(p_1,$

---

① 马斯金（Maskin，1999）在研究纳什执行时指出其背后博弈中的策略空间异常大。如果考虑相应的信息交流和计算复杂性，确定这么大的策略集相当缺乏效率。但是，这个策略空间是纳什执行某目标所需的博弈策略集模的最大上边界。

② 注意，集合维度 $(2n+1)$ 取决于递增阶梯定价的级数 n，级数是内生的。故直接分析相当复杂，这里首先假定阶数外生给定，最后再分析最优阶数的确定问题。特此说明。

p_2，$\cdots$，$p_n)$：$=[p_i]_{i=1}^n$ 分别是分割点和各阶梯的边际价格，且 $0 \leqslant X_1 \leqslant X_2 \leqslant \cdots \leqslant X_{n-1}$ 和 $0 \leqslant p_1 \leqslant p_2 \leqslant \cdots \leqslant p_n$。$B_i$ 是代表性消费者的消费量 x 落在阶梯 i 上时所被索取的总消费额。[①] 由于消费量落在第 n 级阶梯上的消费者支付由 n 个定价费用加总而来，属于递增型多部制。

定义 2：递增阶梯定价集是由所有级数大于等于 1 的递增阶梯定价集组成的集合 Φ。其符号表述为 Φ：$= \{\Phi_1, \Phi_2, \cdots, \Phi_j, \cdots, \Phi_N\}$，其中，元素 Φ_j 是由定义 1 所界定的 j 级递增阶梯定价集。正整数 N 是最大阶梯数。

递增阶梯定价集是集合的集合，共有 N 个元素。特别地，当 $N=1$ 时，Φ 内的唯一元素 Φ_1 是修正性两部制集或一列两部制菜单；N 级递增阶梯定价集 Φ_N 当阶数 N 趋于正无穷时退化为连续递增定价机制集。

设计最优递增阶梯定价机制就是确定最佳的消费阶数、分割点和阶梯价格。严格而言，在递增阶梯定价机制可行集 Φ 内，寻找最优递增阶梯定价 ϕ^*：$= \{n^*, [T_i]_{i=1}^{n^*}, [p_i]_{i=1}^{n^*}\} \in \Phi \subset I_{++} \times [0, 1]^{n^*} \times R_{++}^{n^*}$，以权衡尽量多地实现修正性福利与尽量节约交易成本。这是一个单边信息不对称和行为空间受限条件下的机制设计问题。由于递增阶梯定价结构涉及数量级数与分割点以及各阶梯边际价格三类参数，并且参数间相互关联，直接探讨最优递增阶梯定价机制异常复杂。首先，基于递增阶梯定价阶数外生假定为不小于 2 的正整数 n 条件；其次，刻画修正性福利函数及其特性；最后，专门探讨最佳阶数 n 的确定及其含义。

给定任一 n 级递增阶梯定价 ϕ_n：$= \{n, [T_i]_{i=1}^n, [p_i]_{i=1}^n\} \in \Phi_n \in \Phi$，类型域 T 内的消费者的实际消费量分别落在 n 个阶梯上。假设类型全域被分割为 T：$= \{T_i = [t_i, t_{i+1})\}_{i=1}^n$，其中，$t_1 = 0$，$t_{n+1} = 1$，并且 $T = T_1 \cup T_2 \cdots \cup T_n$，$T_k \cap T_m = 0 (1 \leqslant k \neq m \leqslant n)$。假定消费量位于分割点 i 处之前的消费者类型累积分布为 $q_i \equiv F(t_i) \geqslant 0$，则消费量位于第 i 个阶梯上的消费者比重为：

$$F^i \equiv F(t_{i+1}) - F(t_i) = q_{i+1} - q_i \geqslant 0, \quad \forall i \in I_n: = \{1, 2, \cdots, n\}$$

$$(1-7)$$

---

① 其实，对于所有阶梯 i 有 $P_i < P_i - 1$ 或 $P_i = P_i - 1$，分别称为递减阶梯定价（即数量折扣）和两部制。这三种类型统称为广义阶梯定价。两部制作为广义阶梯定价的特例，常作为阶梯定价研究的比较基础。

由于消费者的效用函数满足正单交叉性，类型高的消费者的边际效用也高。由于类型分割归根结底是基于消费者的消费量实际所落在的阶梯序的差异，类型分割与消费分割显然相适应，比如，消费量较大的消费者的类型较高。由于最大类型消费者的最优消费量总有限，如为 $\bar{x} > 0$，消费区域能被设定为[①] $X := [0, \bar{x}]$，其中，类型最低的消费者的最适消费量为零。相应地，子域 $T_i (\forall i \in I_n)$ 内的消费者的消费区域为 $X_i = [x_i, x_{i+1})$，其中，$x_i \equiv x(t_i)$，$x_1 = 0$，$x_{n+1} = \bar{x}$，且 $X = X_1 \cup X_2 \cdots \cup X_n$，$X_n \cap X_m = 0 (1 \leq k \neq m \leq n)$。

首先分析消费者优化问题。给定某个 n 级递增阶梯定价 ϕ_n，任一消费者 $t \in T$ 通过选择消费量所要落在的最佳阶梯 $i^* \in I_n$ 以及在此阶梯上的最佳消费，以实现效用最大。具体来说，如果消费者 $t \in T_i$ 选择在第 i 阶梯上如实消费 $x^i(t) \in X_i$，那么他将支付消费额：

$$B_i(t) \equiv K[x(t)] = C + \sum_{j=1}^{i-1} (p_j - p_{j+1})x_j + p_i x^i(t) \qquad (1-8)$$

并得到净效用：

$$U(i, t; t) \equiv v[t, x^i(t)] - B_i(t) \qquad (1-9)$$

其中，$x_i = x(t_i) = x^i(t_i)$。函数 $U(i, t; t)$ 衡量类型为 $t \in T_i$ 的消费者在第 i 个阶梯上消费且如实地报告自身类型条件下所得到的净效用。

处于信息劣势一方的规制者试图通过递增阶梯定价机制来甄别消费者的收入类型。具体来说，首先，通过消费者消费量所落在的阶梯次序初步锁定消费者的类型范围。其次，根据实际消费量锁定消费者的真实类型。同时，在分段的 n 级递增阶梯定价下，处于信息优势一方的消费者不仅可能在同一个阶梯上通过选择消费量稍微向下偏离来假装低类型，从而获得部分信息租金，还有机会在多个阶梯之间进行套利性选择，即选择消费量的跨级性偏离假装很低的类型，获取相当部分的信息租金。防范同一阶梯上的不实报告情形的激励约束，正是经典类型甄别模型中的激励相容约束。

---

① 追求公平性的规制者不会让类型最低的消费者的实际消费量为零，这样做，将违背规制者的本意。这里，简化地假定最低类型消费者的最优消费被标准化为零。很显然，该假定并不是实质性的。

给定 n 级递增阶梯定价 ϕ_n，消费者的激励相容约束[①]为：

$(IC_n)\, U(i,\, t;\, t) \geqslant U(j,\, \tilde{t};\, t) \Rightarrow v[t,\, x^i(t)] - B_i(t) \geqslant v[t,\, x^j(\tilde{t})] - B_j(\tilde{t})$

$$\forall t \in T_i,\ \ \forall \tilde{t} \in T,\ \ \ \ \forall i,j \in \mathbf{I}_n \tag{1-10}$$

其中，函数 $U(j,\, \tilde{t};\, t)$ 反映类型为 $t \in T_i$ 的消费者的消费位于第 j 个阶梯并且报告自身类型为 $\tilde{t}$ 时所得到的最大净效用。此时，处于信息优势一方的消费者所需报告的信息为阶梯序类型 $(j,\, \tilde{t})$。这个一般化的激励相容条件说明，类型为 $t \in T_i$ 的消费者会如规制者希望在第 i 个阶梯上消费且如实报告自身类型。这里要注意，报告阶梯序 j 不真实的消费者所报告的类型信息一定不真实。更严格地讲，低报阶梯序 j 的消费者所报告的类型必定比实际类型要低，高报阶梯序 j 的消费者所报告的类型必定比实际类型要高。

条件（1-10）所示的激励相容约束相当复杂，不便应用，现在分情况做如下解读：

首先，正如经典逆向选择问题，使消费者在同一阶梯上如实报告类型的激励机制须满足：

$(IC_n^0)\, U(i,t;t) \geqslant U(i,\tilde{t};t) \Rightarrow v[t,x^i(t)] - B_i(t) \geqslant v[t,x^i(\tilde{t})] - B_j(\tilde{t})$

$$\forall (t,\tilde{t}) \in T_i^2 \equiv T_i \times T_i,\, \forall i \in I_n \tag{1-11}$$

这个条件揭示出，在消费者不想跨阶梯偏离的条件下，消费者并没有激励在同阶梯上小幅度地偏离自己本应该实施的消费量。

其次，类型消费者 $t \in T_i / \{t_i\}$ 的消费量落在不应在的第 $j(\neq i)$ 阶梯时，必定不会如实报告类型 $\tilde{t} \neq t$，也就是说，阶梯序报告不真实的非端点消费者必然类型报告不真实。根据模型环境假定，高报阶梯序的情形不会发生，因为这样做并不是消费者的利益之所在。这里主要考虑消费者低报阶梯序的情况。由于理性规制者知道这一点，一旦发现阶梯序被低报，必然能较为可靠地怀疑其所有报告 $(j,\, \tilde{t})$ 的真实性。为杜绝这种现象，最优定价须满足：

$(IC_n^*)\, U(i,t;t) \geqslant U(j,\tilde{t};t) \Rightarrow v[t,x^i(t)] - B_i(t) \geqslant v[t,x^j(\tilde{t})] - B_j(\tilde{t})$

[①] 注意，激励相容约束符号 IC 的下标 n 表示在 n 级递增阶梯定价下的情形，上标 i 表示消费量落在第 i 个阶梯上时。下同。如果符号 IC 无任何上下标，则是标准的连续递增定价情形。特此说明。

$$\forall t \in T_i / \{t_i\}, \quad \forall \tilde{t} \in T, \quad \forall i \in I_n, \quad \forall j \in I_n / \{i, i+1, \cdots, n\}$$

$$(1-12)$$

其中，差集 $I_n / \{i, i+1, \cdots, n\}$ 表示集合 I_n 内剔除其子集 $\{i, i+1, \cdots, n\}$ 的集合，表示阶梯 i 的所有先前阶梯序组成的集合，下同。

最后，基于总效用函数 v^* 假定，类型位于分割点 $t_i (\forall i \in I_{n-1})$ 的端点消费者在报告上下阶梯序之间无差异。激励相容约束意味着：

$$(IC_n^i) U(i, t_{i+1}; t_{i+1}) = U(i+1, t_{i+1}; t_{i+1}), \quad \forall i \in I_{n-1} \qquad (1-13)$$

根据类型分割和消费分割的严格阐述，显然，有单调性约束：

$$(MON_n) x^i(t) < x^{i+1}(t), \quad \forall i \in I_{n-1}, \quad \forall t \in T \qquad (1-14)$$

由于 $\partial^2 v(t, x) / \partial x \partial t > 0$，如果 $U(i, t_{i+1}; t_{i+1}) = U(i+1, t_{i+1}; t_{i+1})$，那么，$v[t, x^i(t)] - B_i(t) \geqslant v[t, x^{i+1}(t)] - B_{i+1}(t)$，$\forall t \in T_i$。

对于 $t \in T_{i+1}$，不等式符号将变为"$\leqslant$"。这是激励相容约束的另一种表述。在正单交叉性假定下，单调性约束和端点消费者的激励相容约束是 $[x^i(t), B_i(t)]$ 激励相容的充分条件（Laffont and Martimont, 2002; Bolton and Dewatripont, 2005）。

现在基于消费者优化问题，分析规制者优化问题。如果规制者选择类型分割—价格组 $\{(T_i, P_i)\}_{i=1}^n \in \overbrace{R_+^2 \times R_+^2 \times \cdots \times R_+^2}^{n} : = (R_+^2)^n$ 实现修正性福利最大化。只要最优类型分割—价格组 $\{(T_i^*, P_i^*)\}_{i=1}^n$ 得以确定，相应地，就确定了最优消费—支付组 $\chi_n^* : = \{[x^i(t), B_i(t)] \mid t \in T_i\}_{i=1}^n \in (R_+^2)^n$。反过来，知道最优消费—支付组 χ_n^*，就能推出背后的最优 n 级递增阶梯定价 ϕ_n^*，或者说最优类型分割—价格组 $\{(T_i^*, P_i^*)\}_{i=1}^n$。两者的对等性使我们可以专注于给定类型分割条件下的最优消费—支付组。

规制者在式（1-14）和式（1-13）至式（1-14）约束下设计最优类型分割—消费—支付组 $\{[\hat{T}_i, \hat{x}^i(t), \hat{B}_i(t)]\}_{i=1}^n \in (R_+^3)^n$ 实现修正性福利最大。规制者优化问题（Ⅲ）为：

$$SW_n(\phi_n^*, F) : = \underset{\{[T, x^i(t), B_i(t)]\} \in (R_+^3)^n}{\text{Max}} \sum_{i=1}^n \int_{t_i}^{t_{i+1}} M\{U[i, x^i(t)]\} dF(t)$$

$$\text{s. t. } (IC_n^i) U(i, t_{i+1}; t_{i+1}) = U(i+1, t_{i+1}; t_{i+1}), \forall i \in I_n$$

$$(MON_n) x^i(t) < x^{i+1}(t), \forall i \in I_{n-1}, \forall t \in T_i$$

$$(BB) PS = \int_0^1 \{K[x(t)]\} dF(t) \geqslant H > 0$$

最优机制组集$\{[\hat{T}_i, \hat{x}^i(t), \hat{B}_i(t)]\}^n_{i=1} \in (R^3_+)^n$是由激励相容、个人理性和预算约束共同确定的可行机制组集内能实现最大修正性福利的机制组的集合。其中个人理性约束自然满足。为简化假定解唯一，不考虑解的多重性。注意，可行机制组集是集合的集合。

给定最优n级递增定价机制ϕ^*_n，规制者能实现的（最大）修正性福利函数为：

$$SW_n \equiv SW(\phi^*_n, F) = \sum^n_{i=1} \int^{t_{i+1}}_{t_i} M\{U[i, x^i(t)]\} \mathrm{d}F(t)$$

$$= \sum^n_{i=1} \int^{t_{i+1}}_{t_i} M\{v[t, x^i(t)] - B_i(t)\} \mathrm{d}F(t) \quad (1-15)$$

其中，$x^i(t)$和$B_i(t)$分别是为位于n级递增阶梯定价第i个阶梯的消费者$t \in T_i$所设计的最优消费配置和定价规则。

三　递增阶梯定价机制替代连续递增定价机制的渐近有效性

不失一般性，假定消费量位于第一阶梯上的消费者的支付函数$B_1(t)$外生给定。函数外生给定是指函数形式给定，并非值给定。同时，假定总效用函数$v(t, x)$对t和x的一阶、二阶偏导在相应消费区域内有外生上边界；$x''(t)$和$f''(t)$也有外生上边界x_c和f_c。在描述出连续递增定价机制和n级递增阶梯定价机制所能实现的修正性福利之后，现在重点论证递增阶梯定价机制取代连续递增定价机制的渐近有效性结论。先从给出两个定义开始：

定义3：给定任意分布函数$F \in \Delta$，用n级递增阶梯定价机制替代连续递增定价机制所造成的福利损失函数为：$L(F, n)：= SW_\infty - SW_n$，其受制于类型分布和阶梯定价的阶数。

$$L(F, n) \equiv SW_\infty - SW_n$$

$$= \int^1_0 M\{v[t, x(t)] - K[x(t)]\} \mathrm{d}F(t) - \sum^n_{i=1} \int^{t_{i+1}}_{t_i} M\{v[t, x^i(t)] - B_i(t)\} \mathrm{d}F(t)$$

这里需要指出，如引言所述，已经有文献基于利润（或社会福利）最大化论证类似的主题。比如，对于纯效率诉求、单位需求和类型均匀分布的优先配置服务环境，即$M(u) = u$，$x(t) \equiv 1$，$F(t) = t$，n级优先配置定价机制（类似于n级递减阶梯定价机制）所导致的最大福利损失将与n的平方倒数同阶无穷小（Chao and Wilson, 1987；Wilson, 1989）。

如果单位需求和均匀分布拓展为标准的向下倾斜需求和任意分布函数，渐近有效性结论仍成立（Spulber，1992）。在效用拟线性—成本二次式经济环境，对于任意分布函数，无论对社会福利损失还是企业预期利润损失，渐近有效性结论不变（Bergemann et al.，2010）。与此不同，本章基于半福利主义诉求，论证离散的递增阶梯定价机制取代连续递增定价机制的福利变动情况及其特点，以此探索递增阶梯定价机制存在的理论依据。

定义 4：在所有给定分布函数 $F \in \Delta$ 中，用 n 级递增阶梯定价机制替代连续递增定价机制所造成的最大福利损失的上边界为：$L(n) \equiv \underset{F \in \Delta}{Sup} L(F, n)$。

定理 I：对于任意分布函数 $F \in \Delta$，用 n 级递增阶梯定价机制取代连续递增定价机制所导致的最大福利净损失是 n 的平方倒数的同阶无穷小，也就是说，$L(n) = O(1/n^2)$。

证明：见附录 I。

定理 I 说明，与连续递增定价机制所能实现的最大修正性福利相比，n 级递增阶梯定价机制所导致的最大修正性福利损失，随着递增阶梯定价级数 n 的增加而下降。当级数趋于正无穷时，递增阶梯定价机制转变为连续递增定价机制，也就不存在福利损失。换言之，n 级递增阶梯定价机制相对于递增定价机制而言是渐近有效的。更重要的是，对于随意的类型概率分布，用递增阶梯定价机制取代连续递增定价机制所造成的福利损失，随着级数的增加，以越来越快的速度下降。这个结论的严格表述由如下推论 I 给出：

推论 I：对于任意分布函数 $F \in \Delta$，用 n 级递增阶梯定价机制替代连续递增定价机制所导致的福利净损失函数的二次导为正，即 $L''(n) > 0$。

证明：很直接，略。

本节发现，用离散的递增阶梯定价机制替代连续递增定价机制，直接导致部分修正性福利未能实现，构成福利损失。当递增阶梯定价级数趋于正无穷时，不存在福利损失，或者说多级递增阶梯定价机制相对于连续递增定价机制而言渐近有效。同时福利损失随着级数的增加而加速下降。总之，用递增定价机制替代连续递增定价机制总会导致部分福利损失，但损失加速下降。

第四节　应用：关于递增阶梯定价机制的最优级数的初步探讨

连续递增定价机制，通过完美甄别消费者类型，有效兼顾效率与公平诉求。由于递增定价机制的制定和实施过程中存在信息和计算复杂性，从而要耗费部分交易成本和福利损耗。如果用相对简单的递增阶梯定价机制替代较为复杂的递增定价机制，所需满足的信息与计算要求将大大下降，交易成本明显下降，从而显著地节约了福利损耗。用递增阶梯定价机制取代连续递增定价机制所带来的福利节约，在定价机制设计过程中被忽略。此外，所节约的福利随着递增阶梯定价级数的减少而加速增加。总之，用递增定价机制替代连续递增定价机制，在机制制定与实施过程中会间接地节省部分福利损耗。

鉴于用递增阶梯定价机制替代递增定价机制所致的两种正负效应，连续递增定价机制可以用递增阶梯定价机制来替代执行。[①] 进一步结合两种效应的变动特性，还能为现实中递增阶梯定价机制的级数相对较少的现象提供一个理论解释。基于推论 I 以及交易成本因素假定，能给出一个重要定理：

定理 II：给定定理 I 成立，如果考虑假设条件（1-4），那么最优递增阶梯定价机制的最优级数是一个相对较小的正整数。

证明：见附录 II。

现在简要地说明定理 II 成立的原因。假设每个阶梯直接而孤立地实施所需耗费的直接福利代价为 $d \geqslant 0$。由于新增一个阶梯对先前各阶梯的实施过程产生很强的网络干扰影响，新增一个级数对先前 n 个阶梯中的任一阶梯的实施所致的额外福利代价系数同级数 n 呈正相关。如果将这

---

① 作为信息交流系统的机制设计，最初从探讨所需信息量最小的信息效率机制开始（Mount and Reiter, 1974；Hurwicz, 1977），后来主题转移到研究讲真话的最优直接激励机制（Mas - Colell et al. , 1995），当今又有向能兼顾激励和信息交流成本的机制转移的趋势（Segal, 2004, 2007）。在定价机制设计领域，主题转移体现为从信息量最小的统一定价机制，到激励最大的完全非线性定价机制，最后到兼顾执行成本和激励的多部制、两部制菜单之类的简单定价机制。参考 Williams（1986）、田国强（2003）、Fadel 和 Segal（2009）。

个额外的间接福利代价系数简化地设为 $a \times n > 0$，新增一个阶梯所造成的总福利代价函数为 $SWL(n) = D(n) = d + an^2 (a > 0)$。间接福利代价 an^2 常常占福利总代价的比重最大。另外，新增一个阶梯使阶梯定价机制更接近连续递增定价机制，从而未能实现的福利更少，或者说新增一个阶梯新增实现部分福利。据定理 I，新增一个阶梯所新增实现的福利，是相对于完全递增定价机制所节约的福利损失，其严格表述为 $DWL(n) = L(n) - L(n-1) = O(1/n^3)$。随着级数 n 的不断增加，$SWL(n)$ 以递增的速度增加，而 $DWL(n)$ 以递增的速度减少。其中，两个函数符号中的 S 和 D 比照为对阶梯数的供给和需求。为得到显示解，进一步假设 $DWL(n) = b/n^3 (b > 0)$ 并抽象掉直接福利代价，即 $d = 0$，那么由均衡等式 $SWL(n) = DWL(n)$，得均衡阶数 $n^* = (b/a)^{1/5}$。由于间接福利代价系数 a 相对于 $d = 0$ 足够大，哪怕边际福利节约系数 b 相当大，经过 5 次开根所得的阶数是相对较小的正实数。当所得的解不是正整数时，最优阶梯数取值是该正实数附近使福利尽量大的正整数。

为了使定理 II 更直观，具体化其中的间接福利代价系数 a 和边际福利节约系数 b，如图 1-1 和图 1-2 所示。这里的分析，与经典微观经济理论中的需求—供给分析类似，只是将阶梯级数视为一种产品。在系数 $a = 1$ 的条件下，要使最佳级数从 1 增加到 4，系数 b 须从 1 迅速增加到 1024。一般来说，只要系数 b 有限大，对于任意给定的正系数 a，它们所

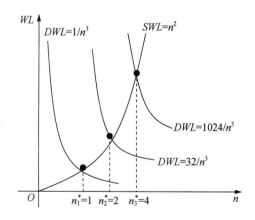

图 1-1 关于递增阶梯定价机制的最优阶数的初步探讨

$(a = 1; b = 1, b = 32, b = 1024)$

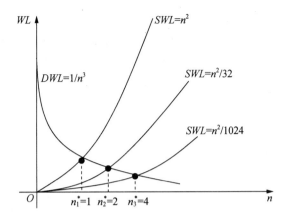

图 1 - 2　关于递增阶梯定价机制的最优阶数的初步探讨
($b = 1$；$a = 1$，$a = 1/32$，$a = 1/1024$)

确定的最佳级数不会太大。类似地，在系数 $b = 1$ 的条件下，要使得最佳级数从 1 增加到 4，系数 a 须从 1 迅速减少至 $1/1024$。可见，在两种急速变化的正负效应角力下，递增阶梯定价机制的合适阶数通常是一个相对较小的正整数。

　　现在，通过一个实例进行简要的数值分析。假设在一个特定的经济环境和分布 F 下，用 n 级递增阶梯定价机制取代连续递增定价机制所带来的净福利损失函数为 $L(F, n) = 1/2n^2$，则 $L(F, 1) = 1/2$，$L(F, 2) = 1/8$，$L(F, 3) = 1/18$。在这个环境下，相对于连续递增定价机制所能实现的最大修正性福利而言，用一级递增阶梯定价（即修正性两部制）只实现 50% 的福利，损失 50% 的福利；如果用两级递增阶梯定价，则能实现最大福利的87.5%，仅损失 12.5%；如果用三级递增阶梯定价将实现约 99% 的福利，福利损失不到 1%。假设新增一个阶梯所需新增的交易成本固定。如果克服此成本所需支付的福利代价相当于最优福利的 1%，那么实施三级递增阶梯定价政策可能是最合适的。更现实地考虑，如果考虑到新增的交易成本随着阶梯数快速递增的事实，实施二级或者一级递增阶梯定价，甚至修正性两部制可能更合适。虽然具体的数值范围取决于对需求、成本和类型分布函数的设定，但是基本结论不变。

　　最后，定理 II 对递增阶梯定价级数合理化的研究有很强的现实和理论意义，主要体现在两个方面。首先，一定程度上为递增阶梯水价（和电价）政策的阶数取值 2、3 至多取 5 的做法提供了理论依据，尤其是部分地解释了国务院和国家发改委出台的两套阶梯定价改革方案分别只有两个和三个阶梯数的合理性（国家发改委，2010）。递增阶梯定价机制的最优阶数较小的理论结果，也与国外递增阶梯定价政策方案不谋而合。比如美国加利福尼亚州 2000 年电力危机前后的递增阶梯电价分别为二级和五级（BC Hydro，2008）。其次，也是更重要的，推论Ⅱ显著地简化了最优递增阶梯定价机制设计研究。最优递增阶梯定价机制的级数有限，使我们能够在级数 n 分别为 1、2、3 之类的较小正整数条件下分别寻找最优一级递增阶梯定价、最优二级递增阶梯定价等的条件最优的递增阶梯定价，然后从中找到最优递增阶梯定价。[①]

这里需要指出，定理Ⅱ只论证两套阶梯定价改革方案阶梯数的合理性，未评价两套方案中的数量档次及其边际价格的合理性，同时也没有进行最优递增阶梯定价机制的特征化工作，这两点是笔者后续研究的重点。

第五节　结论

本章研究了考虑递增定价政策的制定与实施过程当中的信息和计算成本条件下的定价机制的有效执行问题，重点探讨递增阶梯定价机制替代连续递增定价机制的渐近有效性及其理论应用。连续递增定价政策能通过离散的递增阶梯定价机制来近似有效地执行。研究发现，对于任意的类型分布函数和分割方式，用 n 级递增阶梯定价机制替代连续递增定价机制所造成的修正性福利损失是 n 的平方倒数的同阶无穷小。当级数趋于正无穷时，递增阶梯定价机制转变为连续递增定价机制，不存在未实现的福利，也就不存在福利损失。虽然级数增加有利于降低福利损失，同时也极大地增加了实施递增阶梯定价机制所需的信息和计算要求。满足这些高要求必然需要付出额外的福利代价，并且福利代价随级数 n 的

---

① 其实，基于推论Ⅱ，以及网络型资源领域 n 级递增阶梯定价机制与 n 列两部制菜单的等价性关系，还能通过往一般性两部制中依次新增 $n-1$ 个修正性两部制来逼近最优 n 级递增阶梯定价机制。参见方燕《递增阶梯定价理论》，博士学位论文，中国社会科学院研究生院，2012年。

增加而迅速递增。基于高复杂性所致的福利代价和福利节约，递增阶梯定价机制的最适级数较小。渐近有效性结论以及递增阶梯定价机制最优级数较小的论断，将促进最优递增阶梯定价机制设计研究。其中，最优级数较小的论断，一定程度上为现实当中递增阶梯定价政策级数不多的现象提供了理论解释，比如从理论角度揭示了国家发改委所提供的二套阶梯定价改革方案分别只有二级和三级的合理性。

最后指出两点：第一，本章更现实地考虑了定价机制制定与实施过程当中所要发生的交易成本和福利损耗对规制者最终所选择的定价机制类型的影响，并结合这些因素变动特性，将之用于为递增阶梯定价适宜级数问题提供某些直觉性认识。但是，由于本章没有将信息与计算复杂性约束与典型的可行性约束同等对待，也就不可能严格地确定最优级数，以及最优递增阶梯定价机制。其实，这些都是问题依赖性的，也是今后研究的一个出发点。第二，虽然旨在利润（或社会福利）最大化的递减式定价研究向多产品（Wilson，1993；Armstrong，1999）、多维度（Rochet and Stole，2003）和竞争引入（Stole，2005）等方向的拓展富有成果，但是，基于半福利主义视角的递增式（连续或阶梯）定价理论，仍未探讨多产品和多维信息不对称情形、存在竞争互动时结论的稳健性等问题。这些也是递增阶梯定价理论研究的未来发展方向。

附录1　定理I的证明

证明：将在激励相容的可行机制集内寻找某个机制$\{[\breve{x}^i(t), \breve{B}_i(t)] \mid t \in T_i, i = 1, 2, \cdots, n\} \in (R_+^2)^n$使定理I成立。不失一般性，对于任意给定的函数$F \in \Delta$，特别选取消费配置$\bar{x}^i(t) \equiv \bar{x}^i = \int_{T_i} x(r) F(r) / F^i$，$\forall t \in T_i, \forall i \in I_n$，这体现第$i$个类型分割中的消费者消费恒定为在递增定价结构下的最优消费平均值。由于$\bar{x}^i < x(t_{i+1}) < \bar{x}^{i+1}$，$\bar{x}^i$对$i$递增，那么总存在$B_i(t)$使得消费者$t \in T_i$在第$i$个阶梯的某点上消费是最佳决策，总是选择$[\bar{x}^i, B_i(t)]$，也就是说，消费配置$\bar{x}^i$是激励相容的。

在不影响激励相容约束、个人理性约束和既定类型分割的情况下，可适当调整$B_i(t)$的大小，使得在n级递增阶梯定价和递增定价下的企业收入相等，即 $\sum_{i=1}^{n} \int_{T_i} B_i(t)\mathrm{d}F(t) = \int_0^1 K(t)\mathrm{d}F(t)$ 。此时，

$$L(F,n) = \int_0^1 M\{v[t,x(t)] - K[x(t)]\}\mathrm{d}F(t) - \sum_{i=1}^{n}\int_{t_i}^{t_{i+1}} M[v(t,\bar{x}^i) -$$

$$B_i(t)]\mathrm{d}F(t) = \sum_{i=1}^{n}\int_{t_i}^{t_{i+1}}\{M[v(t,x(t))] - K[x(t)] -$$

$$M[v(t,\bar{x}^i) - B_i(t)]\}\mathrm{d}F(t)$$

$$\leqslant Z_: = \sum_{i=1}^{n}\int_{t_i}^{t_{i+1}}$$

$$\{M(v[t,x(t)]) - M\{v[t,(\bar{x}^i)]\}\}\mathrm{d}F(t) \qquad (A1-1)$$

其中，不等式基于函数 $M(\cdot)$ 的凹性和 $\sum_{i=1}^{n}\int_{T_i} B_i(t)\mathrm{d}F(t) = \int_0^1 K(t)\mathrm{d}F(t)$ 。
由于 $v(t, x)$ 和 $M(v)$ 分别是 x 和 v 的凹函数，复合函数 $N[t, x(t)]: = M\{v[t, x(t)]\}$ 也是 x 的凹函数。为此，

$$N[t, x(t)] - N[t, x(r)] \leqslant N_2[t, x(r)][x(t) - x(r)] \qquad (A1-2)$$

其中，$N_2[t, x(r)] = \partial N(t, x)/\partial x|_{x=x(r)}$，进而，

$$Z \equiv \sum_{i=1}^{n}\int_{t_i}^{t_{i+1}}\{N[t,x(t)] - N(t,\bar{x}^i)\}\mathrm{d}F(t)$$

$$\leqslant \sum_{i=1}^{n}\int_{t_i}^{t_{i+1}} N_2[t,x(r)][x(t) - \int_{T_i}x(r)\mathrm{d}F(r)/F^i]\mathrm{d}F(t)$$

$$= \sum_{i=1}^{n}\int_{T_i}\int_{T_i}\{N_2[t,x(r)][x(t) - x(r)]\}\mathrm{d}F(r)\mathrm{d}F(t)/F^i \quad (A1-3)$$

为表述方便，现定义一个辅助函数 $H_i \equiv \int_{T_i}\int_{T_i}\{N_2[t,x(r)][x(t) - x(r)]\}\mathrm{d}F(r)\mathrm{d}F(t)$。

函数 $H_i(\cdot)$ 可用数值积分梯形法则和泰勒级数近似等方法进行近似处理，从而论证其被一个阶数不超过 $1/n^2$ 的函数限定。在此采用常见的泰勒级数近似进行论证。

假定与类型分布概率 $s \in [0, 1]$ 和 $y \in [0, 1]$ 对应的类型分别为 $r(s) = F^{-1}(s)$ 和 $t(y) = F^{-1}(y)$，则辅助函数经换元和修改后为：

$$H_i(\theta_i) = \int_{q_i}^{q_i+\theta_i}\int_{q_i}^{q_i+\theta_i} N_2\{t(y),x[r(s)]\}\{x[t(y)] - x[r(s)]\}\mathrm{d}s\mathrm{d}y$$

$$(A1-4)$$

该函数是关于消费位于第 i 阶梯的消费者比重 $\theta_i \equiv F^i$ 的几乎处处连续

可微函数。

特别地，假定类型分割均匀，$\theta_i = \dfrac{1}{n} = \theta$，此时，

$$H_i(\theta) \equiv H_i(\theta_i)\mid_{\theta_i=\theta}$$

$$= \int_{q_i}^{q_i+\theta} \int_{q_i}^{q_i+\theta} N_2\{t(y),x[r(s)]\}\{x[t(y)] - x[r(s)]\}dsdy$$

$$(A1-5)$$

利用莱布尼茨积分法则，对函数 $H_i(\theta)$ 进行积分，有：

$$H'_i(\theta) \equiv \int_{q_i}^{q_i+\theta} N_2\{t(q_i+\theta),x[r(s)]\}\{x[t(q_i+\theta)] - x[r(s)]\}ds$$

$$+ \int_{q_i}^{q_i+\theta} N_2\{t(y),x[r(q_i+\theta)]\}\{x[t(y)] - x[r(q_i+\theta)]\}dy$$

$$(A1-6)$$

为简化表述，定义：

$$\alpha(r,t) := \{N_{22}[t,x(r)][x(t)-x(r)] - N_2[t,x(r)]\}x'(r)/f(r)$$

$$\beta(r,t) := \{N_{21}[t,x(r)][x(t)-x(r)] + N_2[t,x(r)]\}x'(t)/f(t)$$

$$(A1-7)$$

其中，$N_{22}[t, x(r)] = \partial N_2(t, x)/\partial x\mid_{x=x(r)}$，$N_{21}[t, x(r)] = \partial N_2[t, x(r)]/\partial t$。继续对辅助函数求二级和三级导数，分别为：

$$H''_i(\theta) = \int_{q_i}^{q_i+\theta} \alpha[r(q_i+\theta),t(s)]ds + \int_{q_i}^{q_i+\theta} \beta[r(y),t(q_i+\theta)]dy$$

$$H'''_i(\theta) = \int_{q_i}^{q_i+\theta} \alpha_1[r(q_i+\theta),t(s)]ds/f[r(q_i+\theta)] + \int_{q_i}^{q_i+\theta} \beta_2[r(y),t(q_i+\theta)]dy/f[t(q_i+\theta)]$$

用泰勒定理，围绕 $\theta=0$ 对函数 $H_i(\theta)$ 进行扩展，并对其中的剩余项写为拉格朗日形式。有：

$$H_i(\theta) = H_i(0) + H'_i(0)\theta + H''_i(0)\theta^2/2 + H'''_i(\varepsilon\theta)\theta^3/6,\ 其中，\varepsilon \in [0,1] \qquad (A1-8)$$

据上述求解过程，$H_i(0) = H'_i(0) = H''_i(0) = 0$，从而可得 $H_i(\theta) = H'''_i(\varepsilon\theta)\theta^3/6$。 $\qquad (A1-9)$

由一般化的均值定理知，对于连续可微函数 $H'''_i(\varepsilon\theta)$，总存在 $\tilde{t} \in [t(q_i), t(q_i+\varepsilon\theta)]$ 和 $\tilde{r} \in [r(q_i), r(q_i+\varepsilon\theta)]$，使：

$$H'''_i(\varepsilon\theta) = \int_{q_i}^{q_i+\varepsilon\theta} \alpha_1[r(q_i+\varepsilon\theta),t(s)]ds/f[r(q_i+\varepsilon\theta)] +$$

$$\int_{q_i}^{q_i+\varepsilon\theta} \beta_2[r(y),t(q_i+\varepsilon\theta)]\mathrm{d}y/f[t(q_i+\varepsilon\theta)]$$
$$=\varepsilon\theta\{\alpha_1[r(q_i+\varepsilon\theta),\ t(s)]/f[r(q_i+\varepsilon\theta)]+$$
$$\beta_2[r(y),\ t(q_i+\varepsilon\theta)]/f[t(q_i+\varepsilon\theta)]\} \qquad (A1-10)$$

由于函数 $v(t,\ x)$ 对 t 和 x 的一阶、二阶偏导函数，和 $x''(t)$ 和 $f''(t)$ 都有外生上边界，$\alpha_1(r,\ t)$ 和 $\beta_2(r,\ t)$ 也有外生上边界。所以，$H'''_i(\varepsilon\theta)=O(\varepsilon\theta)=O(\theta)$，有 $H_i(\theta)=O(\theta^4)$，进而：

$$L(F,n)\leq Z\equiv\sum_{i=1}^{n}H_i(\theta)/\theta=O(\theta^2)=O(1/n^2) \qquad (A1-11)$$

不难知，$L(F,\ n)$ 幂的次数为整数，必然与阶梯数 n 有关，并增加 n 会加速减少 $L(F,\ n)$。特别地，$n\rightarrow+\infty$，$L(F,\ n)\rightarrow 0$。$L(F,\ n)$ 的阶数 $\mathrm{Rank}[L(F,\ n)]>1/n$，否则增加 n 并不会使 $L(F,\ n)$ 加速减少，故 $L(F,\ n)=O(1/n^2)$。因类型分布函数 F 在如上推演过程中不存在实质性限制，这点在 Bergemann 等（2010）已涉及。所以 $L(n)=O(1/n^2)$。

最后指出，对于非均匀分割的一般情形，以上结论仍成立。因为对于任意分割，如 $\{\theta_1,\ \theta_2,\ \cdots,\ \theta_n\}$，其中 $0\leq\theta_i=F^i\leq 1$，$\sum_{i=1}^{n}\theta_i=1$。假定 $\theta=\mathrm{Min}\{\theta_1,\theta_2,\cdots,\theta_n\}$，则 $\theta_i=\delta_i\theta$ 和 $\theta=1\Big/\sum_{i=1}^{n}\delta_i=O(1/n)$，其中参数 $\delta_i\geq 0$ 由分割方式唯一决定。所要构造的辅助函数 $\hat{H}_i(\theta)\equiv H_i(\theta_i)|_{\theta_i=\delta_i\theta}$，沿着相同的推演过程可得相似的结论。

综上所述，在半福利主义诉求等假设下，用 n 级递增阶梯定价机制替代连续递增定价机制所致的最大福利损失将与 n 的平方倒数同阶无穷小。证毕。

附录 2　定理 II 的证明

证明：从边际角度看，确定递增阶梯定价机制的最优阶梯数，主要取决于有没有新增一个阶梯的动力，或者说基于新增一个阶梯的成本收益分析。为了便于分析，这里首先将阶梯级数视为正实数，之后再考虑其为正整数的特性。一方面，根据定理 I 和推论 I，在同样的条件下，连续递增定价机制能比离散递增阶梯定价机制实现更多的修正性福利，如果用递增阶梯定价机制取代连续递增定价机制，将遭受部分福利损失，但是，递增阶梯定价机制的级数越多，这种替代所致的福利损失就越少。严格地说，给定某个最优的 $n-1$ 级递增阶梯定价机制，新增一个阶梯的收益是，相对于连续递增定价机制而言，所相应减少的修正性福利损失 $DWL(n) = L(n) - L(n-1) = O(1/n^3)$。另一方面，考虑到定价机制的制定与实施所耗费的福利，新增一个阶梯所带来的成本是，为满足更复杂的 n 级递增阶梯定价的制定与实施过程所需的信息和计算要求而额外付出的福利代价 $SWL(n) = D(n)$。福利代价函数性质由条件（1-3）给出。最优阶梯数取决于均衡条件 $DWL(n) = SWL(n)$。当均衡等式所得的解是正整数时，所得解就是最优级数；当所得的解不是正整数时，最优阶梯数取值应是在此实数附近使福利最大的正整数。尽管两个函数的具体形式取决于特定的经济环境，但是，函数的基本性质是确定的。曲线 DWL (n) 与曲线 $y = 1/x^3$ 位于直角坐标系第一象限上的那个分支同族。如果假设 $DWL(n) = b/n^3 (b>0)$，此曲线向下倾斜的幅度比双曲线 b/n 在第一象限的分支要大。根据假定，曲线 $SWL(n)$ 是位于第一象限的严格加速递增曲线，且 $SWL(0) = D_0 < +\infty$ 和 $\lim_{n \to 0^+} DWL(n) = +\infty$。由于直接福利代价 D_0 占总福利代价比重很低，在此简单地假定没有直接福利代价，只有直接影响总福利代价函数性质的间接福利代价。根据 Weierstrass 逼近定理，任何定义在闭的有界区间上的连续函数都能由多项式函数来逼近（Stein and Shakarchi, 2003）。据此，一般性函数 $SWL(n)$ 能由多项式 $SWL(n) = an^A (A>1, a>0)$ 来逼近。此时据均衡条件得到均衡阶梯数的显性解为 $n^* = \sqrt[(A+3)]{(b/a)}$。不难知，两条曲线的交点所确定的均衡值相对较小。证毕。

第二章　公正性、递增定价机制与家庭规模

第一节　引言

新时期转型调整的一个主要议题是缓解甚至消除日益凸显的社会分配不公。通过提高免征额、细化税收名目等收入税制改革，在缓解分配不公方面常常比倾斜性资源定价更可行。但是，如考虑税收征管、逃税、横向公平和纳税人的税收偏好等因素，收入税制的功效被削弱。更重要的是，若收入等特征信息不完美，倾向性公共定价能比收入税揭示更多信息。

公共资源定价文献大多探讨最优（或次优）效率定价。由于公共资源提供所呈现的平均成本递减特性，边际成本定价和平均成本定价无法兼容经济效率和收益中性。[①] 实现两者权衡的经典手段是拉姆齐—博伊蒂厄克斯（Ramsey - Boiteux，R—B）定价和科斯两部制。经典 R—B 机制通过边际成本定价的扭曲最小化来实现收益中性，忽略公正性问题。通过新增收入的边际效用内生化消费者剩余权重所得的修正性 R—B 机制，尽管体现公正性却使定价机制异常复杂和难以执行。经典两部制在不扭曲边际成本定价前提下新增固定收费项，在利润最大化和社会福利最大化环境使用普遍。在经典两部制中，固定收费使消费者具有消费资格；随后新增的单位消费须支付额外费用，以补偿价格与平均成本差异所致的成本差。将两部制纳入"一揽子"价格菜单，能实现社会福利的帕累

---

① 受规制资源提供商的收益中性，通过政府转移支付和企业新增固定收费来实现从社会角度看等价。因为政府给予的转移支付可视为在企业预算平衡下向消费者索取的固定收费；或新增固定收费对某些弱势消费者的排斥所引起的无谓损失与转移支付所致的影子成本类似。在此仅考虑通过定价收费实现收益中性。

托改进；两部制合理地综合了有效而不可行的拉姆齐定价和无效率但社会可接受的轻度需求免费定价。

由于消费者收入特征信息不完全，基于完全信息的经典两部制未对消费者特征加以区分，所有消费者支付相同的单价，把承担不起边际成本或（和）固定成本的低收入群体排除在市场外。甚至还探讨了两部制的最优排他率和市场全覆盖的福利代价。与经典文献从效率（或福利）角度探讨最优定价机制不同，本章从纯公正角度探索如何修正经典两部制，以实现基本消费和成本补偿。这里，公正性是指实现基本消费和基于支付能力的成本恰好补偿。最早有文献在研究最优两部制中，试图通过新增收入的边际效用作为消费者剩余权重来兼顾效率和公平诉求。与此不同，本章采用外生的福利权重，实现类型甄别。通过类型甄别来探讨如何使所有消费者满足基本消费和高收入消费者合理地补偿企业成本。最后，考察私有家庭规模信息对修正性两部制的影响。

第二节 基本模型

一 模型设定

假定消费者消费两种正常品：稀缺的公共资源 x 和另外一种商品 NC。商品 NC 可视为其他所有商品经加总后的综合性商品。异质性消费者的收入和家庭特征等信息不同。规制者在制定价格政策时不知道异质性情况，处于信息优势一方的消费者会利用规制者的无知为自己牟利，这是典型的逆向选择问题。为简化起见，首先分析消费者（家庭）收入信息不对称的典型单维情形，然后拓展至家庭收入和特征信息均不对称但关联的独特单维情形。假定消费者收入 y 分布在从非常低、中等到高收入的连续统内，$Y=[\underline{y}, \overline{y}]$，$\underline{y} \geq 0$，有时标准化为 $Y=[0, 1]$。收入差异一定程度上体现了支付能力的差异。消费者知道自身类型，规制者不知道。但是，类型的概率分布 $G(y)>0$ 和密度 $g(y)>0$ 是共同知识。假定消费者总数为 $P \in Z_+$，类型为 y 的消费者共有 $Pg(y)$。现做两个重要假定：假设每个消费者至少消费共同的基本消费量 $x_0 \geq 0$ 和 $NC_0 \geq 0$；消费者均有柯布—道格拉斯（C—D）偏好。其中，外生性的基本消费能通过实证等手段获取，在此假定 $NC_0=0$。为突出基本消费，设效用函数为斯通—吉尔里

(Stone – Geary)形式：

$$U(x,NC) = (x - x_0)^\alpha (NC - NC_0)^{1-\alpha}, 0 < \alpha < 1 \qquad (2-1)$$

给定价格政策 $T(x)$，消费者的消费支出取决于实际消费量，因而消费者会做出对自身类型而言最优的消费决策。由于最优消费规则取决于自身私有的收入类型，显示原理揭示每个消费者报告类型的直接激励机制能实现一般定价机制，均衡标准是纳什均衡，从而通过探讨直接机制来获悉背后的一般定价政策。在公共资源领域，消费者至少消费基本生活量，无法退出消费市场，因而参与约束自然满足。假定满足参与约束的可行机制组集（Set of Direct Mechanism Profile，DM）为：

$$DM: = \{T(\tilde{y}), x(\tilde{y})\}, \forall \tilde{y} \in Y \qquad (2-2)$$

给定可行机制组集内的某一机制组，消费者预算约束为 $T(y) + NC \times P_{nc} = y$，其中，$P_{nc}$ 是其他商品价格。假定商品 NC 为计价物，$P_{nc} = 1$，则类型依存的消费者效用函数为：

$$U[x(y), y - T(y)] = [x(y) - x_0]^\alpha (y - T(y))^{1-\alpha} \qquad (2-3)$$

要公正地补偿企业的经营成本，必须完全甄别消费者类型。由于规制者不知道消费者类型[①]，最优机制组须使消费者有动力如实汇报真实类型。对于类型连续统，最优机制组须满足激励相容约束[②]：

$$(IC)\, y \in \arg \operatorname{Max}_{\tilde{y}} \{U[x(\tilde{y}), y - T(\tilde{y})]\}, \forall (y, \tilde{y}) \in Y \times Y: = Y^2 \qquad (2-4)$$

则有一阶条件和单调性条件：

$$(IC - FOC)\, U_x x'(y) - U_y T'(y) = 0, \forall y \in Y \qquad (2-5)$$

$$(IC - MOC)\, T'(y) > 0, x'(y) > 0, \forall y \in Y \qquad (2-6)$$

换言之，有如下引理：

引理：在消费者收入信息不对称情况下，使消费者如实报告收入的类型和消费规则是收入类型的严格增函数。

证明：见附录1。

定义1：所有满足激励相容约束的可行机制组的集合，称为激励相容机制组集（Set of Incentive Compatible Direct Mechanism Profile，ICDM）。

将式（2-5）代入类型依存效用函数式（2-3），激励相容机制组集

---

① 由于此处仅分析规制者不知道消费者收入信息的静态情形，不分析规制者搜寻信息的动态情形。动态模型较为复杂，后续研究将分析。

② 据此式，如实报告类型仅是消费者最优策略之一，其他策略（如低报收入）可能也是解。在此不分析解的多重性。

的定义式为:

$$ICDM: = \left\{ [T(y), x(y)] \in DM \left| \frac{\alpha x'(y)}{x(y) - x_0} - \frac{(1 - \alpha) T'(y)}{y - T(y)} = 0, \forall y \in Y \right. \right\}$$

$$(2-7)$$

此定义基于 C—D 偏好,也可基于一般性偏好。本章目的是在激励相容机制组集 ICDM 内找到某机制组 $\{T^*(\tilde{y}), x^*(\tilde{y})\}$,使得在此机制组下消费者既能满足基本消费,又能公正地补偿企业成本。后面将简要地论证这种机制组的存在性和唯一性。注意,公正含义在此仅体现为,既不妨碍消费者基本消费,又让消费者合理地补偿企业成本。由于信息不对称,基于对称信息的常见定价手段无法实现此目的。

最后,假定供给商有固定的边际供给成本 $c > 0$ 和固定成本 $F > 0$,无共同成本,那么成本函数①为:

$$TC[X(y)] = F + cX(y)$$

其中,$X(y) = P \int_{\underline{y}}^{y} x(s) \mathrm{d}s$

$$(2-8)$$

二 修正性两部制:公正性诉求

在网络型资源领域,平均成本常常高于边际成本。② 在这些领域,经典两部制因忽略消费者异质性,虽然实现企业收益中性,却总把低收入群体排除在外。剥夺低收入者的基本生活权,有悖于社会公正。要保证无人被排除在外又实现成本恰好补偿,必须修正经典两部制,甄别高收入者和低收入者。本小节着重探讨如何修正两部制,实现如下目标:弱势群体以低于边际成本的价格付费,并不承担固定成本补偿责任;高收入者支付相对高价以承担更多的成本补偿责任。

假定有部分低收入消费者无能力按边际成本支付基本消费。严格地说,在连续统 Y 内存在一个消费者群体 I 无力承担正常消费支出:

$$I = [\underline{y}, y_0) \subset Y$$

$$(2-9)$$

其中,$y_0 = cx_0$。

---

① 供给商的供给行为所致的社会变动成本,除取决于资源供给量外,还受制于社会(或环境)成本 K、资源储量 S 等,社会供给成本函数为 $TC = F + C[X(y), K, S]$,$\frac{\partial C}{\partial K} > 0$,$\frac{\partial C}{\partial S} < 0$。

② 注意,边际成本递减假定很关键。如边际成本递增,后文对两部制所做的修正不必然如此。因为此时也可修正为 UPR,即变动收费部分仍按照边际成本定价,固定收费部分适当下降。

作为社会公正的基本体现，所有消费者至少得到基本消费。非排他性两部制组满足初始条件：

$$T(\underline{y}) = \underline{y}, x(\underline{y}) = x_0 \qquad (2-10)$$

并要求向超量消费索取固定边际价格：

$$constant = \frac{\mathrm{d}T(x)}{\mathrm{d}x} = \frac{T'(y)}{x'(y)} > 0, x \geq x_0 \qquad (2-11)$$

鉴于低收入者收费低和存在固定成本，要补偿企业成本[①]，超额消费被索取的边际价格必须大于边际成本 c。假定 $constant = (1+m)c, m > 0$，故非排他性两部制组的特征式为：

$$\dot{T}(y) = (1+m)c\dot{x}(y), m > 0, \forall y \in [y_0, \bar{y}] \qquad (2-12)$$

其中，待定系数 m 是成本完全补偿约束因子。

定义 2：所有满足初始条件式（2-10）和特征式（2-12）的两部制组 $\{T(y), x(y)\}$ 的集合，称为修正性两部制组集（Set of Modified Two-part Tariff，MTT）。

定义 3：对于可导的可行机制组集 $DM := \{T(y), x(y)\}$，$\forall y \in Y$，所有经导数后的可行机制组的集合，称为微分机制组集（Derivation of Direct Mechanism Profile set，DDM）。

对于连续可导机制组集，微分机制组集被界定为：

$$DDM := \{[\hat{T}(y), \hat{x}(y)] \mid \hat{T}(y)$$
$$= T'(y), \hat{x}(y) = x'(y), [T(y), x(y)] \in DM, \forall y \in Y\}$$

由此得修正性两部制组集 MTT 的微分机制组集：

$$DDM_{mtt} = \{[T'(y), x'(y)] \mid T'(y) = (1+m)cx'(y) > 0,$$
$$[T(y), x(y)] \in DM, T(\underline{y}) = \underline{y}, x(\underline{y}) = x_0\}$$

和激励相容机制组集 ICDM 的微分机制组集：

$$DDM_{icdm} = \{[T'(y), x'(y)] \mid \frac{\alpha x'(y)}{x(y) - x_0}$$
$$= \frac{(1-\alpha)T'(y)}{y - T(y)} > 0, [T(y), x(y)] \in DM\}$$

这些定义有助于论证解的存在性和唯一性。注意，机制组在 $x' - T'$ 坐

---

① 资源提供总成本有供给成本，还有机会成本、经济外部性和环境外部性等。由于广义化的成本构成较难测算，在此仅指供给成本。

标的第一象限与其满足二阶条件内在一致。

本小节探讨同时在 *MTT* 集和 *ICDM* 集内的机制组，即其交集内的元素。因为 *MTT* 集和 *ICDM* 集的微分机制组集分别呈现为一条射线和曲线，两条线的交点对应最优微分机制组，进而对应修正性两部制组。后面将看到，交集内只有一个元素，或者说只存在唯一解。在此先求解最优微分机制组，再验证其在第一象限内。

解可微方程组（2 - 7）和方程组（2 - 12），结合初始条件（2 - 10），得最优修正性两部制组：

$$T(y) = \underline{y} + \alpha(y - \underline{y}), y \geq \underline{y} \tag{2-13}$$

$$x(y) = x_0 + \frac{\alpha}{(1 + m)c}(y - \underline{y}), y \geq \underline{y} \tag{2-14}$$

不难验证，$\{T'(y), x'(y)\} = \{\alpha, \frac{\alpha}{(1 + m)c}\}$ 在 $x' - T'$ 坐标的第一象限里。价格弹性 α 越大，基于类型的消费 $x(y)$ 和收费 $T(y)$ 斜率越大。成本补偿约束 m 和边际成本 c 反向影响消费，对收费无直接影响。

现在确定系数 m。经营商受收支预算 $H := \int_{\underline{y}}^{\bar{y}} [T(y) - cx(y)]Pg(y)dy - F$ 的限制①，若获取一定回报，$H > 0$；若成本完全补偿，$H = 0$。假定成本恰好补偿。此时系数 m 满足：

$$(\underline{y} - cx_0) + \frac{m\alpha}{(1 + m)}[E(y) - \underline{y}] = \frac{F}{P} \tag{2-15}$$

其中，$E(y) = \int_{\underline{y}}^{\bar{y}} yg(y)dy$。

基于类型的修正性两部制组，如式（2 - 13）和式（2 - 14）所示，消去类型 y 并结合式（2 - 15），可得基于消费的非排他性两部制收费：

$$
\begin{aligned}
T(x) &= \underline{y} + (1 + m)c(x - x_0) \\
&= \underline{y} + \frac{\alpha c[E(y) - \underline{y}](x - x_0)}{\alpha[E(y) - \underline{y}] - \left[\frac{F}{P} - (\underline{y} - cx_0)\right]}
\end{aligned} \tag{2-16}
$$

可见，在非排他性两部制中，增加单位消费所引起的支付增加额受

---

① 收支限制 H 有上限和下限，常常不太可能小于零。在实践中，最小 H 值相当于对公共部门产品或稀缺资源收费为零；其最大值相当于追求利润最大化。H 也可能内生。

消费者群体的收入分布状况 [$\underline{y}$ 和 $E(y)$]、供给因素（F/P 和 c）和弹性（α）等因素的影响。边际（或人均固定）成本越大，或弹性越小，两部制收费函数的斜率越小；人均收入或最低收入越大，斜率越大。此外，成本补偿系数 m 通过消费间接影响收费。

综上所述，得到如下定理：

定理 I：当消费者收入信息不对称时，（1）能通过类型不完全甄别修正经典两部制收费，实现基本公正和成本恰好补偿。（2）两部制机制组的修正方式是，进入门槛从 y_0 降低至最低水平的 $\underline{y}$，额外消费的边际价格从 c 提高到 $(1+m)c$。这样，使只消费基本所需的弱势群体不被排除在市场之外；高消费的高收入群体为成本补偿承担更多责任。（3）经修正后，基于消费的非排他性两部制收费政策为 $T(x) = \underline{y} + (1+m)c(x - x_0)$，其中约束因子由式（2 - 15）确定。

三　递增定价机制：进一步修正

非排他性两部制使区域 I 内的弱势群体能消费基本生活所需，一定程度上体现了对弱势群体的公正。可是，非排他性两部制仅将类型分为低和高两类，类型甄别不完全。在不完全甄别下，以固定边际价格支付超额消费补偿成本的做法，对比区域 I 内消费者收入稍高的次低收入群体不公。这些人的收入同样有差异，却为成本补偿承担同样程度的责任，使次低收入人群的负担过重。理论上说，消费者所要承担的成本补偿责任应取决于不可观察的支付能力，通过类型完全甄别来实现。在竞争市场上，支付能力很大程度上体现为收入水平。据上述引理，收入越高，消费就越高。可观察的消费信息，可用于推测不可观察的支付能力。本小节探索对次低收入者公平的连续递增定价机制应具有的特征。

在连续递增机制组作用下，所有超额消费被索取逐步递增的边际价格。严格地说，待构递增机制组满足：

$$\frac{\mathrm{d}T(x)}{\mathrm{d}x} = \frac{T'(y)}{x'(y)} = (1+n)c(y-\underline{y})^\beta > 0, x \geq x_0 \qquad (2-17)$$

或 $\dot{T}(y) = (1+n)c(y-\underline{y})^\beta \dot{x}(y)$ $\qquad\qquad\qquad (2-18)$

其中，待定系数 n 是成本补偿因子；外生系数 β 反映累进程度，基于 IC 条件有 $0 \leq \beta < 1$。

定义 4：所有满足初始条件式（2 - 10）和特征式（2 - 17）的递增

机制组的集合，称为递增机制组集（Set of Increasing Direct Mechanism Profile，IDM）。

由于理性的高类型消费者有动力和条件假装自己是低类型，以少承担成本补偿责任，最优递增机制要受制于激励相容约束。为在 IDM 集内寻找满足 IC 约束的递增机制组集，先分析对应的微分机制组集。类似地，由于 IDM 集和 ICDM 集的微分机制组集都是位于第一象限的两条曲线，可能存在多个最优微分机制组和最优递增机制组。我们将看到，所求交集内有无数元素，或方程有无数解。同样，先求解两曲线的交点，再验证解在第一象限。

由式（2-7）和式（2-17）构成的微分方程组变形，得可变系数的一阶微分方程：

$$\frac{T'(y) - \alpha\beta T(y)}{y - \underline{y}} = \frac{\alpha - \alpha\beta y}{y - \underline{y}} \tag{2-19}$$

解得基于类型的递增机制组：

$$T_p(y) = \underline{y} + \frac{\alpha(1-\beta)}{1-\alpha\beta}(y - \underline{y}) + D(y - \underline{y})^{\alpha\beta} \tag{2-20}$$

$$x_p(y) = x_0 + \frac{\alpha(y - \underline{y})^{(1-\beta)}}{(1-\alpha\beta)(1+n)c} + \frac{\alpha D(y - \underline{y})^{\alpha\beta-\beta}}{(\alpha-1)(n+1)c} \tag{2-21}$$

下标小 p 表示累进递增。由于初始条件式（2-10）已经隐含在等式中，待定系数 D 无法确定，所以最优递增机制组不唯一，甚至有无数个。在此，仅分析最简单的特解（$D=0$）。不难验证，对于此特解，$\{T_p'(y), x_p'(y)\} > \vec{O} \equiv \{0, 0\}$ 确实严格位于 $x' - T'$ 坐标第一象限内。如前所述，成本补偿系数 n 直接影响消费。在递增机制组中，基于收入的收费和消费函数斜率受累进系数 β 的影响。β 越大，收费函数斜率越小，消费函数斜率变化不明显。

对于递增机制组（$D=0$），如式（2-19）和式（2-20）所示，消去 y，可得基于消费的连续递增定价：

$$T(x) = \underline{y} + \frac{\alpha(1-\beta)}{1-\alpha\beta}\left[\frac{(1+n)c(1-\alpha\beta)}{\alpha}\right]^{\frac{1}{1-\beta}}(x - x_0)^{\frac{1}{1-\beta}}$$

$$= \underline{y} + A(x - x_0)^{\frac{1}{1-\beta}} \tag{2-22}$$

其中，$A = \frac{\alpha(1-\beta)}{1-\alpha\beta}\left[\frac{(1+n)c(1-\alpha\beta)}{\alpha}\right]^{\frac{1}{1-\beta}} > 0$。

式（2-22）是通过类型完全甄别实现成本补偿公正的连续递增定价。待定系数 n 由收支平衡确定。由于 $\beta < 1$，$T'(x) = \dfrac{A(x - x_0)^{\frac{\beta}{1-\beta}}}{(1-\beta)} > 0$，$T''(x) = \dfrac{A\beta(x - x_0)^{\frac{2\beta - 1}{1-\beta}}}{(1-\beta)^2} > 0$。从而说明，当消费者收入信息不对称时，真正公正地补偿成本的定价机制是凸函数。由于 $\dfrac{\mathrm{d}\left[T'(x)\right]}{\mathrm{d}\beta} > 0$，累进系数越大，收费函数的斜率增加越快。此点类似于累进税制中税率变动效应。在这样的连续递增定价政策下，区域 I 内的低收入者不需承担补偿成本的责任；高收入者对成本补偿做出更多贡献，以交叉补贴前者。当 $\beta = 0$ 时，式（2-22）与式（2-14）一致。或者说非排他性两部制可视为连续递增定价机制在累进系数为 0 时的特例。其实，连续递增定价政策是递增阶梯定价政策的基准。因为连续递增定价是离散递增阶梯定价的上包络线。连续递增定价机制的合理性，某种程度上论证了递增阶梯定价的合理性。这是后文要论证的。

综上所述，有如下定理：

定理Ⅱ：当消费者类型信息缺乏时，连续递增定价机制能通过完全甄别类型使较富裕消费者群体公正地补偿企业成本。

第三节 拓展：家庭规模效应

前节分析了当消费者收入信息不对称时要实现成本补偿和公正诉求应如何修正经典两部制。现实中的资源消费者是收入和其他特征信息都私有的家庭。新增考虑的私有家庭规模信息会如何影响前面的结论？本节从家庭收入信息不对称的单维情形，拓展至家庭收入和规模信息不对称的两维情形。① 由于两维信息不对称情形分析很复杂，只要能说明问题，这里避免分析纯两维逆向选择问题。故假定不可知的家庭收入和规

---

① 家庭收入和规模信息不对称情形常常有两种处理方式：所定机制基于家庭所报的收入和规模两维信息；所定机制仅基于所报的收入信息，家庭规模被假定（或实证估得）与收入的某种关联性。第二种方式可视为单维类型机制设计问题，如本节。

模具反向线性关联，这种关联性是共同知识。为简化起见，不考虑家庭成员消费的范围经济和规模经济，同时家庭内部成员之间同质。假定家庭规模函数为：

$$h(y) = \underline{h} + \frac{b(y-\underline{y})(\underline{h}-\overline{h})}{\overline{y}-\underline{y}} \qquad (2-23)$$

其中，$\underline{h}$和$\overline{h}$是最低和最高收入家庭的规模，$\underline{h} > \overline{h}$和$b > 0$，知$\dot{h}(y) < 0$。

给定考虑了家庭收入和规模因素的任一可行机制组，家庭的激励相容约束为：

$$(IC)\, y \in \text{argMax}\left\{ h(y) U\left[\frac{x(\tilde{y})}{h(y)} - x_0, \frac{y - T(\tilde{y})}{h(y)} \right] \right\} \qquad (2-24)$$

家庭总是汇报最优类型，实现家庭成员总效用最大化。如果可行机制组集（DM）是激励相容的，那么有$\tilde{y} = y$。如前，一阶条件为：

$$(IC-FOC)\, U_x \dot{x}(y) - U_y \dot{T}(y) = 0, \forall y \in Y \qquad (2-25)$$

二阶条件为：$\dot{x}(y) > 0$，$\dot{T}(y) > 0$。由斯通—吉尔里形式的类型依存效用函数，式(2-25)表述为：

$$\frac{\alpha \dot{x}(y) h(y)}{x(y) - h(y) x_0} - \frac{(1-\alpha)\dot{T}(y)}{y - T(y)} = 0, \forall y \in Y \qquad (2-26)$$

式（2-26）为家庭收入和规模具逆关联性时激励相容机制组（IC-DM-2）的特征式。

为实现成本恰好补偿和公正诉求，所构的机制组必在递增机制组集（IDM）内选择。由于严格递增机制组的求解很复杂，在此分析被视为递增机制特例的修正性两部制机制组。假定：

$$\dot{T}(y) = (1+k)c(y-\underline{y})^\beta \dot{x}(y) \qquad (2-27)$$

其中，待定系数k是成本补偿约束因子；β为累进因子。类似地，ICDM-2集和IDM集的微分机制组集（DDM）在第一象限里分别呈现为两条曲线，可能存在微分机制组和两部制机制组。求解思路类似，但过程更复杂。

分析家庭规模因素对修正性两部制机制组的影响，此时，$\beta = 0$。在这种情形下，解由式（2-23）、式（2-26）和式（2-27）组成的非线性微分方程组，得显性解：

$$T(y) = \underline{y} + \alpha(y - \underline{y}) + (1 - \alpha)(1 + k)x_0 c(\underline{h} - \overline{h})b\left(\frac{y - \underline{y}}{\overline{y} - \underline{y}}\right) \qquad (2-28)$$

$$x(y) = \underline{h}x_0 + \frac{\alpha}{(1 + k)c}(y - \underline{y}) + (1 - \alpha)x_0(\underline{h} - \overline{h})b\left(\frac{y - \underline{y}}{\overline{y} - \underline{y}}\right) \qquad (2-29)$$

易验证，非排他性两部制机制组的微分机制组严格在 $x' - T'$ 坐标第一象限内。成本补偿约束能进一步确定系数 k。

对于非排他性两部制，仍有 $\dfrac{\mathrm{d}T}{\mathrm{d}x} = \dfrac{\dot{T}(y)}{\dot{x}(y)} = (1 + k)c$，$\dfrac{\mathrm{d}\dot{T}(x)}{\mathrm{d}b} = 0$。也就是说，不管家庭规模与收入关联与否，基于消费的两部制收费函数不受影响，特别是其线性性质不变。比较式(2-28)和式(2-29)以及式(2-14)至和(2-15)可知，在基本消费量必须普及的条件下，相比由单个消费者构成的家庭，对由多人组成的家庭所设定的修正性两部制组的实际累进程度下降了。因为与收入逆向关联的家庭规模因素局部减缓了累进程度。从而有定理Ⅲ：

定理Ⅲ：在修正性两部制下，不管家庭规模与收入关联与否，基于消费的收费机制不受任何影响，基于类型的边际收费和消费受影响；如果家庭规模和收入信息之间具有逆向关联性，基于类型的边际收费和消费都变小，并且边际量的变动程度与关联系数正相关。

证明：见附录2。

注意，对于非生活必需品或资源，消费者基本消费量可能为零。此时考虑家庭规模因素与否，不对修正性两部制机制组产生任何实质性影响。最后指出，家庭规模因素对严格递增机制组的影响相当复杂。很难直接求解出严格递增机制组的显性通解，只能在特定条件下分析递增机制组解的一些特性，如当累进程度为零时。

第四节　总结

作为探讨递增阶梯定价理论的系列文章的前期成果，本章着重研究在消费者家庭收入和规模信息不对称时，如何通过甄别类型修正经典两部制，使得低收入群体不被排除在基本消费品市场之外，同时相对高收入群体公平地补偿企业成本。在修正性两部制下，低收入群体有能力消费基本生存所需。修正方式是降低进入门槛和提高新增消费的边际价格。由于非排他性两部制下的甄别类型不完全，非基于实际支付能力（或实际收入）补偿成本，对次低收入群体有失公平。为此，需通过完全甄别类型进一步修正所得的修正性两部制，最终使得在保持进入门槛不提高条件下向新增消费所索的边际价格以递增的速度增加。现实中，规制者不仅对消费者收入信息不了解，对消费者家庭规模等特征也不清楚。特征不同的家庭的基本消费和决策行为常常不同。家庭规模信息不完全可能影响修正性两部制和连续递增定价机制。本章研究表明，在特定 C—D 偏好下，如果家庭规模与收入之间呈线性逆相关，修正性两部制组中的收费和消费函数斜率都下降，也就是说，家庭规模信息不对称降低了修正性两部制的功效。由于修正性两部制是连续递增机制在累进程度为零下的特例和连续递增定价是递增阶梯定价的上包络线，家庭规模信息不对称也可能降低连续递增定价机制和递增阶梯定价机制的功效。

最后指出两点：首先，本章结论基于消费者（或家庭）的特定偏好所得，并不能保证在其他偏好甚至一般偏好下是稳健的；虽然实证研究指出，家庭规模因素会削弱连续递增定价机制和递增阶梯定价机制的功效，本章并未直接从理论上探讨私有家庭规模信息对连续递增定价机制的影响。此研究较复杂，笔者未能成功解决。其次，本章探讨私有家庭规模效应是通过架构其与家庭收入的关联性，转变为关于收入的单维类型甄别问题，从而制约该模型的解释力，应构建关于家庭规模和收入的纯粹两维逆向选择模型，即使分析两维信息不对称问题很复杂。

附录 1　引理的证明

证明：在此仅分析完全分离均衡解，在有限个点处取等号的不完全分离均衡情形不影响最终结果。对于如实汇报类型的直接显示机制集（DM），满足：

$$U[x(y), y - T(y)] > U[x(\tilde{y}), y - T(\tilde{y})], \forall (y, \tilde{y}) \in Y^2 \qquad (*)$$

特别地，式（*）意味着：

$$U[x(y), y - T(y)] > U[x(y'), y - T(y')]$$

$$U[x(y'),y'-T(y')] > U[x(y),y'-T(y)], \forall (y,y') \in Y^2$$

进一步假定消费者偏好拟线性，两不等式两边同时取对数后再相加并变形，得：

$$(y-y')[T(y)-T(y')] > 0$$

也就是说，关于收入的收费函数 $T(y)$ 是严格增函数，并且几乎处处可微，进而消费函数 $x(y)$ 也几乎处处可微。其实，此处关于消费的收费函数 $T(x)$ 是分段可微函数，连续可微情形下所得结果能拓展至分段可微情形。基于此，后面所分析的机制组均为连续可微机制组。

假定如实汇报是其唯一解，即 $\tilde{y}^* = y$。对所报类型 $\tilde{y}$ 求微分，并令 $\tilde{y} = y$，即：

$$K_{\tilde{y}}(\tilde{y},y) = U_x[x(\tilde{y}),y-T(\tilde{y})]x'(\tilde{y}) - U_y[x(\tilde{y}),y-T(\tilde{y})]T'(\tilde{y}) = 0$$

$$(**)$$

$$(FOC)\,K_{\tilde{y}}(\tilde{y},y)\big|_{\tilde{y}=y} = U_x x'(y) - U_y T'(y) = 0$$

$$(Local\ \ SOC)\,K_{\tilde{y}\tilde{y}}(\tilde{y},y)\big|_{\tilde{y}=y} < 0$$

式（FOC）和式（Local SOC）共同组成局部激励相容约束，说明处于信息优势一方的消费者不想对自己真实类型汇报有丝毫偏离。所示两式仅是局部 IC。由于效用函数满足斯彭斯—米勒斯（Spence - Mirrlees）条件，局部 IC 意味着全局 IC。

现在，进行比较静态分析。对式（**）求微分，有 $K_{\tilde{y}\tilde{y}}(\tilde{y},\ y)\dfrac{\mathrm{d}\tilde{y}}{\mathrm{d}y} +$ $K_{\tilde{y}y}(\tilde{y},\ y) = 0$，其中，$K_{\tilde{y}\tilde{y}} < 0(Local\ SOC)$ 和 $\dfrac{\mathrm{d}\tilde{y}}{\mathrm{d}y} = 1$（由 IC 条件），使得 $K_{\tilde{y}y}(\tilde{y},y) = -K_{\tilde{y}\tilde{y}}(\tilde{y},y) = -U_{yy}T'(y) > 0$，故有 $T'(y) > 0$（结合假定 $U_{yy} < 0$），进而 $x'(y) > 0$（再结合 FOC）。这两式即为单调条件。证毕。

附录 2　定理 Ⅲ 的证明

证明：根据式（2-29）和式（2-30），对于 $x_0 > 0$，由于 $b > 0$，有：

$$T'(y) = \alpha + (1-\alpha)(1+k)x_0 cb\left(\frac{h-\bar{h}}{\bar{y}-\underline{y}}\right) < \alpha, \quad \frac{\mathrm{d}}{\mathrm{d}b}(T'(y)) = (1-\alpha)$$

$$(1+k)x_0c\left(\frac{h-\overline{h}}{\overline{y}-\underline{y}}\right)>0;$$

同理，$x'(y)=\dfrac{\alpha}{(1+k)c}+(1-\alpha)x_0b\left(\dfrac{h-\overline{h}}{\overline{y}-\underline{y}}\right)<\dfrac{\alpha}{(1+k)c}$，$\dfrac{\mathrm{d}}{\mathrm{d}b}(x'(y))=$

$$(1-\alpha)x_0\left(\frac{h-\overline{h}}{\overline{y}-\underline{y}}\right)>0。$$

换言之，在家庭规模 $h(y)$ 满足 $h'(y)<0$ 条件下，家庭规模因素降低了基于收入类型的家庭收费和消费斜率变动的速度。证毕。

第二篇　阶梯定价的国际实践

第三章　阶梯定价的国际实践

现阶段，IBP 在全球主要国家或地区已有广泛的应用与实施，如美国、加拿大、澳大利亚、日本、韩国等，而且主要应用于水、电等较为稀缺的能源、资源领域。我国也在 2004 年开始了居民用电领域的 IBP 试点工作，并于 2012 年在全国范围内实施。针对国内外的实施情况，本章将对阶梯定价在电力领域的实施情况进行分析。首先，对其实施背景进行探讨；其次，对其在国内外实施情况进行总结，在此基础上对定价结构的特点和规律进行分析；最后，根据国家和地区样本，分析影响阶梯电价实施及结构设计的因素，为我国阶梯电价的实施提供参考。

第一节　递增阶梯定价的实施背景

由于电力商品的特殊性，电力生产初期一般实行国有化的垄断模式并由政府实行较严格的管制。但是，在逐渐认识到垄断带来的低效率及福利的损失后，各国都试图对电力市场进行市场化改革。国外最早对电力市场进行改革的国家是智利，早在 20 世纪 80 年代，智利就在发电生产领域推行基于边际价格的竞争制度。1992 年，阿根廷政府将其下所有低效率的电力资产私有化，原有一体化的电力供给拆分为发电、输电和配电公司，并同时建立了竞争性的发电市场。[①] 随后，英国、北欧、美国、日本等国家也相继进行了电力市场化改革。电力市场私有化改革，首先要引入竞争，竞争的引入旨在提高电力的供给效率，保持电的低价格与生产的高效率。电力供给包括发电、输电、配电、售电环节，发电环节与售电环节由于不具有垄断性质，可以非常容易地引入竞争，然而输电与配电环节仍被认为拥有

---

① 参见 Geoffrey Rothwell、Tomas Gomez（2003）《电力经济学：管制与放松管制》。

自然垄断的性质，引入竞争必然会对电网进行不必要的重复建设。因此，管制机构更倾向于对输电与配电环节在价格领域进行规制。

一 国外实施背景

在未实行电价改革之前，作为一种生活必需品，各国的电力价格一般都由政府进行管制，实行较低的统一定价（单一制定价）。但是，经过长时间的实践，统一定价被认为是无效率的。首先，管制下的低费率不能解决成本问题。当固定投资或容量增加时，统一的低价格无法反映其增量成本，长期内厂商无法得到正常利润，更无法要求厂商自身来解决生产带来的环境问题。其次，若厂商为了能收回成本，统一定价必须能够反映平均成本，这使得在平均成本以下用电的人群要补贴在高于平均成本情况下消费的人群，对于不同消费者收取同样的价格容易起到交叉补贴的作用，扭曲了正常的价格机制，也无法正确反映商品的市场信息。

鉴于统一定价带来的问题，许多国家开始寻求新的定价机制。对定价方式进行改革，是电力市场化改革中非常重要的一部分。作为具有特殊性质的电力商品，对其进行价格管制的目标并不仅仅是收回成本那么简单，它不仅需要保证经济性目标的实现，还要保证社会性目标的达成。为达到多重目标，公用事业单位开始放弃统一定价，转而使用非线性定价。其实，早在 20 世纪初期，水力、电力、天然气等公用事业单位就开始使用非线性定价，但在初期为了防止发电设备的闲置，鼓励多用电，非线性定价是递减式的。而随着化石能源的日益紧缺，价格的持续上涨，以及燃烧带来的环境污染问题，以燃烧一次化石能源来获取电力的电厂面临着严重的成本压力和环境压力，在最近的 30 年中，非线性定价开始采用边际价格递增的模式。非线性定价一般包括两部制定价、最大容量定价与阶梯定价。在居民生活用电方面，最常采用的是递增阶梯电价，其最早开始于美国，到 20 世纪 80 年代得到了广泛应用（Borenstein，2008）。除能正确反映市场信息外，阶梯定价另一个得到广泛应用的原因是，阶梯电价能作为一种协调电厂成本收回和改进效率的目标与再分配的目标之间相冲突的工具（Filipović and Tanić，2009；Borenstein，2008）。

二 国内实施背景

除与国外面临相同的环境压力和成本压力外，中国国内的电价改革还有其特殊背景。

首先，市场煤与计划电长期倒挂。中国的电价机制曾进行多次改革，先后经历了还本付息电价、燃运加价、经营期电价、标杆电价、竞价上网、煤电联动等诸多政策。近年来，我国能源供应紧缺、环境压力加大等矛盾逐渐凸显，煤炭等一次能源的价格攀升，电力价格也随之上涨。虽然 2013 年已取消了煤炭重点合同，完善煤电联动机制，但若不从电煤矛盾的体制、机制入手，大力推进电力体制改革，而在电价监管的背景下仅实行电煤价格并轨，可能导致电煤供求更加混乱，对电力运行特别是中长期供需平衡带来更大的冲击。

其次，交叉补贴现象严重。虽然自 2004 年以来国家对销售电价进行了几次较大的上调，然而，居民电价的调整幅度和上调频率均低于其他行业的电价。长期以来，我国对居民销售电价采取低价政策，使得用电量越多的用户享受的补贴越多，用电量越少的用户享受的补贴越少。另外，我国的商业、工业用电一直高于居民生活用电。由于商业、工业用电的电压等级较居民用电的电压等级高，输电成本相对较小，收取的电价理应比居民电价要低，而且国际上工商业用电价格一般也都低于居民用电价格。但是，我国的实际情况是，居民生活用电价格一直处于较低的水平，工商业用电价格一直处在对生活用电进行长期补贴的局面，并未改变。以上两种情况既没有体现公平负担的原则，也不能合理体现电能的资源价值，不利于节约资源和保护环境。

为了促进资源的节约和环境友好型社会的建设，逐步减少电价的交叉补贴，引导居民合理用电、节约用电，国家决定对居民用电实行阶梯电价。2004 年，我国首先选取了浙江、福建两个省份试行阶梯电价，其后又于 2006 年选取了四川省作为试点省份。2011 年，在三省份试运行的经验基础上，国家发改委下发了《关于居民生活用电试行阶梯电价的指导意见》（以下简称《意见》），开始在全国范围内实行阶梯电价。《意见》指出，制定阶梯电价要遵循的原则：一是补偿成本与公平负担相结合。居民用电价格总体上要逐步反映用电成本，同时要兼顾不同收入居民的承受能力，用电少的少负担，用电多的多负担。二是统一政策与因地制宜相结合。在国家制定的阶梯电价总体框架和指导性意见的基础上，各地根据自身的特点和当地的情况进行具体方案的实施。三是立足当前与着眼长远相结合。阶梯电价近期要着力于建立机制，保证大多数居民的电价稳定，长远要反映电力资源价值，引导居民节约用电。四是试点先行与逐步完善相结合。可以选取试点地区进行推广，逐步成熟后再推向全国。根据此原则，将居民阶梯电价按照满足基本用电需求、正常合理用电需求和较高生活质量用电需求划分为三档，并实行分档递增。第一档电价原则上维持较低价格，一定时期内保持稳定；第二档电价逐步调整到弥补企业正常合理成本并获得合理收益水平；第三档电价在弥补正常合理成本与收益水平基础上，适当体现资源稀缺、补偿环境损害成本，具体为第二档电价的 1.5 倍左右。

2012 年 7 月 1 日开始，经过各地的研究制定，阶梯电价开始在全国范围内以省（自治区、直辖市）为单位执行，除西藏和新疆以外，中国29 个省（自治区、直辖市）均实行居民生活用电阶梯电价方案。递增式阶梯电价正式在全国范围内拉开序幕。

第二节　阶梯电价实施现状

许多国家或地区都将阶梯电价应用在电力体制的设计中，以达到不同的目标或效果。但由于人文、地理、社会环境的不同，不同地区的定价结构也不同。除设计阶梯定价外，有些国家或地区还辅以分时定价或考虑了季节差异。本节将对国内外阶梯电价的实施状况进行总结，根据可收集到的信息，列出 23 个国家和地区的电价结构，找出其设定规律，并将其与我国的定价结构作对比。另外，本节还将对影响阶梯电价实施及结构设计的因素进行分析，以对其他欲实施或设计阶梯定价的国家和地区提供有益的参考。

一　国外实施现状及规律

本章共收集了 23 个实行阶梯电价的国家和地区，分别是中国台湾、中国香港、日本、韩国、印度、澳大利亚、马来西亚、菲律宾、泰国、埃及、也门、沙特阿拉伯、叙利亚、摩纳哥、伊拉克、加拿大、美国（加利福尼亚州、得克萨斯州、新泽西州、新墨西哥州、爱荷华州、纽约州、佛罗里达州），范围覆盖欧洲、亚洲、大洋洲，阶梯档数在 2—8 档不等。

（一）国外实施现状

首先，将 23 个国家和地区的具体定价结构列出。由于美国州数较多，故将其单独列出。其中，表 3 - 1 为除美国外 16 个国家和地区的居民阶梯电价结构，表 3 - 2 为美国 7 个州的阶梯电价结构。

表 3 – 1　　　　　　　　　16 个国家和地区的居民阶梯电价

国家和地区	单位	第一档	第二档	第三档	第四档	第五档	第六档	第七档	第八档
日本（东京电力公司）	千瓦时/月	0—120	121—300	301 及以上	—	—	—	—	—
	日元/千瓦时	16.05	21.04	22.31	—	—	—	—	—
韩国（KEPCO 公司）	千瓦时/月	0—100	101—200	201—300	301—400	401—500	501 及以上	—	—
	韩币元/千瓦时（高压/低压）	55.1/52.4	113.8/89.3	168.3/132.5	248.6/192.5	366.4/288.9	643.9/521.7	—	—
印度（Torrent Power 公司）	千瓦时/月	0—50	51—100	101—200	201—250	251—300	301 及以上	—	—
	派士/千瓦时	270	290	335	350	380	415	—	—
中国台湾（中国台湾电力公司）	千瓦时/月	0—110	111—330	331—500	501—700	701 及以上			
	台币元/千瓦时（夏季/非夏季）	2.1	2.87/2.54	3.85/3.09	4.11/3.24	4.47/3.48	—	—	—
中国香港（中华电力公司）	千瓦时/2 月	0—400	401—1000	1001—1800	1801 及以上	—	—	—	—
	港元/千瓦时	0.854	0.924	0.988	1.074	—	—	—	—
马来西亚（Sabah 区/SESB 公司及 W. P. Labuan 区/SESB 公司）	千瓦时/月	0—40	41—200	201 及以上	—	—	—	—	—
	马元/千瓦时	0.24	0.16	0.28	—	—	—	—	—
菲律宾（MERAL 公司）	千瓦时/月	0—200	201—300	301—400	401 及以上	—	—	—	—
	比索/千瓦时	0.57	0.88	1.16	1.66	—	—	—	—
泰国（EPPO 公司）	千瓦时/月	1—5	6—15	16—25	26—35	36—100	101—150	151—400	401 及以上
	泰铢/千瓦时	0.00	1.36	1.54	1.80	2.18	2.27	2.78	2.98
埃及（埃及电力控股公司 EEHC）	千瓦时/月	1—50	51—200	201—350	351—650	651—1000	1001 及以上	—	—
	美元/千瓦时	0.0087	0.016	0.0217	0.0313	0.0443	0.0539	—	—

续表

国家和地区		单位	第一档	第二档	第三档	第四档	第五档	第六档	第七档	第八档
也门（也门公共电力公司）	城市	千瓦时/月	1—200	201—350	351—700	701及以上	—	—	—	—
		美元/千瓦时	0.0233	0.0407	0.0582	0.0989	—	—	—	—
	农村	千瓦时/月	1—100	101及以上	—	—	—	—	—	—
		美元/千瓦时	0.0407	0.0989	—	—	—	—	—	—
沙特（水利电力部）		千瓦时/月	0—2000	2001—4000	4001—6000	6001—7000	7001—8000	8001—9000	9001—10000	100001及以上
		美元/千瓦时	0.0133	0.0266	0.0320	0.04	0.0533	0.0586	0.0639	0.0693
澳大利亚（Energy ...lia）		千瓦时/月	0—1750	1751及以上	—	—	—	—	—	—
		澳元/千瓦时	0.1287	0.1793	—	—	—	—	—	—
		...瓦时/月	1—450	451—900	901—1500	1501—2100	2101—3000	3001—5000	5001及以上	
		美元/千瓦时	0.0066	0.0123	0.0164	0.0246	0.0369	0.0877	0.2295	
摩纳哥		千瓦时/月	0—100	101—200	201—500	501及以上	—	—	—	—
		迪拉姆/千瓦时	0.90	0.97	1.05	1.44	—	—	—	—
叙利亚		千瓦时/月	1—50	51—100	101—200	201—300	301及以上	—	—	—
		美元/千瓦时	0.005	0.007	0.01	0.015	0.05	—	—	—
加拿大	安大略省（Ontario Energy Board）	千瓦时/月（夏季/冬季）	1—600/1—1000	600以上/1000以上	—	—	—	—	—	—
		美元/千瓦时（夏季/冬季）	0.078/0.083	0.091/0.097	—	—	—	—	—	—
	魁北克省（Hydro Quebec）	千瓦时/月	1—900	900以上	—	—	—	—	—	—
		美元/千瓦时	0.0541	0.0778	—	—	—	—	—	—

注：加拿大安大略省的夏季为5—10月，冬季为11—4月。安大略省的居民平均10个里面有1个实行阶梯电价，大部分是分时电价。

表 3 - 2   美国 7 个州的居民阶梯电价情况

地区	单位	第一档	第二档	第三档	第四档	第五档
加利福尼亚州 (PG&E 公司)	千瓦时/月	基准档	101%—130%	131%—200%	201%—300%	301%—
	美元/千瓦时 (2008)	0.1156	0.1314	0.2258	0.313	0.3588
	美元/千瓦时 (2009)	0.1323	0.1504	0.3192	0.3592	0.3592
得克萨斯州(First ChoicePower 公司)	千瓦时/月	0—400	400 以上	—	—	—
	美元/千瓦时 (夏季/非夏季)	0.0431	0.0753/0.0269	—	—	—
新泽西州 (泽西中心电力与照明公司)	千瓦时/月	0—600	600 以上	—	—	—
	美元/千瓦时	0.1173	0.1266	—	—	—
新墨西哥州(Public Service Company of New Mexico)	千瓦时/月	1—200	200—700	700 以上	—	—
	美元/千瓦时 (夏季/非夏季)	0.0676	0.0907/0.082	0.1119/0.0855	—	—
爱荷华州(Waverly Light and Power)	千瓦时/月	1—600	600—1100	1100—1500	1500 以上	—
	美元/千瓦时 (夏季/非夏季)	0.1025	0.136/0.1025	0.19/0.1025	0.195/0.1025	—
纽约州(纽约长岛电力局)	千瓦时/月	1—250	250—400	400 以上	—	—
	美元/千瓦时 (夏季/冬季)	0.0857	0.0975/0.0787	0.0975/0.0515	—	—
佛罗里达州(Florida Power and Light)	千瓦时/月	1—1000	1000 以上	—	—	—
	美元/千瓦时 (夏季/冬季)	0.0845	0.10484	—	—	—

注：新墨西哥州夏季为 6—8 月；爱荷华州夏季为 6—9 月；纽约州夏季为 6—9 月实行递增，冬季为 10 月至次年 5 月实行递减。

由表 3 - 1 可以发现，虽然居民用电都实行阶梯定价，但不同国家与地区的定价结构均不相同。以亚洲的国家和地区来看，日本东京电力公司第一档与第二档的分界电量为 120 千瓦时，第二档与第三档的分界电量为 300 千瓦时，第二档电价与第三档电价分别是第一档电价的 1.31 倍、

1.39 倍；中国香港中华电力公司将用电量分为 4 档，每两月计算一次，分档电量为 400 千瓦时、1000 千瓦时、1800 千瓦时；中国台湾电力公司将用电量分为 5 档，每档电量分别为 110 千瓦时、330 千瓦时、500 千瓦时、700 千瓦时，从第二档开始每档电价都分夏季与非夏季两种价格，非夏季价格略低于夏季价格，但仍比第一档要高；韩国的档数相对较多，共有 6 档，每档的分界电量相差 100 千瓦时，且电价分高压与低压两种情况；菲律宾则有 4 档定价结构，分界电量分别为 200 千瓦时、300 千瓦时、400 千瓦时，每档之间相差 100 千瓦时；马来西亚共分 3 档，分界电量分别为 40 千瓦时、200 千瓦时；印度分为 6 档，每档分界电量的增加值基本上保持不变，分界电量分别为 50 千瓦时、100 千瓦时、250 千瓦时、300 千瓦时。

　　加拿大、澳大利亚的定价结构为 2 档，且第一档、第二档间的分档电量相对较高，特别是澳大利亚，第一档电量定得最高，为 1750 千瓦时，超过 1750 千瓦时的将进入第二档计算，且第二档电价与第一档电价的差距并不太大，为第一档电价的 1.4 倍，总体上看，此种结构并不利于目标的达成；而埃及、伊拉克、沙特、泰国的档数较多，分别为 6 档、7 档和 8 档、8 档，其中，埃及和伊拉克档次越高，电量增幅越小，沙特和泰国正好相反，档次越高，电量增幅越大，且在最初几档上的分界电量增加值最小，泰国前档仅比后档高出 10 千瓦时，在第五档幅度才开始提高，但与其他国家相比，增加电量仍较少，用户非常容易进入到高档上去。另外，还需注意的是，泰国第一档 1—5 千瓦时并不收费，相当于设计了一个免费电量；其余国家或地区的定价结构均分布在第二档至第五档上，其中，摩纳哥为 4 档，分档电量分别为 100 千瓦时、200 千瓦时、500 千瓦时，叙利亚为 5 档，分档电量分别为 50 千瓦时、100 千瓦时、200 千瓦时、300 千瓦时，而也门农村与城市的定价结构不同，城市为 4 档，农村仅为 2 档。

　　20 世纪 80 年代，美国开始在电力领域大范围实施递增阶梯电价方案。除加利福尼亚州外，大部分州的阶梯定价结构均小于 5 档。其中，得克萨斯州、新泽西州、佛罗里达州、纽约州（夏季）实行 2 档定价结构，新墨西哥州、纽约州（冬季）实行 3 档定价结构，爱荷华州实行 4 档定价结构，但需注意的是，纽约州夏季实行递增阶梯定价，冬季则实行递减的结构。此外，得克萨斯州、新墨西哥州、爱荷华州、纽约州、佛罗里达州还将夏季与非夏季区分开，随季节变化调整分档电量或电价。几个州中，以加利福尼亚州的定价结构最陡峭且最具代表性。2000年年末到2001年6月，加利福尼亚州爆发了史上最为严重的电力危机。危机发生前，加利福尼亚州三大电力公司［太平洋天然气与电力公司（PG&E）、南加利福尼亚州爱迪生电力公司（SCE）和圣地亚哥天然气与电力公司（SDG&E）］均实行2档阶梯电价结构，第二档的边际价格比第一档高出15%—17%。在电力危机发生之后，鉴于发生的亏损，三大电力公司试图通过提高价格来增加收入，但考虑到提价对低收入群体的影响，管制机构设计了5档电价结构。第一档为基准档，其电量称为"基准线电量"，基准线电量的确定一般根据不同地区的平均用电量，考虑到一个地区的平均用电量会受财富水平、天气状况、家庭规模、家用电器等因素的影响。因此，每个电力公司的管辖地区都分成若干个不同基准线电量的区域：PG&E管辖的地理范围内分成10个，SCE管辖范围内分成6个，SDG&E管辖范围内分成4个。以后每档都按比基准档多出一定电量来定，其中，前2档的电量保持危机发生之前的水平，随着档次升高，电量增幅渐渐变大，第五档电量是第一档的3倍，仅覆盖当时全部居民用户数量的6%—9%。同样，第一、第二档上的电价也维持危机之前的水平，电力公司通过新增的第三、第四、第五档上的电价来增加收入，其中，2008年的第二档电价比第一档高出13.67%，第三档比第一档高出95.3%，第四档比第一档高出171%，第五档比第一档高出210%。除此之外，加利福尼亚州还设立了专门针对低收入人群的加利福尼亚州能源价格替换（CARE）项目，即低收入人群可不按以上标准电价执行，专门有适用于他们的更具针对性的低价格。在CARE下，PG&E针对低收入群体有2档电价，且均比标准电价要低，SCE和SDG&E针对低收入群体有5档电价，每当电价也都比非CARE项目下的标准电价要低。

　　总体来说，23个国家和地区中，实行2—8档的分别有5档、4档、5档、3档、3档、2档、1档，大多数集中在2—6档，也有的是7档或8档；其次，由于气候与社会因素的不同，使得分界电量和电价也不相同；最后，除阶梯结构外，有些地区还实行季节分时定价，不同季节或时期的电量或电价有所变化，以适应气候因素的影响。接下来，本节将根据这23个样本，总结出一般性的设计规律。

（二）电量设计及特点

23 个国家或地区中，美国的 3 个州（田纳西州、新泽西州、佛罗里达州）、加拿大 2 个省（魁北克省、安大略省）、澳大利亚和也门（农村）均实行 2 档递增阶梯电价。其中，除也门农村外，其余地区第一档与第二档的分界电量都比较高，每档电价相差并不是很大，定价结构设计并不陡峭，在电力资源节约方面并不能起很大的作用。对于实施 3 档及以上档数的地区，本节将其每档的上限电量与首档上限电量的倍数做一个简单的统计分析。如表 3-3 所示。

表 3-3 　　　　　　　　23 个国家和地区阶梯定价电量结构分析

国家和地区		第二档/第一档	第三档/第一档	第四档/第一档	第五档/第一档	第六档/第一档	第七档/第一档
均值	全部	2.464	3.732	5.837	10.278	15.203	42.5
	发达地区	2.329	3.402	4.453	5	—	—
	发展中地区	2.58	3.98	6.53	11.33	15.20	42.5
	邻近地区	2.79	3.81	5.79	12.5	30	80
方差	全部	0.98	1.35	3.00	7.58	13.23	53.03
	发达地区	0.49	2.27	2.98	—	—	—
	发展中地区	1.19	1.50	3.39	7.97	13.23	53.03
	邻近地区	1.11	1.26	1.58	10.6	—	—
最小值	全部	1.3	1.364	3	4	4.5	5
	发达地区	1.3	1.364	3	5	—	—
	发展中地区	1.5	2	3.5	4	4.5	5
	邻近地区	1.5	2	4	5	30	80
最大值	全部	5	7	13	20	30	80
	发达地区	3.5	5	6.36	5	—	—
	发展中地区	5	5	13	20	30	80
	邻近地区	5	5	7	20	30	80

注：邻近地区为 23 个国家和地区中与中国内陆接壤或较近的地区，包括中国台湾、中国香港、日本、韩国、马来西亚、菲律宾、泰国（除中国香港和中国台湾外，其余均属东亚、东南亚）；23 个地区中发达国家或地区包括美国的加利福尼亚州、田纳西州、新泽西州、新墨西哥州、爱荷华州、日本、中国香港、中国台湾、澳大利亚、韩国、摩纳哥，其余为发展中国家和地区。

　　由表 3 - 3 可看出，从均值来看，随着档数的提高，23 个国家和地区每档上限电量对首档的倍数是逐渐增高的，但不同的档次增加幅度并不相同。通过进一步细分，可以得出一些规律：

　　（1）随着档数的提高，电量及其较首档的倍数也是逐渐增加的。全部 23 个国家和地区中，倍数均值从第一档开始第二档、第三档的 2.5 倍、3.7 倍，到第四档、第五档、第六档、第七档上的 5.8 倍、10.3 倍、15.2 倍、42.5 倍，增加的幅度越来越大。将其细分为发达地区、发展中地区和邻近地区后，倍数同样也随着档数的提高而增加，发达地区的倍数在 2.3—5 倍，发展中在 2.6—42.5 倍，邻近地区在 2.8—80 倍。因此，无论是从全部地区，还是发达地区、发展中地区和邻近地区的均值来看，不仅每档上限电量是增加的，其对首档的倍数也是逐渐增加的，且档数越高，增加幅度就越大。

　　（2）各国和地区低档上的电量倍数设计比较接近，档数越高，差异就越大。表中全部地区第二、第三档上限电量平均是首档的 2.5 倍、3.7 倍，方差分别是 0.98、1.35，相比于较高档次上的方差 3、7.58、13.23、53.03，第二、第三档的方差较小，说明各国和地区在对低档上限电量设定时，总体比较相似，一般在 2—3 倍、3—4 倍，并未偏离均值太多。随着档数的提高，倍数设计有较大差异。从第四档开始，各地区的倍数在 3—13 倍，第五档在 4—20 倍，第六档在 4.5—30 倍，第七档在 5—80 倍，逐渐拉开差距。故总体上看，各地区在对较低档上的电量倍数设计时更为相似。

　　（3）发达地区每档电量倍数设计相对较低，发展中地区设计较高。由表 3 - 3 中的均值可看出，将 23 个国家和地区细分后，发展中地区与邻近地区每档的倍数较高，不仅高于发达地区，也高于平均水平，而发达地区的倍数设计最低，低于平均、发展中地区和邻近地区水平。以发展中地区前 4 档为例，每档倍数的取值范围为 1.5—5 倍、2—5 倍、3.5—13 倍、4—20 倍，而相对应的发达地区的取值范围为 1.3—3.5 倍、1.36—5 倍、3—6.36 倍、4—5 倍，这说明发展地区每档的电量跨度范围相对发达地区要大。另外，邻近地区的倍数设计也较高，虽然有些档数并不高于发展中地区，但已高于地区平均和发达地区，且其在第二档上的倍数是最高的，电量跨度最大。这与发达地区电量倍数设计比较相近，发展中地区间差异较大。由表 3 - 3 可看出，发达地区每档的方差分别为

0.49、2.27、2.98，相对于全部地区、发展中地区和邻近地区的方差来说，发达地区的方差最小，说明发达地区之间电量倍数设计较相近，设计较集中一些。此外，发展中地区每档的方差分别为 1.19、1.50、3.39、7.97、13.23、53.03，除第五档的方差低于邻近地区外，其余各档的方差都不小于其他分类的方差，这说明发展中地区之间的电量设计最分散，不同地区每档电量跨度的设计差别较大。

总体而言，在电量设计方面，虽然各个地区在不同档次上有不同的电量，但其他档次上的分界电量对首档的倍数还是有一定的规律可循。首先，分界电量随着档数的提高而增加，且档数越高，增加幅度也越大；其次，大多数地区最初第二档、第三档的电量倍数设计相对比较接近，均值为 2.5 倍、3.7 倍，但档数再提高时，则差异较大；最后，发达地区每档的电量倍数设计较低，且相互间差异较小，而发展中地区则设计较高，不同地区的倍数设计差异也较大。

（三）电价设计及特点

对于 23 个国家和地区而言，同电量一样，电价也总体呈上升趋势。其中，各个国家和地区在第二、第三、第四档的电价倍数值比较集中，第五档及以上越来越分散。由于拥有 7 档和 8 档电价结构的国家和地区分别只有 2 个和 1 个，观察值较少，因此，本章只着重分析 2—6 档电价结构。同电量一样，对各国和地区电价对首档电价的倍数做统计分析，具体如表 3-4 所示。

表 3-4　　　　23 个国家和地区阶梯定价电价结构分析

国家和地区		第二档/第一档	第三档/第一档	第四档/第一档	第五档/第一档	第六档/第一档	第七档/第一档	第八档/第一档
均值	全部	1.425	1.866	2.738	4.406	6.528	3.5	5.21
	发达地区	1.358	1.757	2.492	3.96	11.69	—	—
	发展中地区	1.57	1.962	2.923	4.628	5.496	3.5	5.21
	邻近地区	1.31	1.71	2.45	3.48	6.87	2.2	—
方差	全部	0.158	0.336	1.084	2.778	4.939	1.838	
	发达地区	0.094	0.367	1.244	5.662	—	—	
	发展中地区	0.517	0.573	1.017	3.147	4.744	1.838	
	邻近地区	0.43	0.68	1.31	2.75	6.82	—	

续表

国家和地区		第二档/第一档	第三档/第一档	第四档/第一档	第五档/第一档	第六档/第一档	第七档/第一档	第八档/第一档
最小值	全部	0.67	1.16	1.26	1.41	1.54	2.2	5.21
	发达地区	1.08	1.16	1.26	2.13	11.69	—	—
	发展中地区	0.67	1.17	1.3	1.41	1.54	2.2	5.21
	邻近地区	0.67	1.16	1.26	1.67	2.04	2.2	
最大值	全部	2.43	3.05	4.5	10	13.29	4.8	5.21
	发达地区	2.07	3.05	4.5	6.65	11.69	—	—
	发展中地区	2.43	2.5	4.24	10	13.29	4.8	5.21
	邻近地区	2.07	3.05	4.51	6.65	11.69	2.2	—

注：由于一些地区的定价结构有冬、夏季之分，为计算方便，本表仅选取了夏季的定价结构；泰国第一档的电价为0，故将其第二档按第一档计算，原有8档变为7档；伊拉克第七档电价倍数与其他地区相差太大，作为异常值将其舍弃。

由表3-4可看出，电价所表现出的特征与电量有许多相似之处：

（1）随着档数的提高，电价及其对首档的倍数也是逐步增加的。全部23个国家和地区中，电价总体上随着档数的提高而增加，而其较首档增加的倍数除第七、第八档有一定下滑外，其余第二档到第五档都呈上升趋势。由表3-4可看出，从第二档的1.43倍到第六档的6.53倍，档数越高电价提高的幅度越大，而到了第七、第八档倍数有一定的回落，分别为3.5倍、5.2倍。将其细分为发达地区、发展中地区和邻近地区后，倍数同样也随着档数的提高而增加，由第二档到第六档，发达地区的倍数在1.36—11.69倍，发展中地区在1.57—5.5倍，邻近地区的在1.31—6.87倍。因此，无论是从全部地区，还是发达地区、发展中地区和邻近地区的均值来看，不仅每档电价是增加的，其对首档的倍数也是逐渐增加的。

（2）各国和地区低档上的电价倍数设计比较接近，档数越高，差异就越大。表中全部地区第二、第三档、第四档电价平均是首档的1.43倍、1.87倍、2.74倍，方差分别是0.16倍、0.34倍、1.08倍，相比于高档次上的方差2.78倍、4.94倍，第二、第三、第四档的方差较小，说明各国和地区在对较低档上的电价设定时，总体比较相似，前四档电价倍数范围在 0.67—2.43 倍、1.16—3.05 倍、1.26—4.5 倍，并未偏离均值太多。随着档数提高，倍数设计有较大差异。第五、第六档分别在 1.41—10 倍、1.54—13.29 倍，逐渐拉开差距。故总体上说，各地区在对较低档上的电量倍数设计更为相近，高档上各地区之间电价倍数的相差越大，越无规律可循。

（3）发展中地区电价倍数的设计较高，发达地区的设计较低，邻近地区最低。从前 5 档来看，全部地区每档的电价倍数均值为 1.43 倍、1.87 倍、2.74 倍、4.41 倍，而发达地区每档电价倍数均值分别为 1.36 倍、1.76 倍、2.49 倍、3.96 倍，发展中地区的均值分别为 1.57 倍、1.96 倍、2.92 倍、4.63 倍，邻近地区的分别为 1.31 倍、1.71 倍、2.45 倍、3.48 倍。按由高到低排序分别为发展中地区、全部地区、发达地区、邻近地区，即发展中地区的电价倍数最高，发达国家的电价倍数设计明显低于全部和发展中地区的水平，而与中国大陆邻近地区的电价倍数设计较低。

（4）发达地区电价倍数设计的较相近，发展中与邻近地区间差异较大。由表 3 - 4 可看出，发达地区每档的方差分别为 0.094、0.367、1.244、5.662，相对于全部地区、发展中地区与邻近地区的方差来说，发达地区的方差最小，说明发达地区之间电量倍数设计较相近，设计较集中一些。而发展中地区与邻近地区在前 6 档的方差最大，发展中地区分别为 0.52、0.57、1.02、3.15、4.74、53.03，而邻近地区除第二档的方差低于发展中外，其余都大于它，这说明发展中地区与邻近地区间的电价设计最分散，不同地区每档电价倍数在设计上差别较大。

由此，可以看出，与电量设计类似，电价设计也呈一定的规律性。总体而言，电价随着档数的提高而逐步提高，且提高的幅度逐渐增大，即对首档的倍数越来越大。其中，各国和地区在较低档上的倍数设计比较相近，档次越高，差异越大；发展中地区在电价倍数的设计上最高，发达地区与邻近地区则较低；从相似性来说，发达地区间最为相似，倍数在设计上最为集中，而发展中地区的差异则比较大。进一步将电价与电量设计的规律相比较，我们发现，发达地区的电量与电价倍数设计的较低，发展中地区则相对较高，而邻近地区的电量倍数在设计的最高的同时电价倍数也是最低的，即每档电量幅度跨度较大的同时电价也上升得最为缓慢，结构设计得最为平缓。

二　国内实施现状及与国际的比较

我国大陆的阶梯电价起步较晚。2004 年开始在浙江、福建、四川试点实行，2012 年才在全国范围（除新疆和西藏外）大规模实行。相比于国外几十年的实施经验，我国居民电价的改革还处在刚刚起步阶段。本节将对最近几年我国阶梯电价的改革情况进行一个经验的分析与梳理，并将其与国外作对比。

（一）阶梯电价国内实施现状

1. 试点地区实施情况

2004 年，浙江、福建省首先试行阶梯电价。2006 年，四川省试行阶梯电价，同时浙江、福建两省也适当地上调了每档的价格。2012 年 7 月，在全国范围内实行阶梯电价，浙江、福建和四川三省也相应地调整了原有定价结构。具体如表 3 - 5 所示。

由表 3 - 5 可看出，三省除实行阶梯定价外，还加入了区分高峰和低谷的分时定价。另外，四川省还考虑了季节性丰枯水的因素，但与强制性阶梯定价不同的是，分时定价由居民自主选择是否实行。三省更具体的实施情况如下：

表 3 - 5　　　　　　　三试点省份的阶梯定价结构

地区	时间	指标	第一档	第二档	第三档	第四档
浙江	2004 年 8 月	千瓦时/月	0—50	51—200	201 及以上	—
		元/千瓦时	0.53	0.56	0.63	—
		高峰/低谷	0.56/0.28	0.59/0.31	0.66/0.38	—
	2006 年 6 月	2006 年，每档阶梯电价与峰谷电价同时增加 0.008 元/千瓦时				
	2012 年 7 月	千瓦时/月	0—230	231—400	401 及以上	—
		元/千瓦时	0.538	0.588	0.838	—
		高峰/低谷	0.568/0.288	0.618/0.338	0.868/0.588	—
福建	2004 年 11 月	千瓦时/月	0—150	151—400	401 及以上	—
		元/千瓦时	0.43	0.44	0.5	—
	2005 年 11 月	高峰/低谷	高峰时段：0.5 元/千瓦时，低谷时段：0.3 元/千瓦时			
	2006 年 6 月	元/千瓦时	0.4463	0.4663	0.5663	—
	2012 年 7 月	千瓦时/月	0—200	201—400	401 及以上	—
		元/千瓦时	0.4983	0.5483	0.7983	—
		高峰/低谷	0.5283/0.2983	0.5783/0.3483	0.8283/0.5983	—

续表

地区	时间	指标	第一档	第二档	第三档	第四档
四川	2006 年 6 月	千瓦时/月	0—60	61—100	101—150	151 及以上
		元/千瓦时（<1 千伏/≥1 千伏）	0.4724 0.4624	0.5524/ 0.424	0.5824/ 0.5724	0.6324/ 0.6224
		低谷	低谷时段（23 时至次日 7 时）：丰水期（6—10 月）0.151 元/千瓦时；枯、平水期（11 月至次年 5 月）0.2295 元/千瓦时			
	2012 年 7 月	千瓦时/月	0—180	181—280	281 及以上	—
		元/千瓦时	0.5224	0.6224	0.8224	—
		低谷	低谷时段（23 时至次日 7 时）：丰水期（6—10 月）0.175 元/千瓦时；平、枯水期（11 时至次年 5 月）0.2535 元/千瓦时			

　　注：浙江、福建两省分时电价时段划分：高峰时段 8—22 时，低谷时段 22 时至次日 8 时；福建省 2012 年的阶梯电价计划用三年分三阶段逐步实施到位，此处为 2015 年最终阶梯电价价格。

　　（1）浙江省。2004 年，浙江省在全国最早实行阶梯电价，将电价结构分为 3 档，用电基数是以城乡居民的用电量水平确定的。2012 年新的阶梯电价方案仍分为 3 档，然而电量与电价均有很大变化。每档的上限电量增加很多，新方案第一档的上限电量 230 千瓦时就达到了 2006 年第三档的水平，但电价仍维持原有第一档水平。2011 年，浙江省人均生活用电 645 千瓦时，按一户三口计算，月均家庭用电量为 161.25 千瓦时，新方案第一档电量远远超过家庭月均用电水平。

　　此外，2012 年新方案的实施使得用电量在 400 千瓦时以下的家庭电价不变或比原方案的还要低，电费支出并无太大变化，而用电量在 400 千瓦时以上的家庭，新方案的实施使其电价提高，电费支出增多。因此，浙江省 2012 年的新方案纠正了原方案分档电量过低、没有照顾到大多数城镇居民的缺点，同时对用电量过高的家庭征收了更高的惩罚性电费，能使得大多数居民的生活用电成本不上升的同时还能形成节约意识，合理利用资源。

（2）福建省。福建省于 2004 年开始实行阶梯电价制度。按一户平均三口人计算，福建省 2004 年每户月均生活用电量为 78.42 千瓦时，市辖区为 153.5 千瓦时。由此可见，2004 年第一档电量 150 千瓦时的设计远远满足居民的正常用电水平，且能够覆盖绝大多数的城市居民用户。这与浙江省第一档主要用来照顾农村居民和少数贫困城市居民的设定是有区别的。2012 年福建省新的方案中，电量只有小幅上涨，仅首档增加了 50 千瓦时，但电价却进行了较大幅度的提高。由于居民用电较 2004 年大增，小幅的电量增加仅能覆盖大部分的农村居民，但未达到城市居民的平均水平，再加之电价的上涨，新方案使得所有居民的电费支出均有所增加，且相对低用电量的家庭，高用电量的家庭支出更多。因此，2012 年的方案制订较为严格，使得所有居民的用电成本上升，好在为稳步实施阶梯电价，福建省计划在三年内分三个阶段逐步上调电价，使居民更易接受一些。

（3）四川省。2012 年四川省新的阶梯电价方案实施，在三省中其与原有方案的差别最大。新方案将电量由原有的 4 档变为 3 档，现有 3 档的电量跨度设计比原有 4 档的大很多。同浙江省一样，新方案第一档的上限电量 180 千瓦时就达到了原有第三档的水平，电价相对于原有第一档增加了 0.05 元/千瓦时；电量在 101—150 千瓦时及 150—180 千瓦时时，原有电价分别为 0.5824 元/千瓦时、0.6324 元/千瓦时，而此区间在新方案中仍属第一档，电价仍为 0.5224 元/千瓦时；电量在 180—280 千瓦时时，原电价为 0.6324 元/千瓦时，新电价为 0.6224 元/千瓦时；当电量大于 280 千瓦时时，原电价 0.6324 元/千瓦时，新电价为 0.8224 元/千瓦时，比原电价高。由此看来，实施新方案后，对于用电量在 60 千瓦时及以下的家庭来说，电价稍微涨了一些，每千瓦时增加 0.05 元，60 千瓦时仅增加 3 元，对用电成本造成影响很小，可忽略不计；对于用电量在 60—280 千瓦时的家庭来说，电价下降，电费支出减少；而对于用电量大于 280 千瓦时的家庭来说，电价的提高使得电费支出增加。由此可看出，比较原案，四川省新的阶梯电价方案更进一步地向大部分居民倾斜，较原有方案保证了他们的用电成本不上升甚至下降，同时向用电量高的家庭征收更多的电费，以促进节约用电，这与浙江省的效果是一样的。

2. 全国实施情况

从 2012 年 7 月开始，除西藏和新疆以外，我国 29 个省（自治区、直辖市）实行居民生活用电阶梯电价方案。各地的阶梯电价实施方案均分为 3 档，但电量与电价设计并不相同。此外，为了照顾贫困家庭，各地根据自身的经济发展水平及承受能力，对城乡"低保户"和农村"五保户"家庭每户每月设计了 10—15 千瓦时的免费电量。29 个地区的具体电价方案如表 3 - 6 所示。

表 3 - 6　　　　　　全国 29 个地区的阶梯定价结构　　　　单位：千瓦时、元

地区	第一档		第二档			第三档			计算周期
	电量	电价	电量	加价	电价	电量	加价	电价	
北京	月≤240	不变 0.4883	241＜月≤400	+0.05	0.5383	月＞400	+0.3	0.7883	年
天津	月≤220	不变 0.49	221＜月≤400	+0.05	0.54	月＞400	+0.3	0.79	年
河北	月≤180	不变 0.52	180＜月≤280	+0.05	0.57	月＞280	+0.3	0.82	年
河南	月≤180	不变 0.56	180＜月≤260	+0.05	0.61	月＞260	+0.3	0.86	年
山东	月≤210	不变 0.5469	210＜月≤400	+0.05	0.5969	月＞400	+0.3	0.8469	年
山西	月≤170	不变 0.477	170＜月≤260	+0.05	0.527	月＞260	+0.3	0.777	月
黑龙江	月≤170	不变 0.51	170＜月≤260	+0.05	0.56	月＞260	+0.3	0.81	年
吉林	月≤170	不变 0.525	170＜月≤260	+0.05	0.575	月＞260	+0.3	0.825	年
辽宁	月≤180	不变 0.50	180＜月≤280	+0.05	0.55	月＞280	+0.3	0.80	年

续表

地区	第一档		第二档			第三档			计算周期
	电量	电价	电量	加价	电价	电量	加价	电价	
陕西	月≤180	不变 0.4983	180<月≤350	+0.05	0.5483	月>350	+0.3	0.7983	年
江苏	月≤230	不变 0.5283	230<月≤400	+0.05	0.5783	月>400	+0.3	0.8283	年
上海	月≤260	不变 0.617	260<月≤400	+0.05	0.667	月>400	+0.3	0.917	年
安徽	月≤180	不变 0.5653	180<月≤350	+0.05	0.6153	月>350	+0.3	0.8653	年
浙江	月≤230	不变 0.538	230<月≤400	+0.05	0.588	月>400	+0.			
湖北	月≤180	不变 0.57	180<月≤400	+0.05	0.62	月>400	+0.3	0.87	月
湖南	月≤180	不变 0.588	春秋（3—5 月和 9—11 月）：180<月≤350；冬夏（1—2 月、6—8 月和 12 月）：180<月≤450	+0.05	0.638	春秋（3—5 月和 9—11 月）：月>350；冬夏（1—2 月、6—8 月和 12 月）：月>450	+0.3	0.888	月
江西	月≤180	不变 0.60	180<月≤350	+0.05	0.65	月>351	+0.3	0.90	年
福建	月≤200	原价 +0.052：0.4983	200<月≤400	+0.05	0.5483	月>400	+0.3	0.7983	月

续表

省(市、区)	第一档		第二档			第三档			计算周期
	电量	电价	电量	加价	电价	电量	加价	电价	
四川	月≤180	原第一档电价+0.05：0.5224	180<月≤280	+0.1	0.6224	月>280	+0.3	0.8224	月
重庆	月≤200	不变0.52	200<月≤400	+0.05	0.57	月>400	+0.3	0.82	月
广东	夏季（5—10月）：月≤260 非夏季（11—4月）：月≤200	不变0.5807	夏季（5—10月）：260<月≤600 非夏季（11—4月）：200<月≤200	+0.05	0.6307	月>600 月>400	+0.3	0.8807	月
广西	高峰月（1—2月和6—9月）：月≤190 非高峰月（3—5月和（10—12月）：月≤150	不变0.5283	高峰月（1—2月和6—9月）：190<月≤290 非高峰月（3—5月和10—12月）：150<月≤250	+0.05	0.5783	高峰月（1—2月和6—9月）：月>290 非高峰月（3—5月和10—12月）：月>250	+0.3	0.8283	月
贵州	4—11月：月≤170 12月至次年3月：月≤210	不变0.4556	4—11月：170<月≤310 12月至次年3月：210<月≤380	+0.05	0.5056	4—11月：月>310 12月至次年3月：月>380	+0.3	0.7556	月

续表

省(市、区)	第一档		第二档			第三档			计算周期
	电量	电价	电量	加价	电价	电量	加价	电价	
云南	丰水期（5—11月）	不实行阶梯电价，所有电量执行 0.45 元的优惠电价，比现行 0.483 元降低 0.033 元							
	枯水期（12月至次年4月）：月≤170	原价 0.483—0.033：0.45	枯水期（12月至次年4月）：170<月≤260	+0.05	0.50	枯水期（12月至次年4月）：月>260	+0.35	0.80	月
海南	夏季（4—10月）：月≤220	不变 0.6083	夏季（4—10月）：220<月≤360	+0.05	0.6583	夏季（4—10月）：月>360	+0.3	0.9083	月
	冬季（11月至次年3月）：月≤160		冬季（11月至次年3月）：160<月≤290			冬季（11月至次年3月）：月>290			
内蒙古	月≤170	不变 0.43	170<月≤260	+0.05	0.48	月>260	+0.3	0.73	月
甘肃	月≤160	不变 0.51	160<月≤240	+0.05	0.56	月>240	+0.3	0.81	月
宁夏	月≤170	不变 0.4486	170<月≤260	+0.05	0.4986	月>260	+0.3	0.7486	年
青海	月≤150	原价 0.4271-0.05：0.3771	150<月≤230	+0.05	0.4271	月>230	+0.3	0.6771	月

　　注：本表整理的电价均为不满 1 千伏的一户一表居民的阶梯电价，部分地区还区分了电压，在 1 千伏以上的居民较 1 千伏以下的更便宜一些；广东省各市的基础电价均不一样，但加价幅度与分档电量均相同，此处以广州市电价为例；福建省的阶梯电价计划用三年分三阶段到逐步实施到位，此处为 2015 年最终阶梯电价价格；湖北省的基础电价分为有没有开征城建费，此处以武汉市已开征城建费的电价为例。

由表 3 - 6 可看出，一些省份由于考虑到季节、丰枯水及峰谷时段等因素对用电量的影响，在实行阶梯电价的同时还实行季节或峰谷电价，各地根据不同季节、月份中居民所需基本用电量的多少，来设定每档的电量。其中，湖南、广东、广西、贵州、海南不同季节电量设计不同；云南实行丰枯水电价，在丰水期实行统一低费率电价，在枯水期实行阶梯电价；江苏、江西、上海、安徽、浙江、福建、四川、广东、甘肃实行峰谷电价，由居民自愿选择是否实行。此外，一些未实行季节或峰谷电价的地区，也考虑到了季节用电的差异，将电费的计算周期由月改为年，使得季节性因素造成的电费负担可分摊在全年。总体而言，我国阶梯电价实施后存在一些特点和问题，具体有：

（1）电量标准较初期普遍提高。全国首档电量的覆盖面达到了 89%，已经高于国家发改委初始规定的 80% 的标准，且除北京市和上海市外，大部分地区的第一档电量标准比听证会确定的要高，有些地区覆盖面甚至达到 90%。此外，第二档的电量容量也相应地拉大。如陕西省第二档电量由原定的月均 120—210 千瓦时或 150—240 千瓦时调整为月均 180—350 千瓦时，湖北省由原定的月均 151—270 千瓦时调整为月均 181—400 千瓦时，第二档的电量范围扩大了 100 千瓦时左右。如表 3 - 7 所示，实施后，中国 29 个地区的首档电量在 150—260 千瓦时，均值为 190 千瓦时；第二档的上限电量在 230—600 千瓦时，均值为 332 千瓦时，较首档平均增加 74%。

表 3 - 7　　　　　　　　　　　国内电量统计量

	第一档上限电量（千瓦时）	第二档上限电量（千瓦时）	第二档/第一档
均值	190	332	1.735
方差	28.11	74.1	0.24
最小值	150	230	1.444
最大值	260	600	3.61

注：对同一地区每档分两种季节的电量，将其分别按两个地区来计算。

（2）东部地区的电量普遍高于中西部地区。总体上看，东部地区的第一档电量基本在 200 千瓦时以上，中西部地区较低，一般在 150—190 千瓦时，最低的为青海和广西（非高峰月份）为 150 千瓦时。东部地区的第二档电量基本在 400 千瓦时以上，中西部地区大部分为 300 千瓦时以上，其余的在 300 千瓦时以下。由此可见，东部地区的阶梯电量要大于中部地区，而中部地区又大于西部地区，这是由地区的经济发展水平和居民的生活水平决定的。

（3）电价增幅基本为最低标准。各地第一档电价除了四川、福建在原有电价基础上分别增加了 0.05 元／千瓦时、0.052 元／千瓦时，云南、青海在原有基础上分别降低了 0.033 元／千瓦时、0.05 元／千瓦时以外，其余 25 个地区的第一档电量不变，仍维持原价；第二档电价除四川在第一档基础上增加了 0.1 元／千瓦时外，其余地区都增加了 0.05 元／千瓦时，为国家规定的最低标准，各地区第三档电价在第一档电价基础上均按国家规定增加了 0.3 元／千瓦时。如表 3 - 8 所示，各地第二档较第一档电价的倍数均值在 1.1 左右，仅增加 10%，第三档较第一档的倍数均值为 1.59 左右，相对第一档仅增加 59%。

表 3 - 8　　　　　　　　　　国内电价统计量

	第一档	第二档	第三档	第二档/第一档	第三档/第一档
均值	0.519	0.571	0.821	1.101	1.589
方差	0.056	0.057	0.054	0.021	0.075
最小值	0.377	0.427	0.677	1.081	1.486
最大值	0.617	0.667	0.917	1.191	1.796

注：一些地区的电量根据季节分两种，将两种情况均计算在内。

（4）各地区电价设计不公平。阶梯电价的设计都是各省（自治区、直辖市）根据当地的经济发展水平及居民用电量等因素来确定的。但经过横向对比发现，全国各地之间的电价设计有不公平之处。以北京为例，北京的经济发展水平与居民收入在全国名列前茅，电价水平也应当相对较高，然而实际情况是除少数几个中西部地区的电价比北京低之外，其余大部分地区都比北京的电价高，这造成了地区间的不平等。为了对比各地区的电价设计情况，本章引入了表示地区综合发展程度的指标——发展与民生指数，将 29 个地区的首档电价和指数按高到低的顺序依次排列。具体如表 3 - 9 所示。

表 3 - 9　　　　　　　　　　　各地区指数与电价排名

地区	指数排名	电价排名	地区	指数排名	电价排名	地区	指数排名	电价排名
北京	1	23	湖北	11	6	山西	21	24
上海	2	1	吉林	12	13	黑龙江	22	17
天津	3	22	陕西	13	20	内蒙古	23	28
江苏	4	11	四川	14	14	广西	24	11
浙江	5	10	海南	15	2	云南	25	26
广东	6	5	湖南	16	4	贵州	26	25
福建	7	20	江西	17	3	宁夏	27	27
山东	8	9	河北	18	15	甘肃	28	17
辽宁	9	19	安徽	19	7	青海	29	29
重庆	10	15	河南	20	8	—	—	—

　　资料来源：指数来自《中国发展报告（2013）》。

　　由表 3 - 9 所示，根据各地区的指数与电价排名，电价设计非常不合理的地区有 10 个。其中，北京、天津、福建、辽宁的综合指数排名较高，但电价排名却较低，而海南、湖南、江西、安徽、河南、广西的指数排名较低，但电价排名却较高。这种不合理现象长期以来一直存在，而阶梯定价结构并未解决这一历史问题。

　　（5）不同地区使用同样的定价结构。此处所指的不同地区是指省份内部的各个城市之间以及城乡之间。除广东省的电价结构以市为单位外，我国其余地区的电价均以省（自治区、直辖市）为单位制定，城乡之间也使用同一种电价结构。但是，由于各个城市的发展程度不同，加之城乡差距比较大，统一的电价结构不符合各地区实际的用电情况。以湖南省为例，2012 年湖南省第一档用户数占一户一表居民用户总数的 88.98%，达到国家发改委的预期目标，且农村户均用电量为 43 千瓦时，远低于第一档 180 千瓦时。但是，长沙的农村、城市居民用电量和电费总支出却均出现 30% 的大幅上升，其主要原因是长沙市的经济发展和人民生活水平都远高于全省平均水平。因此，以省为单位的阶梯电价结构无法适应我国地区差距过大的状况，应该进一步细化。

　　（二）国内外实施现状的比较

　　为对比国内与国外定价结构的差异，本节将在国内外实施现状的基础上，进一步将国内与国外的定价结构进行比较，这对我国定价结构的进一步改进具有借鉴意义。

1. 档数

我国大陆地区的定价结构与日本、马来西亚的档数相一致，分为 3 档，其不仅与泰国、埃及、伊拉克、科威特等 7 档、8 档的相比属于低档数的定价结构，与邻近国家（地区）相比，也属于档数较低的一类，如中国台湾、中国香港、韩国、菲律宾的档数分别为 5 档、4 档、6 档、4 档。

2. 电价与电量增幅较国外小

由表 3 – 10 可看出，国内 29 个地区第二、第三档电价对首档倍数的均值低于 18 个地区的总体水平，同时也低于发达地区、发展中地区和邻近国家（地区）水平。由于发达地区人均收入相对较高，电价倍数设计比我国高一些也相对合理，但也低于发展中地区和邻近地区的每档电价增幅。比如我国发展程度比较接近或人均 GDP 少于我国的一些国家，如埃及、也门、印度，其第二、三档电价的增幅仍高于我们，说明与国际相比，我国高档上的电价相对偏低。因此，不论从国内看还是国外看，我国高档上的电价仍有进一步增加的必要。表 3 – 10 还显示，同电价一样，我国电量的增幅也低于国外水平。国内第二、第三档的分界电量较第一、第二档的分界电量多出 74%，低于国外水平的 146%，同时也低于发达地区、发展中地区、邻近地区的 133%、158%、179%。

表 3 – 10　　　　　　　国内外电价结构对比　　　　　　　单位:%

地区		电价增幅		上限电量增幅
		第二档增幅	第三档增幅	第二档增幅
国内		10	59	74
国外	全部地区	43	87	146
	发达地区	36	76	133
	发展中地区	57	96	158
	邻近地区	31	71	179

三　国内阶梯电价的改进建议

我国居民电价的改革还处在初步阶段，实施过程中不可避免地出现许多问题，通过对我国阶梯电价实施情况的总结与分析，并与国外的比较，本章认为，居民电价还存在进一步调整的空间。

（一）消除地区间电价不公平现象

全国的阶梯电价是由各地区根据自身的经济发展情况和居民承受能力等因素制定的，经过对比发现，一些发展与民生指数相对较高的地区电价较低，而一些指数较低的地区电价反而较高，这在一定程度上形成了新的不公平。其实，由于首档电价绝大地区都是延续阶梯电价实施之前的水平，而这种"发达地区低电价，欠发达地区高电价"的局面是长期形成并一直存在的，且在阶梯电价改革时仍未得到合理有效的解决。因此，鉴于阶梯电价的公平性目标，各地区应在全面测算电力成本的基础上，结合其他地区的生活水平与经济发展程度，争取使得低收入地区的用电价格低于或不高于高收入地区，在全国范围内形成合理、公平、可行的价格机制。

（二）分时期、分阶段适当上调价格

我国第二、第三档的价格较首档有所增加，但增幅仍较低，且远低于国外水平。另外，据国家发改委公布的数据，由于工业用电成本小于居民用电，国外居民电价一般是工业用电的 1.5—2 倍，而我国的居民电价虽然有所上涨，但仍低于工业用电，交叉补贴的情况仍然存在。因此，我国的电力价格特别是高档上的价格仍有进一步提升的必要。为了减少提价过程中的阻力，各地区可借鉴福建省分年分阶段逐步实施到位的办法，这在一定程度上可避免因一次性加价太多居民承受不了的问题。

（三）每档电量应进行动态调整

阶梯电价方案公布后，各地区并未规定电量多长时间上调一次，下次电量调整的时间未知。如果间隔太长，居民用电量必然会随着经济及生活水平的提高而逐步增加，正常用电量会非常容易突破第一档而上升到高电价区域内，造成全体居民用电成本的上升。另外，表 3-10 中国内第二档电量倍数增幅平均仅为 0.74，小于国际 1.44 的平均水平，同时也小于发达地区、发展中地区和邻近地区 1.22、1.58、1.79 的水平，即我国第二档的电量容量较国外要低。因此，在电价进一步上升的基础上，各地区应适时、动态地调整各档用电量，同时，还可通过扩大每档的电量容量来缓解电价提高带来的负面效果。

（四）考虑实行统筹协调的分时阶梯电价

在 2012 年的电价方案中，一些地区考虑到季节、丰枯水及高低谷时期的用电情况，在制定阶梯电价的同时也制定了分时电价。但与阶梯电价不同的是，这种辅助性定价并非强制性的，以峰谷电价来讲，都是由居民自愿申请是否执行。因此，申请此电价的大部分都是对价格比较敏感或在谷时用电比较多的居民。下一步，可考虑将分时与阶梯电价强制性结合在一起，以便在节约电力的同时更好地协调不同时段的用电量，降低电力供应成本。

（五）进一步细化阶梯电价方案

由于我国各地区发展情况不同，居民生活水平存在很大差距，各个城市和城乡间的用电情况有很大不同。另外，以户为单位的计费方式使得人口数较多的家庭非常容易进入到高档次上去。因此，阶梯电价方案需进一步细化，要根据发展情况的不同，在城市与农村设计不同的电价方案，不同城市之间也应自主制定适合自己的电价，同时，也要考虑家庭人口数的问题，对于人口较多的家庭适当放宽电量。唯有如此，才能更接近居民的实际用电情况，减少电价设计的不合理因素，在维护居民基本用电量的同时，提高居民节约用电的积极性。

第四章　阶梯电价设计的影响因素：
基于跨国数据的分析

第一节　引言

为了消除扭曲的电价机制带来的不良影响，逐步减少电价的交叉补贴，促进社会公平，同时，为了引导居民合理用电、节约用电，2011 年在浙江、福建和四川 3 个试点地区试行阶梯电价的经验基础上，我国发布了《关于居民生活用电试行阶梯电价的指导意见》，开始在全国范围内实行阶梯电价。决策出台后，引起了社会的广泛讨论，其中不乏质疑与反对的声音，其焦点在于是否应该采纳阶梯定价以及阶梯定价结构设计的合理性等。

实际上，阶梯定价在许多国家的供电和供水等公用事业中得到了广泛应用。作为一种非线性定价方式，阶梯定价相对于线性定价而言，不仅能够更好地提供价格信号，提高电力资源的配置效率，促进成本的回收与改进厂商效率，同时还起到一定程度的收入再分配作用，以保证社会的公平。在国外电力市场中，虽然对居民用电实行阶梯定价的情况非常普遍，但并不是所有国家都采纳了此种定价方式，而采纳的地区在实施的时间上也有先后。目前，国际上还没有一个衡量是否采纳或何时采纳此种定价方式的标准。另外，由于国情不同，不同国家或地区的电价结构设计也大不相同。以档数为例，一般分布在 2—8 档，大部分在 2—6 档，第七档、第八档的情况虽有但比较少见。各国或地区档数不一的原因，主要是由于没有一个统一的档数设计标准。各国或地区的档数一般由当地的管制机构根据自身的情况与经验制定，缺乏相应的理论背景与实证分析。因此，在阶梯电价是否采纳以及结构设计方面，需要学术界给出一个合理的衡量标准并提供相关的理论依据。但已有文献只是对此种定价方式的合理性与实用性进行了说明，在采纳或引入方面并未做过多的探讨。另外，更多的文献主要是针对单个国家或地区，同时将多个国家的经验综合起来进行实证分析的情况非常少见。

为了填补阶梯电价文献研究的不足，同时为了给阶梯电价的实施与改进提供实证支持，本章将 39 个国家和地区的电价结构作为研究对象，对影响阶梯电价政策采纳与档数设计的因素进行实证分析。本章的主要研究贡献有：首先，将多个国家和地区的电价结构情况综合起来进行分析，弥补了现有文献只针对单个国家或地区研究的不足；其次，首次用实证方法在政策采纳与档数设计方面提供了清晰的衡量标准，填补了相关研究的空白。

第二节　文献综述

国外有关阶梯电价的文献主要围绕结构设计和效果评估等方面进行。在结构设计方面，为了平衡收益，低档的电价经常低于成本制定，高档的电价一般基于现有成本（平均成本）或未来成本（长期边际成本LRMC）定价。各国电价结构的设计过程一般首先是确定收益率，然后是档数选择，最后是每档电量与电价的制定。[1] 因此，在收益率受政府管制的情况下，档数的设计比较重要，只有在档数确定的情况下，才能对每档的电价与电量进行设计。

阶梯电价之所以流行，不仅因其能正确反映市场信息，还因其能够作为一种协调电厂收回成本与改进效率的经济性目标和收入再分配的社会性目标之间的相互冲突的工具。[2] 相对单一制电价来说，分档的电价结构更能促进生产效率的提高，并使厂商的利润有一定的增加。[3] 同时，相对于许多其他先进的定价机制，阶梯电价能够以最小的成本解决交叉补

---

① Hughes, L., The Inverted Block Rate: An Alternative to Flat Rate Billing [J]. *Energy Research Group*, 2004.

② Borenstein, S., Equity Effects of Increasing - block Electricity Pricing [J]. 2008.

③ Lim, N., Ho., T. H., Designing Price Contracts for Boundedly Rational Customers: Does the Number of Blocks Matter? [J]. *Marketing Science*, 2007, 26 (3): 312 - 326.

贴与价格信号问题。但也有一些观点认为，阶梯电价要实现满足低收入者基本用电需求的目标，其前提必须是低收入用户同时也是低用电量的使用者。[①] 但事实上，家庭人口数较多的低收入者比高收入者面临更高的阶梯税率。[②] 贫困用户特别是发展中国家的贫困用户由于家庭人口数较多或无法接入电力网络，此种定价方式会使他们的境况变得更糟。[③] 在再分配效应方面，阶梯电价确实对低收入群体起到了补贴作用，但效果不是特别明显，且大部分来源于对高收入家庭征收的高电价，只有少部分来源于对中等收入者的电价征收。[④] 在阶梯电价实施与效果评估中，对消费者需求价格弹性的测算主要是基于预期边际价格产生的。[⑤] 可通过对照实验的方法估计阶梯电价下的电力需求，并采用修正的结构最大似然法估计需求价格弹性。[⑥] 通过对需求价格弹性的估计发现，相对于非线性定价来说，平均价格更能减少消费者福利的损失。[⑦]

由于国内阶梯电价起步较晚，因此相关的文献更多的是关于结构设计方面。国内电价结构设计遵循的基本原则仍是遵循"预算平衡约束下的社会福利最大化"。[⑧] 对于档数的选取，可利用秩和比法确定地区最适合的阶梯档数[⑨]，也可以利用斯通—吉尔里效用函数对用户的价格弹性进行差异化分析，以最大化节约电量为目标，以电力公司的电费收益和档位覆盖率为约束条件来计算最优阶梯档数。对于每档电量的确定，可运

① Whittington, D., Possible Adverse Effects of Increasing Block Water Tariffs in Developing Countries [J]. *Economic Development and Cultural Change*, 1992, 41 (1): 75 – 87.

② Dahan, M., Nisan, U., Unintended Consequences of Increasing Block Tariffs Pricing Policy in Urban Water [J]. Water Resources Research, 2007, 43 (3): W03402.

③ Whittington, D., Possible Adverse Effects of Increasing Block Water Tariffs in Developing Countries [J]. *Economic Development and Cultural Change*, 1992, 41 (1): 75 – 87.

④ Borenstein, S., The Redistributional Impact of Nonlinear Electricity Pricing [J]. *American Economic Journal: Economic Policy*, 2012, 4 (3): 56 – 90.

⑤ Borenstein, S., Equity Effects of Increasing – block Electricity Pricing [J]. 2008.

⑥ Herriges, J. A., King, K. K., Residential Demand for Electricity under Inverted Block Rates: Evidence from a Controlled Experiment [J]. *Journal of Business and Economic Statistics*, 1994, 12 (4): 419 – 430.

⑦ Ito, K., Do Consumers Respond to Marginal or Average Price? Evidence from Nonlinear Electricity Pricing [R]. National Bureau of Economic Research, 2012.

⑧ 杨娟、刘树杰：《阶梯电价的国际实践》，《中国经贸导刊》2010 年第 1 期。

⑨ 黄海涛等：《居民阶梯电价结构的国际经验及启示》，《价格理论与实践》2012 年第 4 期。

用时效修正模型对居民就分档电量的响应进行分析[①]，也可运用密度聚类分析技术分析用户种类，并用家用电器设备估算法和概率统计法确定各档电量。[②]

综观现有的理论文献，大部分是对单个国家或地区的电价结构和实施效果进行研究，而同时将多个国家的经验综合起来进行分析的很少见，即便有也只是简单的资料总结，对其进一步做实证分析的文献几乎没有。以电价档数为例，上文指出，电价结构设计中档数的设计比较重要，然而，至今没有文献将多个国家的档数设计综合起来分析，这使得阶梯电价在设计过程中没有相关的国际经验作参考。另外，虽然大部分文献证明了阶梯电价的实施是合理且有效的，但在阶梯电价的采纳或引入的时机方面，没有相关文献进行具体论证。

第三节 模型设定

一 二元选择模型

本章首先对各国阶梯电价采纳的问题进行研究，同时分析影响阶梯电价实施的因素。由于因变量的取值只有采纳与不采纳两种结果，我们选取二元选择模型进行回归分析。由于因变量 y 的预测值介于 $[0, 1]$ 之间，故 y 的两点分布概率为：

$$\begin{cases} P(y=1 \mid x) = F(x, \beta) \\ P(y=0 \mid x) = 1 - F(x, \beta) \end{cases} \qquad (4-1)$$

通过选择合适的分布函数形式 $F(x, \beta)$，来求得 $y = 1$ 时发生的概率。常用的函数形式有符合标准正态分布的 Probit 模型和符合逻辑分布的 Logit 模型。

由于样本个数与模型要求的限制，我们将重点选取 5 个解释变量，分别利用 Probit 与 Logit 二元选择模型，建立度量影响因变量 Opt（是否采纳阶梯电价）的估计方程：

---

① 黄海涛等：《居民阶梯电价结构的国际经验及启示》，《价格理论与实践》2012 年第 4 期。

② 同上。

$$Opt^* = \beta_0 + \beta_1 X_1 + \beta_2 X_2 + \beta_3 X_3 + \beta_4 X_4 + \beta_5 X_5 + \varepsilon \qquad (4-2)$$

其中，Opt^* 为 Opt 不可观测的潜变量，X_i 为各解释变量（$i = 1$、2、3、4、5），β_i 为解释变量的系数（$i = 1$、2、3、4、5），度量了相应解释变量变动一个单位（其他回归元不变）所引起的估计值（潜在变量的值）的变化，即引起的对数概率比的边际变化。ε 代表误差项。根据此模型，可以分析影响阶梯电价实施的因素，同时也可以得出某一地区阶梯电价实施的概率比。

二　计数模型

本章的第二个模型是对档数设计问题进行研究，并分析影响档数设计的因素。由于不同国家或地区的档数不同且均为离散值，我们选取计数模型进行实证分析。计数模型的一般形式为：

$$E(y_i \mid x_i, \ \beta) = \exp(x'_i \beta) \qquad (4-3)$$

其中，$E(y_i \mid x_i, \ \beta)$ 是因变量的条件均值，$\exp(x'_i \beta)$ 为指数函数。计数模型中应用最广泛的是泊松模型和负二项分布模型。泊松分布的一般形式为：

$$P(Y_i = y_i \mid x_i) = \frac{e^{-\lambda_i} \lambda_i^{y_i}}{y_i!} \qquad (y_i = 0, \ 1, \ 2, \ \cdots) \qquad (4-4)$$

其中，$\lambda_i > 0$。服从泊松分布的 Y_i 的均值与方差是相等的，而对于实际情况中方差远大于均值的情况，则使用负二项分布。服从负二项分布 y_i 的期望和方差分别是 $E(y_i \mid x_i) = \lambda_i$，$\mathrm{Var}(y_i \mid x_i) = \lambda_i + \eta^2 \lambda_i^2$，其中，$\eta > 0$，$\lambda_i > 0$。我们将分别利用泊松分布和负二项分布，建立与式（4-2）类似的影响档数（$Step$）设计的计数模型：

$$Step^* = \beta_0 + \beta_i X_i + \varepsilon \qquad (i = 1, \ 2, \ 3, \ \cdots) \qquad (4-5)$$

其中，β_i 为解释变量的系数，对其进一步求边际效应，得出自变量的变化对因变量预期次数变化的影响。

第四节　数据描述

由于数据的可获取性，本章使用的数据为位于欧洲、亚洲、美洲和大洋洲的 39 个国家或地区 2008 年的横截面数据。其中，包括 23 个实行阶梯电价的国家或地区，分别是日本、印度、澳大利亚、韩国、马来西亚、菲律宾、泰国、埃及、也门、沙特阿拉伯、叙利亚、摩纳哥、伊拉克、加拿大、加利福尼亚州、得克萨斯州、新泽西州、新墨西哥州、爱荷华州、纽约州、佛罗里达州、中国香港和中国台湾，阶梯档数为2—8档；16个未实行阶梯电价的国家，分别是法国、芬兰、英国、奥地利、比利时、丹麦、捷克、德国、爱尔兰、卢森堡、西班牙、瑞典、葡萄牙、波兰、匈牙利和斯洛伐克。

对于阶梯电价的采纳和设计，不同国家或地区依据各自的经济与社会条件进行决策。一般会考虑到当地居民的用电情况、承受能力等因素。例如，美国纽约州着重考虑居民的用电量、收入和气候的影响。另外，原有的电价水平对阶梯电价的实施与档数的设计也有重要的影响。当电价能够满足厂商正常收益时，厂商实施阶梯电价的动机较小，即便实施，管制者也倾向于设计较低的电价与档数以防止厂商收益过高。由于阶梯电价具有一定程度的收入再分配作用，当社会收入分配不公时，管制者倾向于设计档数多的电价结构，使其保障低收入居民用电的同时也调节高收入居民的用电量与收入。因此，反映收入分配状况的因素也应考虑在内。

基于上述考虑，本章重点选取反映国家或地区之间差别、居民承受能力、电力消费情况、当地气候状况和收入分配状况的指标。其中，反映国家或地区的变量用虚拟变量（1或0，1代表发达国家或地区，0代表发展中国家或地区）和人口密度表示；反映居民承受能力的指标用人均总收入表示，一般来说，人均总收入越高，居民对电价的承受能力越强，从而使得需求弹性较低，电价变化对用电量的影响越不明显；反之，则较明显。反映电力消费情况的指标用居民平均用电价格和全社会人均用电量①表示。反映当地气候状况的指标用平均温度表示，平均温度越高的地区用电量也相对较高。反映收入分配状况的指标用各国或地区的基尼系数表示，基尼系数越高，表明收入分配越不公，更能促进实施高档数的阶梯电价。最后，再加入与档数有较强关联性的最高档电价对最低档电价的倍数。

数据来源方面，美国的新墨西哥州、爱荷华州、纽约州、佛罗里达

---

① 由于一些国家居民用电量数据的缺失，本章用全社会人均用电量来代替居民平均用电量。

州以及加拿大的阶梯电价结构数据源于当地的电力公司网站，其余国家或地区的电价数据均由国家电网提供；人口密度、人均国民总收入数据源于《美国统计年鉴》和《世界统计年鉴》；全社会人均用电量数据源于《美国统计年鉴》和 IEA 统计数据库；基尼系数①数据源于《世界统计年鉴》和《世界各国概况》；平均温度数据由旅游天气网站提供温度加权平均得来。所有数据的描述性统计详见表 4 - 1。

表 4 - 1 　　　　　　　　　数据描述性统计

衡量指标	变量	变量描述	单位	均值	标准差	最小值	最大值
分档	Step	档数	档	2.487	6.467	2	8
地区状况	Mid	人口密度	人/平方公里	738.519	2846.721	2.8	16818
居民承受力	Inc	人均国民总收入	美元	34442.513	33896.895	960	203900
电力消费	Pri	居民平均用电价格	美元/千瓦时	0.156	0.085	0.011	0.396
	Ele	全社会人均用电量	千瓦时	9042.615	7455.456	201	29591
气候	Tem	平均温度	华氏度	56.454	15.572	10.29	81.77
收入分配	Gin	基尼系数	—	0.361	0.081	0.230	0.536
电价倍数	Mul	最高档价格/最低档价格	—	4.5	7.760	1.079	37.6

第五节　估计结果与分析

一　阶梯定价的引入

对于阶梯定价的引入，本章将同时给出 OLS、Probit 和 Logit 三个估计方法对式（4 - 2）的回归结果，并从中选取最优的估计结果。回归结果如表 4 - 2 所示。

---

① 由于基尼系数几年之内不会发生太大的变化，对于一些地区缺失的基尼系数，本章用与 2008 年前后相差不过三年的基尼系数代替。

表 4 - 2   三种估计方法的回归结果

指标	OLS 估计	Probit 估计	Logit 估计
Ele	1.05E - 05 (1.640)	- 2.47e - 04 (- 2.268) *	- 4.24e - 04 (- 2.409) *
Gin	1.457 (2.444) **	30.037 (3.243) ***	51.761 (3.444) ***
Pri	- 3.180 (- 5.880) ***	- 66.774 (- 3.871) ***	- 114.567 (- 3.914) ***
Tem	0.007 (2.589) **	0.065 (1.835) *	0.109 (1.657) *
Inc	1.32E - 06 (1.124)	- 5.72e - 06 (- 0.800)	- 1.00E - 05 (- 0.761)
调整的 R^2/准 R^2	0.692	0.846	0.842
Correctly Classified	—	92.31%	92.31%

注：*** 、** 、* 分别表示在 1%、5% 和 10% 的统计水平上显著。

由表 4 - 2 可看出，Probit 模型与 Logit 模型的显著性相对于 OLS 估计方法更强一些。而对于 Probit 模型与 Logit 模型来说，由于参数估计值不能直接比较，通过进一步计算二者的边际效应，得出其边际效应几乎相同（结果略去），并无太大差别。因此，本章将根据二者的估计结果对影响阶梯电价实施的因素进行分析，得出的结论有：

第一，基尼系数和居民平均用电价格对阶梯电价政策的采纳起着显著的作用。其中，一个国家或地区的基尼系数越高，实施阶梯电价政策的概率越大。基尼系数越高，表明收入分配越不公平，社会贫富差距越大，较低的线性电价费率不仅起不到缩小贫富差距的作用，还会因其对高收入、高用电量消费者的过度补贴而使基尼系数在一定程度上呈扩大的趋势。因此，在其他条件相同的情况下，基尼系数越大，一个国家或地区更有动力通过实施阶梯电价进行收入的再分配，以维护社会公平。而居民平均用电价格越高，阶梯电价的采纳概率越小，主要是由于用电价格越高，越能接近或覆盖电厂的成本，厂商在原有电价下的损失不大或能够收回利润，从而主动实施阶梯电价的动机不是特别强。

第二，人均用电量、平均温度和人均总收入在影响阶梯电价政策采纳的作用上并不是特别显著，特别是人均用电量的系数还与平均温度和人均总收入的系数方向相反，呈现负值。出现此种现象的原因，首先，与样本数据不是特别多，导致估计存在一定程度的偏差，使得5个解释变量不能同时显著有关。其次，与一些数据因缺失而用相关变量代替有关，本章中居民人均用电量用全社会人均用电量代替，全社会用电量不仅包括居民用电，还包括商业、农业、工业用电量等，数据相对不是特别准确。根据 IEA2010 年电力统计中的数据，2008 年 OECD 国家的居民用电量仅占全社会用电量的31.2%。另外，与不能无限制地加入太多解释变量而使变量存在缺失有关。因此，多种因素导致一些解释变量的系数不显著。

由此看来，在阶梯电价采纳方面，影响作用最大的是居民用电价格和基尼系数。即大多数国家或地区在考虑阶梯电价是否采纳时，应当更多地根据居民平均电价和基尼系数的高低来判断，对于居民平均电价水平过低以及基尼系数较高的地区，应该通过实施阶梯电价来调整扭曲的电价机制，缓解电厂亏损的状况，并利用各个收入阶层不同的价格弹性来进行一定程度的收入再分配。

二　阶梯档数设计

对于档数设计的模型，本章将选取8个解释变量进行估计，并同时给出 OLS、泊松分布和负二项分布三种方法的估计结果。具体如表4-3所示。

表4-3　　　　　　　　　三种估计方法的估计结果

指标	OLS 估计	泊松分布估计	负二项分布估计
Dum	-1.042（-1.24）	-0.394（-1.24）*	-0.394（-1.24）**
Ele	4.4e-05（0.80）	5.83e-05（2.83）***	5.83e-05（2.83）***
Gin	1.637（0.38）	0.834（0.74）	0.834（0.74）
Pri	-11.062（-2.71）**	-6.691（-2.91）***	-6.691（-2.91）***
Tem	0.053（2.11）**	0.038（3.41）***	0.038（3.41）***
Inc	-7.17e-06（-0.55）	-4.28e-06（-0.78）	-4.28e-06（-0.78）
Mid	1.66e-04（1.28）	1.04e-04（1.82）*	1.04e-04（1.82）*
Mul	0.081（2.16）**	0.015（2.63）***	0.015（2.63）***

注：***、**、*分别表示在1%、5%和10%的统计水平上显著。

由表 4 - 3 的估计结果可看出，与 OLS 相比，泊松分布和负二项分布的结果更显著一些。而对于泊松分布与负二项分布来说，负二项回归中各变量系数的显著性相对更强一些，加之泊松分布的一个最重要的限制就是因变量的均值和标准差相等，而因变量（Step）的均值与方差（见表 4 - 1）是不相等的，适用条件不是特别满足，同时负二项估计的结果中给出了在 5% 的水平上拒绝泊松回归的原假设。故综合起来说，负二项分布的估计方法更适用于对阶梯档数的分析。根据其估计结果，我们得出几个结论：

第一，在档数设计上，发达国家或地区要比发展中国家或地区的低。由于发达国家或地区居民总体的生活水平更高一些，虽然同属低收入用户，但发达国家或地区低收入群体的承受能力仍比发展中国家或地区的要强，因此，发达国家或地区的电价设计也相对偏高。对本章的电价结构数据进行统计发现，发达国家或地区的平均居民电价为 0.176 美元，而发展中国家或地区则为 0.104 美元。这使得发达国家或地区在实施阶梯电价时不需要设计过高的档数和电价就能收回全部成本，而发展中国家或地区则需要通过设计较高的档数与电价倍数向需求弹性较低的居民征收高电价，以此来获取正常利润。本章实行阶梯电价的 14 个发达国家或地区中，12 个国家或地区的档数分布在第二档至第四档，第五档、第六档的分别只有 1 个，而其他 9 个发展中国家或地区中，拥有 5 档及其以上档次的就有 5 个，4 档的有 2 个，这也进一步说明了发展中国家或地区的档数设计相对较高。

第二，人均用电量、平均温度、电价倍数越高，阶梯档数就越高。其中，人均用电量越高，在一定程度上会促使设计更多的档数来节约电力能源的使用；平均温度对档数的设计也起正向的作用，温度越高，使得用电量越高，从而档数也越高。通过绘制 23 个国家或地区的温度与档数关系图，也可以看出二者之间较一致的走势，如图 4 - 1 所示。

由图 4 - 1 可看出，23 个实施阶梯电价的国家或地区，其温度与档数呈现出几乎一致的走势，二者之间的关联性非常明显，即温度越高，档数就越高；温度越低，档数就越低。

另外，最高档对最低档的电价倍数越高的国家或地区，档数也越高。在电价结构设计过程中，要使最高档对最低档的电价倍数较高，则档数设计也应较高；反之，档数较高的地区，电价倍数也较高。在本章 14 个档数较低的发达国家或地区中，最高档对最低档的电价倍数取值为 1.08—11.6 倍，平均值为 2.3 倍，而其他 9 个档数较高的发展中国家或地区，电价倍数的取值为 1.167—37.6 倍，平均值为 7.93 倍。由此也可以看出，档数较低的国家或地区，电价倍数设计也较低。

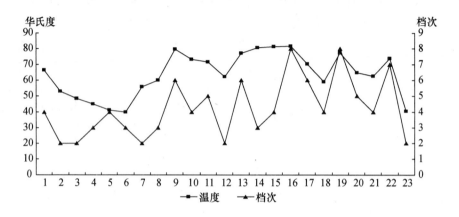

图 4 - 1　温度与档数走势

　　第三，居民平均用电价格越高，档数设计越低。此结论与阶梯电价引入模型中居民平均用电价格对阶梯电价的采纳起阻碍作用的效果是一致的。由于阶梯电价的电价设计是基于原有居民用电价格，对于平均用电价格较高的国家或地区，为避免电价上升太多而超出居民承受能力或使厂商利润太高，档数设计会相对偏低。

　　由此看来，在档数设计方面，更多地受到居民用电情况、气候、电价倍数、平均用电价格这 4 个因素的影响，对于用电量较多、平均温度较高、预期电价倍数较高的国家或地区，档数设计也相对较高，而对于平均用电价格较高的国家或地区，档数设计相对较低。另外，发展中国家国家或的档数相对发达国家或地区的更高一些。

　　三　中国阶梯电价的实证检验

　　我国于 2012 年 7 月正式在居民用电领域实施阶梯定价机制。将居民每月用电量按照满足基本用电需求、正常合理用电需求和较高生活质量用电需求划分为 3 档。虽然划分方法比较合理，但仍然缺乏相应的实证支持。面对实施阶梯电价政策后的一些质疑与讨论，有必要通过本章的方法来验证我国阶梯电价实施与设计的合理性。将我国相关变量的数值代入估计方程中，得出结果如表 4 - 4 所示。

表 4 - 4　　　　　　　　　对中国阶梯电价实施的估计结果

因变量	Opt*	Step*
估计值	$e^{12.34}$	2.79

　　由表 4 - 4 看出，阶梯电价实施的概率 Opt* 相当大，为 $e^{12.34}$，表明阶梯电价实施的概率特别大，即我国对阶梯电价政策的采纳是正确。另外，Step* 的估计值为 2.79，由于实际情况中档数的取值为离散的正整数，故其最优取值应该为 3，而这也与我国 2012 年实际实施的电价档数是一致的。因此，本章的研究结果表明，中国阶梯电价的实施及结构的设计是比较合理的，这不仅为我国居民电价的改革提供了实证上的支持，同时，也表明了我国在居民电价上的改革方向是正确的，在此基础上可进一步的深化改革。

第六节　结论

　　阶梯电价的实施在解决低电价造成的交叉补贴、保证电力工业发展所需的资金、促进电力市场化改革等方面起到了重要的作用。诸多的优点使得其在国内外的电力机构中得到了广泛应用，取得了线性定价无法取得的效果。有关阶梯电价研究的文献主要集中于结构设计与效果评估，但结构设计方面更多的是针对单个国家或地区而言的，同时将多个国家的设计经验综合起来进行实证分析的很少。加之，2011 年中国提出居民用电实施阶梯电价政策之后，遭到许多反对与质疑，更需要学术界提供理论支持与实证依据来给出合理的解释，消除人们心中的疑虑。因此，为了解决上述问题，本章使用跨国的年度横截面数据，利用选择模型和计数模型，实证分析了影响阶梯电价采纳与档数选择的因素，并在此结果上进一步验证了中国阶梯电价政策的实施与设计的合理性。

　　本章得出的结论如下：基尼系数和居民平均用电价格在阶梯电价的引入方面起显著的作用，基尼系数越高，阶梯电价实施的概率越大，而居民平均用电价格的作用则相反，平均用电价格越高，阶梯电价实施的概率就越小；在结构设计方面，全社会人均用电量、平均温度、电价倍数越高，越能提高档数的设计，而居民平均用电价格越高，越降低档数的设计。另外，发达国家引入的阶梯电价档数一般低于发展中国家的档数设计。更进一步地，在此基础上，本章对我国阶梯电价的引入及档数的设计进行了检验，结果显示，我国在居民电价方面的改革是正确且合理的。

第三篇　阶梯定价实证研究综述

第五章　递增阶梯定价实证研究综述

第一节　引言

由于水电之类不可再生（或难以再生）资源稀缺性的加剧，以及供应成本攀升所带来的社会（和环境）影响面的扩大，资源（环境、经济和社会的）可持续性必须在资源管理中得到重视（WCED，1987）。资源管理不再仅着眼于如何增加资源供给以满足不断增加的需求这个供给管理问题，更关心如何合理化（甚至限制）需求以适应长期稳定的供给这种需求管理问题（OECD，2001；Monteiro，2009）。需求管理的一个关键是资源定价结构独特。为实现需求管理的特定目的，所设计的定价结构①多样化。递增阶梯定价属于较为独特的非线性定价，会使消费者预算边界非光滑地外凸，进而导致某些消费者的消费决策异常集中而难以甄别。这种特征使递增阶梯定价机制的设计和实证研究异常复杂。

近几十年，由于对稀缺资源的定价偏低，使资源消耗型开采未体现资源的稀缺性和公共性，从而致使我国频频出现资源短缺，严重制约我国经济的持续发展。为此，国务院和国家发改委先后在 2005 年和 2010 年上半年提出大力推进递增型阶梯电价和水价的改革要求与实施意见。这说明了改革资源定价方式、实施递增阶梯定价对节能减排和促进循环经

---

① 所设定的价格类型主要由系统连接费、固定收费和与消费量相关的变动费用三部分组成。对于已联入系统的消费者而言，已为沉没成本的连接费不影响消费决策，在此不考虑。对于由固定收费和与消费相关的变动费用组成的（广义）两部制而言，其变动费用可为线性或非线性。若在消费达一定额度时再增加单位消费的成本会变动（如变大），或要实现多样化目标（如平等），其对应变动费用应为非线性（如递增的）（Dinar and Subramanian，1998；Bartoszczuk and Nakamori，2004）。具体而规范地阐述非线性定价分类分析，请参见 Montginoul（2007）。

济发展的意义。由于这些要求和意见都只是框架性、蓝图式的描述和估测，并未准确确定所要改革的递增阶梯定价结构参数。同时，递增阶梯定价政策对经济主体行为的独特影响，使直接估计需求有系统性偏误。所以，如何准确地获取递增阶梯定价下的需求信息就成为政策当局和经济学工作者的一项重要而困难的任务。从国内公开发表的文献来看，迄今国内各界（包括学术界）对递增阶梯定价理论和政策执行等的研究很少，甚至可以说是空白。所以，当务之急是了解国外递增阶梯定价理论的发展演变，为我国递增阶梯定价理论研究提供素材，从而为在如供水、电之类的公用事业领域推广递增阶梯定价政策提供重要的理论指导。

第二节　递增阶梯定价的缘由

作为独特的非线性定价，递增阶梯定价（Increasing Block Pricing，IBP）[①] 常常可按边际价格或平均价格来定义。[②] 如在递增阶梯定价下，每个分段数量区域内的边际价格固定，而在上、下分段数量区域之间的边际价格递增。在多级递增阶梯定价结构下，一个代表性消费者的月支付为：

$$B = \begin{cases} C + p_1 q = B_1 & if \quad 0 \leqslant q \leqslant Q_1 \\ C + (p_1 - p_2) Q_1 + p_2 q = B_2 & if \quad Q_1 < q \leqslant Q_2 \\ \cdots \\ C + \sum_{i=1}^{n-1} (p_i - p_i + 1) Q_i + p_n q = B_n & if \quad Q_{n-1} < q \end{cases} \qquad (5-1)$$

其中，C 是月固定支出，$(p_1, \cdots, p_n)$ 是相应各阶梯上的边际价格且满足 $P_i > P_{i-1}$，$(Q_1, \cdots, Q_{n-1})$ 是分割点（Break – Points/Kinks），B_i 是消费者消费 q 所在阶梯 i 上的支付总额。[③]

---

① 递增阶梯定价的英文术语很多，有如 Increasing Block Pricing/Rate/Tariff、Inverted/Lifeline Rate 等。

② 若按平均价格来定义，递增阶梯定价是指在给定消费等级内消费每单位产品（或服务）的平均价格递减，但跨等级消费的平均价格却递增。虽然两种定义内在统一，因第一种使用更广泛，本章也用此种定义。

③ 其实，若对于所有阶梯 i 有 $P_i < P_{i-1}$ 或 $P_i = P_{i-1}$，则分别称为递减阶梯定价和统一定价（亦称两部制）。这三种阶梯定价类型可统称为广义阶梯定价。两部制作为广义阶梯定价的特例，常在（狭义）阶梯定价研究过程中作为比较基础。

可见，对递增阶梯定价机制设计而言，需要确定三点：阶梯（或等级数）$n-1$、等级间的分割点（Q_1，…，Q_{n-1}）和等级上的边际价格（p_1，…p_n）[①]（Boland and Whittington，1998，2000a，2000b；Barberan and Arbues，2008）。IBP 的一大特征就是，无论成本如何，第一等级边际价格都低于其对应成本。因此，设计递增阶梯定价（如二级 IBP）的重点便是如何确定第一等级分割点和边际价格（Arbues et al.，2000；Crase，O'Keefe and Burston，2007）。尽管可以通过使用消费数据估算必需消费与非必需消费来初步确定第一等级分割点，但是，这种方法如将分割点确定得太高或太低，都将违背 IBP 的初衷[②]（Edward，2006；Sibly，2006b；Crase，O'Keefe and Burston，2007）。此外，边际价格变化坡度的适当性也不可忽视（Chen and Yang，2009）。

递增阶梯定价在发达国家（Jones，1998；OECD，1987，2003，2006）和发展中国家（Asian Development Bank，1993，1997；Boland and Whittington，2000）都很普遍。同时，IBP 亦被视为更可能在干燥潮湿的国家使用（Hewitt，2000）。这个猜测最近得到经验数据（OECD，2003）和理论（Monteiro，2008；Roseta - Palma and Monteiro，2008）的证实。在葡萄牙、西班牙、意大利、希腊和土耳其等地中海国家，很多公用事业或稀缺资源定价都用 IBP（OECD，2003）。如葡萄牙水与废水规制当局依据 2000 年欧洲水框架指导和 2005 年葡萄牙水法案在超过 300 个城市使用 IBP（Monteiro and Roseta - Palma，2007）。美国和澳大利亚亦然。在美国，虽然到 1996 年为止递增阶梯定价使用广度仅次于统一定价和递减阶梯定价，但其使用频率最近不断增加（AWWA，1992，1996）。特别是自 2000 年加利福尼亚州电力危机后美国几乎各州或城市电力都改用或修正阶梯定价政策（BC Hydro，2008）。澳大利亚几乎各大城市［如墨尔本（Edward，2005）和悉尼（Sibly，2006）］纷纷重启递增阶梯水价改革，因为深受（如水）资源短缺之苦的澳大利亚各州政府和民众都认为，"目前 IBP 是实现节约和公正的最有效方式"（Water Proofing Adelaide，2004；Edward，2007）。同时，大多数

[①]　这三点的分析依据不完全相同。一般来说，阶数的确定主要是管理决策，而分割点和阶梯的边际价格的确定更多的是政治和社会决策（Boland and Whittington，1998；Rogers et al.，2002）。其实，也可从经济角度给出解释。

[②]　第一阶梯分割点如果较小，可促进节约；如果较大，则可能导致更严重的浪费。具体请参见 Chen 和 Yang（2009）。

亚洲城市对城市供水都采用递增阶梯定价政策，IBP 具有几大特征，即居民消费者在不同消费等级上面临的边际价格差异很大；对于水、电消费而言，居民消费者比商业（或工业）消费者面临更多等级划分；向商业消费者收取的价格普遍比向绝大多数居民消费者收取的价格高（Rogers et al.，2002）。

　　总之，全球性公用事业私有化浪潮便未影响 IBP 的流行，尽管追求利润的私有化公用事业经营商有充分理由采取其他定价手段（Asian Development Bank，1993，1997）。递增阶梯定价的实践为相关研究提供需求和素材，从而促进递增阶梯定价理论和实证研究的不断普遍化。过去几十年里，对递增阶梯水（或电等）价的研究文献在西方的欧美世界大批出现。[①]

第三节　多元化目标下的最优定价机制

一　稀缺资源定价的多元化目标

　　只能通过市场价格手段合理化资源需求，以实现资源的可持续性。[②] 鉴于此，集中探索公共资源定价，可较好地解答 IBP 不断流行的缘由。不同的定价原则（或目标）很大程度上决定着定价方式。定价过程涉及各利益相关者之间的博弈，各方所追求的目标主要有经济效率、成本补偿、公平公正、收入再分配和资源保护等[③]（Dalhuisen and Nijkamp，2002；Arbues et al.，2003）。如 2000 年水框架指导倡导完全成本补偿原则，即所有水价政策都不仅要补偿资源完全成本，还要给消费者有效使用稀缺资源的激励（European Commission，2000），甚至还可能要顾及环境卫生的影响（Water Framework Directive，2000；Brouwer and Strosser，

---

　　① 专门研究 IBP 的文献不断涌现，如在美国，代表性文献有 Billings 和 Agthe（1980）、Agthe 等（1986）、Agthe 和 Billings（1987）、Renwick 和 Archibald（1998）、Gaudin 等（2001）。其他已实行 IBP 的国家的研究势态也类似（Worthington and Hoffman，2008）。

　　② 资源需求管理常有控制命令和市场调节两大手段，其中控制命令手段效果不显著（Schultz et al.，1997），甚至带来负面影响（Mayer et al.，1998；Kiefer et al.，1993；Renwick and Green，2000）。

　　③ 这些大多也体现了资源可持续性的定价水平和结构所要追求的目标（OECD，1987，2003；Potter，1994；Bos，1994；Wong，1999）。此外，定价方式的确定还多少受公众（和政治）可接受性、简单透明、净收益稳定和执行简易等的影响（OECD，1987；Boland and Whittington，2003）。这些常视为定价设计的操作性约束，在此不加强调。

2004）。在大多数情况下，经济效率、公平平等和完全成本补偿三个目标最重要（Boland，1993；Dalhuisen，2001；Klawitter，2004）。

经济效率是指价格的设定能将有限的资源诱导至最佳用途，或采用成本最低而效率最高的手段提供既定量的资源（Montginoul，2007；Reneses et al.，2010）。经济效率原则主张消费者在调整资源使用方式时权衡边际收益与其实际面对的完全边际成本（Young，1996；Rogers et al.，2002）。如果某特定消费群体内所有消费者面临相同的价格，每人都会调整其资源消费方式，最终使边际收益调整至与价格相一致。此时，所有消费者都具有相同的边际收益，实现总收益最大化（Howe，2005）。实现效率最优的定价方法常有两类：一类是边际成本定价及其两部制，尽管边际成本定价是经典的有效定价手段，但在稀缺资源存在规模经济时，边际成本定价不满足收益中性而使企业亏损。此时，额外收取一项固定费用［即引入两部制（Coase，1946）］可实现效率与收益中性的兼顾。当然，这类方法面临严重的问题：稀缺资源的边际社会成本常难以包括在内（Dewees，2002；Hanemann，2006）；当供给技术大发展时，固定成本相对于变动成本相当大的事实使按其所定价格很低，从而诱导浪费性消费。为此，出现了新一类方法实现效率目标，即通过递增阶梯定价手段提供节约激励，缓解资源稀缺性和实现资源节约（Boland and Whittington，2001）或环境效率（OECD，1987）。

体现人权的公平平等[①]一直就是政策目标之一（UN，1948；Gleick，1999）。由于其背后的收入（或福利）分配的公正性涉及哲理、社会甚至价值判断的影响而至今未达成共识。然而，在纳税人之间公平地分担公共成本问题上仍存在某些基本准则，如受益原则、支付意愿原则、支付

---

① 严格而言，公平和平等不同。平等是一个定性概念，主要是指同等对待情况相同的每个人、不同等对待情况不同的每个人（Boland and Whittington，2003；Crase，O'Keefe and Burston，2007）。比如，在资源定价问题上，其体现为每个消费者应索取的价格与其消费行为所引起的完全成本对应。公平是完全主观性概念，不同人对其有不同的理解，比如，在资源定价问题上，一些人觉得向高收入者和工业（或商业）企业收高价很公平；另一些人却认为向所有人收取统一价（不管成本差异性）很公平；甚至有人感觉对某些特定群体进行交叉补贴很公平。一般认为，基于边际成本的定价是平等的，虽然也许有人觉得不太公平。具体请参见 Boland（1993）、Boland 和 Whittington（2003）。本章不区分这两个概念而综合它们的思想。

能力原则[①]等（Musgrave and Musgrave，1989；Barberan and Arbues，2009）。支付意愿原则某种程度上可理解为反映低收入群体满足基本资源需求的可负担性原则。[②] 其主要通过收入税收和商品税收（商品价格）两种手段来实现，其中，通过税收分配手段实现效率与公平的兼顾需要以一定条件为前提（Atkinson and Stiglitz，1980；Cremer and Gahvari，2000），在此不讨论。价格手段在此是指通过价格的倾向性设定（如横向或纵向交叉补贴）来保证每个人（特别是弱势群体）都有消费某种资源以满足基本需要的权利。换言之，从程度上平等可狭义地视为公平或贫困消除以保证所有人的最低消费需要（Dinar et al.，1997；Lant，2004）。作为实现公平平等的价格交叉性补贴（或征税）的主要形式就是递增阶梯定价。一般来说，采用在资源供给系统内对不同消费者（或/和不同用途）之间进行内部补贴或征税来实现，如以向工商业收取资源消费高价的方式征税来补贴城镇家庭和农业的消费低价、向家庭富裕的资源消费者采用高价来补贴低价的穷人；或由政府财政支持资源供给系统（或官方性或慈善性组织）向相关弱势消费者提供转移支付帮助。

完全成本补偿主要是指定价水平（和结构）体现其可持续性价值或相应消耗活动所产生的完全成本。资源提供的完全成本除完全供给成本外，还包括机会成本、经济外部性甚至环境外部性这些更广义的代价（Rogers et al.，1998，2002；Lant，2004；Klawitter，2004；Barberan and Arbues，2009），而这些广义的成本构成多少与资源稀缺性有关，常难以测算（Dewees，2002；Hanemann，2006）。成本范围的拓展极大地改变了已有成本测算结果，比如，由于水稀缺性增加、供水设施成本攀升和健康与环境规制行为活动的复杂化导致城市供水成本增速远超通货膨胀率（Griffin，2001），从而使每单位消费所应负担的价格随着消费量的增加而增加。成本补偿还与成本可加性有关，最终定价水平应由各消费活动所致成本价格加总而来（Reneses et al.，2010）。可见，成本可加性使对各消费行为的成本认定更清晰，从而可对所有行为实行成本补偿。

---

① 澳大利亚西部，经济规制部门认为，IBP 能在至少局部保持支付能力原则下增加操作透明度（ERA，2005）。

② 同时，鉴于受益原则中确认相关收益的困难性，其逐渐被基于所诱导成本支付的成本服务原则所取代（AWWA，2000）。具体阐述体现公平公正（或平等）的各原则，可参见 Barberan 和 Arbues（2009，2107）。

如果按定价环境的目标专用性程度差异，可排序这三个目标。一个常见的排序是效率标准最具体，公平平等次之，成本补偿最不具体（Boland, 1993），尽管这三个目标常相互冲突（Howe, 2005）。体现资源消费可持续性的定价机制必须反映这三个目标的诉求，所以，资源定价问题主要探讨如何权衡（或妥协）这三个目标（Boland, 1997）。

二 多元化目标下递增阶梯定价最优性初探

资源定价改革问题其实是机制设计问题，主要回答是否存在（如存在，存在何种机制）某种定价机制能很好地权衡经济效率、公平平等和完全成本补偿等目标。多元化目标和其他定价约束极大地左右着最优定价机制的设计。虽然资源定价研究不少，但都拘泥于特定目标（如效率、收益、稀缺性、公正和成本补偿等）建模（Barberan and Arbues, 2009），如追求效率的边际成本定价（Dupuit, 1844；Hotelling, 1938；Coase, 1946, 1970）、容量约束与高峰和季节定价（Boiteux, 1949, 1951；Wilson, 1989；Spulber, 1990；Lyman, 1992）、追求成本补偿的收益中性分析（或平均成本定价）（Allais, 1947）和追求最大收益的非线性定价（Wilson, 1997）等。[①] 显然，线性定价因被变为价格歧视手段时可提高社会福利而无效率（Willig, 1978）。自从基于权衡效率和收益中性（或成本补偿）的经典最优 Ramsey - Boiteux 定价机制（Ramsey, 1927；Boiteux, 1956）提出开始，其忽视公平公正的问题不断遭到抨击。为弥补此缺憾，后来学者们通过新增收入的边际效用加权个人剩余修正经典 Ramsey - Boiteux 定价机制，以实现对公正性（或平等）的考虑（Feldstain, 1972a）。之后，许多学者试图基于美国经济政策环境，通过需求估计模拟推断[②]收入转移支付以确定 IBP 的影响效应（Scott, 1981；Hennessy, 1984；Hennessy and Keane, 1989；Faruqui, 2008）；另外一些学者

[①] 系统性阐述稀缺资源（或公用事业）定价研究的专著有 Brown 和 Sibly（1986）、Wilson（1997）。

[②] 通常，基于需求估计模拟推断分配效应有两大难题：首先，在已发表的诸多实证文献所估得的系数差异相当大，这意味着 IBP 的分配效应变动很大；其次，对弹性系数的准确理解很难，因为系数所依据的回归过程未考虑由其他特征所带来的间接收入效应，也忽视了与低收入无必然因果联系却与收入高度相关并影响消费的因素（Borenstein, 2010）。鉴于此，基于综述结果的研究方法可能比回归（或模拟）研究更有效。

基于其他国家现状，探讨 IBP 对弱势群体的影响。[①] 总之，比较研究不同价格结构特性和阐述更有效定价规则的执行困难性方面的文献不少，有些还夹杂有执行定价机制改革的案例。[②] 真正从权衡多元化目标角度研究最优定价机制的文献相对较少，而国内几乎是空白。

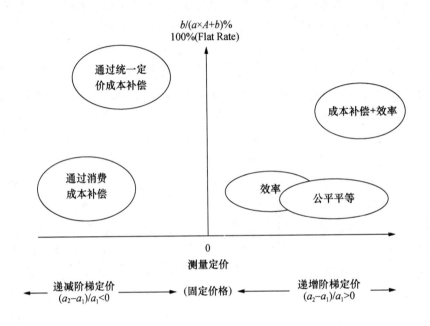

图 5-1　资源定价目标与基本类型

通常，资源定价结构为：$B = a \times X + b$，其中，X 为消费量，a 为消费单位资源的价格，b 是固定费用，B 为消费该定量资源所付的总费用。变动部分 a 除为固定边际成本情形外，也可取决于阶梯数，此时价格随消费额度跨越性增加而变化（增加或减少）。固定部分 b 可用不同方式确

---

① 如 Al - Qudsi 和 Shatti（1987）及 Wodon、Ajwad 和 Sjaens（2003）分别对科威特和洪都拉斯的 IBP 的政策分析；Gibson 和 Price（1986）对英国天然气和电力中的两部制和 IBP 分配效应的测度比较；Hancock 和 Price（1996）、Price 和 Hancock（1998）对英国天然气、电信和电力市场自由化及 IBP 中固定收费变动的分配效应分析。

② 通常，各国（综合性或专门水力）管理机构都会发布关于本国（或他国）水力定价方案和水费的研究综述，如 AWWA（1999）、U. S. EPA（2002）、RFC（2002）、INAG（2005）等。同时，研究实际用水定价方案的文献也不少，如 Hewitt（2000）、Garcia 和 Reynaud（2004）、Howe（2005）和 Garrido（2005）等。

定，如以与消费者特征无关的统一价格或由每个消费者特征相联系的价格。总体而言，可得到三种主要定价方式。如 $a=0$，消费总费用不随消费量而变化，即固定定价；如 $b=0$，总费用严格与消费量成比例，即测量定价，如边际成本定价；如 a 和 b 严格为正，那就是（广义）阶梯定价（或称为两部制），此时，如 a 随消费量而分段增加，则为递增阶梯定价。可见，对多目标的追求使定价结构复杂化，用通常手段并不能确定单目标与某特定定价结构的直接对应关系，只能做出趋势判断。在此从定价参数 a 和 b 两维分析定价趋势，以初步论证多目标下递增阶梯定价的最优性（Montginoul，2007）。

　　在效率、公平和完全成本补偿权衡下的定价机制设计很复杂。对于由网络系统提供的稀缺资源提供而言，最优效率的边际成本定价（属于测度定价）无法补偿提供资源所伴随的固定成本投入；而成功实现企业收益中性（既不亏损同时也没有超额利润）的平均成本定价又无法保证经济效率。鉴于此，成功实现效率和完全成本补偿的两部制（Coase，1946）得以出现，其中，变动收费部分实行边际成本定价[1]，而固定收费部分补偿固定成本损耗（Elnaboulsi，2001）。[2] 在效率和完全成本补偿目标环境下，固定收费和变动收费同时使用：固定收费使消费者具有消费资格；随后的单位新增消费支付额外费用，以补偿价格与平均成本差异所致的成本差[3]（Sibly，2006a；Carlton and Perloff，2005）。由于两部制对消费者特征不加区分（或不甄别高低消费者），所有消费者支付相同单价，可能把负担不起边际成本或（和）固定成本的低收入群体排除在外，

---

　　① 两部制中变动收费部分按短期边际成本定价还是长期边际成本定价争议也大。具体参见 Sibly（2006）。

　　② Elnaboulsi（2001）在对供水和废水处理系统构建最优非线性定价时，定性分析了即时性变动、容量约束、资源稀缺性和消费者异质性对定价机制的确定性影响。他指出，如追求成本补偿，两部制最优。此时如消费者同质，两部制还可很好地被执行；而如消费者异质化，执行由多个两部制构成的菜单合约最优。在单价中追加考虑额外成本，可体现资源稀缺性价值、资源供给及其相关系统的容量约束（Elnaboulsi，2001）。

　　③ 在追求效率和成本补偿下，如完全边际成本递增变动，所用两部制的变动收费所定的价格也递增（Hall and Hanemann，1996），如为执行方便性考虑而分段，那样就成递增阶梯定价 IBP。"实行 IBP 是为反映边际成本递增性"的论点被批判，"任何单个消费者对总消费量及其相应提供成本影响之小，不至于实质性地提升成本"。但是，此论点在各类消费者有共同同质需求且各需求曲线同时移动时成立，尽管此时两部制更简单易行（Sibly，2006）。如单追求效率，递减阶梯定价（DBP）更受青睐。因为把各阶梯消费视为不同商品，希望第一阶梯上的商品需求比其他更高阶梯更缺乏弹性，最优定价是在第一阶梯上的索价更高（Ramsey，1927）。

而剥夺他们对这种资源的基本需要的权利。此时，如根据社会情况在一定基本消费额度内的边际价格设定得比相应边际价格更低甚至为零[①]，当消费量超出该额度时，再对新增消费所收取的单价以超出边际成本增速的速度递增（注意并非递减）。这样，就可甄别具各类消费意愿的消费者（高消费群体与低消费群体），实现公平平等。[②] 从技术上看，设 a_1 和 a_2 是先后两阶梯上的对应价格，如消费者对价格（特别是高价）敏感，则比例 $(a_2 - a_1)/a_1$ 越大，递增阶梯定价越有效（Pouquet and Ragot，1997）。

虽然在边际成本递增时，为了追求效率和完全成本补偿而实行递增阶梯定价（Porter，1996；Hall and Hanemann，1996；Baumann，Boland and Hanemann，1997），但是，递增阶梯定价[③]的广泛采用很大程度上是出于追求公平平等和资源节约的考虑。首先，IBP 对公正性的追求主要通过促使富裕阶层交叉补贴贫困阶层（Whittington，1997；Barta，2004；Bithas，2008）或工商业消费者交叉补贴居民消费者（Boland and Whittington，1998）来实现的。虽然任何阶层都能消费公共的稀缺资源，但是，公共资源作为正常品的属性使富裕阶层比贫困阶层消费得更多。在第一阶梯的低价政策意味着贫困阶层能以相对低的收入支付满足基本生活需要；富裕阶层的大部分消费落在更高阶梯上，所支付的平均价格也较高。此外，还可通过公用事业允许采用工商业企业收益交叉补贴贫穷居民用户。其次，在高阶梯上设定惩罚性高价，遏制铺张浪费，从而促

---

①　在仅追求成本补偿下，固定收费在总收费（$a \times A + b$）中常占较大比例。此时，如采用递减阶梯定价刺激消费，虽然实现销售收入最大化，但因低消费者比高消费者支付更高价而违反平等原则（Feldstein，1972a）。

②　完全甄别各类消费者也可通过设定不同固定收费或进入门槛（即经典两部制）来实现（Sibly，2006），但会因门槛的过高设计而排除弱势群体导致不公。为此只能通过扭曲变动收费部分边际成本本定价来避免践踏平等。

③　当然，批评 IBP 之声无数（Boland and Whittington，2000，2003；Crase，O'Keefe and Burston，2007）。如公正性要求完全可通过服务费用收取而非 IBP 来实现（Sibly，2006）；其平衡预算（或收益中性）要求也可通过"统一定价 + 回扣（UPR）"来实现（Boland and Whittington，2000）；在多数消费者位于高阶梯上且变动收费部分相对于固定收费部分占比明显时，IBP 增加企业收益风险而损害收益稳定性（Hewitt，2000；Crase，O'Keefe and Burston，2007）；如果基于总消费量与消费方式的时序相关性而得出的"高消费者具有高单位成本"的结论成立，由于 IBP 并未考虑这种相关性，IBP 的广泛使用与"高消费者的高单位成本"并无直接关联（Marcus and Ruszovan，2007）。批评家认为，"IBP 受到广泛支持，纯粹出于对两部制的变动收费合理水平的无知和应对资源成本上升的政治压力"，他们指出，因为从公平平等、效率和节约角度，有效两部制比 IBP 更好（Sibly，2006）。

进资源保护和可持续性利用（Barta，2004；Bithas，2008）。对供水而言，IBP 还与公共健康外部性有关（WHO，1997；Boland and Whittington，2000；Cardadeiro，2005）。在一个社区内，使用高质自来水的家庭通过减少家庭交往时传染性疾病发生的风险而给其他家庭提供正外部性。这种正外部性的存在，要求补贴性价格来实现内部化外部效应。所以，被索高价的富裕家庭用水减少，从而减少公共健康外部性（Esrey et al.，1989；Yepes，1998）。一般来说，递增阶梯定价与在追求平等、减轻贫困或表征潜在稀缺性或容量约束基础上执行边际价格定价有关（Monteiro，2005），在资源消费适度化和分配公平方面更有效（Maddock and Castano，1991）。总之，统一定价和递减阶梯定价不可能同时实现效率、公平和完全成本补偿目标，只有递增阶梯定价，才能做到。

进一步指出，在具体操作时，递增阶梯定价的最佳性（或有效程度）受制于接入率、家庭特征和信息不完全性等外在因素，后文将具体讨论。首先，资源消费量的测度表接入率①不足能使穷家庭因与其他家庭同用一个仪表（或穷邻居之间间接购买）而被索取高价（Whittington，1992；Boland and Whittington，2000），在发展中国家或贫民窟尤其如此。其次，在家庭规模与其收入负相关时，递增阶梯定价可能使穷的大家庭支付高价格。这种家庭规模经济进一步削弱了"递增阶梯定价能保证公平性"的说服力（Dahan and Nisan，2007；Borenstein，2008；Bithas，2008）。在考虑家庭特征（如规模和构成）情况下，对公平公正的追求不仅可使用递增阶梯定价（Barberan and Arbues，2008），也可采用两部制甚至拉姆齐定价（Garcia - Valinas，2005）。由于家庭基本需求取决于只有本家庭自己才知道的家庭特征，第一阶梯分割点和价格的设定尤其困难（Boland and Whittington，2000）。此外，对异质化的递增阶梯定价的不完全了解可能会使各家庭做出次优决策而偏离目标（Pashardes，Koundouri and Hajispyrou，2001）。当然，如果 IBP 和配套机制设计得合理，这些影响基本上都可得到解决或缓解。

---

① 仪表接入率内生化研究已出现。已有研究发现，使所有居民都接入供给系统的政策并非社会最优（Barrett and Sinclair，1999）。尽管最优定价与仪表接入率之间的关系较复杂，尤其是在由家庭规模差异所致的消费者异质性时。对无接入的可评测价值系统、统一接入、社会最优接入率和企业最优接入率四体制的比较研究发现，所有家庭统一接入只在特定条件下可取（Chambouleyron，2003）。

第四节 给定递增阶梯定价下的需求分析

一 需求模型的设定与估计

一般而言，追求多元化目标直接使 IBP 机制设计问题趋于复杂化，比如，非线性价格和固定费用导致定价结构和价格变量的选择很复杂。这些将影响 IBP 下的需求模型设定和估计过程。不同的定价机制直接影响到相应需求的理性化，或者说不同定价政策的实行对消费者、企业等利益相关者的影响不同。制定资源定价政策所依据的需求信息，可用于预测需求、定价结构变化引致的收益变化，也可检测价格对节约浪费和减少高峰需求等的有效性（Howe，2005）。因而，在递增阶梯定价执行后，需求效应分析一直是国外相关定价部门关心的议题。20 世纪五六十年代，对（如在水、电等资源领域）实行递增阶梯定价政策后的需求信息，特别是需求方程中价格和收入弹性系数的获取工作不够理想。因为，当时基于加总数据线性回归忽视需求方程不连续性和设定不恰当性（Taylor，1975）。泰勒（Taylor）绕开在单一价格思维下是引入平均价格还是边际价格变量的争论[1]，专心研究递减阶梯定价下需求函数设定不当的原因，最终主张在需求设定中引入边际价格和平均价格双价格变量。后来，经修正为边际价格和差别定价（亦称 PREM）两价格变量的泰勒—诺丁（Taylor - Nordin）价格设定法（Nordin，1976）。后来，在递减阶梯定价下所得的泰勒—诺丁价格设定法，被顺利地推广至递增阶梯定价情形（Billings and Agthe，1980），从而奠基递增阶梯定价下的需求分析基础。后来，递增阶梯定价下的需求设定和估计工作基本遵从泰勒—诺丁价格设定法。[2]

---

[1] 定价结构与目标的实现程度之间的关系极大地受制于居民（或企业）行为决策所反映的价格类型。对此一直存在争议。在较早一轮争论中，有学者认为，由于了解定价结构的信息成本的存在，消费者对平均成本做出消费反应（Gottlieb，1963；Young，1973；Foster and Beattie，1979，1980，1981；Shin，1985）；另一派认为，消费者实际对边际价格做出反应（Howe and Linaweaver，1967；Nieswiadomy and Molina，1991；Lyman，1992；Nieswiadomy，1992）。

[2] 根据问题需要，需求设定时除关注价格设定外，还考虑收入或财富资产（Dandy et al.，1997；Saleth and Dinar，2000；Arbues et al.，2000）、天气或气候（Foster and Beattie，1979，1981a；Stevens et al.，1992；Agthe and Billings，1997；Martinez - Espineira，2002）、家庭特征（如规模和构成）（Lyman，1992；Hoglund，1999；Nauges and Thomas，2000）和资源用途及使用方式（Renwick and Archibald，1998；Renwick and Green，2000）等。在此不讨论。

与需求设定相比，IBP下的需求估计工作更复杂。[①] 需求估计之困难的直接原因是需求变量设定，尤其是价格变量设定独特；更深层次的原因是，在IBP下的消费者预算约束集不光滑地外凸和估计时样本选择相互决定性（Billings and Agthe, 1980；Dubin, 1982；Terza and Welch, 1982；Schefter and David, 1985；Herriges and King, 1994），使直接需求估计导致所估系数系统性偏误和价格信号具有内生性（Moffitt, 1986, 1990）。探索解决价格内生性的过程便是探索IBP下需求估计技术的过程（Henson, 1984；Reynaud, Renzetti and Villeneuve, 2005）。现将简要地述评IBP下的需求估计过程中所涉及的主要处理技术。

最初，基于IBP影响因素的多样性，提出只选择其中重要因素（或因素组合）进行简化估计（RF），从而消除价格内生性（McFadden, Puig and Kirshner, 1977）。但是，RF法对在跨阶梯变化时的需求变动的预测能力不足，同时单纯依主观判断引入变量，缺乏理论依据（Dubin, 1982；Henson, 1984）。鉴于RF法的不合意，后来，学者通过利用工具变量（IV）消除边际价格与随机扰动项间的相关性来消除价格内生性（Hausman and Trimble, 1984；Nieswiadomy and Molina, 1988, 1989）。尽管IV法法明确考虑内生性，也使需求设定基于新古典行为分析框架，但其并非完美。对消费和价格决策分别建模常使IV法估计缺乏效率；尽管IV法可得一致性估计，但价格和消费方程的分离却使估计单因素变化所致的需求变动效应不可行（Herriges and King, 1994）；IV法还无法确定落在分割点附件的消费者实际面对的价格；由于IV模型未体现定价级数和分割点等元素，而对这些因素变化后果的预测能力有限（Olmstead et al., 2005）。

可见，经典RF法和IV法（及其变体）估计未能同时建模分析消费者的价格和消费决策（Moffitt, 1986, 1990；Blomquist, 1996）；也忽略对消费所要落在的阶梯进行建模（Hewitt and Hanemann, 1995）。对此，必须深入分析消费者行为，这成为现代递增阶梯定价需求分析的基石。后来，出现的估计法几乎均基于最优化消费者行为，如结构极大似然估

---

① 其复杂性主要体现在，需求估计并不像需求设定那样，可由递减情形简单类比至递增情形。因为估计时两种情形面临的关键问题不同：递减情形下的估计重点解决消费解的多重性，而递增情形处理消费解的跳跃性。

计法（SML）和离散—连续选择法（DCC）。首先，经过不断发展完善的结构极大似然估计法（Structural Maximum Likelihood，SML）试图基于消费者行为分析，揭示任何级数阶梯定价对需求的影响，包括对异质性、测量误差和观念误差等随机误差来源的揭示（Herriges and King，1994；Rietveld，Rouwendal and Zwart，1997）。由于在 SML 下消费恰在分割点上的概率可能为负，必须通过对偏好结构或截断随机项概率分布施加局部（或整体）凸性假定或从模型设定角度完善 SML 模型。[①] 可是，这些精细化处理使 SML 复杂化。其次，离散与连续选择法[②]（Discrete/Continuous Choice，DCC）通过两步最优化原则，重点探讨 IBP 下的消费者对消费所在阶梯的选择决策。由于 IBP 下的消费者预算集为凸，保证内部解的唯一性，DCC 成为估计 IBP 下需求系数的重要方法。但是，DCC 模型参数对函数形式和误差分布敏感，也无法分析消费量低于零边际价格阶梯所需量的极度贫困群体的消费决策（Miyawaki，Omori and Hibiki，2010）；似然函数不可微的可能和繁重的计算负担，使其只能估计在低阶 IBP（如只有两阶梯）下的需求（Moffitt，1986）。更何况，消费者可能不知道其所面临的 IBP 结构和其自身消费所落在的阶梯。正是因为已有 SML 和DCC 等估计手段的不足，最近出现基于数据或特定约束特征的复杂技术。

（二）递增阶梯定价的需求效应探讨

不同的定价结构使不同的需求设定成为可行。虽然在平均价格设定条件下价格弹性并不显著地受定价类型选择（统一、递减或递增）的影响（Stevens et al.，1992），但是，对所有消费量使用递增边际价格设定还是可减少资源消耗（Young et al.，1983）。因为递增边际定价下的家庭价格敏感性比统一边际价格下的敏感性更强，需求更低（Nieswiadomy and Molina，1989）。换言之，价格结构设定可能比价格水平设定所带来的影响大（Cavanagh，Hanemann and Stavins，2001；Olmstead，Hanemann and Stavins，2003）。从理论上说，基于消费者理论的 IBP 因可通过分别

---

① 如 Gallant 和 Golub（1984）、Diewert 和 Wales（1987）分别对局部和整体偏好凸性的处理，还有 Herriges 和 King（1994）对 SML 设定的完善处理等。

② DCC 是由 Burtless 和 Hausemen（1978）在劳动供给税收效应分析时提出、Hewitt 和 Hanemann（1995）在递增阶梯定价情形下发展。

分析效率与收入转移，实现效率与公平的合理权衡，综合而言①，比其他定价法（如统一定价法）优越，因而受学界和社会各界的追捧（Yaron，1991；Zusman，1997；Michelsen et al.，1999）。IBP 的优越性在理论和实证上都得到验证。在理论上，尽管递增阶梯定价比统一定价福利损失更多，但是，该损失与其对资源节约所带来的有利效应相比仍微不足道（Olmstead，Hanemann and Stavins，2003）。换言之，从统一定价向递增阶梯定价转换能实现不增加弱势群体消费成本和有效减少总需求双重目标。实证方面，结构分析（Hewitt and Hanemann，1995；Pint，1999）和元分析②（Espey et al.，1997；Dalhuisen et al.，1999，2003）均表明，IBP 下的消费者比在线性边际价格下的消费者对价格的反应要大。

对不同文献所得的价格弹性各异的原因解释仍未达成共识。③ 比如，可能因为很多实证分析都未考虑市场特征（如时间维度等），长期价格弹性常比短期弹性大（Moncur，1987；Dandy et al.，1997；Martinez - Espinera，2003；Nauges and Thomas，2003）。对水资源而言，冬天的价格弹性低于夏天的价格弹性（Pint，1999；Gaudin et al.，2001）；消费者为购买高效水设备而需进行资本投资，从而使水价长期变动更敏感（Arbues et al.，2003）。同样，在递增阶梯定价下的消费者收入异质性较大时，所估价格弹性平均而言在变动。如低收入消费者水需求价格弹性比中高收入消费者需求弹性低（Agthe and Billings，1987；Thomas and Syme，1988；Renwick and Archibald，1998）。最后，也许基本资源需求价格弹性比奢侈需求低，低收入消费者奢侈需求所占总需求较低比例意味着较低的价格弹性。资源需求常由满足基本生活和生存需要的基本需求及其他非生存性和非生活性的奢侈需求组成。奢侈需求价格敏感性常比基本需求的高。

---

① 由于对多元化目标的追求，绩效评价也是对帕累托效率、公平等多角度实现情况的综合评定，而不是仅仅从效率角度考虑的社会福利测度。

② 元分析是指将大量相关实证文献所得结果通过一定的统计程序对应到一个共同指标中，然后从统计意义上探讨各研究结果之间对应的关联性。比如，用元分析研究在包括或不包括非价格解释变量、估计模型选择和数据类型条件下所得价格弹性之间的差异（Espey et al.，1997）。由于元分析常掩盖实质性信息而受批判。具体而言，元分析把其他相关研究结果作为研究单元产生了无关数据并对重复性比较研究赋予较高权重；同时对不同文献结果取均值和囊括那些研究方法明显有缺陷的文献结果都极大地削弱了元分析结果的可信度（Arbues et al.，2003；Worthington and Hoffman，2008）。

③ 元分析至少排除了几种可能性：线性、对数线性等估计模型无显著差异；使用加总样本数据还是具体的横截面或时序样本数据都无关要害。

递增阶梯定价的需求效应，除受制于价格因素外，还受收入、天气与季节因素、家庭规模与构成甚至其他非价格消费控制手段等的影响。所估的收入弹性值几乎都小于1，甚至更小（Chicoine et al.，1986；Moncur，1987；Thomas and Syme，1988；Barkatullah，1996；Dandy et al.，1997；Gaudin et al.，2001）。尽管这似乎与电水资源收入弹性低的粗劣判断相符，但更可能是样本或设定偏误所致，即所选样本的收入差异性较小或递增阶梯定价结构本身潜在地考虑到了收入效应。像价格弹性一样，收入弹性也可能是短期的而非数值较大的长期值（Worthington and Hoffman，2008）。资源需求也可能对季节性因子（如天气、气温等）变动敏感①（Griffin and Chang，1990；Stevens et al.，1992；Hoffman et al.，2006）。如果所选数据是家庭层次的，家庭特征（如规模和构成）常与家庭消费相关。当总人数给定时，家庭户数的增加导致给定地区水需求进一步增加，从而使水需求增速与家庭规模增速非等比例（Arbues et al.，2000）。此外，价格变动的需求效应也随家庭成员年龄（Nauges and Thomas，2000；Martinez – Espineira，2003）或文化背景（Griffin and Chang，1990；Gaudin et al.，2001）的差异而不同。家庭规模经济虽然确实存在，但是，对此的实证研究却相对较少。

注意：这些研究大多隐含假定消费者对定价结构拥有完全信息。在现实中，消费者对复杂的价格机制缺乏了解，更可能对设计简单的定价机制（如统一定价）做出次优决策。如果额外考虑信息缺乏所致的次优反应，从统一定价转换为阶梯定价的需求效应变化可能有限。退一步说，即使单追求福利损失最小化，复杂的阶梯定价也不再比统一的边际定价优越（Rietveld，Rouwendal and Zwart，1997）。因为异质化的递增阶梯定价系统的复杂性增加总价格扭曲，从而大幅度偏离效率或公平；从阶梯定价变为边际成本定价虽会恶化分配，却能显著地降低福利净损失（Pashardes，Koundouri and Hajispyrou，2001）。长期亦然。统一定价实现社会

---

① 当然，也有许多文献批判设定气候（或天气）参数。比如，天气（如下雨）因素与待研究的水需求之间的线性关系常不成立，因为下雨所带来的影响可能会随着时间而递减（Maidment and Miaou，1986）；降雨发生与否有心理影响，因而下雨天数对水需求影响比降雨量大（Mattinez – Espineira，2002）。此外，当水消费接近基本需求时，水需求对天气变化敏感度很低（Mattinez – Espineira，2002；Nauges，2004）。最后，正如元分析所言，降雨因素的引入最终导致需求价格弹性更加缺乏（Espey et al.，1997；Dalhuisen et al.，2003）。

长期最优，而递增阶梯定价的长期使用可能造成生产过量、企业过小和经济剩余损失等非合意后果（Bar – Shira and Finkelshtain, 2000）。鉴于消费者异质性和定价者对消费者需求信息的缺乏，无法保证每个消费者的需求曲线与递增阶梯定价下的边际价格线在最高阶梯上相交，也就是说，理论次优结果可能还不具执行性（Bar – Shira, Finkelshtain and Simhon, 2006）。

此外，这些研究还隐含假定（递增）阶梯定价的实行与家庭特征（规模和成员构成）无关。通常两者关系密切。在家庭规模与家庭收入负相关时，递增阶梯定价可能使穷的大家庭支付高价。这种家庭规模经济将进一步削弱作为保证公平性的递增阶梯定价的说服力（Dahan and Nisan, 2007; Borenstein, 2009）。基于此，两部制科斯定价可能对低收入人群更公正，或基于公正等非福利主义原则的递增阶梯定价可能不如修正的科斯价格，因为其忽略家庭规模因素而可能无法对低收入人群进行公正性交叉补贴（Meran and Von Hirschhausen, 2009）。因而，引入描述价格对家庭特征的依赖性的相对等价规模，阶梯定价综合福利评价也许更客观（Pashardes and Hajispyrou, 2002）。

总之，在考虑不完全信息和相对等价规模等因素下，递增阶梯定价的综合绩效可能有限甚至为负。也许，实际实行的递增阶梯定价政策并不是出于多元化目标而建立，或者建立时未考虑信息和规模等因素。所以，合理地确定递增阶梯定价结构参数很有必要。这正是阶梯定价进一步内生化研究要做的课题之一。

第五节　结　论

递增阶梯定价政策主要用于电力、水等稀缺资源或公用事业领域。当今，递增阶梯定价研究不但探讨既定递增阶梯定价结构的需求效应，还要深入定价机制内部，研究递增阶梯定价机制的最优性问题和最优递增阶梯定价机制的设计与执行问题。只有这样，才能迈进实质性的一步，对递增阶梯定价政策的制定与实施才有帮助。目前，递增阶梯定价实证和理论研究都在不断发展。

在实证分析方面，基本遵从泰勒—诺丁价格设定法选取价格变量，只是立场或（和）所用数据与技术不同。除开发更复杂的估计技术（如贝叶斯法、非参或半参法）等外，更重要的是采用时序、横截面或面板数据甚至动态数据进行估计。基于微观数据和微观计量理论进行需求分析将成为递增阶梯定价实证研究的主体方向。

在理论研究方面，递增阶梯定价理论要突破在给定递增阶梯定价结构下的需求效应分析范式，而深入到递增阶梯定价结构内部进行研究探讨，在多元化目标下的最优定价机制是否是（以及何时是）递增阶梯定价机制？如果是，最优的递增阶梯定价机制的各结构参数应该如何确定？所设计出的最优递增阶梯定价激励机制又该如何得到有力的执行？此外，递增阶梯定价内生化工作反过来还会对其实证研究产生何种影响？这些正是以博弈论、信息经济学为基础的机制设计理论（或合约理论）所能研究的范畴，也是笔者下一步的工作。因此，基于多元化目标和资源特性的最优递增阶梯定价机制的设计和执行问题也许会成为递增阶梯定价理论研究发展的一大方向。

第四篇　阶梯电价政策评估

——基于微观数据

第六章 分时与阶梯混合定价下的
居民电力需求

——基于 DCC 模型的分析

第一节 引言

2004 年，国家发改委先后在浙江、四川、福建等地启动了阶梯电价的试点工作，并于 2011 年正式出台了《关于居民生活用电试行阶梯电价的指导意见》，明确了实施阶梯电价的基本政策取向。国务院印发的《"十二五"节能减排综合性工作方案》明确提出，要将居民用电、用水阶梯价格作为促进节能减排目标实现的有效措施。自 2012 年 7 月 1 日起，除西藏和新疆外，我国其他 29 个省、市、自治区均开始实施阶梯电价。[①]

尽管在世界范围内包括公用事业、税收等多个领域，递增阶梯定价（Increasing Block Pricing，IBP）都得到了广泛应用[②]，但这种定价机制的设计和实施效果的评估非常困难，相关问题的研究十分薄弱。在理论方面，虽然基于机制设计的非线性定价理论比较成熟（Wilson，1993），但现有文献尚未阐明最优定价与递增阶梯定价的关系，甚至无法得出最优分档数量、分档电量和分档消费量同时决定时的最优阶梯定价的设计（张昕竹，2013）。在实证方面，递增阶梯定价带来尖点识别和内生性等问题，目前还没有一个公认的较好的分析框架。特别是在实施阶梯电价

---

① 2013 年 12 月，国家发改委又宣布将于 2015 年在全国实行阶梯水价。

② 阶梯定价既包括递增阶梯定价，又包括递减阶梯定价，本章主要是指前者。为了表达简洁起见，在不影响理解的情况下，将阶梯定价与递增阶梯定价交叉使用。

的同时还实行分时电价时①，同时考虑这两种定价的研究还基本上是一个空白。

　　毋庸置疑，阶梯定价下的需求分析既是一个非常具有挑战性的研究课题，也是政府规制部门极为关注的一个重要议题。可靠的需求信息特别是价格弹性信息，不仅有助于准确预测价格变化所导致的利益格局的变动，更重要的是，可以验证价格作为需求管理手段的有效性。也就是说，通过估计价格效应，可以评估阶梯电价的实施效果，进而改进未来阶梯电价政策的实施。

　　本章将杭州和上海作为阶梯电价的试点城市和控制城市，利用2009—2011年其居民用电数据和其他问卷调查数据，对居民电力需求进行分析。基于杭州阶梯电价与分时电价并存的现实，我们通过构造一个等价的复合阶梯电价，将阶梯与分时混合定价问题转化为纯阶梯定价问题，巧妙地解决了混合定价下的估计难题。在此基础上，我们利用双误差离散/连续选择模型，对不同城市、不同电价机制下居民的价格弹性及收入弹性进行估计与比较。

第二节　文献综述

　　在阶梯定价的实证研究中，大量文献主要解决以下问题：

　　一是复杂定价机制下的用户决策问题，比如居民的用电需求是对平均价格反应，还是对边际价格反应（Taylor，1975；Ito，2012）。这类文献试图利用实证数据，识别复杂定价机制下用户的行为模式。而 Liebman 和 Zechhauser（2004）则从行为经济学角度解释复杂定价下的居民者决策基础。

　　二是内生性问题。由于阶梯定价本质上给出的是供给曲线，居民的离散决策（用户选择消费的档次）、连续决策（用户消费）以及边际价格同时决定。如果模型中只设定单误差项，误差项、边际价格、阶梯选择、

---

　　① 根据我们掌握的信息，美国纽约长岛电力公司实施了分季节的分时定价与按照电器分类的阶梯定价相结合的方式。我国当前有9个省份实施分时与阶梯相结合的定价方式，包括江西、江苏、上海、安徽、浙江、福建、四川、广东和甘肃。

消费数量等都将系统相关（Terza and Welch，1982；Schefte and David，1985）。泰勒（1975）最早提出，通过构造虚拟收入可以将阶梯定价线性化，并利用工具变量来解决内生性问题。但是，在分段预算约束下，价格和消费阶梯同时决定，因此使用 OLS 估计是有偏和不一致的，即便使用两阶段估计或工具变量法（IV）也是如此（Moffitt，1986，1990）。①更重要的是，由于无法估计从一个阶梯跳跃到另一个阶梯的价格效应，使用 IV 不能准确刻画用户的离散选择和连续选择行为（Taylor，1975；Nordin，1976），忽略了阶梯定价下尖点或其附近的聚集行为，而尖点处正是无法估计边际价格的点。正如 Herriges 和 King（1994）所说，使用 IV 无法确定消费量落在尖点附近时消费者实际面对的价格。Reynaud、Renzetti 和 Villeneuve（2005）认为，解决价格内生性的过程就是探索估计技术的过程。

三是用户在尖点行为的识别。为了解决尖点识别问题，Burtless 和 Hausman（1978）及 Hausman（1985）提出了条件需求和无条件需求的联合估计方法，即双误差离散/连续选择（DCC）模型。Burtless 和 Hausman（1978）首先将 DCC 模型应用到累进税下劳动力供应函数的估计中，Hanemann（1984）对 DCC 模型进行了一般化处理，Moffitt（1986，1990）给出了 DCC 模型在水及电力需求估计中的一般设定。其后，Hewitt（1993）以及 Hewitt 和 Hanemann（1995）用 DCC 模型估计水的需求函数，Pint（1999）和 Waldman（2000，2005）给出了 k 级递增阶梯定价下的需求估计方程，Olmstead（2007）利用近年来的数据估计了阶梯定价下水的需求函数。

需要特别指出的是，从世界各地和我国阶梯电价的实施情况看，很多地方在实施阶梯电价的同时，实行分时电价。在分时电价与阶梯电价同时存在时，不仅要考虑不同时段的需求替代，而且要考虑不同阶梯下

---

① 由于价格和虚拟收入同时由消费者选择的消费量所决定，对于单误差项的回归方程，一种解决方法就是构建一个 IV，如 Rosen（1976）、Hausman 和 Wise（1976）在联邦收入税、累退收入税的研究。另一种解决方法是 Hausman 等（1979）提出来的，他修正了 Rosen、Hausman 和 Wise 的方法，在边际税率的计算过程中，不是对每一个消费者使用同样的边际税率，而是基于一些内生特征（的变量）得到一些预测值，这些预测值将被用来构建间隔和虚拟收入变量。工具变量法充分考虑了边际价格和收入的内生性问题，却没有处理（或忽视了）尖点问题。

不同时段间的需求替代,替代关系变得更为复杂(方燕、张昕竹,2011)。[①] 实际上,尽管目前有大量分析阶梯定价或分时电价的实证研究文献,但同时考虑分时定价与阶梯定价的研究还很少见。比如,在分析分时定价的电力需求时,Hausman、Kinnucan 和 McFadden(1979)提出了分层模型的思路,通过构造真实的工具变量解决内生性问题,但他们完全忽略了尖点识别问题。

由于上述复杂因素,现有文献对阶梯电价下的电力需求的研究方法与研究结论尚未统一,大量研究采用不同的设定形式和估计思路,利用居民层面微观数据或加总数据,得到了迥然不同的价格弹性与收入弹性估计。比如 Seung – Hoon Yoo 等(2007)利用双变量样本选择模型估计出首尔地区的电力需求价格与收入弹性为 – 0.2463 和 0.0593。Vaage(2000)利用分立的离散/连续选择模型[②],分别计算出挪威居民的能源(以电力为主)需求价格弹性,其中离散时为 – 0.4315,连续时为 – 1.2903,而收入弹性则符号不定,不同组合下分别为 0.1977、– 0.0061 与 – 0.0688 等。Mansur 等(2005)使用类似方法估计出美国 6 组不同的人群电力消费价格弹性为 – 1.32—– 0.24。Borenstein(2009)分析了递增阶梯定价下居民的决策模式:如果对边际价格做出反应,短期价格弹性为 – 0.17—– 0.12;如果对(期望)平均价格做出反应,短期价格弹性为 – 0.2825。国内的相关研究刚刚起步,竺文杰等(2009)利用加总数据,估计出短期的价格与收入弹性分别为 0.092 和 0.285,长期价格与收入弹性分别为 – 0.156 与 0.661。黄海涛(2009)考虑了分时与阶梯混合定价,但采用了线性化的方法,估计出各档条件需求价格弹性分别为 – 0.1074、– 0.0879 和 – 0.0489。

---

① Fordyce(2005)指出,由于 DCC 模型的复杂性,从 1963—2004 年的 400 篇水需求价格弹性的研究中,只有 3 篇使用了 DCC 模型(Hewitt and Hanemann, 1995; Pint, 1999; Rietveld, Rouwendal and Zwart, 2000)。即使在其中的 140 篇文献中,价格不是递增阶梯定价就是递减阶梯定价。即使在 2004 年以后,也主要是 Olmstead(2007,2009)等的研究,而且大量集中在对用水需求特征的分析上。

② 此模型源于 Dubin 和 McFadden(1984),其思路是:先用离散模型识别出消费者选择什么样的电器设备,然后在此条件下,用连续模型估计出会在这些电器设备上使用多少电量。

第三节 模型设定与估计思路

一 DCC 模型的设定

假定阶梯定价下居民的用电需求为：

$$\ln w = z\delta + \alpha\ln p + \gamma\ln y + \eta + \varepsilon \tag{6-1}$$

其中，w 为消费量，z 为控制变量，包括居民（社会经济、消费等）特征、气候等，p 为价格，y 为收入。需要指出的是，为了刻画消费者在阶梯上和尖点处不同的选择行为，式（6-1）中包含两个结构性误差项，其中，η 为未被居民特征 z 解释的异质性误差项，ε 为未被居民和分析者观察到的随机误差项，包括计量误差和居民消费选择偏离最优行为所产生的误差等。假设 η 和 ε 相互独立，且分别服从均值为 0、方差为 σ_η^2 与 σ_ε^2 的正态分布。

为了设定联合估计方程，需要定义虚拟收入（Moffitt，1986）。所谓虚拟收入，是指如果采用基于边际价格的统一定价，消费者得到的补贴，即 $\widetilde{y}_k = y + d_k$，假定阶梯定价的阶数为 K，则有：

$$d_k = \begin{cases} 0 & k = 1 \\ \sum_{j=1}^{k-1}(p_{j+1} - p_j)w_k & k > 1 \end{cases} \tag{6-2}$$

定义 w 为需求观测值，$w_k^*(Z, p_k, \widetilde{y}_k, \delta, \alpha, \gamma)$ 为阶梯 k 上的最优用电量，w_k 为尖点 k 处的用电量，可以得到具有 K 个阶梯和 $K-1$ 个尖点的需求函数：

$$\ln w = \begin{cases} \ln w_1^*(Z, p_1, \widetilde{y}_1, \delta, \alpha, \gamma) + \eta + \varepsilon & \eta \in \left[-\infty,\ \ln w_1 - \ln w_1^*(Z, p_1, \widetilde{y}_1, \delta, \alpha, \gamma)\right] \\ \ln w_1 + \varepsilon & \eta \in \left[\ln w_1 - \ln w_1^*(Z, p_1, \widetilde{y}_1, \delta, \alpha, \gamma),\ \ln w_1 - \ln w_2^*(Z, p_2, \widetilde{y}_2, \delta, \alpha, \gamma)\right] \\ \ln w_2^*(Z, p_2, \widetilde{y}_2, \delta, \alpha, \gamma) + \eta + \varepsilon & \eta \in \left[\ln w_1 - \ln w_2^*(Z, p_2, \widetilde{y}_2, \delta, \alpha, \gamma),\ \ln w_2 - \ln w_2^*(Z, p_2, \widetilde{y}_2, \delta, \alpha, \gamma)\right] \\ \cdots \cdots \\ \ln w_{K-1} + \varepsilon & \eta \in \left[\ln w_{K-1} - \ln w_{K-1}^*(Z, p_{K-1}, \widetilde{y}_{K-1}, \delta, \alpha, \gamma),\ \ln w_{K-1} - \ln w_K^*(Z, p_K, \widetilde{y}_K, \delta, \alpha, \gamma)\right] \\ \ln w_K^*(Z, p_K, \widetilde{y}_K, \delta, \alpha, \gamma) + \eta + \varepsilon & \eta \in \left[\ln w_{K-1} - \ln w_K^*(Z, p_K, \widetilde{y}_K, \delta, \alpha, \gamma),\ +\infty\right] \end{cases}$$

$$\tag{6-3}$$

假定观测值 w_i 出现的概率为 $Pr(w_i)$，定义 $v = \eta + \varepsilon$，$corr(v, \eta) = \rho$，根据 Moffitt(1986)，$\rho = \dfrac{cov(v, \eta)}{\sigma_v + \sigma_\eta} = \dfrac{\sigma_\eta}{\sigma_v}$，有：

$$Rr(w_i) = \sum$$

$$\begin{cases} Pr(v) = \ln w_i - \ln w_1^*(.), & \eta \in [\,-\infty,\ \ln w_1 - \ln w_1^*(.)\,] \\ Pr(\varepsilon) = \ln w_i - \ln w_1, & \eta \in [\,\ln w_1 - \ln w_1^*(.),\ \ln w_1 - \ln w_2^*(.)\,] \\ Pr(v) = \ln w_i - \ln w_2^*(.), & \eta \in [\,\ln w_1 - \ln w_1^*(.),\ \ln w_1 - \ln w_2^*(.)\,] \\ \cdots \\ Pr(\varepsilon) = \ln w_i - \ln w_{k-1}, & \eta \in [\,\ln w_{k-1} - \ln w_{k-1}^*(.),\ \ln w_{k-1} - \ln w_k^*(.)\,] \\ Pr(v) = \ln w_i - \ln w_k^*(.), & \eta \in [\,\ln w_{k-1} - \ln w_k^*(.),\ +\infty\,] \end{cases}$$

$$(6-4)$$

$\Phi(\cdot)$ 为标准正态分布的累积分布函数，由此得极大似然函数（Moffitt, 1986; Pint, 1999; Waldman, 2000, 2005; Olmstead et al., 2007)：

$$\ln L = \sum \ln \left\{ \sum_{k=1}^{K} \left[\frac{1}{\sqrt{2\pi}} \frac{\exp[-(s_k)^2/2]}{\sigma_v} \right] [\Phi(r_k) - \Phi(n_k)] + \sum_{k=1}^{K-1} \left[\frac{1}{\sqrt{2\pi}} \right.\right.$$

$$\left.\left. \frac{\exp(-(u_k)^2/2)}{\sigma_\varepsilon} \right] [\Phi(m_k) - \Phi(t_k)] \right\} \qquad (6-5)$$

式(6-5)右边第一个求和式为 K 个阶梯上的似然函数，第二个求和式为 $K-1$ 两个尖点上的似然函数，其中：

$$t_k = \frac{\ln w_k - \ln w_k^*(.)}{\sigma_\eta},\quad r_k = \frac{t_k - \rho s_k}{\sqrt{1-\rho^2}},\quad s_k = \frac{\ln w - \ln w_k^*(.)}{\sigma_v}$$

$$m_k = \frac{\ln w_k - \ln w_{k+1}^*(.)}{\sigma_\eta},\quad u_k = \frac{\ln w - \ln w_k}{\sigma_\varepsilon},\quad n_k = \frac{m_{k-1} - \rho s_k}{\sqrt{1-\rho^2}}$$

二 从分时与阶梯混合定价到纯阶梯定价的转换

前面给出了阶梯定价下 DCC 结构计量模型的设定。但在实际管制环境中，往往同时存在分时电价与阶梯电价，即在峰时和谷时同时实施阶梯定价，因此还需要考虑分时定价对需求的影响。此时的难点在于：首先，用户在峰时和谷时的电力需求是在同一个收入约束下，峰时和谷时一般是对某一天时间的分割（并按照季节分割），而收入一般是按月获取，但很难将消费者的收入在峰时和谷时进行分割。其次，峰时和谷时的电力需求存在替代效应，即通过实施分时定价，在一定程度上可以实现"削峰填谷"，从而节约电源投资，因此对峰时和谷时分开估计是不正确的。最后，大部分省份对峰时和谷时的划分不完全对等①，Martinez -Espinera（2003）、Nauges 和 Thomas（2003）指出，只有对等时间划分下的弹性比较才有意义，这意味着分开估计失去了比较意义。

为了解决统一预算约束下不同时段和不同阶梯的需求替代问题，我们构造一个与分时电价和阶梯电价等价的复合阶梯电价曲线。取决于时段和阶梯档数、不同时段阶梯分档数是否一致等因素，复合阶梯定价可能非常复杂。但幸运的是，在峰谷定价、分档数较小的情况下，可以构造一个可解的复合递增阶梯定价。附录 1 给出了将分时与阶梯混合定价转换成复合阶梯定价的技术说明。

根据浙江省居民电价信息，该省居民阶梯电价设计了 50 千瓦时和 200 千瓦时两个阶梯，同时将居民生活用电划分为两个时段，其中高峰时段为 8—22 时，低谷时段为 22 时至次日 8 时，如表 6-1 所示。

表 6-1　　　　　　　　　　杭州阶梯电价结构　　　单位：千瓦时、元/千瓦时

分档	阶梯电量	峰时电价	谷时电价
第一档	0—50	0.568	0.288
第二档	51—200	0.598	0.318
第三档	201 以上	0.668	0.388

为了构造复合阶梯定价，首先，将 3 种峰时不同档用电量与 3 种谷时不同档用电量组合，得到 9 种峰谷用电组合（见表 6-2）。例如，表 6-2 中，峰谷用电组合（2，1）表示峰时用电选择峰时阶梯第二档、谷时用电选择谷时阶梯第一档。

表 6-2　　　　　　　　　　杭州峰谷用电组合

组合名称	1	2	3	4	5	6	7	8	9
峰谷消费组合	(1，1)	(1，2)	(1，3)	(2，1)	(2，2)	(2，3)	(3，1)	(3，2)	(3，3)

---

① 国内所有 9 个省份的峰时和谷时时长都不相同，且广东被分为高峰、平时和低谷三段。

其次，构造复合阶梯电价的分档电量。由于峰谷时分档电量均为（0，50，200），复合阶梯分档电量为（0，50，100，200，250，400），其中各分档电量由峰谷时分档电量组合而成。比如，复合分档电量100等于峰时第一档电量50加上谷时第一档电量50千瓦时。图6-1说明了由峰谷阶梯到复合阶梯的转化。

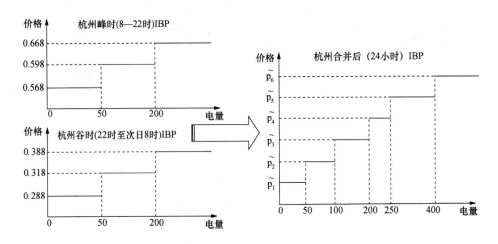

图6-1　峰谷阶梯定价到复合阶梯定价的转化

需要注意的是，某种类型的峰谷组合可能同时落在不同的复合阶梯中，比如峰谷用电组合（2，1），对应的峰时与谷时用电量分别在50—100千瓦时和0—50千瓦时，因此加总电量可能在复合阶梯50—100千瓦时、100—200千瓦时或200—250千瓦时3档中。不同用电量组合对应的复合阶梯电价中的电量档次见表6-3。

表6-3　　　　　　　　　　　杭州复合阶梯电价

阶梯消费量（千瓦时）	0—50	50—100	100—200	200—250	250—400	400 以上
可能组合	1	1, 2, 4	2, 4, 5	2, 3, 4, 5, 7	3, 5, 6, 7, 8	3, 6, 7, 8, 9

最后，计算复合阶梯电价的分档电价。当总用电量在0—50千瓦时时，根据杭州阶梯电价信息，第一档价格等于峰时用电比例×第一档价格

（0.568）＋谷时用电比例×谷时第一档价格（0.288）；当总电量为 50—
100 千瓦时，第二档价格等于峰时用电比例× $\left[\dfrac{N_1}{N_1 + N_2 + N_4} \times 0.568^{①} + \right.$

$\dfrac{N_2}{N_1 + N_2 + N_4} \times 0.568 + \dfrac{N_4}{N_1 + N_2 + N_4} \times 0.598 \Big]$ ＋ 谷 时 用 电 比 例 ×

$\left[\dfrac{N_1}{N_1 + N_2 + N_4} \times 0.288 + \dfrac{N_2}{N_1 + N_2 + N_4} \times 0.318 + \dfrac{N_4}{N_1 + N_2 + N_4} \times 0.288 \right]$，其

中，N_i 为表 6 - 2 中用户组合 i 的用户数。其他阶梯的价格计算类似。

第四节　数据说明

一　样本描述性统计

本章使用的数据来源于国家电网以及抽样调查数据。样本期从 2009
年 1 月到 2011 年 12 月，共计 36 个月。在样本期内，作为阶梯电价试点
地区，杭州已经实施阶梯电价，同时还实行峰谷分时电价，而上海则只
实施峰谷分时定价。杭州的价格信息在表 6 - 1 中，上海的价格信息如表
6 - 4 所示。

表 6 - 4　　　　　　　　　　上海居民用电价格结构

时段	峰时电价（6—22 时）	谷时电价（22 时至次日 6 时）
价格（元/千瓦时）	0.617	0.307

本章使用的数据中，杭州调查样本共计 132 户，上海调查样本共计
105 户。除用户用电信息来源于国家电网外，其他用户信息均通过问卷调
查方式完成，其中问卷信息包括用户社会经济状况、用电行为、电器存
量和收入范围等信息。此外，我们还收集了杭州和上海在样本期内每个
月的气候数据。将每月的用户电量及个体特征作为一个样本，共计得到
7920 个有效样本。需要说明的是，虽然总体样本较大，但用户数相对较

---

① 很明显，当计算第二档电量时，某类组合只有第一档价格，可以视为第一档和第二档价
格一致。

少，却是国内目前最为完整的数据，且与国外同类研究相比，达到了相类似的样本量。样本的基本统计量如表6–5所示。

表6–5　　　　　　　　　　　基本统计量表

	变量名	平均值	标准差	最小值	最大值
电量信息	月峰时用电量（千瓦时）	151.8562	105.8164	2.447901	963
	月谷时用电量（千瓦时）	94.09697	70.30252	0.3649032	701.176
	月总用电量（千瓦时）	245.9532	155.1415	6	1258.078
家庭信息	家庭总人口（个）	3.294823	1.133616	1	8
	65岁以上人口（个）	0.7390152	0.8904897	0	3
	65岁以下成年人口（个）	2.261995	1.205355	0	6
	住房建筑面积（平方米）	81.18499	34.95395	29	300
	卧室数（个）	2.254167	0.7602781	1	8
电器信息	电脑数（个）	1.216667	0.8400416	0	4
	电视数（个）	2.043182	0.8312035	1	6
	空调数（个）	2.422727	0.9930119	0	6
	冰箱冰柜数（个）	1.095455	0.3503172	0	4
	是否有微波炉	0.8295455	0.3760554	0	1
	冬天是否取暖	0.7746212	0.4178579	0	1
	是否用电煮饭	0.6695707	0.4703974	0	1
	是否用电洗澡	0.5337121	0.4988937	0	1
收入信息	收入<8000元	0.4565657	0.4981413	0	1
	收入8000—15000元	0.3895202	0.4876723	0	1
	收入>15000元	0.1539141	0.3608892	0	1
气候信息	月最高气温（1/10℃）	287.3663	80.43458	73	397
	月平均气温（1/10℃）	172.8535	86.66508	13.54839	307
	月平均湿度	69.41907	7.526381	35.1	81.2
	月平均日照数（小时）	48.032	21.369	23.286	191.499

资料来源：笔者根据国家电网和问卷调查数据整理。

二　阶梯定价下的样本聚集

阶梯定价的一个显著特征是在尖点处聚集，这是影响实证模型选择的关键因素，也是构造双误差结构计量模型的主要原因。由图6–2及表

6－6可看出，按照电量平均分布来看，尖点10%左右应该只分布7.8%与7.14%的电量，但实际分布达到13.14%与12.69%，由此说明确实存在用电量在尖点处的聚集。

再看杭州的加总电量，按照所有电量平均分布来看，尖点10%左右应该只分布16.03%的电量，但实际分布达到41.93%，说明聚集情况更为明显（见图6－3和表6－7）。而表6－7还显示，在新的复合阶梯电价下，聚集情况不但出现在峰谷阶梯尖点处如50处、200处，在峰谷电量加总后形成的新聚集点100处和250处更为明显。

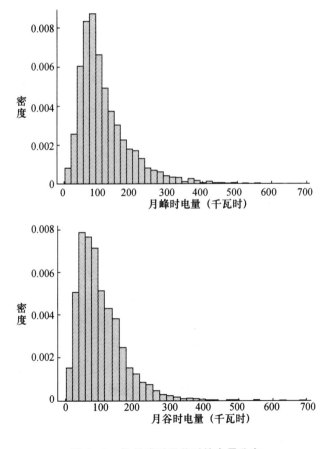

图6－2　杭州峰时及谷时的电量分布

表6-6　　　　　　　　　　　杭州峰时与谷时的尖点聚集　　　　　　　　单位:%

尖点	峰时电量			谷时电量		
	50 千瓦时	200 千瓦时	总聚集度	50 千瓦时	200 千瓦时	总聚集度
10.00	6.41	6.73	13.14	7.56	5.14	12.69
5.00	2.96	3.59	6.55	3.73	2.72	6.45
1.00	0.66	0.63	1.29	0.75	0.49	1.24

资料来源：课题组整理。

最后，将分时与阶梯混合定价转换成纯阶梯电价后，可以得到杭州用户用电量在6个阶梯上的分布，大量的用户的用电量集中在新的3、4、5阶梯，占总用户的80%，用户分布如表6-8所示。

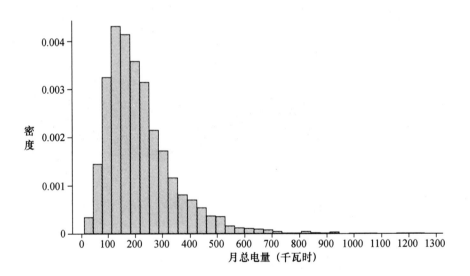

图6-3　杭州总电量分布

表6-7　　　　　　　　　　杭州总电量的尖点聚集情况　　　　　　　　单位:%

尖点	50 千瓦时	100 千瓦时	200 千瓦时	250 千瓦时	400 千瓦时	总聚集度
10.00	0.96	7.34	14.57	13.23	5.82	41.93
5.00	0.52	3.92	7.46	6.15	5.75	23.79
1.00	0.14	0.84	1.64	1.03	0.73	4.39

资料来源：笔者根据计算结果整理。

表 6 - 8   杭州样本在 6 个阶梯的分布

阶梯	频数	百分比（%）
1	76	1.78
2	463	10.86
3	1728	40.54
4	700	16.42
5	919	21.56
6	376	8.82
合计	4262	100

资料来源：笔者根据计算结果整理。

第五节　实证结果与分析

一　居民电力消费行为

（一）消费者需求响应

1. 总体情况

基于杭州及上海居民信息和电价信息，我们使用 DCC 模型（6 - 1）分析杭州居民的用电需求。但由于阶梯选择（阶梯价格）和用电量同时决定，模型（6 - 1）的估计存在内生性问题。为此，我们采用工具变量来解决这个问题。本章的估计策略是：首先，假设用户在高峰和低谷同时选择，因此有 9 种峰时和谷时组合电量选择，利用 Multinomial Logit 模型，可以估计用户选择每种组合的概率，由此得出峰时和谷时的平均价格；其次，利用 Hausman、Kinnucan 和 McFadden（1979）提出的分层模型估计相对需求，由此得出峰时和谷时的用电比例；最后，利用峰时和谷时的用电比例以及每种组合的选择概率，计算每个用户面临的复合阶梯定价各档电价，以此作为复合阶梯定价中每档价格的工具变量。① 由于每个用户的峰谷用电比例不同，这种方法实际上为每个用户构造了一个阶梯定价系统。需要指出的是，除解决内生性以外，这种估计方法的另

———————

① 因为篇幅所限，我们略去估计工具变量的估计过程和结果，详细过程见附录2。

一个好处是，在规制价格保持不变的情况下，增加价格的变动。

基于杭州及上海居民信息以及工具变量，可以使用 DCC 模型分析杭州居民的用电需求。由于上海只实行线性定价，本章将上海的定价处理为只有一个阶梯的特殊阶梯定价形式，这样可以使用 DCC 模型分析杭州和上海总样本的需求行为特征。根据前面 DCC 模型（6-1）的设定，对杭州样本其似然函数式（6-5）取 k = 6，对上海样本其似然函数式（6-5）取 k = 1。对上海的样本，我们除 OLS 外，考虑到样本期内用户的社会经济状况、用电模式、电器存量和收入层次等数据均不随时间变化，为弥补固定面板不能估计时不变变量参数的缺陷，本章还选择了 Hausman - Taylor（1981）方法进行估计。

表 6 - 9   需求函数估计结果

模型	所有样本	杭州	上海	上海
	DCC	DCC	OLS	Hausman - Taylor
对数（价格）	- 0.8611 ***	- 1.2949 ***	- 0.165	- 0.688 ***
	（- 10.377）	（- 11.851）	（- 1.019）	（- 3.481）
对数（收入）	0.2683 ***	0.2511 ***	0.070 ***	0.047
	（29.006）	（18.153）	（4.011）	（0.751）
家庭总人口	- 0.0091	- 0.0139	- 0.027	- 0.049
	（- 0.609）	（- 0.579）	（- 1.326）	（- 0.650）
65 岁以上人口	0.051 ***	0.0295	0.045 **	0.088
	（3.237）	（1.204）	（2.158）	（1.099）
65 岁及以下成年人口	0.0236	0.0703 ***	- 0.009	0.041
	（1.461）	（2.764）	（- 0.403）	（0.512）
住房建筑面积	0.0013 ***	- 0.0028 ***	0.002 ***	0.002
	（4.101）	（- 4.635）	（3.995）	（1.435）
卧室数	0.0544 ***	0.2275 ***	- 0.006	- 0.016
	（4.06）	（10.921）	（- 0.347）	（- 0.247）
电脑数	0.0325 ***	- 0.0512 ***	0.046 ***	0.051
	（3.519）	（- 3.771）	（3.654）	（1.108）
电视数	0.0331 ***	0.1064 ***	- 0.048 ***	- 0.071
	（3.343）	（7.291）	（- 3.757）	（- 1.558）

续表

模型	所有样本	杭州	上海	上海
	DCC	DCC	OLS	Hausman - Taylor
空调数	0.0153 * (1.664)	- 0.0261 * (- 1.795)	0.086 *** (6.978)	0.096 ** (2.221)
冰箱冰柜数	0.1884 *** (9.305)	0.1756 *** (6.061)	0.002 (0.059)	0.103 (0.867)
是否有微波炉	0.0066 (0.343)	- 0.0497 ** (- 2.271)	0.252 *** - 9.23	- 0.003 (- 0.024)
冬天是否取暖	0.1057 *** (5.83)	0.0512 ** (2.113)	- 0.008 (- 0.371)	0.225 ** (2.254)
是否用电煮饭	- 0.0529 *** (- 3.543)	0.0324 (1.416)	0.135 *** (5.561)	0.038 (0.487)
是否用电洗澡	- 0.0004 (- 0.023)	- 0.0272 (- 1.237)	0.106 *** (3.467)	0.137 (1.568)
月最高气温	- 0.0001 (- 0.282)	0.0013 *** (4.55)	- 0.003 *** (- 7.778)	- 0.002 *** (- 7.919)
月平均气温	0.0001 (0.656)	- 0.0006 ** (- 2.459)	0.001 *** - 3.633	0.001 *** - 3.252
月平均湿度	0.0227 *** (21.105)	0.0158 *** (11.008)	0.038 *** (10.901)	0.039 *** (12.685)
月平均日照数	0.0001 *** (7.76)	0.00001 *** (4.793)	0.012 *** (7.894)	0.013 *** (9.117)
常数项	0.0352 *** (3.356)	- 0.0054 (- 0.399)	1.440 *** (4.299)	1.106 * (1.751)
σ_η	0.5943 *** (46.245)	0.5551 *** (21.627)		
σ_ε	0.1671 *** (4.15)	0.2141 *** (3.845)		
N	7920	4262	3658	3658

注：＊、＊＊、＊＊＊分别表示在 10%、5%、1% 的水平上显著。

表6 - 9给出不同定价机制下的居民电力需求特征。无论是在杭州的阶梯定价下，还是在上海的线性定价下，价格弹性都显著为负，这与经济学理论相符。但容易看出，阶梯定价与线性定价下的价格弹性差异较

大，其中阶梯定价下杭州的价格弹性远大于线性定价下上海的价格弹性，也就是说，前者的价格效应更为显著。尽管上述价格弹性对应的是不同城市，但考虑到上海和杭州两地相距很近，生活水平和生活方式接近，并且方程的设定在很大程度上控制了各种异质性因素，因此，在一定程度上可以将杭州和上海的价格效应差异视为阶梯电价和线性定价所导致的差异，更确切地讲，就是阶梯电价提高了用户的价格效应。这个结论与主流阶梯电价文献的结论相一致，由此验证了用阶梯定价管理用电需求的有效性，同时也说明了政府监管部门将节能环保、节约用电作为阶梯定价的政策目标的合理性。

需要说明的是，对于实行线性定价的上海（峰谷分时定价），本章得到了与其他文献相似的估计结果，如 Vaage（2000）、Mansur（2005）等。比如使用 OLS 得到的价格弹性为 -0.165，而基于 Hausman - Taylor 得到的价格弹性为 -0.688，都处于相对非弹性的区间。但对于实行阶梯定价的杭州，本章得出的价格弹性相对较高，估计出的价格弹性为 -1.2949。考虑到我国仍属于中低收入国家，我们的估计与很多文献的估计结果基本一致，这也说明本章估计结果的可靠性。当然，我们也不排除用户样本较少所产生的估计偏误。

虽然引入阶梯定价会增加价格弹性，并由此说明用阶梯定价管理用电需求的有效性，但对于为什么阶梯电价会导致价格弹性增加，现有文献尚没有给出令人满意的解释。比如，有些文献认为（Olmstead，2009），这可能是定价曲线本身改变的结果，即用户对非线性定价更为价格敏感。对此，Liebman 和 Zechhauser（2004）给出了一个行为经济学解释，他们认为，在复杂定价下，用户的行为更为谨慎；也有可能是电价水平上涨的结果，因为阶梯定价往往伴随着平均电价水平的上涨，由此导致价格弹性增加。

需要指出的是，本章估计的仅仅是条件需求（即给定某个阶梯）的价格弹性，而不是无条件需求的价格弹性。在阶梯定价下，可以产生三种价格效应：一是零价格效应，即在相邻两个阶梯的断点处，不同的边际替代率对应同样的需求，导致在尖点处存在集聚效应；二是在给定阶梯上，价格变化导致某个阶梯的条件需求的变动；三是相对于给定阶梯的价格变动，无条件需求的变动。① 计算条件需求的价格弹性只需要估计

---

① 但根据 Slutsky 等式容易验证，价格效应非正。

（6－1）式的系数 α，但计算无条件需求的价格弹性必须考虑所有条件需求的价格效应，通常可以利用蒙特卡洛方法来实现（Olmstead，2009）。

表6－9还给出了收入弹性。在阶梯定价下，出现在设定方程中的收入为虚拟收入，而不是直接收入。基于问卷调查数据，本章通过简单的数据近似，根据《杭州统计年鉴》和《上海统计年鉴》，把月家庭收入位于0—8000元、8000—15000元及15000元以上的低收入、中收入、高收入三类家庭的收入近似为月收入4000元、11500元和17500元。在此设定下，分别计算不同阶梯下的虚拟收入，并得到相应的收入弹性。由表6－9可知，杭州、上海以及全部样本的收入弹性都为正，这与经济学理论相一致，并且阶梯定价下杭州的收入弹性大于线性定价下上海的收入弹性，基于前面的类似解释，说明阶梯定价下的收入效应更为显著。我们知道，作为规制定价，规制机构在制定阶梯定价时，除考虑效率目标外，另一个政策目标是在满足规制企业预算约束的条件下改进收入分配，但改善收入分配的前提是，不存在收入越低的用户用电越多的问题，否则递增阶梯定价所隐含的累进加价特征将会恶化收入分配。我们的估计结果说明，递增阶梯电价不但可以作为收入分配的工具，而且验证了相对于线性定价而言，阶梯定价对于改善收入分配具有更好的效果。

2. 不同收入群体的需求响应

为进一步分析平均弹性下不同类型人群消费的差异化反应，我们以收入变量作为区分消费者类别的变量，分析不同收入家庭的异质性人群的弹性差异。分别利用杭州与上海样本，我们将样本分为中高收入家庭、中低收入家庭以及低收入家庭，得到表6－10。

表6－10　　　　　　　　　　样本收入分层

家庭	杭州		上海	
	频率	百分比（%）	频率	百分比（%）
低收入家庭	2290	53.73	1326	36.25
中收入家庭	1576	36.98	1509	41.25
高收入家庭	396	9.29	823	22.5
合计	4262	100	3658	100

利用 DCC 与 Hausman – Taylor 模型，我们得到杭州与上海中低收入家庭与高中收入家庭类组合的消费行为特征结果①，如表 6 – 11 所示。

表 6 – 11 异质性人群的需求响应

样本	杭州		上海	
	中低收入家庭	高中收入家庭	中低收入家庭	高中收入家庭
模型	DCC	DCC	Hausman – Taylor	Hausman – Taylor
对数（价格）	– 1. 3235 ***	– 0. 6468 ***	– 0. 950 ***	– 0. 361
	（ – 10. 947）	（ – 3. 253）	（ – 4. 239）	（ – 1. 427）
对数（收入）	0. 2207 ***	0. 4156 ***	0. 120	– 0. 061
	（13. 235）	（18. 601）	（1. 464）	（ – 0. 266）
σ_η	0. 5545 ***	0. 5281 ***		
	（21. 078）	（47. 876）		
σ_ε	0. 2213 ***	0. 082 ***		
	（4. 032）	（2. 82）		
N	3866	1972	2385	2322

注：*** p < 0.01，** p < 0.05，* p < 0.1。

由表 6 – 11 可知，杭州与上海相比，无论在哪种收入下，阶梯定价下的价格弹性都比统一定价下大，即家庭对阶梯定价的价格反应更为灵敏，并且在阶梯定价下的收入弹性也比在统一定价下高。

对于不同收入家庭，无论在哪种定价模式下，中低收入家庭相对于中高收入家庭而言，其价格反应都更为敏感。在阶梯定价下，首先是中低收入家庭的价格弹性处于弹性区间，而中高收入家庭的价格弹性处于低弹性区间。实际上，与前面总弹性估计相对照，这个结果进一步给出了价格弹性的异质性解释。其次是不同收入家庭间的弹性比统一定价下差异更大。而在统一定价下，所有收入家庭的价格弹性都处于低弹性区间。由于在阶梯定价下，随着用户收入的增加，其收入弹性相应提高，因此将增大其电力消费倾向，而在统一定价下收入弹性不明显，不同收

---

① 我们同样得到杭州高低收入人群的价格弹性与收入弹性为 – 1. 1133 与 0. 2380；上海高低收入人群的价格弹性与收入弹性为 – 0. 697 与 0. 001。

入家庭的用电倾向并无显著差异，从这个意义上说，阶梯定价不但可以作为改善收入分配的工具，而且具有可以根据不同收入家庭进行管理和调节的优势。

（二）控制变量

根据表6-9与表6-11，下面分析其他控制变量，包括家庭的社会经济状况、电器信息、气候信息等对电力消费的影响。

1. 家庭信息

从家庭的社会经济状况看，家庭总人口并未对用电量有显著影响。但是，65岁以上人口对用电量存在显著正的影响，尤其是对阶梯定价下的中高收入家庭，这说明虽然年龄较大的用户可能存在更强的节约意识，尤其是对于居住在城市的居民，由于身体等条件的约束，也更有可能存在更强烈的对居住舒适（如气温调节）的需求，从而带来更强烈的电力需求。此外，65岁以下的成年人口数也对用电量存在显著正影响。

住房面积对不同收入人群的用电量产生了不同影响。对于中低收入家庭，存在负向影响；对于高收入家庭，存在正向影响，这与电力消费占居民总消费的比例有关系。中低收入家庭的住房消费如果占据自身收入的较大比例后，在收入效应影响下，他们会有意识地降低自己的其他支出，而较高收入家庭则不会很在意。卧室的数量对用电量有正的显著影响。

2. 电器信息

根据电力需求理论，电力需求是引致需求，因此最终电力需求取决于电器设施。估计结果显示，电器设备对用电量的影响不一，但都与直觉一致。冰箱数量对用电量有显著的正向影响，原因在于冰箱一旦购买，基本处于开启状态，因此，冰箱数量越多，用电量就越大。冬天是否取暖也对用电量有显著影响，对于上海与杭州这样位于南方的省份，一般没有集中供暖设施，如果自行采暖，最常用的取暖方式就是开启空调或电暖气，由此增加电力需求。

电脑数、电视以及空调数对用电量在不同的情境下影响不同。一般来说，这些电器数越多，用电量越大。但是在某些情境下，这些电器数量对用电量产生负向影响。这可能是由于以下原因造成的：首先，这些电器的拥有数量不一定与（同时）使用数量一致，对于某些中低收入家庭，可能一家人同时使用或共享一台电脑、电视或空调。其次，这些电器设备存在替代产品，如电脑对电视的替代，对中低收入家庭来说，电扇对空调的替代；对于高收入家庭来说，也有可能中央空调对空调的替代。另外，这可能是由于家庭娱乐或休闲方式的差异化造成，比如，如果不使用电脑，可能使用更为耗电的其他方式。最后，电器设备的数量和质量之间也存在替代，越新的电器设备其节能功效越强，也是造成电器数量和电量消费之间复杂关系的原因。

3. 气候信息

气候是影响电力需求的重要外部条件。虽然上海和杭州地域相近，但是，气候条件仍有差异。估计结果显示，月平均湿度和月平均日照数对电量使用有正向影响，原因是用户需要使用电器设备对（冬天的）湿度和（夏天的）强日照进行处理。而在杭州与上海的数据中，月最高气温与月平均气温对用电量的影响不同，则可能与不同季节的气温特征有关：在冬季，用电量可能随着气温的上升而减少；在夏季，用电量可能随着气温的上升而上升。气温和用电量之间可能是非线性关系。

二　阶梯定价下的双误差特征分析

本章结合双误差模型，利用杭州或杭州与上海的数据得到关于价格与收入弹性的估计。估计结果显示：

首先，异质性误差和测量误差都是显著的，证明了本章选择 DCC 模型的正确性。异质性误差的显著性说明，考虑用户的异质性选择特征非常重要，由于用户的异质性差异，阶梯下的消费者行为选择存在差异。而测量误差的显著性说明，阶梯定价下消费量聚集在尖点附近，消费者有向尖点处聚集的理性选择行为。

其次，如表 6 - 12 所示，利用 DCC 模型得到的异质性误差与随机误差的比例为 2.5—6.5。与此相对照的是，Moffitt（1986）归纳了人们使用双误差模型得到的异质性误差（σ_η）与随机误差（σ_ε）之间的比率。15个使用双误差的模型中，异质性误差与随机误差的比例差异很大，其中有 5 个模型的异质性误差与随机误差的比例大于 10。除一个比例接近于 0 外，其他误差比例集中于 1.2—9.6。另外，1986 年后使用 DCC 模型的实证研究，包括 Pint（1999）、Howitt 和 Hanemann（1995）、Olmstead（2007，2009）等，两个误差项的比例也在 1.2—3.5。

表 6 - 12 结果说明，在总误差中，用户的异质性误差占比更大。通过对比不同收入人群的误差比例可以看出，中高收入家庭的异质性误差所

占比例更大，即中高收入家庭内部的电力需求特征差异更大，同时，测量误差占比更小。

表 6 – 12　　　　　　　　　　**双误差特征分析表**

模型	总样本	杭州样本	杭州中低收入样本	杭州高中收入样本
$\sigma_\eta/\sigma_\varepsilon$	3.5566	2.5927	2.50564	6.4402

第六节　结论及政策建议

利用杭州与上海居民用电和问卷调查数据，通过将分时与阶梯混合定价转化为纯阶梯定价，本章使用 DCC 模型分析了杭州和上海居民电力消费的需求特征。我们得出的基本结论是：阶梯定价的引入确实会提高价格弹性和收入弹性，说明价格作为需求管理手段的有效性，同时也在一定程度上验证了将促进节能环保和改善收入分配作为政策目标的合理性。本章对于系统评估阶梯电价的实施效果，并进一步改进阶梯定价的设计与实施提供了有力的支撑。

基于本章的研究结果，我们提出如下政策建议：

（1）进一步优化阶梯档数和分档电量。本章使用 DCC 模型验证了消费者确实对阶梯的分档有显著反应，并且证明了用户的价格效应和收入效应存在异质性。目前的阶梯电价设计主要将用户按照低收入群体、多数用电用户和少数高消费用户进行划分，尽管这样的设计相对比较简单，但忽略了其他政策目标的考虑，并且没有很好地考虑用户细分的问题，所以有必要根据积累的实施经验，适当增加阶梯档数，优化分档电量。

（2）进一步优化分档电价。本章得出的主要结果是阶梯定价显著增加价格弹性与收入弹性。在目前的阶梯电价设计中，与分档数和分档电量相对应，其三档电价设计主要体现的思想是，最高档电价提供边际价格信号，即等于长期边际成本，最低档电价满足特殊群体基本用电需求，中间档电价满足预算平衡。对于现有的分档电量，有进一步优化的必要，但与现有文献不同的是，由于阶梯电价显著增加价格弹性，没必要对价差做太大的调整。

（3）进一步细化分时定价。在很多省份，在实施阶梯电价的同时，还实施了分时定价，但分时定价主要是峰谷定价；在2012年阶梯电价全面实施后，仍有很多省份没有实施分时阶梯定价。现有文献（张昕竹，2013）和本章都表明，分时定价对于需求管理，特别是削峰填谷具有重要作用，而这种功能无法仅靠阶梯定价来解决，所以，有必要在峰谷定价的基础上进一步细分时段，实行更细分的分时定价。

（4）进一步研究阶梯定价下的需求响应。本章及以往的文献表明，在阶梯定价下，由于非线性定价以及同时实施分时定价的影响，需求分析非常复杂，为此，需要深化微观计量分析以及基于加总数据的实证分析，以得到更为可靠的价格效应和收入弹性等实证结果。

附录1　从分时与阶梯混合定价到纯阶梯定价的转换

对分时与阶梯混合定价下的价格系统合理转化成纯阶梯定价系统，其基本思路如下：

一　定义峰谷消费组合

设定峰时阶梯价格系统如附表6-1所示。

附表6-1　　　　　峰时阶梯价格系统

阶梯数	1	2	…	M
阶梯消费量	$0-A_p$	A_p-B_p	…	M_{p-}
价格	a_p	b_p	…	m_p

设定谷时阶梯价格系统如附表6-2所示。

附表6-2　　　　　谷时阶梯价格系统

阶梯数	1	2	…	N
阶梯消费量	$0-A_o$	A_o-B_o	…	N_{o-}
价格	a_o	b_o	…	n_o

假设用户在高峰和低谷同时选择，共有 M×N 种可能，如用户在高峰时段消费落在第三档，在低谷消费落在第二档等。其组合定义如附表6－3所示。

附表 6－3　　　　　　　　　　　峰谷消费组合

组合名称	1	2	3	…	M + 1	…	MN − 1	MN
峰谷消费组合	(1, 1)	(1, 2)	(1, 3)	…	(2, 1)	…	(M, N − 1)	(M, N)

二　定义峰谷合并后的阶梯

峰谷合并后的新阶梯最多共有 M + N 档[①]，如附图 6－1 所示。

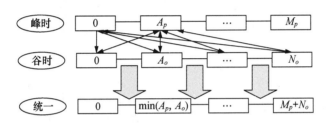

附图 6－1　峰谷合并后的统一阶梯定价分档

然后，我们需要寻找出位于合并后的 IBP 中不同档的可能组合，如附表6－4所示。

附表 6－4　　　　　　　　　　统一阶梯价格系统

阶梯数	1	2	…	$M_p + N_o$
阶梯消费量	$0 - \min(A_p,\ A_o)$	$\min(A_p,\ A_o) - \min[\max(A_p,\ A_o),\ B_p,\ B_0]$	…	N_o-
可能组合	1	1, 2, …, EF, …	…	…, MN − 1, MN

可以证明的是，以上构建的统一阶梯定价保证了在阶梯内部不存在峰时或谷时的跳跃，即统一阶梯定价内部是完全光滑的。而不考虑第一阶梯的起点（即0点）与其他档电量的交叉结合所构成的新阶梯则不能

_____

① 其中的某些档可能重合。

完全保证阶梯内部完全光滑。

三　计算统一阶梯定价的阶梯价格

在已有的峰时与谷时价格基础上，我们基于一个基本原则来计算统一阶梯定价的各个阶梯价格，即总电量×阶梯价格＝峰时阶梯价格×峰时电量＋谷时阶梯价格×谷时电量，也就是说，总电费在新的统一阶梯价格下应保持不变，且该原则应用于该阶梯定价系统的每一个子阶梯定价系统。[①]

我们构建以下统一阶梯定价的价格体系，我们以第二个阶梯为例进行说明：

第一个阶梯价格是：峰时用电比例×峰时第一阶梯价格＋谷时用电比例×谷时第一阶梯价格。

第二个阶梯价格是：在总电量消费位于 $[\min(A_p, A_o)，\min\{(\max[(A_p, A_o)，B_p，B_0]\}$ 的条件下，峰时用电比例 $\times \dfrac{N_1}{N_1 + N_2 + N_4 + \cdots + N_{EF} + \cdots} \times$ 类型 1 用户在峰时在此阶梯所对应的阶梯价格[②] $+ \dfrac{N_2}{N_1 + N_2 + N_4 + \cdots + N_{EF} + \cdots} \times$ 类型 2 用户在峰时所对应的阶梯价格 $+ \cdots + \dfrac{N_{EF}}{N_1 + N_2 + N_4 + \cdots + N_{EF} + \cdots} \times$ 类型 EF 用户在峰时所对应的阶梯价格 ＋谷时的类似计算。N_i 为类型为附表6－3中的组合类型为 i 的用户数量。

第三个阶梯直至第 $M_p + N_o$ 个阶梯的价格计算类似。

附录2　工具变量的构造：相对需求方程的设定与估计

第六章复合阶梯电价的分档价格计算公式中，峰时（谷时）用电比例、用户比例 $\left(\dfrac{N_1}{N_1 + N_2 + N_4}\text{等}\right)$ 与价格相互影响，导致内生性问题，我们

---

① 这保证了统一阶梯定价的唯一性。

② 当计算大于 $\min\{M，N\}$ 的阶梯时，可能出现峰时或谷时阶梯数不够，此时以峰时或谷时最大阶梯所对应的价格计算，因为可以认为，峰时或谷时后续大于 M 或 N 阶梯时，每一阶梯的价格都等于最后那一个阶梯的价格。

需要构建工具变量，解决此问题。

一　相对需求的设定

为了解决价格和电量相互决定引致的内生性问题，借鉴 Hausman、Kinnucan 和 McFadden（1979）的双层模型方法估计相对需求，将峰时和谷时的预测用电比例，作为真实的峰时和谷时用电比例的工具变量。[①]

定义 $h = \dfrac{w^p}{w^o}$ 为峰时和谷时的相对需求，其中，w^p 和 w^o 分别为峰时用电量和谷时用电量，将峰谷时相对需求设定为：

$$
\begin{aligned}
h = \frac{w^p}{w^o} = & \sum_{j=1}^{J} \beta_{jn} app_j + \sum_{k=1}^{K} \gamma_{kn} soc_k + \delta_n weather \\
& + \underbrace{a \frac{\overline{p}^p}{\overline{p}^o}}_{\substack{price \\ effect}} + \underbrace{\sum_{j=1}^{J} b_j \frac{\overline{p}^p}{\overline{p}^o} app_j}_{appliance\ price\ cross-effect} \\
& + \underbrace{\sum_{k=1}^{K} c_k \frac{\overline{p}^p}{\overline{p}^o} soc_k + \sum_{m=1}^{6} d_m \frac{\overline{p}^p}{\overline{p}^o} weather}_{cross\ effect} + \varepsilon
\end{aligned}
\qquad (\text{附} 6-1)
$$

其中，app 为电器持有数量，soc 为用户的社会经济状况，$weather$ 为气候变量，$\dfrac{\overline{p}^p}{\overline{p}^o}$ 为相对价格，$\dfrac{\overline{p}^p}{\overline{p}^o} \times soc_k$ 等为交叉项。

要对式（附 6-1）进行估计，我们首先要得出峰时与谷时相对价格 $\dfrac{\overline{p}^p}{\overline{p}^o}$。对于杭州的样本，我们假设用户在高峰和低谷同时选择。用户选择峰时和谷时消费，共有 9 种可能，于是有用户高峰落在第 i 段，低谷落在第 j 段的概率为：

$$
\{s_1, s_2, \cdots, s_9\} = \{(p_1^p, p_1^o), (p_1^p, p_2^o), (p_1^p, p_3^o), (p_2^p, p_1^o), (p_2^p, p_2^o), \cdots, (p_3^p, p_3^o)\}
$$

$$
Prob(Y = j) = s_i = \frac{\exp(\beta_j X)}{1 + \sum_{k}^{9} \exp(\beta_k X)}, \qquad j = 2, 3, \cdots, 9
$$

$$
Prob(Y = 1) = s_1 = \frac{1}{1 + \sum_{k=2}^{9} \exp(\beta_k X)}
\qquad (\text{附} 6-2)
$$

变量 X 包含用户的社会经济因素、电器因素及气候因素。Y 即从阶梯

---

① 由于篇幅所限，我们假设 Homogeinicity 成立，并忽略这一假设的检验问题。相关检验方法见 Hausman、Kinnucan 和 McFadden（1979）。

组合 (1, 1)、(1, 2) 等到 (3, 3) 的组合（见附 6-2）。

当存在阶梯定价时，高峰时段和低谷时段平均（或期望）价格分别为：

$$\overline{p}^p = (\hat{s}_1 + \hat{s}_2 + \hat{s}_3) p_1^p + (\hat{s}_4 + \hat{s}_5 + \hat{s}_6) p_2^p + (\hat{s}_7 + \hat{s}_8 + \hat{s}_9) p_3^p$$

$$\overline{p}^o = (\hat{s}_1 + \hat{s}_4 + \hat{s}_7) p_1^o + (\hat{s}_2 + \hat{s}_5 + \hat{s}_8) p_2^o + (\hat{s}_3 + \hat{s}_6 + \hat{s}_9) p_3^o \qquad \text{（附 6-3）}$$

在此基础上，我们估计出某个月的相对需求方程（见附 6-1），并预测某个月的峰时和谷时电力消费，从而求出某个月电力需求中峰时和谷时的份额 $\left\{ \dfrac{\hat{h}}{1+\hat{h}}, \dfrac{1}{1+\hat{h}} \right\}$，并将此作为真实峰谷需求比例的工具变量。

同样，复合阶梯定价计算公式中的用户比例也和价格相互影响，具有内生性特征。我们利用选择模型估计出用户在每一复合阶梯中选择第 i 种用电组合的概率（如第二阶梯的 p_1、p_2 和 p_4），并将此作为真实用户类型比例的工具变量。

二　相对需求的估计

首先，利用式（附 6-2），计算出用户峰时与谷时 9 种选择的概率，以用户选择组合 1 为基准，估计结果如附表 6-5 所示。

附表 6-5　　　用户峰时与谷时 9 种选择 Multinomial Logit 回归

	2 coef/t	3 coef/t	4 coef/t	5 coef/t	6 coef/t	7 coef/t	8 coef/t	9 coef/t
家庭总人口	-0.068 (-0.341)	-5.017 (-0.560)	0.143 (1.206)	-0.109 (-0.947)	-1.178*** (-4.442)	0.689*** (3.593)	-0.052 (-0.422)	-0.049 (-0.332)
65 岁以上人口	0.096 (0.470)	-18.570 (-0.022)	-0.059 (-0.476)	0.158 (1.316)	1.180*** (4.296)	-0.010 (-0.049)	0.238* (1.858)	0.003 (0.019)
65 岁以下成年人口	0.114 (0.531)	-2.467 (-0.608)	-0.089 (-0.699)	0.193 (1.556)	1.300*** (4.728)	-0.952*** (-4.446)	0.103 (0.781)	0.284* (1.776)
住房建筑面积	-0.003 (-0.714)	0.226 (0.747)	0.005* (1.650)	-0.009*** (-3.386)	-0.011** (-2.257)	0.020*** (4.660)	0.007** (2.472)	0.003 (0.819)
卧室数	0.093 (0.558)	-2.921 (-0.509)	-0.013 (-0.114)	0.193* (1.817)	0.520*** (2.829)	-0.614*** (-2.738)	0.157 (1.403)	0.270** (2.032)
电脑数	0.492*** (4.357)	3.499 (1.004)	0.337*** (4.376)	0.222*** (2.986)	0.634*** (5.393)	0.929*** (8.132)	0.377*** (4.757)	0.229** (2.403)

续表

	2 coef/t	3 coef/t	4 coef/t	5 coef/t	6 coef/t	7 coef/t	8 coef/t	9 coef/t
电视数	0.002 (0.018)	-0.011 (-0.002)	0.299*** (3.594)	0.479*** (6.016)	0.068 (0.500)	-0.318** (-1.995)	0.478*** (5.618)	0.252** (2.504)
空调数	-0.252** (-2.179)	-3.082 (-0.740)	-0.195*** (-2.609)	0.082 (1.129)	0.560*** (4.234)	-0.005 (-0.037)	-0.014 (-0.191)	0.073 (0.813)
冬天是否取暖	0.505*** (2.786)	48.082 (0.015)	0.337*** (2.792)	0.826*** (7.127)	0.445** (1.985)	0.170 (0.678)	0.907*** (6.665)	1.029*** (5.734)
是否用电煮饭	0.486*** (2.639)	20.303 (0.015)	0.203* (1.759)	0.242*** (2.177)	-0.484** (-2.490)	0.631*** (2.736)	-0.150 (-1.241)	0.077 (0.517)
是否用电洗澡	1.035*** (5.946)	27.846 (0.010)	-0.267** (-2.427)	0.703*** (6.682)	1.430*** (6.796)	0.238 (1.117)	-0.014 (-0.124)	-0.043 (-0.299)
收入类型	-0.423*** (-2.843)	-2.753 (-0.436)	0.308*** (3.670)	0.127 (1.550)	0.047 (0.314)	0.346** (2.293)	0.405*** (4.636)	0.250** (2.336)
月最高气温	-0.002 (-0.650)	0.019 (1.405)	-0.000 (-0.195)	-0.000 (-0.302)	0.004 (1.366)	0.000 (0.148)	-0.004** (-2.180)	-0.006** (-2.558)
月平均气温	0.002 (0.766)	-0.017 (-1.542)	0.002 (1.181)	0.004*** (2.600)	-0.000 (-0.112)	-0.002 (-0.794)	0.005*** (3.076)	0.008*** (3.662)
月平均湿度	0.053*** (3.897)	0.160** (2.282)	0.024*** (2.731)	0.048*** (5.731)	0.080*** (5.183)	0.002 (0.118)	0.052*** (5.583)	0.115*** (9.289)
月平均日照数	0.000*** (5.371)	0.001*** (2.687)	-0.000 (-0.286)	0.000*** (4.032)	0.000*** (3.959)	-0.000 (-0.509)	0.000 (0.985)	0.000*** (4.166)
常数项	-4.944*** (-4.947)	-99.229 (-0.023)	-2.294*** (-3.561)	-4.464*** (-7.182)	-11.292*** (-9.509)	-3.572*** (-2.928)	-6.159*** (-8.886)	-11.261*** (-12.444)
N	7920							
χ^2	2060.324							
R^2_a	0.081							

其次，利用方程（附6-2），我们得出峰时与谷时相对价格，基于双层模型设定（2-1），我们估计出相对需求方程结果。考虑到样本期内用户的社会经济状况、用电模式、电器存量和收入层次等数据均不随时间变化而变化，为弥补固定面板不能估计时不变（Time - invariant）变量参数的

缺点,本章选择 Hausman – Taylor 法进行估计。估计结果如附表 6 – 6 所示。

附表 6 – 6　　　　　　相对需求方程估计结果

	全部样本		杭州	
	Hausman – Taylor	OLS	Hausman – Taylor	OLS
相对价格	3.955	26.390	− 10.247	− 10.745
	(0.143)	(1.363)	(− 0.272)	(− 0.301)
峰谷定价种类 (1 = 杭州,0 = 上海)	− 2.713 ***	− 2.497 ***		
	(− 4.779)	(− 8.205)		
家庭规模	− 5.262	− 4.976	− 2.538	2.812
	(− 0.442)	(− 0.917)	(− 0.184)	(0.242)
65 岁以上人口	13.146	11.578 **	− 0.137	− 13.978
	(1.127)	(2.100)	(− 0.010)	(− 1.167)
65 岁以下成年人口	6.892	7.183	− 0.395	− 10.645
	(0.569)	(1.305)	(− 0.027)	(− 0.865)
住房建筑面积	− 0.011	− 0.011	0.017	0.121
	(− 0.039)	(− 0.077)	(0.045)	(0.390)
卧室数	1.603	− 1.910	− 8.716	− 13.124
	(0.165)	(− 0.409)	(− 0.635)	(− 1.162)
电脑数	− 6.619	− 12.826 ***	− 6.467	− 6.336
	(− 1.155)	(− 4.583)	(− 0.667)	(− 0.719)
电视数	8.122	8.694 ***	13.265	16.706 *
	(1.137)	(2.798)	(1.184)	(1.832)
空调数	− 4.535	− 2.211	− 1.944	− 0.924
	(− 0.699)	(− 0.695)	(− 0.225)	(− 0.125)
冰箱冰柜数	7.410	40.488 ***	− 5.865	− 2.969
	(0.478)	(4.899)	(− 0.280)	(− 0.150)
冬天是否取暖	4.944	9.320 *	3.893	1.223
	(0.422)	(1.693)	(0.250)	(0.095)
是否有微波炉	− 1.551	− 23.467 ***	− 1.006	− 7.762
	(− 0.130)	(− 3.670)	(− 0.071)	(− 0.670)
是否用电煮饭	− 3.092	− 7.730	− 2.673	− 6.498
	(− 0.313)	(− 1.618)	(− 0.212)	(− 0.617)

续表

	全部样本		杭州	
	Hausman – Taylor	OLS	Hausman – Taylor	OLS
是否用电洗澡	− 25. 830 **	− 40. 034 ***	− 1. 249	7. 833
	(− 2. 048)	(− 5. 496)	(− 0. 072)	(0. 543)
收入类型	17. 946 **	23. 757 ***	7. 949	8. 679
	(2. 206)	(5. 880)	(0. 720)	(0. 938)
月最高气温	− 0. 074	− 0. 034	0. 134	0. 162
	(− 1. 056)	(− 0. 459)	(1. 014)	(1. 141)
月平均气温	0. 133 **	0. 099	− 0. 074	− 0. 106
	(2. 350)	(1. 610)	(− 0. 619)	(− 0. 851)
月平均湿度	− 0. 076	0. 238	− 0. 440	− 0. 571
	(− 0. 174)	(0. 600)	(− 0. 573)	(− 0. 730)
月平均日照数	0. 002	0. 005 *	0. 000	− 0. 000
	(0. 591)	(1. 886)	(0. 076)	(− 0. 036)
家庭规模 × 相对价格	3. 053	2. 896	1. 543	− 1. 257
	(0. 508)	(1. 058)	(0. 216)	(− 0. 209)
65 岁以上人口 × 相对价格	− 6. 975	− 6. 208 **	0. 039	7. 194
	(− 1. 185)	(− 2. 230)	(0. 005)	(1. 163)
65 岁以下成年人口 × 相对价格	− 3. 861	− 4. 018	0. 052	5. 399
	(− 0. 631)	(− 1. 447)	(0. 007)	(0. 843)
住房建筑面积 × 相对价格	0. 003	0. 002	− 0. 014	− 0. 070
	(0. 023)	(0. 025)	(− 0. 070)	(− 0. 433)
卧室数 × 相对价格	− 0. 587	1. 213	4. 762	7. 075
	(− 0. 119)	(0. 513)	(0. 669)	(1. 209)
电脑数 × 相对价格	3. 488	6. 658 ***	3. 266	3. 197
	(1. 201)	(4. 692)	(0. 648)	(0. 697)
电视数 × 相对价格	− 4. 289	− 4. 578 ***	− 6. 972	− 8. 771 *
	(− 1. 185)	(− 2. 907)	(− 1. 199)	(− 1. 852)
空调数 × 相对价格	2. 186	1. 025	0. 940	0. 462
	(0. 667)	(0. 639)	(0. 210)	(0. 120)
冰箱冰柜数 × 相对价格	− 4. 000	− 20. 783 ***	3. 173	1. 692
	(− 0. 510)	(− 4. 971)	(0. 294)	(0. 166)

续表

	全部样本		杭州	
	Hausman – Taylor	OLS	Hausman – Taylor	OLS
冬天是否取暖×相对价格	-2.786	-5.015*	-2.138	-0.711
	(-0.467)	(-1.790)	(-0.264)	(-0.106)
是否有微波炉×相对价格	1.081	12.387***	0.659	4.164
	(0.177)	(3.773)	(0.090)	(0.692)
是否用电煮饭×相对价格	1.692	4.024*	1.331	3.324
	(0.337)	(1.658)	(0.203)	(0.608)
是否用电洗澡×相对价格	13.205**	20.485***	0.349	-4.160
	(2.069)	(5.588)	(0.039)	(-0.561)
收入类型×相对价格	-9.129**	-12.075***	-3.826	-4.249
	(-2.223)	(-5.926)	(-0.668)	(-0.887)
月最高气温×相对价格	0.039	0.019	-0.070	-0.084
	(1.101)	(0.505)	(-1.021)	(-1.145)
月平均气温×相对价格	-00.070**	-0.053*	0.038	0.055
	(-2.429)	(-1.686)	(0.618)	(0.852)
月平均湿度×相对价格	0.034	-0.124	0.225	0.301
	(0.153)	(-0.616)	(0.569)	(0.746)
月平均日照数×相对价格	-0.001	-0.003*	-0.000	0.000
	(-0.664)	(-1.943)	(-0.112)	(0.025)
常数项	-2.935	-47.648	20.966	20.461
	(-0.053)	(-1.239)	(0.283)	(0.292)
N	7920	7920	4262	4262
χ^2	100.278	0.068	26.916	0.007

注：*、**、***分别表示在10%、5%、1%的水平下显著。

估计结果中有很多系数不显著，Hausman、Kinnucan 和 McFadden
(1979) 对此做了解释和说明。[①] Hausman 和 Wise (1981) 指出，相对需
求方程中，OLS 或 WLS 估计出的方程并不是有效的，因此得到的标准误

———————

　　① Hausman、Kinnucan 和 McFadden (1979) 中的相对需求方程所有系数全部不显著，但仍
然以此为基础继续进行双层模型的绝对需求方程估计，并认为相对需求方程比绝对需求方程更可
靠。

差是向下偏倚的，这会影响回归结果的显著性，其矫正方法是使用带权重的极大似然估计来获取正确的标准误差。[①]

附表 6-6 显示，实施了阶梯定价的杭州与总样本的相对需求结果差异很大，杭州样本中，相对价格系数为负，这说明阶梯定价下峰谷之间的相对价格差距拉大，会导致更多的峰时用电向谷时转移，峰谷的价差导致削峰填谷效应。而总样本估计下相对需求价格为正，说明在统一定价与阶梯定价的混合样本下，峰谷之间的电量转移作用并未显现，峰谷定价中实施统一定价的上海样本中并未体现出削峰填谷的作用。另外，峰谷定价种类的虚拟变量显著，说明杭州与上海的相对需求特征有显著差异；其符号显著为负，也说明杭州的峰谷比例小于上海，阶梯定价起到更强的峰谷替代效应。

同时，Hausman 等（1979）指出，价格效应主要通过其他项与价格的交互项来体现。而相对需求方程中的电器、社会经济因素等变量，则符号不一。对于电器变量，一天内持续使用或固定某时段使用的电器，其用电量的转移效应差，如冰箱、是否用电取暖等，其系数为正；而一些可以在峰谷时调整的用电模式，如电脑、空调、是否用电做饭、洗澡等，其系数为负；而社会经济因素，如家庭收入等，其系数为正；这在本章的相对需求方程中得到了印证。

进一步说，我们估计出峰时与谷时消费比例，如附表 6-7 所示。

附表 6-7　　　　　　　　峰时与谷时消费比例估计结果

	观察值	均值	标准误差	最小值	最大值
峰时比例	7920	7920	0.6707	0.1195	0.0138
谷时比例	7920	7920	0.3293	0.1195	0.1320

我们以复合阶梯中的第二阶梯为例，得到复合阶梯定价计算公式中的用户比例预测结果如附表 6-7 所示，其中 p_1、p_2、p_4 分别表示处于复合阶梯的第二阶梯中的用户，分别选择正中附表 6-2 的 1、2、4 组合的概率。

[①] 本章研究在调查过程中未赋予不同用户不同的权重值，因此不能使用带权重的 MLE 进行估计，但这只是影响回归系数的显著性。

附表 6 - 8　　　复合阶梯定价中第二阶梯各类组合选择概率表

	观察值	均值	标准误差	最小值	最大值
p_1	831	0.4344	0.1131	0.1402	0.7011
p_2	831	0.0794	0.0743	0.0012	0.6112
p_4	831	0.4862	0.1279	0.1121	0.7910

　　复合阶梯定价中其他阶梯各类型用电组合选择概率可采用类似方法获得。

第七章 纯分时定价与分时阶梯定价下政策目标实现对比

第一节 引言

1980 年，我国开始了电力行业的分时定价试点，到 2002 年，全国普遍实行了分时电价制度。从 2004 年起，电力行业又启动了阶梯电价的试点工作，并于 2012 年 7 月 1 日开始在全国范围内（新疆、西藏除外）实施阶梯电价。分时定价与阶梯定价作为两种不同的电力定价方式，对发电侧与需求侧产生不同的影响。2013 年 12 月底，国家发改委出台了《关于完善居民阶梯电价制度的通知》，明确提出，要在 2015 年年底前，在全国范围内制定并颁布居民用电峰谷电价政策，全面推行居民用电中峰谷与阶梯相结合的混合定价方式。

电力行业日趋复杂的定价方式的实践及研究是随着 20 世纪 70 年代出现的能源危机逐渐兴起的。随着能源紧缺、气候变化等问题的出现，无论是发达国家还是发展中国家，出于对多个政策目标的考量，都逐渐由线性统一定价开始向分时定价、阶梯定价、分时阶梯定价等非线性定价方式转换。其中，纯分时定价是指根据不同时段（如峰、谷、平、尖峰等）确定不同的销售电价，而同一时段内部实行统一定价，当前大多数国家实施的电力分时定价为纯分时定价（雷霞等，2006）。纯阶梯定价是指将用电量设计为若干个阶梯分段或分档次定价计算费用，各档间的电价存在差异，而各档内的电价是统一定价。阶梯定价包括递增阶梯定价与递减阶梯定价两种形式，递增阶梯定价得到了广泛使用，据不完全统计，当前有 23 个国家和地区实行了递增阶梯定价（田露露等，2014）。[①]

---

① 本章所指的阶梯定价均为递增阶梯定价。

而分时阶梯定价则是将纯分时定价与纯阶梯定价有效结合的一种定价方式，通过在分时定价各自时段内嵌入阶梯定价，既实现了对不同时段的差异化定价，也实现了对不同电力使用量的差别定价，这种定价方式也得到了广泛应用，加拿大、美国、日本、法国、中国台湾等国家和地区，在居民生活用电中实行了分时阶梯定价（张昕竹，2011）。目前，我国江西、江苏、上海、安徽、浙江、福建、四川、广东和甘肃 9 个省份在实施分时定价时，也采取了与阶梯定价相结合的定价方式。

基于规制经济学理论（Biteux，1960；Laffont and Tirole，1994），峰谷定价会改变电量消费的时间分布，在较高的峰时价格与较低的谷时价格共同影响下，形成削峰填谷的效果，从而改进电厂设备利用效率、降低容量投资成本；而阶梯定价则能起到提供正确的边际价格信号，抑制电力过度消费，推动电厂合理回收成本，以及促进公平、间接实现收入再分配效应的多重作用。在理论分析的基础上，本章实证上基于 Hausman、Kinnucan 和 McFadden（1979）提出的双层需求模型，并引入非位似偏好进行检验，利用 2009—2011 年上海与杭州居民用电数据和问卷调查数据，对比分析在我国广泛实施的纯分时定价与分时阶梯定价下的居民电力消费行为特征，以及两种定价方式下的政府政策目标实现。本章的研究结果对于改进现有非线性定价的实施，实现更有效率的电力定价，无疑具有重要意义。此外，国家发改委于 2013 年 12 月与 2014 年 3 月相继宣布，将于 2015 年年底在全国正式实施居民阶梯水价与阶梯气价。因此，本章对即将实施的阶梯水价与阶梯气价也具有重要的借鉴意义。

国内外对非线性定价尤其是分时及阶梯定价下的消费特征分析主要从以下几个方面展开。

首先，诸多文献研究了不同场景下的需求价格弹性，主要包括对自价格弹性与交叉价格弹性的估计（Fan，2010），在分时定价下，Taylor 等（2005）得出英国的分小时定价的价格弹性为 - 0.06— - 0.25，并指出，分时定价后峰时的载荷明显减小。在阶梯定价下，Vaage（2000）计算出挪威居民的能源（以电力为主）需求价格弹性，其中离散时为 - 0.43，连续时为 -1.29。Mansur 等（2005）使用类似方法估计出美国 6 组不同消费者的电力消费价格弹性为 - 0.32— - 1.24。但 Bohi 和 Zimmerman（1984）、Hawdon（1992）、King 和 Chatterjee（2003）指出，由于时期、费率、样本规模、峰时长度等的差异，不同研究结果差异会很大且很难直接比较。

　　其次，研究者还估计了分时定价下峰谷间的交叉需求弹性，Herriges 等（1993）、Patrick（2001）、Schwarz（2002）、Boisvert 等（2004，2007）、Choi 等（2011）及 Allcott（2011）利用不同的方法（包括 CES 函数、广义 McFadden 成本函数、广义里昂惕夫模型等），估计出峰谷间的交叉需求弹性为 0.18— -0.08。另外，现有文献也研究了电力需求的收入效应。由于电费收入在居民收入占比中较小，大部分研究认为，居民电力需求的收入弹性极低，Hausman 等（1979）、Reiss 和 White（2005）、Ito（2012）及 Chandra（2013）等研究指出，收入弹性很弱或基本为零，且不同收入家庭的反应不存在异质性。国内多位学者比较了不同定价模式下的政策含义，黄海涛等（2012）认为，与统一定价相比，阶梯定价起到了协调福利与节能、公平与效率之间的矛盾，但难以合理体现公平性。对比分析纯阶梯定价与分时阶梯定价，后者更有助于补偿成本，因此我国宜采用分时阶梯定价。张昕竹（2010，2011）、冯永晟（2014）等认为，应考虑在阶梯定价中嵌入实时定价（峰谷定价），让实时定价（峰谷定价）主要承担有效定价的使命，即效率目标；而阶梯定价更多地承担社会调节功能，即公平目标。

　　通过对国内外研究的梳理可知，国外非线性定价的实际应用与学术研究均早于国内，早期的国外研究较多从消费者整体角度来分析电力需求与消费的特征。从绝对与相对需求的角度分析消费者的需求行为始于 Hausman 等（1979），但从是否存在位似偏好角度出发，基于消费者异质性视角对比分析不同类型消费者在非线性定价下的需求行为的研究始于 Hausman 和 Leonard（2002），并仍处于探索之中，包括对位似偏好检验、居民消费特征刻画等。同时，国外的非线性定价实践与国内存在差异，包括消费者是自愿还是强制选择非线性定价、是否存在固定的接入费、是否嵌入分时定价、计费时段是单月还是双月或季度等，这导致国外非线性定价的研究结论并不完全适用于我国，需要构建相关理论并结合我国非线性定价实践进行更有针对性的分析。相比较而言，国内文献研究较为单一，还停留在探讨定价结构设计的原则、标准和影响等方面。尤其缺乏基于国内真实微观数据的非线性定价居民消费行为及政策目标研究。即便国外学者也只是基于国外非线性定价的数据研究了国外非线性定价的居民消费特征，也并未对在同一时期的两类不同非线性定价方式可实现的政策目标进行对比。

当前的国外研究为本章提供了理论框架与研究视角，而国内研究则为本章提供了相应的政策背景。在两者的基础上，结合我国非线性定价的具体实践，得到本章的研究主题是，基于国内代表性城市（杭州与上海市）的居民用电家庭数据，从消费者异质性视角，基于相对需求与绝对需求两个层次，对比分析不同非线性定价方式的消费特征，并在此基础上研究两类非线性定价的政策目标实现。

第二节　模型设定

双层需求模型是 Hausman、Kinnucan 和 McFadden（1979）提出的分析分时定价下的电力需求的一种方法。双层需求模型分为第一层的相对需求估计模型和第二层的绝对需求估计模型。其中，第一层相对需求估计模型对不同时段的消费比例特征进行分析，第二层的绝对需求估计模型估计对不同时段的消费额或总消费额的需求特征进行估计。

在分时定价下，一天被分为峰时和谷时两段：t_1 与 t_2。t_1 与 t_2 时段消费的电量为 x_1 与 x_2。电量的消费向量为 $x = (x_1, x_2)$，其对应的电价向量为 $p = (p_1, p_2)$。居民的效用函数由电力消费量 x 和其他商品的数量 x_0 共同决定，p_0 表示其他商品价格，I 为消费者的总预算，即收入。

$$p_0 x_0 + p_1 x_1 + p_2 x_2 = I \qquad (7-1)$$

居民的效用函数为 $u = U(x_0, x)$，设定间接效用函数为价格 p_0、p_1、p_2 和收入 I 约束下的函数：

$$v = V\left(\frac{p_0}{I}, \frac{p_1}{I}, \frac{p_2}{I}\right) = \max\left\{ U(x_0, x) \mid \frac{p_0}{I}x_0 + \frac{p_1}{I}x_1 + \frac{p_2}{I}x_2 = 1 \right\} \quad (7-2)$$

双层需求模型的预算将电力消费与其他商品的消费分离开，消费者将考虑在电力和其他商品间分配总预算，峰谷不同时段的消费占比仅取决于相对价格。因此，效用函数有以下特殊形式 $U(x_0, x_1, x_2) \equiv W[x_0, f(x_1, x_2)]$。

当函数 $f(x_1, x_2)$ 为一阶齐次时，间接效用函数可以写成分离形式：$r\phi(p_1, p_2)$，$r = p_1 x_1 + p_2 x_2$，r 是总电费，ϕ 可以被看成价格指数的倒数。间接效用函数可以被写作：

$$\max_x \{ W[x_0, f(x_1, x_2)] \mid p_0 x_0 + p_1 x_1 + p_2 x_2 = I \}$$

$$= \max_x \{ W[x_0, r\phi(p_1, p_2)] \mid x_0 = (I-r)/p_0 \}$$

$$= V[p_0/I, 1/\phi(p_1/I, p_2/I)] \qquad (7-3)$$

由罗伊恒等式可从间接效用函数中得到需求为:

$$x_n = -\frac{\partial v/\partial p_n}{\partial v/\partial I} = -\frac{v_n}{v_I}, \quad n = 1, 2 \qquad (7-4)$$

由线性齐次假设和欧拉定理,可得:

$$\frac{\partial \phi(p_1/I, p_2/I)}{\partial I} = -\frac{\partial \phi(p_1/I, p_2/I)}{I} \qquad (7-5)$$

由此得到需求方程:

$$x_n = -\frac{V_2 \phi_n/\phi^2}{p_0 V_1/I + V_2/\phi}, \quad n = 1, 2 \qquad (7-6)$$

可得峰谷时消费的相对比例为:

$$h = \frac{x_1}{x_2} = \frac{\phi_1(p_1, p_2)}{\phi_2(p_1, p_2)} = \frac{\phi_1(p_1/p_2)}{\phi_2(p_1/p_2)} \qquad (7-7)$$

对式(7-7)使用一阶泰勒展开,可得:

$$h \approx \theta + \alpha \frac{p_1}{p_2} \qquad (7-8)$$

我们将家用电器、社会经济以及气候等因素整合到参数 θ 中,设定随机误差项为 ε,式(7-8)可表述为:

$$h = \frac{x_p}{x_o} = \sum_{j=1}^{J} \beta_j app_j + \sum_{k=1}^{K} \gamma_k soc_k + \sum_{i=1}^{I} \delta wea_i + a \frac{\overline{p}^p}{\overline{p}^o} + \sum_{j=1}^{J} b_j \frac{\overline{p}^p}{\overline{p}^o} app_j +$$

$$\sum_{k=1}^{K} c_k \frac{\overline{p}^p}{\overline{p}^o} soc_k + \sum_{i=1}^{I} d_i \frac{\overline{p}^p}{\overline{p}^o} wea_i + \varepsilon \qquad (7-9)$$

式(7-9)即相对需求方程,可以估计出相对消费和峰谷的电力消费比例。其中,*app* 是家用电器,*soc* 是社会经济条件,*wea* 是气候条件。在相对需求方程中引入家用电器、社会经济以及气候等影响因素及其与峰谷相对价格 $\frac{\overline{p}^p}{\overline{p}^o}$ 的交叉项。为了估计分时绝对消费量及总消费,利用式(7-9)得出平均价格 $\overline{p}$,它是与效用的单位成本函数相关的加权平均价格。

$$\bar{p} = \frac{r}{\bar{X}} = \frac{p_1 x_1 + p_2 x_2}{x_1 + x_2} = \frac{p_1 \times \left(\theta + \alpha \frac{p_1}{p_2}\right) + p_2}{\left(\theta + \alpha \frac{p_1}{p_2}\right) + 1} \tag{7-10}$$

式（7-10）中，θ 与 α 是相对需求方程式（7-8）估计的系数结果。结合式（7-6），使用罗伊恒等式和对峰谷总电量 $\bar{X}$ 的泰勒展开，得到总消费量的绝对需求方程[①]为：

$$\bar{X} = x_1 + x_2 = \sum_{j=1}^{J} \beta_j app_j + \sum_{k=1}^{K} \gamma_k soc_k + \sum_{i=1}^{I} \delta_i wea_i + \psi \bar{p} + \sum_{j=1}^{J} b_j \bar{p} app_j + $$
$$\sum_{k=1}^{K} c_k \bar{p} soc_k + \sum_{i=1}^{I} d_m \bar{p} wea_i + \varepsilon \tag{7-11}$$

需要指出的是，Hausman 等（1979）的模型假定消费者的消费行为具有同位似偏好，即总消费额或收入并不影响不同时段（或类型）的消费比例，但这一假设未必总是成立，对于不同时段（或类型）的商品而言，需求增加的比例与总消费额或收入增加的比例往往并不一致，即具有非位似偏好。借鉴 Deaton 等（1980）使用 AIDS（Almost Ideal Demand System）分析跨期预算行为方法，Hausman 等（1994）、Hausman 和 Leonard（2002）在对美国啤酒市场的差异化竞争估计时，引入了非位似偏好检验。

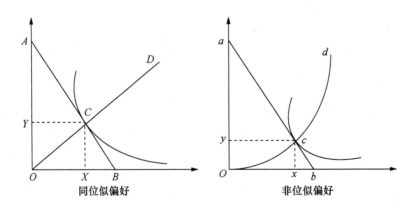

同位似偏好   非位似偏好

图 7-1 同位似偏好与非位似偏好比较

---

① 峰时与谷时的绝对需求方程类似。

从图 7 - 1 可知，同位似偏好下，随着收入（或消费额）的变化，X 与 Y 两类商品的比例保持不变；而在非位似偏好下，当收入（或消费额）扩展线为凸时，随着收入（或消费额）的增加，将更加偏好 x、x 与 y 之间的比例将逐渐变大；反之，如扩展线为凹，x 与 y 之间的比例则变小。引入电费及收入的相对需求方程式的非位似偏好检验为：

$$h = \frac{x_p}{x_o} = \kappa \times fee + \omega \times inc + \sum_{j=1}^{J} \beta_j app_j + \sum_{k=1}^{K} \gamma_k soc_k + \sum_{i=1}^{I} \delta wea_i + a\frac{\overline{p}^p}{\overline{p}^o}$$

$$+ \sum_{j=1}^{J} b_j \frac{\overline{p}^p}{\overline{p}^o} app_j + \sum_{k=1}^{K} c_k \frac{\overline{p}^p}{\overline{p}^o} soc_k + \sum_{i=1}^{I} d_i \frac{\overline{p}^p}{\overline{p}^o} wea_i + \varepsilon \qquad (7-12)$$

其中，$h = \frac{x_p}{x_o}$ 为峰谷两时段内的电力消费量，fee 为电费支出额，inc 为收入水平。与式（7-9）相比，式（7-12）考虑并引入了对电费与收入的位似偏好检验。在本章中，我们首先在相对需求方程中考察非位似偏好因素，在此基础上估计出相对需求方程。之后，我们将峰时电力与谷时电力视为两类不同的商品，分析居民的绝对需求特征，包括对峰时与谷时不同时段需求的自弹性和交叉弹性进行估计，并估计不同收入家庭的需求反应差异。由于本章使用的数据包含存在递增阶梯定价（Increasing Block Pricing，IBP）与峰时定价结合的杭州样本，以及仅有分时定价的上海样本，这为我们对比分析分时阶梯定价与纯分时定价下的居民电力需求特征提供了条件。

第三节　分时定价下的居民电力需求弹性分析

一　样本描述性统计

本章使用的数据来源于国家电网以及抽样调查数据。样本期从 2009 年 1 月到 2011 年 12 月，共计 36 个月。在样本期内，作为阶梯电价试点地区，杭州已经实施阶梯电价，同时还实行峰谷分时电价，而上海则只实施峰谷分时定价。杭州与上海的电价结构如表 7 - 1 所示。

本章使用的数据中，杭州调查样本共计 132 户，上海调查样本共计 105 户。除用户用电信息来源于国家电网外，其他用户信息均通过问卷调

表7-1　　　　　　　　　　　　杭州与上海电价结构

杭州	电量（千瓦时）	峰时电价（8—22时）	谷时电价（22时至次日8时）
阶梯1	0—50	0.568	0.288
阶梯2	51—200	0.598	0.318
阶梯3	201以上	0.668	0.388
上海	电量（千瓦时）	峰时电价（6—22时）	谷时电价（22时至次日6时）
无阶梯	0以上	0.617	0.307

资料来源：国家电网。

查方式完成，其中问卷信息包括用户社会经济状况、用电行为、电器存量和收入范围等信息。此外，我们还收集了杭州和上海在样本期内每个月的气候数据。将每月的用户电量及个体特征作为一个样本，共计得到7920个有效样本。需要说明的是，虽然总体样本较大，但用户数相对较少，不过却是国内目前最为完整的数据，且与国外同类研究相比，达到了相类似的样本量（Hausman et al.，1979，1994）。样本的基本统计量如表7-2所示。

二　相对需求层：非位似偏好检验

利用双层需求模型的第一层：相对需求方程，即式（7-10）。根据Hausman等（1994）、Hausman和Leonard（2002），我们对用户是否具有电费和收入的位似偏好进行检验。

我们用式（7-12）检验总电费（fee）与家庭月收入（inc）是否具有位似偏好特征。控制变量包括峰时与谷时的平均价格、用户的家用电器特征、社会经济状况及气候特征。由于控制变量等是一次调查完成的，考虑到样本期内用户的社会经济状况、用电模式、电器存量和收入层次等数据均不随时间变化而变化，为弥补固定面板不能估计非时变变量参数的缺陷，本章选择Hausman-Taylor（1981）方法进行估计。[1]

①　回归方程 $Y = \alpha X + \beta Y + \mu_i + \varepsilon_{it}$ 中，时变自变量 $X = (X_1, X_2)$，非时变自变量 $Z = (Z_1, Z_2)$，X_1 和 Z_1 是外生变量，与 μ_i 不相关；X_2 和 Z_2 是内生变量，与 μ_i 相关，所有自变量均与 ε_{it} 不相关。Hausman 与 Taylor（1981）指出，使用 X_2 均值的离差和 X_1 作为 X_2 和 Z_2 的工具变量并进行两阶段最小二乘（2SLS）估计，得到的 Hausman-Taylor 估计量不仅可得到非时变变量的估计值，还通过工具变量克服了内生性偏误。

表7-2　　　　　　　　　　　基本统计量

	变量名	平均值	标准误差	最小值	最大值
电量信息	月峰时用电量（千瓦时）	151.856	105.816	2.448	963.000
	月谷时用电量（千瓦时）	94.097	70.303	0.365	701.176
	月总用电量（千瓦时）	245.953	155.142	6	1258.078
家庭信息	家庭总人口（个）	3.295	1.134	1	8
	65岁以上人口（个）	0.739	0.890	0	3
	65岁以下成年人口（个）	2.262	1.205	0	6
	住房建筑面积（平方米）	81.185	34.954	29	300
	卧室数（个）	2.254	0.760	1	8
电器信息	电脑数（个）	1.217	0.840	0	4
	电视数（个）	2.043	0.831	1	6
	空调数（个）	2.423	0.993	0	6
	冰箱冰柜数（个）	1.095	0.350	0	4
	是否有微波炉	0.830	0.376	0	1
	冬天是否取暖	0.775	0.418	0	1
	是否用电煮饭	0.670	0.470	0	1
	是否用电洗澡	0.534	0.499	0	1
收入信息	收入<8000元	0.457	0.498	0	1
	收入8000—15000元	0.390	0.488	0	1
	收入>15000万元	0.154	0.361	0	1
气候信息	月最高气温（1/10℃）	287.366	80.435	73	397
	月平均气温（1/10℃）	172.854	86.665	13.548	307
	月平均湿度	69.419	7.526	35.1	81.2
	月平均日照数（小时）	48.032	27.369	23.286	191.499

资料来源：笔者根据国家电网和问卷调查数据整理。

估计结果显示，对于总收入，分时阶梯定价下存在非位似偏好性质，而纯分时定价下则为同位似偏好。即杭州的峰谷电量比会随着收入的变化而变化，而上海的峰谷电量比并不随着收入的变化而变化。进一步地，相对需求方程中杭州的收入系数显著为正，即在分时阶梯定价下，随着收入的增加，峰时电量相对于谷时电量的比例将逐步增大，高收入家庭对递增阶梯电价的敏感性逐渐下降，阶梯定价"削峰填谷"的功能随着收入增加而逐渐减弱。

表 7 – 3　　　　　　　　　　　电费与收入的非位似偏好检验①

峰谷电量比	全部样本	杭州	上海
	系数/t 值	系数/t 值	系数/t 值
对数（收入）	- 0. 195	0. 603 *	- 0. 657
	（ - 0. 686）	（1. 727）	（ - 1. 446）
对数（电费）	- 0. 729 ***	- 1. 603 ***	- 0. 055
	（ - 6. 818）	（ - 8. 418）	（ - 0. 502）
对数（峰时价格）	16. 251	17. 749	
	（0. 777）	（0. 562）	
对数（谷时价格）	14. 830 **	14. 020	
	（1. 978）	（0. 946）	
样本数	7920	4262	3658

注：* 、* * 、* * * 分别表示 10% 、5% 、1% 的水平上显著。

　　而对于总电费，分时阶梯定价下存在非位似偏好性质，而纯分时定价下为同位似偏好。相对需求方程中杭州的电费系数显著为负，在分时阶梯定价下，随着总电费的提高，由于峰时（平均或边际）电价上涨，峰时相对于谷时用电比例逐渐下降，峰时的用电需求被谷时用电需求替代。但纯分时定价下，由于峰谷内的单位电价不变，电费上升对峰谷的电力消费比没有显著变化，峰谷用电量比例并不会随着用电总量的增加而改变，纯分时电价缺乏调节峰谷之间电量差异的能力。

　　具有同位似偏好的用户在个人收入增加时其最优化的产品消费结构不发生改变，即具有同位似偏好的用户对不同产品的需求收入弹性都是相同的。分时阶梯定价下，收入与电费均存在非位似偏好性质，但收入与电费对峰谷比例的影响方向不一，当收入增加与电费上升时，对峰谷比的影响分别是上升与下降，由此，我们需要进一步在绝对需求方程中分析分时阶梯定价政策对"削峰填谷"政策的影响。而纯分时定价下的收入与电费均具有同位似偏好性质，随着收入与电量的上升，居民无意识去实施电量转移行为，峰谷比例并无显著变化。

三　绝对需求层：弹性分析

　　利用双层需求模型的第二层：绝对需求方程，即式（7 – 11）。我们

---

　　①　限于篇幅，本章并未在文中列出其余控制变量的估计值。

对峰时与谷时电力需求弹性进行分析，包括峰谷时段平均价格的自弹性与交叉弹性、峰谷时段的需求交叉弹性等。

由表7-4可以看出，对于杭州与上海的全部样本，峰时电量受到峰时价格与谷时价格的显著影响，且峰时价格自弹性为负，交叉弹性为正；对于谷时，谷时价格显著影响谷时用电量，且谷时价格自弹性为负。而对于分时阶梯定价下的杭州，仅有谷时价格能够显著调节峰时电量，当谷时价格上升时，峰时用电量上升，而杭州在谷时电量，受峰时和谷时价格的影响均不显著，即峰时价格和谷时价格都不能调节谷时电量。

表7-4 绝对需求方程估计

	峰时			谷时		
	全部	杭州	上海	全部	杭州	上海
对数 （峰时价格）	-1.760 ***	-1.159		-1.293	2.164	
	(-2.981)	(-1.184)		(-0.759)	(0.944)	
对数 （谷时价格）	0.584 ***	0.935 **		-2.623 ***	0.127	
	(2.766)	(2.041)		(-4.305)	(0.119)	
对数 （本月电费）	0.957 ***	0.929 ***	0.977 ***	1.099 ***	1.106 ***	1.094 ***
	(317.231)	(157.401)	(427.491)	(126.299)	(79.958)	(97.172)
对数 （收入）	0.010	0.051	-0.007	-0.015	-0.166 ***	0.061
	(0.387)	(1.024)	(-0.636)	(-0.322)	(-2.595)	(0.975)

注：**、***分别在10%、1%的水平显著。

由收入弹性的计算可知，仅有分时阶梯定价下的谷时电量的收入弹性显著为负，即随着收入的上升，谷时用电量会随之减少。而其他情形下的收入弹性均不显著。这可能是由于现行居民电价远低于供电成本、电费收入占居民总收入的比例有限（城市居民电费占总收入的比例为0.5%—2.5%）、居民长期享受电力补贴、大多数居民对电费变化并不敏感造成的。

我们同时分析峰时与谷时的交叉需求弹性，以分析峰时与谷时电量消费之间的关系，并比较峰时阶梯定价与纯分时定价下的弹性大小。

由表7-5可知，所有情形下谷时电量的系数均显著为负，这说明峰时与谷时电力消费量是显著替代的，分时定价起到了显著的替代作用，无论是分时下的统一定价还是分时下的阶梯定价，都起到了削峰填谷的效果。同时，引入阶梯定价后的峰谷电量替代性更大，阶梯定价对分时的峰谷转移有更强的促进作用。

表 7 – 5 交叉需求弹性分析

对数（峰时电量）	全部样本	杭州	上海
	系数/t 值	系数/t 值	系数/t 值
对数（谷时电量）	− 0. 260 ***	− 0. 328 ***	− 0. 177 ***
	（ − 99. 706）	（ − 77. 092）	（ − 105. 860）

注：＊＊＊表示在 1% 的水平上显著。

第四节 稳健性检验：异质性居民的需求反应

为进一步分析不同类型家庭消费的差异化反应，我们以收入作为区分消费者类别的变量，分析不同收入阶层的异质性家庭的需求反应差异，对不同收入类型的家庭分析，同时也起到了对双层模型结论的稳健性检验。

对于不同类型家庭收入的区间划分，首先，在问卷设计时根据国家发改委 2010 年发布的《关于居民生活用电实行阶梯电价的指导意见》中各阶梯电量需要实现目标，将家庭收入划分为高、中、低三种区间类型。其次，根据 2010—2012 年的《杭州统计年鉴》和《上海统计年鉴》，借鉴李虹等（2011）、黄海涛（2012）在分析全国居民及上海市电力消费特征时的收入分档。问卷确定以月家庭收入 8000 元以下、8000—15000 元及 15000 元以上三个等级作为问卷中家庭收入的收入区间等级。因此，本部分分别利用杭州与上海样本，根据问卷调查中的家庭收入数据，我们将分析低收入、中等收入以及高收入三类家庭的电力需求特征。

一 相对需求层的异质性反应

我们通过分别对不同收入家庭的总电费及总收入的非位似偏好检验，以分析相对需求的异质性反应。

由表 7 –6 可知，无论在何种家庭中，对于总电费，分时阶梯定价下存在非位似偏好，且随着电费的增加，峰电向谷电转移的速度加快，而纯分时定价下则为同位似偏好。对于收入，在杭州与上海的中高收入家庭中均存在非位似偏好特性，但对峰谷比的影响完全相反。在分时阶梯定价下，随着收入的提高，峰谷比例上升；而在纯分时定价下，峰谷比例却下降了。

表7-6　　　　　　　　不同收入家庭的相对需求方程估计

样本	全部		杭州		上海	
峰谷电量比	中低收入家庭	高中收入家庭	中低收入家庭	高中收入家庭	中低收入家庭	高中收入家庭
对数（电费）	-0.729 ***	-0.898 ***	-1.437 ***	-2.160 ***	-0.060	-0.167
	(-6.153)	(-6.897)	(-7.604)	(-8.453)	(-0.425)	(-1.253)
对数（收入）	-0.236	-0.693	0.179	2.802 *	-0.612	-2.627 **
	(-0.623)	(-0.741)	(0.453)	(1.927)	(-0.924)	(-2.203)
样本	6701	4304	3866	1972	2835	2332

注：*、**、***分别表示在10%、5%、1%的水平上显著。

二　绝对需求层的异质性反应

我们通过分别对不同收入家庭的绝对需求方程估计，以分析不同家庭的异质性反应。

从表7-7中可以看出，与所有收入家庭的回归结果类似，对于杭州与上海的所有样本，峰时电量受到峰时价格的显著负向影响，谷时价格的显著正向影响；谷时电量仅受到谷时价格的显著负向影响。而随着收入的提高，峰时电量的峰时价格自弹性（绝对值）逐渐变小，峰时电量的价格交叉弹性逐渐变大。而谷时电量的价格自弹性（绝对值）逐渐变小。

对于分时阶梯定价下的杭州，峰时电量只受到谷时价格的显著影响，且随着收入的提高，峰时电量的价格交叉弹性逐渐变大。即随着谷时价格的上升，谷时电量不会显著下降，但峰时电量会上升。而无论在何种情况下，收入弹性均不显著。

我们同样分析不同收入结构下的峰谷电量的交叉需求弹性，以对比研究不同家庭的异质性反应。

表7-7　　　　不同收入家庭的峰时与谷时电量绝对需求方程估计

	峰时				谷时			
	全部样本		杭州		全部样本		杭州	
	中低收入家庭	中高收入家庭	中低收入家庭	中高收入家庭	中低收入家庭	中高收入家庭	中低收入家庭	中高收入家庭
对数（峰时价格）	-1.929 ***	-1.674 **	-1.403	-1.079	-2.141	-1.203	1.587	4.790
	(-3.004)	(-2.466)	(-1.339)	(-0.751)	(-1.203)	(-0.567)	(0.676)	(1.272)
对数（谷时价格）	0.611 ***	0.617 ***	0.920 *	1.165 *	-2.669 ***	-2.569 ***	-0.125	0.722
	(2.634)	(2.677)	(1.912)	(1.952)	(-4.154)	(-3.557)	(-0.116)	(0.462)
对数（本月电费）	0.954 ***	0.957 ***	0.933 ***	0.913 ***	1.106 ***	1.098 ***	1.097 ***	1.152 ***
	(276.509)	(260.090)	(148.336)	(113.767)	(115.726)	(95.344)	(77.821)	(54.834)
对数（收入）	0.005	0.006	0.020	0.124	-0.020	0.136	-0.082	-0.415
	(0.151)	(0.050)	(0.312)	(0.443)	(-0.335)	(0.724)	(-1.033)	(-1.377)

注：*、**、***分别表示在10%、5%、1%的水平上显著。

从表7-8可以看出，随着收入的提高，在分时阶梯定价下，谷时对峰时的替代性逐步减小，但在纯分时定价下，随着收入的提高，谷时对峰时的替代性逐渐增大，但两种定价下相比较，分时阶梯定价下的替代性更强，即分时阶梯定价比纯分时定价削峰填谷的功能更强。

表7-8　　　　　　不同收入家庭的交叉需求弹性

	全部样本峰时		杭州峰时		上海峰时	
	中低收入家庭	中高收入家庭	中低收入家庭	中高收入家庭	中低收入家庭	中高收入家庭
对数（谷时电量）	-0.269 ***	-0.238 ***	-0.346 ***	-0.280 ***	-0.169 ***	-0.185 ***
	(-90.351)	(-71.793)	(-75.317)	(-46.900)	(-91.568)	(-82.391)

注：***表示在1%的水平上显著。

第五节　不同定价下的目标实现

分时阶梯定价包含分时定价与阶梯定价的双重元素，因此，分时定价的削峰填谷、阶梯定价的节约能源、减少补贴等都被视为分时阶梯定价的目标。我们通过分析杭州与上海的数据来比较两类定价方式下的政策目标实现差异。

一 削峰填谷

由于杭州的峰谷时长（14：10）与上海峰谷时长（16：8）不一致，我们计算时均峰谷比，即峰时与谷时平均每小时用电量之比，峰谷电量均值差异的 T 检验显示，与纯分时定价相比，分时峰谷定价的月均电量峰谷比显著下降，从 1.66 下降至 1.15。阶梯定价对峰谷定价降低峰谷差起到了显著的促进作用。

通过杭州与上海的峰谷比例比较可以看到，分时阶梯定价下的峰谷比例较之纯分时定价下的峰谷比显著下降，引入阶梯定价强化了分时削峰填谷的作用。

表 7 - 9 杭州与上海的月均电量峰谷比 T 检验

	观测值	均值	标准误	标准差	95% 置信区间	
杭州	4262	1.1539	0.0533	3.4776	1.0495	1.2584
上海	3658	1.6635	0.0352	2.1261	1.5946	1.7324
合计	7920	1.3893	0.0331	2.9427	1.3245	1.4541
差值		-0.5096	0.0661		-0.6391	-0.3800

二 节约能源

利用绝对需求方程，我们使用总电量的平均价格，对峰谷总电量的价格弹性和收入弹性进行估计[①]，以分析不同定价方式下价格变化对资源使用的影响程度。

从表 7 - 10 中可以看出，分时阶梯定价下，价格弹性不显著，而纯分时定价下则显著为负，且较大。即分时阶梯定价下，价格对总电量的影响不显著，这可能存在两种原因：一是分时阶梯组合定价的复杂性带来居民决策的困难，居民不知道对何种价格做出反应，以及在复杂定价下的正确性均存在问题。近年来，行为经济学对此做了进一步解释（Boren-

---

① 我们忽略了阶梯定价下的尖点问题，考虑尖点问题的弹性估计见 Hausman（1985）、Moffitt（1986，1990）、Pint（1999）与 Waldman（2000，2005）、Olmstead（2007）、张昕竹等（2014）。

stein, 2009; Ito, 2012), Liebman 和 Zeckhauser (2004) 也指出，认为由于定价结构复杂性，用户并不像经典微观经济理论预测的那样，根据边际价格做出最优消费决策，而是基于拇指原则做出大致正确的消费决策。二是峰谷内部阶梯定价的引入导致更强的削峰填谷效应，峰时节约的电量更多地在谷时得到消费，导致消费的总电量并未减少。而在纯分时定价下，随着平均价格上升，总电量将显著下降，能起到节约能源的作用。同时，两种场景下的收入弹性均不显著。

表 7 - 10 总电量的价格和收入弹性估计

	全部样本	杭州	上海
对数（价格）	- 0. 289	- 0. 157	- 1. 807 ***
	(- 1. 400)	(- 0. 771)	(- 2. 584)
对数（收入）	- 1. 257	0. 370	0. 036
	(- 0. 106)	(0. 042)	(0. 590)

注：*** 表示在1%的水平上显著。

当然，需要注意的是，此时我们根据价格弹性或收入弹性推论出是否能够节约能源，是估计在既有定价方式下价格进行调整时的效应，而不是定价方式由线性（或其他）方式向分时阶梯或纯分时定价方式转换时能否起到节约能源的效果。大量的证据表明（Barta，2004；Bithas，2008；张昕竹，2011），由传统的线性定价方式向分时阶梯或纯分时定价转换时，确实能起到节约能源的作用。

三 减少补贴

阶梯定价的引入提高了单位电力的价格，如果总电量的价格弹性大于1，提高价格将更快地降低电量使用，总电费将下降，电力公司的居民电费收入将下降。如果总电量的价格弹性小于1，提高价格，增加总电费，电力公司的居民电费收入将上升。

从表 7 - 10 中可以看出，上海的价格弹性大于1，此时电力公司针对居民电力的总收入将下降，而杭州的价格弹性不显著，随着电费的上升，电量使用并不会显著下降，即电力公司总收入将上升。根据《中国能源统计年鉴》，我国居民电力长期边际成本为 1. 03 元/千瓦时，而根据《中国物价年鉴》，城镇居民生活用电价格 0. 52 元/千瓦时，因此，分时阶梯定价下，国家将可以减少电力补贴，同时，由于阶梯定价是递增的，随着电量消费的增加，消费量多的家庭获得的补贴也将减少，也有利于减少交叉补贴。

汇总分时阶梯定价与纯分时定价两种方式下的不同目标实现情况，我们得到表 7 – 11。

表 7 – 11　　　　　　　　居民电价制度的效果比对

	纯分时定价	分时阶梯定价
削峰填谷	可以	可以，更强
节约能源	可以	不能
减少补贴	不能	可以

第六节　结论及政策建议

本章利用杭州与上海的居民用电和问卷调查数据，通过对比分析分时阶梯定价与纯分时定价两种定价系统，利用 Hausman 等（1979）提出的相对需求与绝对需求双层分析模型及位似偏好检验，研究了居民的电力需求特征。我们得出的基本结论是：随着电费额的上升，两种定价下的电费位似偏好具有差异，分时阶梯定价下存在电费的非位似偏好，而纯分时下存在电费的同位似偏好；两种定价下收入位似偏好无差异，无论是在分时阶梯定价下还是在纯分时定价下，均为收入的同位似偏好；两种定价下的居民（平均）价格自弹性与交叉弹性、需求弹性差异较大，分时阶梯定价下的谷时价格能够显著影响峰时电量消费，分时阶梯定价下谷时的收入弹性显著为负；且两种定价下的交叉需求弹性均显著为负，但分时阶梯定价的弹性更大，在分时定价基础上引入阶梯定价后对峰谷转移有更强的促进作用。对于不同收入的家庭，所有家庭在分时阶梯定价下均存在电费的非位似偏好；而中低收入家庭为收入的同位似偏好，但中高收入家庭为收入的非位似偏好。随着收入的提高，峰时电量的价格交叉弹性逐渐变大，分时阶梯定价下的替代弹性逐步减小，但纯分时定价下的替代弹性逐渐增大，分时阶梯定价下的替代弹性更强。

两类定价下对政策目标实现的影响也存在显著差异，纯分时定价可以实现削峰填谷、节约能源等目标；而分时阶梯定价对削峰填谷具有更强的影响，且还可以实现减少补贴的目标。使用双层分析模型得到不同定价系统下的居民电力消费特征，通过对比两种定价系统下的居民消费行为，为本章对于系统评估及对比纯分时定价与分时阶梯定价的实施效果，并进一步改进分时与阶梯定价的设计与实施提供了有力的支撑。基于本章的研究结果，我们提出如下政策建议：

第一，根据消费者的不同特征，进行分类管理。相对需求方程估计显示，在分时阶梯定价下，随着电费、电价的增加，消费者的峰谷消费比例呈现出非位似偏好性质，而两类定价下对不同收入消费者的估计也表明，不同收入家庭的价格弹性差异明显，不同收入家庭的峰谷电量转移比例也存在显著差异，家庭的价格效应和收入效应存在异质性。而目前的阶梯电价设计主要将家庭按照低收入群体、多数用电用户和少数高消费用户划分为三档，分时定价主要考虑发电载荷而分为峰谷两类，但没有很好地考虑用户的异质性特征进行细分管理，所以有必要根据积累的实施经验，根据消费者的异质性特征进行电力消费的差异化分类管理。

第二，探索实施多种定价策略的组合。绝对需求方程估计显示，在分时阶梯定价下，谷时阶梯价格对峰时电量消费有显著影响，而无论是峰时的阶梯价格还是谷时阶梯价格，对谷时电量消费都没有显著影响，即在分时定价体系内部，阶梯定价在峰谷两个时段起到的作用完全不同。居民峰时电量消费对阶梯价格的积极反应说明了价格管理的有效性，但谷时自价格弹性和交叉价格弹性不显著也说明了单一价格手段的不足。因此，在电价体系设计中，可针对峰谷时不同消费特征，采用几种定价组合的方式进行电价设计。如日本东京电力公司，其电价结构为白天峰时采用阶梯定价结构，晚上谷时采用统一定价结构，取得了较好的效果。

第三，采用分阶段动态调整的方式进行电价管理。对不同收入家庭的需求交叉弹性估计显示，分时阶梯定价的替代弹性大于纯分时定价，但随着收入的提高，纯分时定价下峰谷间电量的替代作用逐渐增大，而分时阶梯定价下峰谷间电量的替代作用在减小，两种定价方式下的替代弹性差异在减小。随着居民收入水平的提高，单纯采用某一种电力定价方式，可以用来调节的政策空间可能越来越小，政策制定者可考虑在经济发展的不同阶段，当经济发展或家庭居民收入达到一定水平后，在不同定价方式间进行调整和转换。同时，中国东、中、西部不同地区的居民收入差异很大，用电行为也有所不同，在制定电价时也需考虑不同区域的居民消费特征。

第四，根据所需要实现的目标，选择相应的定价策略。不同的定价方式导致不同的政策结果，分时阶梯定价与纯分时定价对能源节约、减少补贴等目标的影响作用不同，对削峰填谷目标的实现强度不同，二者的组合定价在某些目标上可能是促进加强作用（如削峰填谷），在某些目标上则可能是冲抵减弱作用（如节约能源）。因此，决策机构需要根据实现的政策目标，制定对应的定价策略。比如，可考虑让用户在分时阶梯定价与纯分时定价之间进行选择，但利用政策调节用户的选择行为。

中国阶梯定价与分时定价政策还处于全面实施的初期，围绕多政策目标下追求经济效率、收入再分配、资源节约和环保等目标对效率的影响研究还需继续深化深入，同时，在家庭收入、家庭规模和构成等信息不对称下，如何提升电力定价政策制定和实施的效力也是很值得国内学术界研究的问题。受篇幅限制，本章未就复杂定价下的消费者究竟对哪种类型的价格（如边际或平均价格）反应做出进一步细分，以及根据除收入外的其他因素（如家庭规模与结构、教育程度、家庭电器设备等）对异质性居民的需求反应进行分类估算。这些都是将来后续研究的可能方向。

第八章　递增阶梯定价、收入再分配
效应和效率成本估算

第一节　引言

历经 2004 年在浙江、四川、福建等地的（递增）阶梯电价试点，到 2011 年出台《关于居民生活用电试行阶梯电价的指导意见》，国家价格主管部门明确了实施阶梯电价的基本政策取向。递增阶梯电价于 2012 年 7 月 1 日在除西藏与新疆外的大陆所有地区全面推广实施。递增阶梯电价通过将户均用电量设为若干档次（一般为 2—5 档），对各档依次征收递增的价格，以期诱导居民节约用电、促进收入公平等目标。一般地，实施阶梯定价①旨在权衡实现节约能源、减少补贴、促进公平等多个政策目标。

在改革开放后，国内收入初次分配日益扩大的背景下，如何在公用事业（尤其是资源和能源）和税收等领域调整"收费"及"收税"以调节收入再次分配，促进社会公平公正，成为国家政府、老百姓和学术界不断关注的重点和难点。进入 21 世纪后，这个问题更加迫切。除税收名目和税率科学合理设计、落实"费改税"之外，对公共资源和能源领域的定价体制和机制进行改革，"收费"科学合理化则是另一个可行的手段。公用事业定价问题在公共经济学和规制经济学中已经获得了较为丰硕的成果（Mirrlees，1971，1976；Hausman，1981；Wilson，1993），根据公共经济学中著名的阿特金森—斯蒂格利茨（Atkinson - Stiglitz）定理，效率和收入再分配往往难以兼顾。单一追求经济效率往往会导致社会再

---

① 　以下简称阶梯定价，本章中所称的阶梯定价均是指递增阶梯定价。

分配失效，不平等和不公正问题凸显；追求收入再分配就必须付出一定的效率损失或成本。鉴于此，随着阶梯定价在电力领域的应用，如何在追求多元化目标条件下，探究居民电力消费中阶梯电价的再分配效应和效率损失成为一个具体而又重要的课题，这有利于为未来若干年后阶梯电价政策的评估和完善提供理论指导。此外，国家发改委于 2013 年 12 月和 2014 年 3 月相继宣布将在 2015 年年底全国正式实施居民阶梯水价与阶梯气价，对阶梯电价收入再分配效应和效率损失的先期研究，也对阶梯水价与阶梯气价的效果研究有很强的借鉴意义。

显然，定价原则的多元性直接影响定价方式。公用事业领域的定价过程涉及各利益相关者之间的利益博弈。各博弈方的利益目标不同，价格主管部门也往往同时追求经济效率、成本补偿、公平公正、收入再分配和资源保护等目标（Arbues et al., 2003）。其中成本补偿、公平公正和收入再分配三个目标最受重视（Boland, 1993; Klawitter, 2004），而收入再分配和资源保护目标相对受到冷落，近年来才开始受到重视。

收入再分配效应及其效率损失问题是理论和经验研究都值得关注的问题。在电力阶梯定价领域，对这个问题的实证研究被认为始于 Feldstein（1972）。Feldstein 构建了一个规制者兼顾追求效率与公平的模型，并以此用于估计美国马萨诸塞州的电力消费价格弹性与收入弹性。Maddock 和 Castano（1991）、Whittington（1992）、Rietveld 等（2000）、Pashardes 和 Hajispyrou（2002）、Ziv 等（2006）、Olmstead 等（2007）等研究了递增阶梯定价（Increasing Block Pricing, IBP）与统一定价之间转换时电力需求和电费的变化，并分析了 IBP 对弱势群体的影响。Faruqui（2008）基于美国经济政策环境模拟推断收入转移支付，确定了 IBP 的政策效应及其综合最优性，尤其验证了公平效应。但是，Boland 和 Whittington（2000）、Whittington（2003）对 IBP 批评说："南亚广泛使用的 IBP 政策，并未完成最初设定的诸如帮助穷人等目标。"探究失败背后的原因后，Dahan 和 Nisan（2007）指出，实施阶梯电价，首先要保证低收入家庭基本用电需求得到满足。实现此目标的前提是，低收入家庭是低用电量的使用者，否则家庭人口数较多的低收入家庭比高收入家庭面临更高的阶梯价格。与 Boland 和 Whittington（2000）、Whittington（2003）不同，Borenstein（2008, 2010）发现了阶梯电价对低收入家庭的补贴作用，这个效果大部分源于对高收入家庭征收的高电价，少部分源于对中等收入家庭的电价征收。尽管不少文献关注了 IBP 对各收入阶层消费者的补贴和生活支出等方面的影响，但是，首先采用消费者剩余这个微观经济学基本概念来刻画电力用户状况改变的文献是 Borenstein（2012）。该文献分析了在利润中性前提下定价政策从统一定价转向阶梯定价所引起的消费者剩余的变化。后来，You（2013）使用 Hausman（1981）的等价变化方法，衡量了阶梯电价政策的福利影响。You（2013）研究表明，当社会重视不平等时，三段式、前两段的分段电价较宽且 3 倍累进费率下的递增阶梯定价带来的社会福利最大。另外，还有诸多文献对多个领域的阶梯定价分配效应进行了对比研究。Gibson 和 Price（1986）分别测度和比较了英国天然气与电力的两部制和 IBP 定价下的分配效应。Hancock 和 Price（1996）、Price 和 Hancock（1998）则关注了英国天然气、电信和电力领域 IBP 的固定收费部分变化所带来的分配效应。

　　我国能源需求的变化也推动了国内阶梯定价的研究。杨娟、刘树杰（2010）指出，电价结构设计遵循的基本原则是"预算平衡约束下的社会福利最大化"。曾鸣等（2012）应用二次近似理想需求系统模型，分析了居民阶梯电价给不同家庭带来的福利效应，并基于阶梯电价的公平性提出衡量人口数较多且收入较低的居民家庭的电费补贴标准。张粒子等（2010）、黄海涛（2010）、朱柯丁（2011）、李媛（2012）等分别提出了在不同约束下的阶梯定价设计方案，并分析了阶梯电价对用电量、居民消费支出、消费行为等的影响。

　　通过对国内外阶梯定价研究的梳理可知，国外阶梯定价的实际应用与学术研究均早于国内，早期的国外研究较多从规制者的角度来分析引入阶梯定价后对消费者、生产者及内部不同群体的影响。基于消费者视角并从福利比较角度出发，分析消费者在阶梯定价下消费变化及福利差异的研究在 21 世纪初才逐步开始，并仍处于探索之中，包括福利变化的衡量、家庭福利与社会福利的关系等。同时，国外的阶梯定价实践与国内存在差异，包括消费者是自愿还是强制选择阶梯定价、是否存在固定的接入费、是否嵌入分时定价、计费时段是单月还是双月或季度等，这导致国外阶梯定价的研究结论并不完全适用于我国，需要构建相关理论并结合我国阶梯定价实践进行更有针对性的分析。相比较而言，国内文献研究较为单一，还停留在探讨定价结构设计的原则、标准和影响等方面。尤其缺乏基于国内真实数据的阶梯定价的再分配效应和效率成本研究。即便国外学者也只是基于国外阶梯定价的数据研究了国外阶梯定价再分配效应及为实现该目标所带来的效率成本损失，也未对总效率成本根据其产生的特征进行分类描述及界定，更未基于消费者福利变化视角对中国国内的情况进行研究。

当前的国外研究为本章提供了理论框架与研究视角，而国内研究则为本章提供了相应的政策背景。在两者的基础上结合我国阶梯定价的具体实践，得到本章的研究主题是：基于国内代表性城市（杭州市）的居民用电家庭数据，从消费者福利变化视角研究递增阶梯定价的收入再分配效应及其效率损失，并在此基础上分析中国特殊的嵌入阶梯定价中的分时定价对再分配效应及其效率成本的影响。

第二节 理论模型

为了分析和估算阶梯定价的再分配效应及效率损失，必须选择一个合适的参照点。这里选择统一定价作为比较基准。为此，需要首先关注某电力消费者面临的定价方式由统一定价转为阶梯定价时所致的社会总福利变化。

不失一般性，这里集中考察有两个阶梯的两级阶梯定价。假定电力消费者面对某个两级阶梯定价 $(p_1, p_2; q_1)$[①]，其定价结构为：

$$p_1 = \begin{cases} p_1 & q \leq q_1 \\ p_2 & q > q_1 \end{cases}, \quad p_2 > p_1 \tag{8-1}$$

其中，$q_1 \geq 0$，$p_1 \geq c$。为了简化分析，进一步假定消费者和企业均风险中性，且边际提供成本 $c = 0$。在保持被规制的公用事业中垄断生产企业利润中性条件下，由统一定价换为两级阶梯定价，企业利润和剩余均不变。[②] 此时社会总福利的变化即为消费者剩余的变化，$\Delta SW = \Delta CS$。我

---

① 这是一种最简单的 IBP 设定，可以使用更多阶梯的形式，但并不影响研究结论。

② 此假设与公用事业部门普遍受到利润及利润率规制的现实相符合（Hausman, 1981；Schmalensee, 1989；Wilson, 1993）；同时，此时的社会福利变化体现在消费者福利变化上，有利于集中分析由统一定价转换为阶梯定价时消费者的收入再分配效应及相应的效率成本（Boland and Whittington, 2000；Borenstein, 2012）；在其他研究中，You（2013）等也有类似的研究假设设定。

们分析当需求价格弹性 $e=0$ 与 $e\neq0$ 时的社会福利变化。

当两级阶梯定价下价格弹性为零时，消费者由统一定价向阶梯定价转换时消费量 Q① 保持不变。此时，生产者剩余和利润不变意味着总收益也不变，即有：

$$P_U Q = p_1 q_1 + p_2 (Q - q_1) \qquad\qquad (8-2)$$

进而可得与两级阶梯定价机制（p_1，p_2；q_1）等价的统一定价机制的价格水平为：

$$P_U = p_2 - \frac{(p_2 - p_1) q_1}{Q} \qquad\qquad (8-3)$$

显然，当 $q_1=0$ 时，统一定价水平恰好与两级阶梯定价第二档内的边际价格相等；当 $q_1 \to \infty$ 时，统一定价水平恰好与两级阶梯定价的第一档内的边际价格相等，当然，此时的两级阶梯定价已经退化为十足的统一定价。在需求价格弹性为零的情况下，由统一定价过渡为阶梯定价所致的社会福利变化 ΔSW，如图 8-1（a）所示。

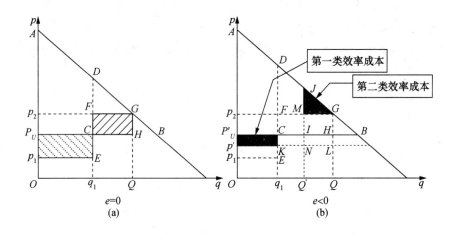

图 8-1 第一类和第二类效率成本：福利变化

如图 8-1（a）所示，当该消费者面临统一定价时，消费者剩余为 $AP_U HG$。当其改为面临两级阶梯定价的情况下，消费最初的 q_1 量时的剩

---

① 当 $Q < q_1$ 时，消费者仍然面临的仍然是统一定价，此时无论弹性为何，在利润中性的假设下，福利不变；当 $Q > q_1$ 时消费者面临阶梯定价，下同。

余为 Ap_1ED，而消费其余 $Q - q_1 > 0$ 所带来的消费者剩余为 DFG。即在两级阶梯定价结构下，消费者剩余总和为 $Ap_1ED + DFG$。因此，由统一定价转向两级阶梯定价所致的社会福利变化 $\Delta SW = \Delta CS = Ap_1ED + DFG - AP_UHG = P_Up_1EC - HCFG$。根据等量关系式 $S_{P_Up_1EC} = (P_U - p_1)q_1$，$S_{HCFG} = (p_2 - P_U)(Q - q_1)$，以及式（8-2），即可得到：

$$S_{P_Up_1EC} = S_{HCFG} \tag{8-4}$$

此式说明，在价格弹性为零的情况下，由统一定价转向两级阶梯定价并不会导致社会福利损失。

类似地，分析两级阶梯定价下价格弹性 $e < 0$ 的现实情形。此时，如果消费者所面临的价格机制由统一定价换为两级阶梯定价，该消费者的电力消费量将由原来的 Q 减至 $Q' < Q$。与上述情形分析类似，由生产者总收益不变，即 $P'_UQ = p_1q_1 + p_2(Q' - q_1)$，得到与两级阶梯定价机制（$p_1$，$p_2$；$q_1$）等价的统一定价机制的价格水平为：

$$P'_U = \frac{p_2Q' - (p_2 - p_1)q_1}{Q} \tag{8-5}$$

两级阶梯定价下弹性为负情形下定价机制变换所致的社会福利变化如图 8-1（b）所示。如果消费者在统一价格水平 p'_U 下保持消费 Q 不变，此时消费者剩余为 Ap'_ULG。当其改为面临两级阶梯定价时，消费最初的 q_1 量时的剩余仍为 Ap_1ED，消费其余 $Q' - q_1 > 0$ 所带来的消费者剩余为 $DFMJ$。即两级阶梯定价下消费者剩余总和为 $Ap_1ED + DFMJ$。注意：此时仍保持生产者剩余不变，即生产者剩余的变化为零。因此，由统一定价转向阶梯定价所致的福利变化等式：

$$\begin{aligned}
\Delta SW &= \Delta CS = P'_Up_1EK - KFMN - NJGL \\
&= (P_Up_1EC - P_UP'_UKC) - (KFGL + GMJ)
\end{aligned} \tag{8-6}$$

结合式（8-5），直接可得：

$$\begin{aligned}
\Delta SW &= \Delta CS = -(P'_UP_UKC + GMJ) \\
&= -\left\{(P_U - p')q_1 + \int_{Q'}^{Q}[P(q) - p_2]\mathrm{d}q\right\} \\
&= -\left\{\frac{p_2\Delta Q}{Q} + \int_{Q'}^{Q}[p(q) - p_2]\mathrm{d}q\right\}
\end{aligned} \tag{8-7}$$

其中，$P(q)$ 为消费者的反需求曲线。式（8-7）刻画了在价格弹性为负的一般情况下，定价方式由统一定价转移为阶梯定价所致的福利损失。这种福利损失来自两部分（Burtless and Hausman，1978；Boren-stein，2012）：一部分是在给定总电量的情况下，消费者内部自身的资源误配，这源于消费者在两级阶梯定价下面对的是异质性价格，而非统一定价下不变的边际价格，即由异质性误差带来的福利损失，如图 8 - 1 中的长方形阴影①所示，亦称为第一类效率成本；另一部分是电量消费总量的无效率，即消费者并不是在阶梯定价中边际价格等于边际成本处选择最优消费量，这是由于计量误差和用户消费选择偏离最优行为所产生的误差导致的福利损失，如图 8 - 1 所示中的三角形阴影所示，被称为第二类效率成本。实证研究阶梯定价效应的双误差离散连续选择模型中的双误差项正是对这两类误差的刻画（Hausman，1985；Hanemann，1995；Waldman，2000，2005）。

较之于统一定价，在阶梯定价机制下，消费者在不同阶梯内消费同样数量的电量所支付的价格存在差异。递增阶梯定价下消费数量越多，所需支付的单价越高，而不同收入家庭的电力消费可能存在差异，如低收入家庭的电力消费较少，或低收入家庭由于人口较多反而消费数量更多（Boland and Whittington，2000；Whittington，2003）。因此，通过对同样单位的资源在不同消费阶段制定累进的价格，政府可以通过对资源采用递增阶梯定价的方式进行初次分配后的收入再调整，使高消费量的家庭消费一单位的资源付出更高的（平均或边际）价格，而低消费量的家庭在消费同样一单位资源时付出较低的价格，进而调整不同家庭之间的收入差距，对全社会的收入公平产生影响。当电力定价形式由统一定价转换为阶梯定价时，不同收入家庭阶梯定价与统一定价下各自的电费支出额之差即为收入再分配效应的数值。一个促进公平、有效的阶梯定价再分配效应表现为：当由统一定价转向阶梯定价后，随着收入的增加，电费支出的增加额（或减少额）随着收入的增加而增加（或减少），或呈现出低（或低与中）等收入家庭的电费支出减少，而中与高（或高）收入家庭的电费支出增加。

式（8 - 7）及图 8 - 1 表明，相对于统一电价而言，递增阶梯电价能促进收入再分配，但也损失了统一定价的效率目标（Hausman，1981；

---

① 在多级（$n \geqslant 3$）阶梯定价下，是位于 P_U 下方的（多个）长方形面积与位于 P_U 上方的（多个）长方形面积之差。

Borenstein，2012），公平和效率目标难以兼顾（Atkinson and Stiglitz，1976）。式（8－7）中的两部分社会福利损失值，即阶梯定价政策通过影响价格和电量变化带来的效率成本损失。由统一定价转换为阶梯定价时，在生产者剩余保持不变的情况下，福利损失即效率成本体现为消费者福利的变化。因此，此时总效率成本体现为不同类型的收入家庭再分配效应的总和，不同收入家庭通过承担不同份额的效率成本来体现阶梯定价对各自初次分配调整的影响，即收入再分配效应。当然，在递增阶梯定价下，低（甚至中等）收入家庭也可能获取福利得益，而让中与高（或高）收入家庭承担更高的效率成本。也就是说，效率成本关注的是阶梯定价对社会中所有收入家庭带来的福利总损失，而收入再分配效应关注的是福利总损失在不同收入家庭间的分配。

第三节 数据说明

为估算阶梯定价下收入再分配效应所致的效率损失成本，后续部分将基于理论模型构建实证估计方程进行分析，本部分首先对将要用到的微观数据作简要说明。本章使用的数据源于国家电网以及当地抽样调查数据，样本期从 2009 年 1 月到 2011 年 12 月，共计 36 个月。在样本期内，作为阶梯电价试点地区，杭州已经实施三级阶梯电价，同时还嵌套实行了峰谷分时电价。虽然杭州实行的是分时阶梯定价，而非纯阶梯定价，但在每一个分时内部，为纯阶梯定价，在不考虑分时定价峰谷替代效应的基础上，本章的研究结论对完全的纯阶梯定价仍然成立。杭州的电价结构如表8－1所示。

表8－1 杭州分时三级阶梯电价结构

分档数	电量（千瓦时）	峰时电价（8—22 时）（元）	谷时电价（22 时至次日 8 时）（元）
1	0—50	0.568	0.288
2	51—200	0.598	0.318
3	201 以上	0.668	0.388

资料来源：国家电网。

本章使用的数据来自笔者课题组与国家电网的联合调查，首先通过国家电网数据库随机选择250户杭州市用电家庭，然后通过邮寄调查问卷的方式对居民收入状况、家庭特征、家用电器设备等进行调查，再通过对问卷调查所得的家庭信息与国家电网数据库中的用电量及电费数据进行匹配。问卷共计回收132份，本章主要使用电量、电费及收入数据，剔除收入数据缺失家庭样本，得到有效家庭数为119户，本章中的家庭收入信息为一次调查完成，而用电信息为2009—2011年3年的分月数据。因此，再剔除电网数据库中丢失的12个电量数据，我们将匹配的每月家庭电量及家庭收入特征作为一个样本，共得到4262个有效样本。

需要说明的是，虽然总体样本较大，但用户数相对较少，却是国内目前最为完整的数据，且与国外同类研究相比，达到了相类似的样本量（Hausman et al.，1979；Pashardes et al.，2002；Olmstead et al.，2007；You，2013）。调查问卷将杭州市居民的家庭月度收入归为三档，样本的电量及收入信息基本统计量如表8-2所示。

表8-2　　　　　　　　　电量及收入信息基本统计量

	变量名	平均值	标准差	最小值	最大值
电量（千瓦时）	峰时用电量	116.912	76.573	2.448	643.098
	谷时用电量	103.238	70.469	0.365	701.176
	总用电量	220.150	130.499	9.436	1258.078
收入（元）	收入<8000元	0.537	0.499	0	1
	收入8000—15000元	0.370	0.483	0	1
	收入>15000元	0.093	0.290	0	1

资料来源：笔者根据国家电网和问卷调查数据整理。

对于每一收入档次内的家庭用电基本情况如表8-3所示。

从表8-3中可以看出，用户数占比与用电量占比之间的差异为1.31%—3%，不同收入家庭之间的用电量差异明显。随着收入增加，用电总量逐渐增加，但高收入家庭在谷时的用电量小于中等收入人群。在阶梯定价下，用电更多的高收入家庭承担了更多的电力成本，电费随着用电量的上升呈加速上升趋势，总体上看，可初步判断阶梯定价起到了调节收入、促进公平的作用。

表 8 - 3 　　　　　　　　　**杭州市分收入居民用电总体特征**

收入区间	用户数占比 （%）	用电量占比 （%）	峰时用电量 （千瓦时）	谷时用电量 （千瓦时）	总电量 （千瓦时）	电费 （元）
<8000 元	53.70	50.70	109.366	98.355	207.721	94.69
收入 8000— 15000 元	37.00	38.69	120.865	109.506	230.371	105.48
收入 >15000 元	9.30	10.61	144.816	106.535	251.351	119.29

第四节　效率成本估计：静态分析

应用第二部分所构建的理论模型，对不同收入家庭的再分配效应及阶梯定价的效率成本进行估计。具体而言，通过构建由统一定价向阶梯定价转换的场景，基于理论模型分析中得出的式（8－7），计算出由统一定价转换到阶梯定价后效率成本的数值，并按照式（8－7）的结构将总效率成本分解为第一类与第二类效率成本。同时，根据统一定价与阶梯定价两种场景下不同收入家庭的电费支出变化，分析得出阶梯定价对不同收入家庭的再分配效应的数值。

本部分将对效率成本进行静态估计，得出 2009—2011 年 3 年间平均的效率成本及其结构特征。通过计算出 3 年的平均效率成本、分解出的两类效率成本的数值，以及高收入、中收入、低收入家庭 3 年平均的收入再分配效应值，以分析阶梯定价收入再分配效应的绝对强度大小，以及不同收入家庭的福利得益或损失值。并在此基础上估计出整个杭州市的社会总效率成本，以及总效率成本占总电费额与杭州市 GDP 的比例，从而估计效率成本与收入再分配效应的相对强度大小。

一　反事实场景的构建

浙江省自 2004 年开始进行阶梯定价试点，基于前面所构建的理论模型，我们若比较统一定价方式转换为阶梯定价方式时社会福利的变化，就需要构建浙江省实施统一定价的反事实场景。

在保持电力公司电费总收入不变的条件下，我们需要根据电力需求弹性测算出统一定价机制的价格水平。我们仍然区分峰时与谷时分时定价。[①] 对于能源价格长期需求价格弹性的计算，由于采用方法与数据的差异，不同学者计算的结果不同。Qi 等（2009）计算出中国居民用电需求价格弹性 e 为 -0.16，而李虹等（2011）指出，城镇居民会综合考虑电费与舒适度，具有一定的弹性，将 -0.36 作为城镇居民生活用电需求价格弹性基准值。

考虑到样本选取杭州市城市居民，根据李虹等（2011）的研究，城市不同收入层次的家庭电力需求弹性存在差异，即不同阶层带来的消费习惯会影响需求价格弹性。城镇居民生活用电需求价格弹性在 -0.036—-0.01。总体来说，收入增加，弹性会增加，但当收入较高时，又会对价格变化不太敏感，中等收入价格弹性最大。李虹等（2011）将中国城镇居民收入分为 7 档，分别设定不同的需求弹性，根据《杭州统计年鉴》（2012），2011 年杭州市区城镇居民家庭中 20% 最高收入户的家庭总收入为 77257.4 元，因此，我们将调查中的 3 档家庭与 7 档家庭收入分组对应，取得不同收入家庭的弹性。

表 8 - 4　　　　　　　　　　不同收入类型家庭需求弹性表

城镇家庭收入分组	困难	低收入	较低收入	中等收入	较高收入	高收入	最高收入
需求弹性	0.06	0.16	0.26	0.36	0.31	0.26	0.21
收入区间（元）	—	0—8000		8000—15000		>15000	
需求弹性	—	0.16		0.335		0.235	

因此，我们取所有家庭的需求弹性 $e=0$ 作为分析的基准，并分所有人群弹性相同和不同家庭具有不同弹性的两种情况进行分析。当所有家庭的弹性均相同时，我们设定弹性依次为 $e=0.1$、$e=0.16$、$e=0.26$ 和 $e=0.364$ 四种情景，当不同家庭具有不同弹性时，我们将收入由低到高的三种家庭的弹性分别为 0.16、0.335、0.235。由式（8 - 6）可求出统一定价下的电力价格，在此基础上，我们分析在不同价格弹性下居民的

---

① 在不区分峰谷条件下，电力公司总收入不变的统一定价价格也可以用类似方法求得。

福利变化，即阶梯定价的收入再分配效应。同时，也将分析所有家庭由统一定价转向阶梯定价后的社会福利损失，即收入再分配效应的社会总效率成本。

需要说明的是，与大多数研究类似，本章假设家庭对其所处阶梯定价中的最后一个阶梯的边际价格反应（Borenstein，2012；You，2013）。在复杂定价下，家庭对何种价格反应，是阶梯定价下的研究难点和热点。泰勒（1975）指出，家庭在非线性定价下不会只对单一价格（无论是平均的还是边际的）做出响应，家庭究竟是对最高阶梯的边际价格反应，还是对邻近阶梯的加权边际价格反应，还是对平均价格反应，Borenstein（2009）和 Ito（2012）做出了不同的回答。但无论如何，家庭面对的最高阶梯边际价格对家庭的决策有极其重要的影响。而表 8－3 的描述性分析数据也表明，三类家庭的峰谷电力消费大部分均处于阶梯价格的第二档，这也降低了不同类型价格反应间的差异。

二 家庭效率成本的估计

利用构建的反事实场景，我们计算出在不同价格弹性下不同收入家庭的福利变化，以及所有家庭的总福利损失，即收入再分配的效率成本。根据式（8－7），将效率成本分解为两类：电量一定下异质性误差带来的效率成本，即第一类效率成本；电量消费选择偏离最优量导致的效率成本，即第二类效率成本，结果如表 8－5 所示。

表 8 –5　　　　　　　　　阶梯定价下收入再分配效率成本值

	用户数比例（%）	$e=0$	$e=0.1$	$e=0.16$	$e=0.26$	$e=0.36$	$e=0.16/$ $0.335/$ 0.235
<8000 元	53.7	0.309	0.134	0.030	－ 0.143	－ 0.316	0.030
8000—15000 元	37.0	－ 0.246	－ 0.440	－ 0.556	－ 0.748	－ 0.939	－ 0.892
>15000 元	9.3	－ 0.808	－ 1.015	－ 1.139	－ 1.345	－ 1.551	－ 1.294
总效率成本（元）	—	0.000	0.185	0.295	0.479	0.661	0.434
第一类效率成本（%）	—	—	0.085	0.136	0.220	0.304	0.123
第二类效率成本（%）	—	—	0.100	0.160	0.259	0.358	0.311

可以看到，在不同的弹性下，不同类型用户的家庭福利变化不一致。

当弹性较小时，低收入家庭的电费支出可能下降，家庭福利好转，而中、高收入家庭的电费支出上升，家庭福利损失，阶梯定价方式对不同收入家庭的影响产生了不同效果；随着弹性的增大，不同收入家庭的电费支出均可能上升，阶梯定价带来的效率损失在所有家庭中都可体现，但其幅度不一，低收入家庭的福利损失下降最小，而高收入家庭的福利损失下降最多；且在不同收入家庭具有不同弹性的假设（e = 0.16/0.335/0.235）下，低收入家庭的福利好转，中、高等收入家庭的福利下降，阶梯定价起到明显的收入再分配效应；同时，随着价格弹性的增大，社会总收益的效率损失越多，福利损失总量就越大，资源配置的效率成本在不同家庭间进行了再分配。

在收入再分配的效率值基础上，我们用不同家庭的福利变化占其总电费支出比表示福利变化的比例。不同弹性假设下各类家庭的福利变化比例及两类效率成本在总效率成本中的比例，如表8-6所示。

表8-6　　　　　　阶梯定价下收入再分配效率成本占总电费比例

	用户数比例(%)	e = 0	e = 0.1	e = 0.16	e = 0.26	e = 0.36	e = 0.16/0.335/0.235
<8000 元	53.7	0.33	0.14	0.03	-0.15	-0.33	0.03
8000—15000 元	37.0	-0.23	-0.42	-0.53	-0.71	-0.89	-0.85
>15000 元	9.3	-0.68	-0.85	-0.96	-1.13	-1.30	-1.08
第一类效率成本（%）	—	45.12	—	—	—	—	—
第二类效率成本（%）	—	54.88	—	—	—	—	—

表8-6显示，无论在何种弹性下，低收入家庭的福利提升或高收入家庭的福利损失占家庭电费的比值均较低，在0—1.3%。这是由于现行居民电价远低于供电成本，电费支出占居民总收入的比例有限，加之居民长期享受电力补贴，大多数居民对电费变化并不敏感造成的。但随着收入的上升，阶梯定价的福利影响逐渐变大，这也符合阶梯定价的制定原则，即通过调节更多高收入家庭的电费支出来调节福利变化。同时，随着弹性的变大，福利损失所占比例也逐渐上升，较强的弹性加大了调节收入再分配的作用。两类效率成本所占的比例差异不大，第二类效率

成本所占比例稍高，即家庭在复杂定价下对最优电量的选择存在更大的误差，同时也会导致更大的福利损失。

三　社会总效率成本的估计

根据《杭州统计年鉴》，2009—2011 年，杭州市家庭总户数平均为 216.68 万户，在表 8-5 的基础上，我们计算出杭州市实施阶梯定价后的总福利损失，即总效率成本。

表 8-7　　　　　　　　　杭州市阶梯定价的总效率成本

	家庭数占比(%)	e = 0	e = -0.1	e = -0.16	e = -0.26	e = -0.36	e = 0.16/ 0.335/ 0.235
<8000 元	53.7	35.954	15.650	3.500	-16.674	-36.754	3.500
8000—15000 元	37.0	-19.724	-35.250	-44.540	-59.966	-75.320	-71.488
>15000 元	9.3	-16.277	-20.456	-22.958	-27.113	-31.249	-26.076
月社会总效率成本（万元）	—	0	40.056	63.998	103.752	143.323	94.064
总损失与低收入家庭福利得益比	—	—	2.560	18.284	—	—	26.873
占总电费比例（%）	—	0	0.18	0.29	0.47	0.66	0.43
低收入家庭福利损失[1]占比（%）	—	—	-39.07	-5.47	16.07	25.64	-3.72
中等收入家庭福利损失占比（%）	—	—	88.00	69.60	57.80	52.55	76.00
高收入家庭福利损失占比（%）	—	—	51.07	35.87	26.13	21.80	27.72

表 8-7 显示，在价格弹性不等于 0 的情况下，杭州市每月的总效率成本在 40 万—144 万元，在不同收入家庭弹性差异估计的基础上，福利

---

[1]　对于单个或单类家庭，阶梯定价可能带来福利改善，即效率成本为负值，在含义上福利损失与效率成本一致，对于社会总福利损失我们使用效率成本来描述，这更能明确社会总福利损失是由阶梯定价追求再分配功能导致效率下降而带来的。

损失接近 100 万元，每年接近 1200 万元。占总电费的比例在 0.18%—0.66%。低收入家庭在弹性较低时存在收入转移的福利得益，但这是以其他家庭大量的福利损失为代价的。表 8－7 显示，随着弹性的增加，社会总的福利损失与低收入家庭的福利得益比迅速扩大，即收入转移的成本快速增长。

不同收入家庭的福利损失占比差异巨大。总体上看，中高收入家庭的福利损失占比超过其占总人口的比例，而随着弹性的增加，低收入家庭由福利得益转为福利损失且损失比例加大，这与低收入家庭本身的价格弹性较低且大部分需求是刚性需求的现实一致。

更进一步地，我们将分析分时定价与阶梯定价镶嵌情形下的社会总效率成本。分时定价下的峰谷之间会存在电量的转移，但由于峰时价格相对较高，故其电量消费的可转移性下降，使峰时价格弹性减弱，而谷时价格弹性增强。结合不同收入类型的分类和表 8－4，我们估算出峰时低、中、高收入家庭的价格弹性为 0.06/0.31/0.21，谷时低、中、高收入家庭的价格弹性为 0.16/0.36/0.26 时的社会总效率成本值，如表8－8和表8－9所示。

表 8－8　　　　　　　峰谷时段不同弹性下的户均福利损失估计

	峰时福利损失	谷时福利损失	总福利损失
＜8000 元	0.121	－ 0.015	0.106
8000—15000 元	－ 0.328	－ 0.570	－ 0.897
＞15000 元	－ 0.913	－ 0.382	－ 1.295
月平均福利损失（元）	－ 0.373	－ 0.322	－ 0.695
低收入家庭福利损失占比（%）	－ 10.84	1.55	－ 5.10
中等收入家庭福利损失占比（%）	29.27	58.96	43.02
高收入家庭福利损失占比（%）	81.57	39.49	62.08

表 8－8 显示，峰时的阶梯定价使低收入家庭获得了福利提升，而谷时阶梯定价并未带给低收入家庭福利的改善，总时段内低收入家庭的福利得以提升。而在峰时内，与收入再分配的公平原则一致，高收入家庭的福利损失最大，中等收入家庭其次；但在谷时内，由于高收入家庭的

谷时电量消费减少，中等收入家庭的人均福利损失最大，接近超过高收入家庭的30%。总体来说，三类收入家庭的福利损失占比与其收入较为一致，低收入家庭福利提升，中等收入家庭的福利损失没有高收入家庭的损失大。杭州市低收入家庭每年的福利损失为1.28元，中等收入家庭及高收入家庭每年的福利损失分别是10.77元、15.54元。

表 8 - 9　　　　　　　峰谷时段不同弹性下的社会总效率成本估计

	用户占比（%）	峰时福利损失（元）	谷时福利损失（元）	总福利损失（元）
<8000 元	53.70	14.128	-1.740	12.389
8000—15000 元	37.00	-26.282	-45.672	-71.955
>15000 元	9.30	-18.408	-7.689	-26.097
月总社会效率成本（万元）	—	-30.563	-55.101	-85.664
占总电费比例（%）	—	0.14	0.25	0.20
低收入家庭福利损失占比（%）	—	-46.23	3.16	-14.46
中等收入家庭福利损失占比（%）	—	85.99	82.89	84.00
高收入福利损失占比（%）	—	60.23	13.95	30.46
第一类效率成本百分比（%）	—	41.13	47.48	45.22
第二类效率成本百分比（%）	—	58.87	52.52	54.78

由表8-9可以看到，由于中等收入家庭的数量较高收入家庭多，因此，无论在峰时还是在谷时，杭州市中等收入家庭的总福利损失比例及金额均为最多。峰时与谷时相比，由于谷时总体弹性较大，谷时的总福利损失额更大。谷时的福利损失占电费的比例也较大，但总体上看，福利损失占总电费的比例维持在0.20%左右的较低水平。另外，在两个时段内，均是第一类效率成本的比例小于第二类，但峰时的第一类效率成本占比更小，消费者在峰时电量一定的情况下内部的资源配置更好，但对总电费的最优消费额的误差导致的损失比例更大。另外，虽然单个家庭的年效率成本额并不大，但杭州市所有家庭一年的总效率成本达到

1027.96 万元①，占杭州市 GDP 的 0.002%。②

第五节　效率成本估计：动态分析

随着阶梯定价方案实施的深入，消费者对阶梯定价这一复杂非线性定价方式的认识将可能发生变化，由此在不同年份呈现出不同的电力消费特征，导致收入再分配效应与效率成本在不同年份间存在差异，并可能呈现出一定的变化趋势。

本部分将对效率成本进行动态估计，得出 2009—2011 年 3 年间分年的效率成本及其结构特征。通过计算出分年动态变化的效率成本数值，以及高、中、低三类收入家庭分年的收入再分配效应值，来分析阶梯定价逐步实施过程中家庭与社会效率成本、不同收入家庭再分配效应的变化趋势，以更好地评估阶梯定价政策的实施效果，并对阶梯定价政策进行修正。同时，针对我国特殊的阶梯定价实践，分析阶梯定价中嵌入分时定价对效率成本的动态影响，能否更好地实现阶梯定价的政策目标。

一　效率成本的动态变化

利用杭州市 2009—2011 年的年度数据，分析随着阶梯电价实施的深入和消费者对阶梯电价的认识和理解的逐步加深，阶梯定价收入再分配效应以及不同收入类型家庭的福利变化情况。2009—2011 年效率成本的

---

① 我们计算的社会福利损失是杭州市所有家庭福利损失的简单线性加总，我们也可以使用阿特金森测量来对个体福利加总到社会福利。通过引入不平等厌恶程度系数，社会福利为 $W = \frac{1}{N}\sum_{i=1}^{N} u\ (y_i)$。其中，$u(y_i)$ 是家庭收入为 y_i 时的效用函数，即个人福利。定义 ρ 为不平等的厌恶系数，个体效用函数为 $u(y_i) = \frac{y_i^{1-\rho}}{1-\rho}$（当 $\rho \neq 1$ 时），否则 $u(y_i) = \ln(y_i)$，$\frac{\partial W}{\partial y_i} = \frac{y_i^{1-\rho}}{N} > 0$，且 $\frac{\partial^2 W}{\partial y_i^2} = -\rho \frac{y_i^{-\rho-1}}{N} < 0$，即社会福利随着收入的增加而增加，但收入越高，增加速度变慢；一个社会越重视不平等，就越关注改善穷人的福利。简单的个体福利加总为社会福利即 $\rho = 0$ 时的情形，而当 $\rho = \infty$ 时，即为罗尔斯主义最大化社会福利函数。通常 ρ 介于 0—2，$\rho \neq 0$ 时的计算也不会影响本文的研究结论，但 $\rho \neq 0$ 时的社会福利不能用货币表示。

② 这是我们仅考虑电力消费所占的比例，如果考虑水、气、供热、垃圾、公交等其他可能实施阶梯定价的公用事业福利效应，占比会持续上升。

变化如表 8 – 10 所示。①

表 8 – 10 　　　　　　　　杭州市家庭效率成本分年动态变化

	福利损失	2009 年	2010 年	2011 年
人均	<8000 元	– 0.068	– 0.009	0.185
	8000—15000 元	– 0.934	– 0.932	– 0.711
	>15000 元	– 1.186	– 0.666	– 1.952
	月均福利损失（元）	– 0.730	– 0.536	– 0.826
	低收入家庭福利损失占比（%）	3.13	0.56	– 7.47
	中等收入家庭福利损失占比（%）	42.69	58.01	28.69
	高收入家庭福利损失占比（%）	54.18	41.42	78.78
总计	<8000 元	– 7.924	– 1.052	21.663
	8000—15000 元	– 74.187	– 74.633	– 57.519
	>15000 元	– 23.892	– 13.318	– 39.490
	月总福利损失（万元）	– 106.003	– 89.004	– 75.346
	占总电费比例（%）	0.53	0.40	0.32
	低收入家庭福利损失占比（%）	7.48	1.18	– 28.75
	中等收入家庭福利损失占比（%）	69.99	83.85	76.34
	高收入家庭福利损失占比（%）	22.54	14.96	52.41
	第一类效率成本百分比（%）	48.77	44.65	42.49
	第二类效率成本百分比（%）	51.23	55.35	57.51

　　由表 8 – 10 可得，随着用电量的上升，由统一定价转为阶梯定价后，低收入家庭逐渐由较小的福利损失转变为福利提升，高收入家庭的福利损失更大，且在总福利损失中所占比例上升，而中等收入家庭的福利损失变化不大。即随着阶梯定价的深入实施和消费者对复杂定价的理解，阶梯定价的收入再分配效应得到加强。

　　同时，随着阶梯定价政策的深入实施和用电量的增加，在杭州市家庭总量有所上升的条件下，社会福利损失的总量由 2009 年的 1272 万元下降到 2011 年的 904 万元，占总电费的比例也在下降，这说明随着阶梯定

① 限于篇幅，仅在表 8 – 10 及表 8 – 11 中列出由表 8 – 4 中构建的三类家庭价格弹性分别为 $e = 0.16/0.335/0.235$ 场景下的效率成本。

价实施的深入，消费者对于阶梯定价的认知越来越正确，决策得到进一步优化。同时，社会总成本效率值也逐渐由低收入家庭和中等收入家庭向高收入家庭转移，高收入家庭承担了更多的效率成本。阶梯定价政策的再分配效应在总量和结构上都得到了优化。

从福利损失占比看，第一类福利损失的比例在下降，第二类福利损失的比例在上升，说明消费者自身资源内部配置上得到优化，而在复杂定价下的消费总量优化能力需要进一步提升，总体上看，第二类福利损失的比例大于第一类福利损失。

根据 2012 年《中国能源统计年鉴》与《中国物价年鉴》，我国居民电力长期边际成本为 1.03 元/千瓦，而全国城镇居民生活用电平均价格为 0.52 元/千瓦，边际成本大大高于电价，电价补贴较多，因此，中高收入家庭对电力的较多消费也是一种转移补贴和隐性收入。由统一定价转移到阶梯电价后对电量的节约也间接地起到了收入再分配的作用。根据《杭州统计年鉴》，杭州市电量年增长率在实施阶梯定价前保持在 15% 以上，而使用后则下降到 6%—12%。同时，递增的阶梯价格也减少了高收入家庭的电费补贴额。

二　分时定价对阶梯定价再分配效应效率成本的动态影响

早在 1980 年，我国就开始了电力行业的分时定价试点，到 2002 年，全国普遍实行了分时电价制度。2013 年 12 月底，国家发改委出台了《关于完善居民阶梯电价制度的通知》，明确提出要在 2015 年年底前，在全国范围内制定并颁布居民用电峰谷电价政策，全面推行居民用电中峰谷与阶梯相结合的混合定价方式。

在对阶梯定价再分配效应的效率成本估计的基础上，考虑到杭州实施的是分时定价与阶梯定价镶嵌的复合定价政策，我们将进一步分析分时定价对效率成本的影响。根据分时定价的理论与政策分析，分时定价具备调节峰谷电量的功能，但并不具备再分配效应的功能，那么嵌入阶梯定价中的分时定价对再分配效应是阻碍还是促进呢？具体的分析结果如表 8–11 所示。

由三年间峰谷电量的变化可知，2009 年及 2010 年，中等收入家庭的谷时电量均超过高收入家庭，导致谷时高收入家庭的福利损失小于中等收入家庭，虽然峰时高收入家庭的福利损失高于中等收入家庭，但仍导致 2010 年中等收入家庭的峰谷总福利损失大于高收入家庭，这与收入越

表 8 - 11　　　　　　　　　　杭州市家庭效率成本分时变化

		峰时				谷时			
		2009 年	2010 年	2011 年	平均	2009 年	2010 年	2011 年	平均
电量	<8000 元	101.7	111.7	114.6	109.4	93.2	100.2	101.6	98.4
	8000—15000 元	109.3	123.6	129.5	120.9	100.6	110.6	117.3	109.5
	>15000 元	135.0	139.5	160.0	144.8	97.3	102.1	120.2	106.5
人均	<8000 元	0.0	0.0	0.1	0.0	-0.1	0.0	0.1	0.0
	8000—15000 元	-0.4	-0.4	-0.2	-0.3	-0.5	-0.5	-0.5	-0.5
	>15000 元	-0.9	-0.6	-1.3	-0.9	-0.3	-0.1	-0.7	-0.4
	月平均福利损失(元)	-0.4	-0.3	-0.5	-0.4	-0.3	-0.2	-0.4	-0.3
	低收入家庭福利损失占比（%）	-0.2	-3.4	-7.5	-3.6	8.1	6.3	-7.4	1.6
	中等收入家庭福利损失占比（%）	29.8	40.9	16.4	28.1	62.0	83.0	44.6	59.5
	高收入家庭福利损失占比（%）	70.4	62.4	91.1	75.6	29.9	10.8	62.9	38.9
总计	<8000 元	0.3	3.7	12.2	5.2	-8.3	-4.8	9.3	-1.7
	8000—15000 元	-31.2	-31.3	-18.4	-28.0	-43.4	-43.4	-38.7	-43.5
	>15000 元	-18.7	-11.9	-25.6	-18.9	-5.3	-1.4	-13.6	-7.2
	月社会福利损失（万元）	-49.7	-39.5	-31.8	-41.6	-57.0	-49.6	-43.0	-52.4
	占总电费比例（%）	0.2	0.2	0.1	0.2	0.3	0.2	0.2	0.2
	低收入家庭福利损失占比（%）	-0.6	-9.4	-38.4	-12.6	14.5	9.6	-21.6	3.3
	中等收入家庭福利损失占比（%）	62.9	79.2	57.9	67.2	76.2	87.5	89.9	83.0
	高收入家庭福利损失占比（%）	37.7	30.2	80.4	45.4	9.3	2.8	31.7	13.7
	第一类福利损失百分比（%）	45.9	41.4	39.4	42.0	51.3	47.2	44.8	47.6
总计	第二类福利损失百分比（%）	54.1	58.6	60.6	58.0	48.7	52.8	55.2	52.4
	峰谷福利损失占比（%）	46.5	44.3	42.5	44.3	53.5	55.7	57.5	55.7

高的阶层应承担更多效率成本的原则不符。

由表8-11可知，总效率成本中，谷时效率成本更大。从比例上看，三年内峰时效率成本占比均小于50%，且随着分时阶梯定价的深入，峰时福利损失占比由2009年的46%下降到42%。同时，在峰时电量大于谷时的情况下，谷时福利损失总量也大于峰时，且谷时效率成本占电费的比例也更高。这可能是因为，分时定价下峰时的电量转移到了谷时，这同时也导致谷时的效率成本加大。

峰谷分时定价阻碍了收入再分配效应的深化。2009—2010年，高收入家庭的谷时电量消费低于中等收入家庭，导致中等收入家庭而不是最高收入家庭在谷时的福利损失最大。甚至出现了在某些场景中高收入家庭的福利损失小于低收入家庭，福利得益高于低收入家庭[1]，这违背了再分配趋于公平的原则，谷时阶梯定价的再分配效果受到严重影响。如果我们考虑不同收入家庭在峰谷间差异化的弹性[2]，如表8-8所示，我们发现，分时定价下谷时的单个中等收入家庭的福利损失比高收入家庭要多32.9%，这削弱了再分配的公平效应。

同时，峰谷定价下，最高档的谷时阶梯定价价格仍将可能低于纯统一定价的价格，这将可能导致由统一定价转向分时阶梯定价时，谷时用电量不会下降，反而会上升，这很好地起到了削峰填谷、提高发电利用效率的目的，但在电力价格存在大量补贴的情况下，对促进公平的收入再分配效应起到了阻碍作用。

---

　　① 如2010年当e＝0.26时，高收入家庭的谷时福利损失小于低收入家庭的谷时福利损失，原因在于虽然高收入家庭谷时电量消费仍然稍高于低收入家庭，但高收入家庭的谷时电量较低收入家庭更为分散，高收入家庭谷时电量位于第一阶梯内的占比为17.4%，而低收入家庭谷时电量位于第一阶梯内的比例为21.2%，同时其他高收入家庭谷时消费量超过第一阶梯，但由于第二阶梯长度较宽（150度），使得此时高收入家庭超过第一阶梯的消费同时又没有超过第二阶梯，即高收入家庭谷时低消费电量者享受了更多的低价，而高消费电量者未处于更高的阶梯高价。

　　② 使用表8-8中不同收入家庭在峰谷间差异化价格弹性（峰时：0.06/0.31/0.21；谷时：0.16/0.36/0.26）所得的研究结论与使用表8-11所得研究结论完全一致。且由于差异化价格弹性中，中等收入家庭的弹性更大，差异化价格弹性导致中等收入家庭比高收入家庭的福利损失更多。

第六节　结论及政策建议

本章利用2009—2011年杭州的居民用电和问卷调查月度数据，通过理论模型与实证分析，估算了阶梯定价下收入再分配效应的效率成本。我们首先构建理论模型说明当定价方式由统一定价转换阶梯定价时，为实现递增阶梯定价的收入再分配功能，调节电费在各收入家庭中更公平地分配，面临更高电价家庭的消费者剩余将有所损失，而加总的社会总福利也将下降，此即收入再分配的效率成本，并将此成本分解为第一类和第二类效率成本。在基于对电力需求弹性分析的基础上，我们研究了阶梯定价下杭州市单个家庭与社会的效率成本值，对不同收入家庭的福利动态变化进行分析，并研究了杭州市镶嵌在阶梯定价中的分时定价对再分配效应的影响。

本章的研究结论和政策建议主要有：

第一，第二类效率成本（即电量消费选择偏离最优量导致的效率成本）仍然较大，需加强对消费者使用阶梯定价等复杂定价方式的宣传普及。大量的经验研究表明，在阶梯定价下，由于阶梯跳跃的尖点较难识别，由计量误差和家庭消费选择性地偏离最优行为所产生的误差导致消费者对最优电量的选择存在严重偏误，这需要阶梯定价的执行者采取多种措施对阶梯定价的结构、特征、实施规则等进行普及教育。

第二，阶梯定价的收入再分配效应较弱，需要配以其他措施才能促使阶梯定价实现足够强的收入再分配目的。实证结果显示，杭州市电费收入占居民总收入的比例仅为0.5%—2.5%，而家庭福利损失占电费总支出的比例为0.18%—0.66%，社会福利损失占GDP的比重也仅为0.002%，杭州市的三级阶梯电价的收入再分配功效不是很大，可通过加大阶梯间的价差、提升高档阶梯的价格等方式来增强阶梯定价调节收入再分配的功能。

第三，阶梯分档不合理将严重影响收入再分配原则在不同收入档家庭中的实施，需要根据消费者习惯制定更合理的分档电量。杭州用户电量消费特征显示，当前杭州市三级阶梯定价所设计的第一档太小，第二档太宽，并未对中档和高档收入家庭通过三级阶梯定价进行甄别。尤其在谷时电量消费中，高档收入家庭的消费，要么位于第一档内，与低收入家庭争第一阶梯的低价福利，要么处于第二档内，未达到第三档内，使其未受阶梯高价的再分配效应约束。因此，对各阶梯的数量分档应根据消费者家庭的特征制定，使不同类型的消费者进入不同的阶梯范围内，从而实现收入再分配的目的。

第四，峰谷分时定价不利于收入再分配。从促进公平与收入再分配的角度，应慎用峰谷定价。对于不同收入家庭，由于各自的需求弹性存在差异，峰谷间电量转移不一致。当前杭州市所采用的分时定价，导致中等收入家庭谷时社会福利损失最大，而不是高收入家庭。不同定价结构之间功效可能会相会抵消，因此，在阶梯定价中嵌入分时定价，可能会削弱公平效应。在电价体系设计中，可针对峰谷时不同消费特征，采用几种定价组合的方式进行电价设计。如日本东京电力公司，其电价结构为白天峰时采用阶梯定价结构，晚上谷时采用统一定价结构，取得了较好的效果。

我国阶梯定价政策还处于全面实施的初期，围绕多政策目标下新增追求收入再分配、资源节约和环保等目标对效率的影响研究还需继续深化深入，同时在家庭收入、家庭规模和构成等信息不对称下，如何提升阶梯定价政策制定和实施的效力也是很值得国内学术界研究的主题。受篇幅限制，本章未就复杂定价下的消费者究竟对哪种类型的边际（或平均）价格反应做出进一步的细分，以及根据除收入外的其他因素（如家庭规模与结构、教育程度、家庭电器设备等）对效率成本进行分类估算。这些都是将来后续研究的可能方向。

第九章 非线性定价、家庭人口特征和收入再分配效应调整

第一节 引言

1980 年，我国开始了电力行业的分时定价试点，到 2002 年，全国普遍实行了分时电价制度。从 2004 年起，电力行业又启动了递增阶梯电价①的试点工作，并于 2012 年 7 月 1 日开始在全国范围内（新疆和西藏除外）实施阶梯电价。2013 年 12 月底，国家发改委出台了《关于完善居民阶梯电价制度的通知》，在全国范围内制定并颁布居民用电峰谷分时的电价政策，全面推行分时与阶梯相结合的非线性定价方式。

峰谷分时与阶梯定价相结合的非线性定价方式在国内外得到了广泛实施，加拿大、美国、日本、法国、中国台湾等国家和地区，居民生活用电在执行阶梯电价的同时，也实施峰谷电价。目前，我国一些省份在实施分时定价时，也采取了与阶梯定价相结合的定价方式，其中包括江西、江苏、上海、安徽、浙江、福建、四川、广东和甘肃 9 个省份。

本章利用 2009—2011 年杭州居民用电数据和问卷调查数据，分析在考虑家庭人口特征时，分时与阶梯结合定价这一典型的非线性定价方式下的居民电力消费行为特征，以及引入家庭人口特征后对收入再分配效应的影响。本章的研究结果对于改进非线性定价，实现更有效率的电力定价，无疑具有重要意义。此外，国家发改委于 2013 年 12 月与 2014 年 3 月相继宣布，将于 2015 年年底在全国正式实施居民阶梯水价与阶梯气价。因此，本章对阶梯水价与阶梯气价也具有重要的借鉴意义。

---

① 以下简称阶梯定价，本章中所称的阶梯定价均是指递增阶梯定价。

在改革开放后国内收入初次分配差距日益扩大的背景下，如何在公用事业（尤其是资源和能源领域）采用价格杠杆以调节收入再次分配和促进社会公平公正，成为国家政府、老百姓和学术界不断关注的重点和难点。基于规制经济学理论（Biteux，1960；Laffont and Tirole，1993），分时定价通过设计峰谷两个时段内的差异性价格，引导不同收入安全进行理性选择，起到削峰填谷、通过调节支出间接地促进收入再分配的功效，而阶梯定价则通过对不同电量消费设计累进性的边际价格，通过抑制过度消费，促进公平、实现收入再分配效应。

非线性定价的收入再分配效应是理论和经验研究都值得关注的问题。大量文献研究了分时及阶梯定价下的需求响应问题，主要包括自价格弹性与交叉价格弹性的估计（Fan，2010），Feldstein（1972），构建了一个规制者兼顾追求效率与公平的模型，并以此用于估计美国马萨诸塞州的电力消费价格与收入弹性。Maddock 和 Castano（1991）、Whittington（1992）、Rietveld 等（2000）、Ziv 等（2006）、Olmstead 等（2007）大批文献研究了递增阶梯定价与统一定价之间转换时电力需求和电费的变化，并分析了 IBP 对弱势群体的影响。Faruqui（2008）基于美国经济政策环境模拟推断收入转移支付，确定了 IBP 的政策效应及其综合最优性，尤其验证了公平效应。Boland 和 Whittington（2000）、Whittington（2003）对南亚广泛使用的阶梯定价分析显示，阶梯定价并未完成最初设定的诸如帮助穷人等目标。但 Borenstein（2008，2010）发现了阶梯电价对低收入家庭体的补贴作用，这个效果大部分源于对高收入家庭征收的高电价，小部分源于对中等收入者的电价征收。Taylor 等（2005）得出英国分小时定价的价格弹性为 - 0.05—- 0.26，并指出，分时定价后峰时的载荷明显减小，并且，分小时的实时定价中，邻近时间之间的电量消费是替代的，但相隔较远的时间的消费是互补的。Faruqui 和 Sergici（2010）对 15个实证研究做的元（meta）分析表明，分时定价确实可以减少电量使用，峰时电量可减少3%—6%。随着非线性定价研究的深入，政策制定者与研究者均逐渐地意识到用电对象的属性特征对定价的政策目标有重要的影响。Pashardes 和 Hajispyrou（2002）指出，消费或受益的对象是个体，但电力消费的计价方式是以家庭为单位，因为阶梯定价的公平性目标面临的一个巨大挑战是，家庭特征对公平目标的实现有巨大影响。Dahan 和 Nisan（2007）、Borenstein（2010）指出，规制者对家庭特征信息的不完全了解确实会削弱"递增阶梯定价为保证公平性而生"的说服力。Meran 等（2009）指出，递增阶梯定价实践中的一个主要不足在于它没有考虑家庭规模因素。Arbue 等（2003，2009，2010，2012）的系列分析表明，公平性目标的实现困难与家庭规模相关，尤其是大规模人口家庭，即使设定一些特别资费，也难以解决公平问题。在公平性问题分析中引入家庭特征的研究还包括 OECD（1997）、Van Humbeeck（2001）、Komives 等（2005）、Urdinola 和 Wodon（2007）等。

国内多位学者比较了不同定价模式下的政策含义。黄海涛等（2012）认为，与统一定价相比，阶梯定价起到了协调福利与节能、公平与效率之间的矛盾，但难以合理体现公平性。对比分析纯阶梯定价与分时阶梯定价，后者更有助于补偿成本，因此，我国宜采用分时阶梯定价。张昕竹（2010，2011）、冯永晟（2014）等认为，应考虑在阶梯定价中嵌入实时定价（峰谷定价），让实时定价（峰谷定价）主要承担有效定价的使命，即效率目标；而阶梯定价更多地承担社会调节功能，即公平目标。发改委（2014）指出，对于在阶梯定价实施过程中存在的单表对应家庭居民人数较多、不同住房面积用量差异等问题，可单独制定独立的阶梯价格制度，以保证家庭的基本生活需求，实现阶梯定价的既定目标。这说明我国政策决策层在非线性定价的制定与实施过程中已经认识到家庭特征对政策目标实现的影响。但当前国内文献研究较为单一，尤其缺乏在考虑家庭特征下基于国内真实数据的非线性定价的再分配效应研究。即便国外学者也只是基于国外数据研究国外阶梯定价的公平和再分配效应，并未基于中国国情研究这个问题。

鉴于此，本章基于国内代表性城市（杭州市）的居民用电家庭数据，以国内广泛使用并将于 2015 年在全国推广的分时阶梯定价作为非线性定价的典型代表，研究引入家庭人口特征后对非线性定价收入再分配效应的影响。为此，在效用最大化框架下，本章首先基于二次近乎理想需求函数（QUAIDS）模型和相对等价规模方法构建引入家庭人口特征的收入再分配效应调整的理论模型，并将收入再分配调整额分解为需求模式差异、支付价格差异和替代成本节约三部分。然后，基于 2009—2011 年杭州全市家庭用电的微观数据和问卷调查数据，构建从统一定价向分时阶梯定价转化的反事实场景，利用工具变量法解决非线性定价下的价格内生性问题，实证测算出家庭电力消费的支出弹性与价格弹性。最后，从静态和动态两角度估算了家庭人口特征对杭州市居民用电分时阶梯电价的收入再分配效应调整的影响。研究发现，第一，家庭人口特征（家庭规模与结构）强化了分时阶梯价格的收入再分配效应，与不考虑家庭人口特征相比，考虑家庭人口特征后，在由统一定价向分时阶梯定价转换过程中，低收入家庭的电费节约可以提升 21.5%，而中等收入家庭的电费支出将增加 1.05%，高收入家庭增加 9.53%。第二，家庭人口特征对非线性定价下的消费者行为选择有显著影响，峰谷及阶梯价格随着家庭规模的扩大而上升，由于成员结构差异，影响强度在 0.4%—1.2%；电力需求属于基本需求，不同收入家庭的价格弹性在 0.69—0.77，支出弹性在 −0.62—−0.18；不同类型的家庭成员对电费支出的影响不同，增加一名家庭成员需要增加电费支出 0.06%—0.46%。第三，不同人口规模的家庭在电费补贴结构上存在明显差异，随着家庭规模的扩大，需求模式差异所占比例减小，而支付价格差异迅速扩大，替代成本节约逐渐上升，从一对夫妇的两人家庭到一对夫妇两位老人的四人家庭，三类补贴值的比例由 4:1:0.1 调整为 1:2:1。第四，动态分析显示，随着预算水平的提高，家庭人口特征对不同收入类型家庭收入再分配效应的影响均在减小，三类不同收入家庭的电费补贴率均呈现出下降趋势，增加一位家庭成员的电费补贴率由 0.07%—0.55% 下降为 0.05%—0.51%。

第二节 理论模型

本部分应用效用最大化理论与二次近乎理想需求函数（QUAIDS）模型，研究在分时阶梯定价方式下的居民用电行为特征。通过研究家庭阶梯选择及建立居民电力预算份额模型，利用引入家庭人口特征的 QUAIDS 模型分析家庭电力消费弹性，在此基础上引入相对等价规模概念，测算具有不同家庭规模及家庭成员结构的电费补偿率与补偿额，并对补偿率进行分解。

一 非线性定价下的两阶段决策：价格选择与预算份额

当价格一定时，传统的预算优化方式是在预算约束 $\sum_i p_i q_i = y$ 下最大化（直接）效用函数 $U(q_1, q_2, \cdots, q_I)$。或等价地，消费者的需求方程为在预算约束下最小化成本函数 $C(p_1,p_2,\cdots,p_I,U)$。

非线性定价中的阶梯定价系统使上述传统方法无效，因为阶梯定价下预算约束是分段线性的。泰勒（1975）通过将消费者分配到预算约束的线性部分内（此时标准的效用最大化或成本最小化可行）而绕开此难题。假设阶梯定价下最后一个阶梯的价格为 p^*，泰勒的方法为最小化成本函数 $C(p^*,p_2,\cdots,p_I,U)$，得到产品需求 $q_i(p^*,p_2,\cdots,p_I,y)$。Nordin（1976）认为，收入 y 必须根据 p^* 做修正，即根据消费所在阶梯的递增消费金额补偿真实收入，此时得到虚拟收入，$\underset{\sim}{y_k}=y+d_k$。[①]

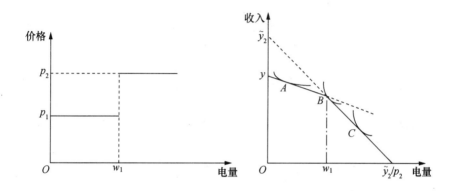

图 9 – 1　递增阶梯定价下的最优消费行为选择

基于泰勒—诺丁程序，使用两阶段决策流程来处理价格内生性问题（Hewitt and Hanemann，1995；Corral et al.，1998；Pint，1999）。首先，消费者选择他们愿意在哪一个阶梯上进行消费，由此将他们固定在预算约束下某一特定的线性部分。其次，选择在阶梯内的某一点来最大化其效用。在使用两阶段预算流程时，我们基于"隐含的可分离性"假设，即假设进入成本函数的商品可以分为多个种类，每一个种类都有基于总效用下的子成本函数。[②]

---

① 其中，$d_k=\begin{cases}0,\ 如果\ k=1;\\ \sum\limits_{j=1}^{k-1}(p_{j+1}-p_j)\,w_k,\ 如果\ k>1\end{cases}$。

② 相比较而言，更为一般的概念是弱（成本）可分离性，即子成本函数是基于子效用函数来定义的，详见 Deaton 等 Muellbauer（1980）、Moffitt（1990）给出了一个预算约束下处理非线性问题较为完整的文献综述。

设定其他商品为给定价格 P 下的希克斯补偿商品，我们集中分析在阶梯定价结构下的某种商品的消费者需求。在"隐含的可分离性"假设下，包含消费者选择偏好的成本函数可以写作：

$$C(p, x, P, U) = G[c_1(p_1, P, U), \cdots, c_M(p_M, P, U), x, U] \tag{9-1}$$

其中，p_m，$m = 1, \cdots, M$ 是第 m 个阶梯上的价格，$c_m(\cdot)$ 是与第 m 个阶梯价格相对应的单位成本子函数，x 是影响阶梯选择内生变量组成的向量，p 是所有商品价格组成的向量，$c_m(\cdot)$，$m = 1, \cdots, M$ 可被视为预算约束的线性部分。

对式（9-1）使用谢泼德引理，可得在第 m 个阶梯价格上的商品需求为：

$$q_m(p, x, P, U) = \frac{\partial C(\cdot)}{\partial p_m} = \frac{\partial C[\cdot]}{\partial c_m(\cdot)} \frac{\partial c_m(\cdot)}{\partial p_m} \tag{9-2}$$

其中，$\frac{\partial C[\cdot]}{\partial c_m(\cdot)}$ 表示在第 m 个阶梯价格水平下消费者的需求，$\frac{\partial c_m(\cdot)}{\partial p_m}$ 是基于阶梯选择后（在阶梯内部）的数量需求。因此，$\frac{\partial C[\cdot]}{\partial c_m(\cdot)}$ 表示预算约束下选择哪一个线性部分（因为预算约束是分段线性的），$\frac{\partial c_m(\cdot)}{\partial p_m}$ 是在这一部分选择哪一个点。

在最初的预算阶段设定消费者的单位成本函数 $c_m(\cdot)$ 未给定，由此选择消费水平来最小化柯布—道格拉斯成本函数：

$$C(p, x, P, U) = \prod_m c_m(\cdot)^{\theta_m(X)} U \tag{9-3}$$

$\theta_m(X) \geqslant 0$ 且为凹，$\sum_m \theta_m(X) = 1$

由式（9-2）得商品的希克斯需求为：

$$q_m(p, x, P, U) = \frac{\theta_m(X) \prod_m c_m(\cdot)^{\theta_m(X)} U}{c_m(\cdot)} \tag{9-4}$$

用间接效用函数 $\dfrac{y}{\prod_m c_m(\cdot)^{\theta_m(X)}}$ 替代效用 U，y 是消费者的收入预算，由此得马歇尔需求方程：

$$q_m(p_m,\ x,\ P,\ y) = Y\frac{\theta_m(x)}{c_m(\ \cdot\ )}\frac{\partial c_m(\ \cdot\ )}{\partial p_m} \tag{9-5}$$

式（9-5）左右两侧都乘以 p_m，再除以 Y，可得预算份额为：

$$w_m(p_m,\ x,\ P,\ y) = \theta_m(x)\frac{\partial \ln c_m(\ \cdot\ )}{\partial \ln p_m} \tag{9-6}$$

其中，$w_m = \dfrac{p_m q_m}{Y}$ 表示电费支出占收入 Y 的份额。$\theta_m(x)$ 表示消费选择第 m 个阶梯的概率，$\theta_m(x)=1$，当选择在第 m 个阶梯消费，否则 $\theta_m(x)=0$。

二　引入家庭人口特征的二次近乎理想需求函数（QUAIDS）模型构建

采用有效需求模型来刻画式（9-6）是进行消费者行为偏好与福利进行分析的基础，在非线性定价结构下，需要引入合理的需求函数形式，才能分析不同因素对居民电力需求的影响，并识别出价格和收入等变量对家庭需求行为的影响，并为福利效应分析奠定基础。

需求函数模型历经线性支出系统需求函数（LES）（Stone，1954）、扩展的线性支出系统需求函数模型（ELES）（Liuch，1975）、Rotterdam 模型（Theil，1965；Barten，1966）、超越对数需求函数模型系统（TLS）（Christenson et al.，1975）、近乎理想需求函数模型系统（AIDS）（Deaton and Muellbauerm，1980）及二次近乎理想需求模型（QUAIDS）（Blundell et al.，1993；Banks et al.，1997）。其中，ELES 和 AIDS 等模型均属于二秩模型，二秩需求系统中的恩格尔曲线是线性的；而 QUAIDS 模型属于三秩模型[①]，其需求系统中的恩格尔曲线是非线性的，因此，在模拟和预测时比 AIDS 模型具有更大的平滑性，能更好地反映消费需求规律。

QUAIDS 模型由 Banks 等（1997）提出，模型满足价格独立一般对数形式（PIGLOG）的偏好需求体系（Muellbauer，1976），其用户偏好用二次对数成本函数表示为（Lewbel，1990）：

$$\ln C(p,\ U) = \ln a(p) + \frac{b(p)U}{1 - \lambda(p)U} \tag{9-7}$$

其中，U 表示家庭的效用函数，p 表示消费品价格的向量形式，$a(p)$ 表示综合价格指数，$b(p)$ 表示柯布—道格拉斯型价格集合指数，$\lambda(p)$

---

① Gorman 证明了任何可精确加总的需求体系最大可能的秩为 3；对秩的详细解释和说明见 Lewbel（1991）、Cranfield（2003）和范金（2011）。

表示价格 p 的零阶齐次函数，$\ln a(p)$、$b(p)$、$\lambda(p)$ 分别表示为：

$$\ln a(p) = \alpha_0 + \sum_{i=1}^{s} \alpha_i \ln p_i + \frac{\sum_{i=1}^{s} \sum_{j=1}^{s} \gamma_{ij} \ln p_i \ln p_j}{2}$$

$$b(p) = \prod_{i=1}^{s} p_i^{\beta_i}$$

$$\lambda(p) = \sum_{i=1}^{s} \lambda_i \ln p_i$$

由罗伊恒等式，QUAIDS 模型可以写作：

$$w_i = \alpha_i + \sum_{j=1}^{s} \gamma_{ij} \ln p_i + \beta_i \ln\left[\frac{m}{a(p)}\right] + \frac{\lambda_i}{b(p)}\left\{\ln\left[\frac{m}{a(p)}\right]\right\}^2 + \varepsilon_i \qquad (9-8)$$

其中，w_i 表示商品 i 占总消费支出的比重，满足 $\sum_i w_i = 1$。p_j 表示商品 j 的价格，s 表示消费品的种类数量。

Dhar 等（2003）、Mazzocchi（2003）、Akbay 等（2007）指出，QUAIDS 模型还可以加入一些家庭人口统计特征变量，比如家庭人口规模、家庭人口结构、户主受教育水平、家庭所在区域、家庭所处的收入等级等。囿于本章的数据限制，本章所关注的家庭人口统计特征主要包括家庭规模与家庭年龄结构。Ray（1983）、Heien 和 Wessells（1990）构建的支出函数的形式为：

$$e(p, z, u) = m_0(p, z, u) \cdot e^R(p, u) \qquad (9-9)$$

其中，z 表示家庭人口统计特征向量，$m_0(p, z, u)$ 表示加入家庭人口特征变量的尺度函数[①]，$e^R(p, u)$ 表示代表性家庭支出函数，如仅有一个成人的家庭，u 为效用值。进一步对尺度函数分解为：

$$m_0(p, z, u) = \overline{m}_0(z) \times \phi(p, z, u) \qquad (9-10)$$

式（9-10）中的第一项在未控制消费模式的任何改变下，以 z 的函数形式测量了家庭的支出增加，即使在忽略消费产品构成的条件下，一个四口之家比两口之家有更高的支出额。第二项控制了相对价格和真实产品消费构成，如两个成人两个儿童的家庭与四个成人的家庭的消费结构肯定会存在差异。

根据 Ray（1983），将式（9-10）中的第一项参数化为 $\overline{m}_0(z) = 1 + \rho' z$，

其中，ρ 是需要估计的参数向量。Poi（2002a）将式（9-10）中的第二项参数化为：

$$\ln\phi(p,z,u) = \frac{\prod_{j=1}^{k} p_j^{\beta_i}(\prod_{j=1}^{k} p_j^{\eta'j} - 1)}{\frac{1}{u} - \sum_{j=1}^{k} \lambda_j \ln p_j} \qquad (9-11)$$

式（9-7）可以方便地比较是否具有某项人口统计特征（如人口数量、结构等）家庭的支出预算方程。其中，η_j 为 $s \times k$ 的矩阵 η 的第 j 列，k 为人口统计特征变量个数。

由此得加入家庭人口统计特征变量的 QUAIDS 模型形式为：

$$w_i = \alpha_i + \sum_{j=1}^{k} \gamma_{ij}\ln p_j + (\beta_i + \eta'_i z)\ln\left[\frac{m}{\overline{m}_0(z)a(p)}\right] + \frac{\lambda_i}{b(p)c(p,z)}$$

$$\left\{\ln\left[\frac{m}{\overline{m}_0(z)a(p)}\right]\right\}^2 \qquad (9-11)$$

其中，$c(p,z) = \prod_{j=1}^{k} p_j^{\eta'j}$。

根据 QUAIDS 模型各参数的估计结果，可分别测算出家庭各类商品支出弹性（收入弹性）e_i、未补偿的价格弹性（马歇尔价格弹性）e_{ij}^u、补偿的价格弹性（希克斯价格弹性）e_{ij}^c[①]，依次为：

$$e_i = 1 + \frac{1}{w_i}\left[\beta_i + \eta'_i z + \frac{2\lambda_i}{b(p)c(p,z)}\ln\left(\frac{m}{\overline{m}_0(z)a(p)}\right)\right]$$

$$e_{ij}^u = -\delta_{ij} +$$

$$\frac{1}{w_i}\left\{\gamma_{ij} - w_i(e_i-1)(\alpha_j + \sum_l \gamma_{jl}\ln p_l) - \frac{(\beta_i + \eta'_i z)\lambda_i}{d(p)c(p,z)}\left[\ln\left(\frac{m}{\overline{m}_0(z)a(p)}\right)\right]^2\right\}$$

$$e_{ij}^c = e_{ij}^u + \mu_i w_j \qquad (9-12)$$

与未考虑家庭特征的 QUAIDS 模型类似，加入了家庭人口特征变量的 QUAIDS 模型同样满足可加性（$\sum_{i=1}^{k}\alpha_i = 1$）、齐次性（$\sum_{i=1}^{k}\beta_i = 0$，$\sum_{j=1}^{k}\gamma_{ij} = 0$，

① 马歇尔价格弹性是确保消费者收入在商品价格变化前后保持不变时，能使消费者实现效用最大化所得的价格弹性。希克斯价格弹性是给定消费者效用和各种商品价格，能使消费者实现支出最少化所得的价格弹性，它剔除了商品价格变化引起的收入效应。对于正常品来说，e_{ij}^u 的绝对数值要大于 e_{ij}^c（Mas-Colell et al.，1995）。本章为分析统一定价转换为阶梯定价后的消费行为，因此使用马歇尔价格弹性。

$\sum_{j=1}^{k} \lambda_i = 0$) 和斯勒斯基对称性 ($\gamma_{ij} = \gamma_{ji}$)。

三 基于相对等价规模的收入再分配效应调整

基于第一阶段对阶梯价格选择与第二阶段在家庭特征下对家庭需求函数的分析,我们使用相对等价规模方法 (Blundell and Lewbel, 1991) 来分析价格变化前后具有不同规模和结构特征的家庭与基准家庭相比,保持相同的福利与效用水平需要增加的支出或补贴额。在非线性定价中引入家庭人口特征进行福利分析,研究家庭人口特征对收入再分配的影响与调整,是对非线性定价实现收入再分配政策目标的细化和深入。

定义在给定效用水平 $\bar{u}_h$ 下家庭 h 的真实生活成本指数[①]为:

$$I_h = \frac{c(p_h^*, \ P, \ z_h, \ \bar{u}_h)}{c(p', \ P, \ z_h, \ \bar{u}_h)} = \exp\left\{\left[a_h^* + \frac{b_h^* \bar{u}_h}{1 - \lambda_h^* \bar{u}_h}\right] - \left[a'_h + \frac{b'_h \bar{u}_h}{1 - \lambda'_h \bar{u}_h}\right]\right\}$$

$$(9-14)$$

式 (9-14) 的真实生活成本指数测量当(事前的)价格水平 p' 变化为(事后的)p_h^* 时,为获得相同的效用水平需要的费用变化。

使用两个不同家庭特征的真实生活成本指数之比来比较补贴或处罚对家庭福利的影响,即相对等价规模方法 (Blundell and Lewbel, 1991)。以某一基本家庭特征(如单身成年劳动力家庭)为基准,定义相对等价规模为:

$$R_{ho} = \left[\frac{c(p_h^*, \ P, \ z_h, \ \bar{u}_h)}{c(p', \ P, \ z_h, \ \bar{u}_h)}\right] \bigg/ \left[\frac{c(p_o^*, \ P, \ z_o, \ \bar{u}_o)}{c(p', \ P, \ z_o, \ \bar{u}_o)}\right] \qquad (9-15)$$

相对等价规模测量了家庭 h 与参照家庭在事前与事后两类不同的价格下,为获得相同的效用而需要的相对补偿。例如,对于家庭有无小孩、价格的变化幅度分别为 t_h 与 t_o,那么 R_{ho} 是有小孩家庭为取得事前效用需要的补偿额与无小孩家庭为取得事前效用需要的补偿额之比。

当价格是外生时,相对等价规模由人口特征对家庭需求的影响强度所决定。当 $R_{ho} > 1$ 时,有小孩的家庭消费的产品价格比没有小孩的家庭消费的产品价格要高;反之则相反。然而,在递增阶梯定价下,价格是内生的,即相对等价规模也受到小孩(或其他家庭)特征所决定的价格

---

① 其中,$\bar{u}_h = \frac{(\ln \bar{y}_h - \bar{a}_h) \bar{b}_h}{(\ln \bar{y}_h - \bar{a}_h) + \bar{\lambda}_h}$,$a_h^* = a(p_h^*, \ P, \ z_h)$,$b_h^* = b(p_h^*, \ P, \ z_h)$,$g_h^* = g(p_h^*, \ P, \ z_h)$;$a'_h = a(p'_h, \ P, \ z_h)$,$b'_h = b(p'_h, \ P, \ z_h)$,$g'_h = g(p'_h, \ P, \ z_h)$。$\bar{a}_h$、$\bar{b}_h$、$\bar{g}_h$ 表示当效用水平 $U_h = \bar{u}_h$ 时的 a_h、b_h、g_h 值。

的影响，即小孩数量本身也决定产品价格。$\delta(z_h)$ 是人口特征和其他一些影响消费者需求的家庭特征的函数。由此可得：

$$\ln R_{ho} = \left(w_h - \frac{\gamma \ln s_h}{2}\right)\ln s_h - \left(w_o - \frac{\gamma \ln s_o}{2}\right)\ln - s_o$$

$$= (w_h - w_o)\ln s_h + (\ln s_h - \ln s_o)w_o - \frac{\gamma\left[(\ln s_h)^2 - (\ln s_o)^2\right]}{2} \quad (9-16)$$

其中，s 表示价格变化前后的比例，$s_h = \frac{p_h^*}{p'}$，$s_o = \frac{p_o^*}{p'}$。式 (9-15) 表明，由于对所消费的商品使用非线性定价，导致家庭中是否有小孩造成的成本差异由三部分构成。第一部分 $(w_h - w_o)\ln s_h$ 反映的是两类家庭需求模式的差异；第二部分 $(\ln s_h - \ln s_o)w_o$ 反映了每单位消费支付价格上的差异；第三部分 $\frac{\gamma\left[(\ln s_h)^2 - (\ln s_o)^2\right]}{2}$ 反映了随着非线性价格的上升从替代角度的成本节约。

第三节　数据说明

为估算分时阶梯定价下不同家庭人口特征的相对等价规模值及对应的电费补偿率，后续部分将基于理论模型构建实证估计方程进行分析，本部分首先对将要用到的微观数据作简要说明。本章使用的数据源于国家电网以及当地抽样调查数据，样本期从 2009 年 1 月到 2011 年 12 月，共计 36 个月。在样本期内，作为阶梯电价试点地区，杭州的非线性定价形式为实施峰谷分时电价，同时还在峰谷内部嵌套实行了三级阶梯电价。杭州的电价结构如表 9-1 所示。

本章使用的数据中，杭州市调查家庭样本共计 119 户。除家庭用电信息来源于国家电网外，用户社会经济状况、用电行为、电器存量和收入范围等其他信息均通过入户问卷调查方式获得。将每月的用户电量及个体特征作为一个样本，共计得到 4262 个有效样本。需要说明的是，虽然总体样本较大，但用户数相对较少，却是国内目前最为完整的数据，且与国外同类研究相比，达到了相类似的样本量。样本的电量及其他信息基本统计量如表 9-2 所示。

表 9 - 1　　　　　　　　　　　　杭州分时三级阶梯电价结构

分档数	电量（千瓦时）	峰时电价（8—22 时）（元）	谷时电价（22 时至次日 8 时）（元）
1	0—50	0.568	0.288
2	51—200	0.598	0.318
3	201 以上	0.668	0.388

资料来源：国家电网。

表 9 - 2　　　　　　　　　　　　基本统计量

	变量名	平均值	标准差	最小值	最大值
电量信息	月峰时用电量（千瓦时）	151.856	105.816	2.448	963
	月谷时用电量（千瓦时）	94.097	70.303	0.368	701.176
	月总用电量（千瓦时）	245.953	155.142	6	1258.078
家庭信息	家庭总人口（个）	3.295	1.134	1	8
	65 岁以上人口（个）	0.739	0.890	0	3
	65 岁以下成年人口（个）	2.262	1.205	0	6
	住房建筑面积（平方米）	81.185	34.954	29	300
	卧室数（个）	2.254	0.760	1	8
电器信息	电脑数（个）	1.217	0.840	0	4
	电视数（个）	2.043	0.831	1	6
	空调数（个）	2.423	0.993	0	6
	冰箱冰柜数（个）	1.095	0.350	0	4
	是否有微波炉	0.830	0.376	0	1
	冬天是否取暖	0.775	0.418	0	1
	是否用电煮饭	0.670	0.470	0	1
	是否用电洗澡	0.534	0.499	0	1
收入信息	收入 <8000 元	0.457	0.498	0	1
	收入 8000—15000 元	0.390	0.488	0	1
	收入 >15000 元	0.154	0.361	0	1
气候信息	月最高气温（1/10 度）	287.366	80.435	73	397
	月平均气温（1/10 度）	172.854	86.665	13.54839	307
	月平均湿度（%）	69.419	7.526	35.100	81.200
	月平均日照数（小时）	48.032	27.369	23.286	191.499

资料来源：笔者根据国家电网和问卷调查数据整理。

对于不同收入层次的家庭，其家庭人口特征也存在差异，从表 9 – 3 中可以看出，低收入家庭的规模较小，但其家庭负担［（老人数＋未成年人数）/家庭总人口数］最高，家庭老龄化程度最高，而中等收入家庭的规模最大，但其家庭负担与家庭老龄化程度均为最低，高收入家庭的家庭负担比例较高，其中的主要原因是家庭成员中未成年人数是三类家庭中最多的。

表 9 – 3　　　　　　　　　分收入的家庭人口特征

收入区间	家庭规模	65 岁以上人口	18—65 岁人口	18 岁以下	家庭负担（%）	家庭老龄化程度（%）
收入 <8000 元	2.769	0.829	1.817	0.123	34.39	29.94
收入 8000—15000 元	3.503	0.594	2.566	0.343	26.74	16.96
收入 >15000 元	3.455	0.818	2.273	0.364	34.21	23.68
全体	3.104	0.741	2.136	0.227	31.18	23.87

第四节　实证分析

一　反事实场景构建

为了分析和估算相对等价规模值及对应的电费补偿率，必须选择一个合适的参照点。这里选择统一定价作为比较基准。浙江省自 2004 年开始进行阶梯定价试点，基于前面所构建的理论模型，我们若分析在统一定价转换为阶梯定价方式下家庭人口特征对电费补偿的影响，就需要构建浙江省实施统一定价的反事实场景。

本章集中分析引入家庭人口特征后由统一定价转换为分时阶梯定价下家庭的收入再分配效应调整，因此，进一步假定消费者和企业均风险中性，且边际提供成本 $c = 0$。在保持被规制的公用事业中垄断生产企业利润中性条件下，由统一定价特换为分时阶梯定价，企业利润和生产者剩余均不变，此时社会总福利变化即为消费者剩余变化。在保持电力公司电费总收入不变的条件下，电费支出在不同收入和家庭人口特征间分配，即通过分时阶梯定价进行收入再分配。我们可以由此计算出反事实场景下区分峰时与谷时统一定价与包含峰时与谷时统一定价价格，峰时统一电价为 0.591 元，谷时统一电价为 0.308 元，分时阶梯定价下的统一价格为 0.459 元。

二　工具变量选择

非线性定价下的计量分析的另一个难题在于价格选择的内生性。基于杭州的用户信息和电价信息，我们使用 QUAIDS 模型（9 - 12）分析杭州居民的用电需求。但由于阶梯选择（阶梯价格）和用电量同时决定，模型（9 - 12）的估计存在内生性问题。为此，我们采用工具变量来解决这个问题。

本章使用预测的峰时与谷时价格 $\bar{p}^p/\bar{p}^o$ 作为真实分时与阶梯混合定价的工具变量。需要注意的是，预测的峰时与谷时相对价格 $\bar{p}^p/\bar{p}^o$ 中的峰时价格 $\bar{p}^p$ 与谷时价格 $\bar{p}^o$ 不是由真实家庭的消费数据计算所得的，而是通过用多值选择（Multinomial Logit）模型对用户的行为选择过程进行模拟，即使用 Multinomial Logit 模型对影响选择峰谷内各三个阶梯共 9 种组合下的概率进行估计，其解释变量是消费者的社会经济因素（家庭规模与结构、居住面积等）、电器因素及气候因素等变量。社会经济因素及气候因素为明显的外生变量，电器调查在本调查中为一次完成，在调查期内保持不变，且在短期内，一般均假定用户家庭的电器设备保持不变，因此解释变量均为外生变量。这一估计步骤与 Wooldridge（2002）、Aiello（2008）、周亚虹等（2012）使用 Logit 或 Probit 回归的估计拟合值作为工具变量类似；Barkatullah（2002）、Dahan 和 Nisan（2007）也提出利用可观察的用户特征得到预测的价格并作为工具变量。正如周亚虹等（2012）指出，由于用户选择阶梯和峰谷的影响因素众多，直接使用可能会造成弱工具变量性；同时，如果能够综合成一个指标无疑会对实证研究带来方便。除解决内生性以外，这种估计方法的另一个好处是在规制价格保持不变的情况下，增加价格的变动（Dahan and Nisan，2007）。

因为用户的阶梯与峰谷选择属于自身选择的结果，那么在此通过计量模型分析消费者的行为选择是具有说服力的。从工具变量的相关性与外生性来看，用 Multinomial Logit 模型对用户的选择行为进行模拟，由此得到的估计拟合值与用户真实的选择结果高度相关，这就满足了工具变量首先必须与内生变量相关的基本要求。另外，工具变量要求与扰动项不相关，同样是容易理解的，这是因为，Multinomial Logit 模型的解释变量为社会经济因素、电器因素及气候因素，我们已经说明它们均为外生变量，那么该拟合值是外生变量的函数，因此与扰动项不相关。

我们通过表9－4给出了工具变量的描述性统计，并对解释变量的内生性进行了检验及弱工具变量检验。

表9－4　　　　　　　　工具变量的描述性统计和检验

工具变量	预测的峰时与谷时相对价格
工具变量的描述性统计	
平均值	1.965
最大值	2.034
最小值	1.505
标准误差	0.049
弱工具变量检验	
F 统计量	67.874
Cragg - Donald Wald F 统计量	194.578
Stock - Yogo 偏误下的临界值	16.38（10%）
内生性检验	
Durbin - Wu - Hausman χ^2 检验	23.669
P 值	0.000

从弱工具变量检验结果可知，一阶段回归的 F 统计量为67.874，远大于10的临界经验值；弱工具变量检验 Cragg - Donald Wald F 统计量为194.578，大于10% Stock - Yogo 偏误下的临界值16.38，即拒绝弱工具变量的假设。Durbin - Wu - Hausman χ^2 检验结果为23.669，拒绝价格是外生变量的假设，即分时与阶梯混合下的价格要用工具变量进行估计。

三　QUAIDS 模型估计

我们首先进行一阶段回归分析，即峰时、谷时及峰谷混合时的（最高）阶梯边际价格与家庭人口特征间的关系，以分析家庭人口特征中不同年龄段人群对阶梯价格选择的影响，回归结果如表9－5所示。

表 9 - 5　　　　　　　　　一阶段阶梯价格的回归方程①

人口数	ln（峰时边际价格）	ln（谷时边际价格）	ln（峰谷混合边际价格）
65 岁以上	0.003 ***	0.002	0.009 ***
	(0.001)	(0.002)	(0.002)
18—65 岁	0.004 ***	0.008 ***	0.004 ***
	(0.001)	(0.001)	(0.002)
18 岁以下	0.005 ***	0.001	0.012 ***
	(0.002)	(0.003)	(0.003)
样本数	4262		

注：***、**、* 分别表示 1%、5%、10% 水平上显著。

　　表 9 - 5 显示，无论是峰时还是谷时阶梯边际价格抑或峰谷混合时的边际价格，绝大部分都随着家庭人数的增加而显著增加。这说明家庭规模显著影响阶梯价格的选择及家庭的电力消费行为。同时，实证数据显示，不同年龄的家庭成员对边际价格的影响程度不同，在峰时，家庭成员每增加一位老人，峰时价格增加 0.3%；每增加一位成年劳动力，峰时价格增加 0.4%；每增加一位未成年人，峰时价格增加 0.5%。而谷时仅有成年劳动力显著影响价格，每增加一位成年劳动力，谷时价格增加 0.8%，谷时的老年人与未成年人系数不显著可能与他们的生活方式与作息习惯有关。而在峰谷混合定价下，家庭成员每增加一位老人，峰时价格增加 0.9%；每增加一位成年劳动力，峰时价格增加 0.4%；每增加一位未成年人，峰时价格增加 1.2%。

　　在第一阶段对阶梯价格选择的分析及对工具变量的估计基础上，我们在第二阶段分析预算份额时使用引入家庭人口特征的二次近乎理想需求函数（QUAIDS）模型，利用非线性似不相关回归（INSUR）法（Pio，2012），分析分时阶梯定价下的居民消费行为特征，以期更准确地把握定价模式对不同收入家庭的电力消费影响，同时为分析电力价格变化对各收入等级家庭福利的影响打下基础。对于所有样本的 QUAIDS 模型分析结果如表 9 - 6 所示。

———————————

① 限于篇幅，本章略去了其他控制变量的回归结果。

表 9 - 6 　　　　　　　二阶段 QUAIDS 模型估计结果

参数	系数（T 值）	参数	系数（T 值）	参数	系数（T 值）
α_1	0.431 *** (0.148)	γ_{11}	0.088 *** (0.029)	λ_1	0.041 *** (0.002)
α_2	0.890 *** (0.137)	γ_{21}	-0.038 *** (0.013)	λ_2	0.016 *** (0.001)
α_3	-0.321 *** (0.014)	γ_{31}	-0.050 *** (0.018)	λ_3	-0.057 *** (0.003)
β_1	0.132 *** (0.007)	γ_{22}	0.132 *** (0.011)	ρ_1	-0.059 *** (0.008)
β_2	0.049 *** (0.004)	γ_{32}	-0.095 *** (0.016)	ρ_2	-0.088 *** (0.006)
β_3	-0.181 *** (0.009)	γ_{33}	0.145 *** (0.003)	ρ_3	0.176 *** (0.017)

注：*** 表示 1% 水平上显著，括号内的数据为 T 值。

从表 9 - 6 的 QUAIDS 模型参数估计结果可以得到，所有二次设定的参数估计值均显著，这说明了选择使用二次近似理想需求模型的有效性。进一步地，表 9 - 7 为对引入家庭人口特征变量所进行的 Wald 检验，结果显示，三类人口变量均具有统计显著性，这说明估计模型时引入家庭人口特征比不考虑这些特征时有更好的拟合结果。

表 9 - 7 　　　　　　家庭人口特征变量的 Wald 检验

人口数	χ^i	Prob > χ^i
65 岁以上	80.290	0.000
18—65 岁	665.010	0.000
18 岁以下	285.820	0.000

根据不同家庭人口特征下的 QUAIDS 模型回归结果，可以计算出所有收入组及平均消费支出弹性、补偿的希克斯价格弹性和未补偿的马歇尔价格弹性。具体结果如表 9 - 8 所示。

表9-8　　　　　　分时与阶梯定价下的消费支出弹性与价格弹性

收入区间	平均消费 支出弹性	补偿的希克斯 价格弹性	未补偿的马歇尔 价格弹性
收入 < 8000 元	0.777	-0.554	-0.622
收入 8000—15000 元	0.738	-0.434	-0.482
收入 > 15000 元	0.692	-0.148	-0.176
全体	0.760	-0.498	-0.554

从表9-8中可以看出，平均消费支出弹性反映了家庭生活消费总支出每变化1%所引致的电费支出变化的程度，平均消费支出弹性为正且小于1，即随着家庭支出水平的提高，电费的支出比例将下降。价格弹性为负且位于0.5—0.65，表明电价每增长1%，带来的电量需求下降约为0.55%，这与Epsey和Epsey（2004）、Alberini和Filippini（2011）、冯永晟等（2014）的研究结论一致，电力需求缺乏弹性，是居民消费的必需品。而对于不同的收入家庭而言，随着收入的提高，平均消费支出弹性逐渐下降，价格弹性数值也逐渐下降，即高收入家庭对电费支出及电价的提升更不敏感。

四　收入再分配效应调整的测算

在基于家庭人口特征的QUAIDS模型分析的基础上，使用表9-6的分析结果，利用式（9-16）的相对等价规模测度工具，我们计算在考虑收入及家庭人口的特征因素后，分时阶梯定价的收入再分配效应是得到了加强还是弱化。

我们以家庭成员为单身成年劳动力作为基准，分析在事前的统一定价与事后的分时阶梯定价下，具有其他人口数量与结构特征的家庭为获得相同的效用而需要进行的相对补偿额度。我们用电费补贴率来表示额度，当电费补贴率为正时，说明需要增加电费支出；当电费补贴率为负时，说明电费支出的节约。我们计算出我国常见家庭人口结构的电费补贴率，结果如表9-9所示。

表9-9　　　　　　常见家庭人口结构下的电费补贴率测算

变量	单身 家庭	无儿童无老 人夫妇家庭	一个儿童 夫妇家庭	一位老人 夫妇家庭	两个儿童 夫妇家庭	两位老人 夫妇家庭
家庭总人数	1	2	3	3	4	4

续表

变量	单身家庭	无儿童无老人夫妇家庭	一个儿童夫妇家庭	一位老人夫妇家庭	两个儿童夫妇家庭	两位老人夫妇家庭
65 岁以上老人数	0	0	0	1	0	2
18—65 岁成年人数	0	2	2	2	2	2
18 岁以下未成年人数	0	0	1	0	2	0
电费补贴率（%）	—	0.06	0.50	0.52	0.93	0.98

由表 9－9 可知，以单身家庭为基准，为保证家庭能获得相同的效用水平，增加家庭成员都需要增加相应的电费支出。支出增加的原因来自两个方面：首先来自边际价格的上升。在阶梯定价下，随着家庭成员的增加，电力边际价格上升，每增加一位成员，边际价格将增加 0.3%—0.5%。其次，对于相同预算（或收入）约束但成员不同的家庭而言，较多的家庭成员导致电力消费占预算比例上升。并且，与增加成年劳动力相比，在峰谷混合的分时阶梯定价机制下，增加未成年人或老人需要的电费补贴率均大幅提高，这说明在分时阶梯定价下，家庭人口结构对收入再分配效应的冲击不尽相同。

结合表 9－3 对杭州市不同收入家庭的家庭人口特征描述，我们可以具体比较考虑家庭人口特征与未考虑家庭人口特征（即假定所有家庭拥有相同的人口特征）两种情景下的电费支出额差异。

表 9－10　　　　不同收入组下家庭特征导致的收入再分配效应调整

收入区间	家庭规模	65 岁以上人口	18—65 岁人口	18 岁以下人口	支出差异（%）	月差异（元）	再分配效应（元）	占比（%）
<8000 元	−0.335	0.088	−0.319	−0.104	−0.02	−0.023	−0.106	21.50
8000—15000 元	0.399	−0.147	0.430	0.116	0.01	0.009	0.897	1.05
>15000 元	0.351	0.077	0.137	0.137	0.12	0.123	1.295	9.53

由表 9－10 可得，与不考虑家庭人口特征相比，在考虑家庭人口特征后，低收入家庭的月均电费将下降 0.02 元，而中等收入家庭将上升 0.01元，高收入家庭将上升 0.12 元。很明显，电费金额调整的绝对值较小，但与在未考虑家庭人口特征时，不同收入家庭在定价转换过程后的支出

变化（即未考虑家庭人口特征时的收入再分配效应①）相比，考虑家庭人口特征后，低收入家庭的电费节约可以提升 21.50%，而中等收入家庭的电费支出将增加 1.05%，高收入家庭电费支出将增加 9.53%。因此，引入家庭人口特征对于低收入家庭增加了其电费节约，对于中等收入家庭稍微提升了电费支出，对于高收入家庭的电费有较大提升，这符合递增阶梯定价促进公平、进行收入再分配的政策目标，非线性定价下引入家庭人口特征因素强化了收入再分配效应。

需要说明的是，测算出考虑家庭人口特征后的电力支出月变化额仅为 -0.02—0.12 元，金额相对较小，这是因为，我们仅考虑公用事业服务中的居民电力服务，而电力消费占总家庭消费支出的比例仅为 6.9%—7.7%。随着我国公用事业的进一步改革与发展，包括居民用水、燃气、公共交通、供暖等都将实施非线性阶梯定价。根据 2009—2011 年《杭州统计年鉴》，家庭设备用品及服务、交通和通信的支出占总消费支出的22%—25%。因此，当公用事业领域均实施非线性定价后，家庭人口特征对不同收入家庭消费支出的影响将会放大，每年低收入家庭在实施递增阶梯定价的公用事业服务中的支出将节约 90.93 万—115.3 万元，而中等收入家庭将多支出 26.01 万—36.98 万元，高收入家庭将多支出 85.3万—108.17 万元。

进一步地，我们由式（9-16）的结构对相对等价规模所得的电费补贴率进行分解，分析家庭成员增加导致的电费支出增加额的百分比构成，结果如表 9-11 所示。

表 9-11 峰谷混合时段下的电费补贴率分解

单位:%

分时阶梯定价	单身家庭（基准）	无儿童无老人夫妇家庭	一个儿童夫妇家庭	一位老人夫妇家庭	两个儿童夫妇家庭	两位老人夫妇家庭
需求模式差异	0	152.02	80.99	75.95	56.30	50.61
支付价格差异	0	-55.19	21.06	26.95	68.12	105.37
替代成本节约	0	-3.17	2.05	2.91	24.42	55.98

① 通过比较统一定价与阶梯定价两种场景下的电费支出额可得。详见刘自敏等（2014）。

在由统一定价向分时阶梯定价转换时，相对等价规模分析得出的电费补贴率由需求模式差异、支付价格差异和替代成本节约三部分构成。其中，需求模式差异是由于家庭人口特征差异导致的用电模式（如峰谷间电力调节）等的差别，支付价格差异是由于分时及阶梯定价所导致，替代成本节约是由于在阶梯定价下，随着用电量的上升，边际价格上升，用户采取其他商品替代电力消费（如用煤气灶替代电磁炉）来满足相同效用时导致的电费节约。

分解结果显示，随着家庭规模的扩大，需求模式差异所占比例减小，家庭规模扩大导致用电行为可调整的空间减小；而支付价格差异迅速扩大，家庭成员增多使得用电跨越不同阶梯从而价格上升的概率加大；同时，替代成本节约随着家庭成员增多逐渐上升，居民在面临较高的电价时选择其他非电手段满足其效用需求，以一对夫妇的两人家庭转换到一对夫妇两位老人的四人家庭为例，三类补贴值的比例由 4 : 1 : 0.1 调整为 1 : 2 : 1。而从家庭成员结构来看，增加成年劳动力会使由于需求模式差异导致电费补贴率上升，替代成本无法节约，而支付价格将会下降。增加未成年人和老年人都将使由于需求模式差异导致电费补贴率下降，但支付价格上升，并通过替代成本实现电费支出节约。

五 收入再分配效应调整的动态变化

2009—2011 年，杭州市的分时阶梯价格政策没有发生变化，但居民收入及居民消费支出发生了改变，从而影响 QUAIDS 模型的弹性估计，以及对相对等价规模值的测算，故我们将分析不同年份间收入再分配效应调整的动态变化。

根据 2009—2011 年《杭州统计年鉴》，杭州市居民的预算水平逐年提高。本章根据《杭州统计年鉴》中按可支配收入将收入分为 5 组的情况，结合杭州市居民收入状况，将 20% 低收入组与 20% 较低收入组的平均消费性支出作为月收入小于 8000 元的居民预算水平，将 20% 中间组与 20% 较高收入组的平均消费性支出作为月收入 8000—15000 元的居民预算水平，将 20% 最高收入组的消费性支出作为月收入 15000 元以上的居民预算水平。

2009—2011 年，除低收入家庭的月消费性支出在 2009—2010 年出现下降外，其他收入家庭的支出额均逐渐上升。我们首先利用 QUAIDS 模型测算出 2009—2011 年分时与阶梯混合电价下的支出弹性、希克斯价格弹性及马歇尔价格弹性，结果如表 9 - 12 所示。

表 9 – 12　　　　　　　　**2009—2011 年消费支出弹性与价格弹性**

年份	支出弹性	希克斯价格弹性	马歇尔价格弹性
2009	0.740	− 0.471	− 0.522
2010	0.769	− 0.516	− 0.576
2011	0.769	− 0.504	− 0.562

表 9 – 12 显示，随着三年间平均月消费金额的逐渐上升，支出弹性先是增大，再保持平稳，这说明经过三年的阶梯定价实践后，家庭的电量选择基本保持稳定。两类价格弹性数值也呈现出先上升后保持小幅调整的状态，这表明家庭的电量选择是在同一阶梯内部，使电价保持不变，从而峰谷电量比也变化不大。在此基础上，我们进行三年间的电费补贴率测算。

表 9 – 13　　　　　　　　**2009—2011 年分年电费补贴率测算**

单位:%

变量	单身家庭	无儿童无老人夫妇家庭	一个儿童夫妇家庭	一位老人夫妇家庭	两个儿童夫妇家庭	两位老人夫妇家庭
2009 年电费补贴率	—	0.07	0.55	0.51	1.03	0.96
2010 年电费补贴率	—	0.06	0.53	0.55	1.01	1.05
2011 年电费补贴率	—	0.05	0.51	0.50	0.96	0.94

表 9 – 13 显示，2009—2011 年，随着居民预算水平的提高，大部分家庭类型的电费补贴呈下降趋势，居民家庭用电成本差异随着预算水平的提高而下降，这一方面是由于电费在预算支出中所占比例的下降，另一方面是居民家庭用电成本差异随着预算水平的提高而降低，由于我国的阶梯定价特征是阶梯间价格差异小（阶梯总价差为 1 毛钱）、阶梯电量间距大（第二阶段峰谷间距各为 150 度），因此，随着收入及预算水平的提高，不同收入家庭的电量消费逐渐进入相同的阶梯区间内，这与 Pashardes 等（2002）、曾鸣等（2012）的研究相一致。因此，在当前资费设计下，随着收入及预算的提高，家庭特征对不同收入类型家庭收入再分配效应的影响在减小。需要说明的是，2010 年，低收入家庭的预算支

出额下降，使有一位老人及一对成年劳动力的家庭电费补贴率上升①，这也与预算支出提高促使电费补贴率下降相一致。

表 9 - 14 　　　　2009—2011 年家庭特征导致的收入再分配效应调整

收入区间	2009 年				2010 年				2011 年			
	补贴率（%）	补贴额（元）	再分配效应（元）	占比（%）	补贴率（%）	补贴额（元）	再分配效应（元）	占比（%）	补贴率（%）	补贴额（元）	再分配效应（元）	占比（%）
<8000 元	− 0.03	− 0.03	0.07	− 43.49	− 0.02	− 0.02	0.01	− 267.68	− 0.02	− 0.02	− 0.19	12.95
8000—15000 元	0.02	0.02	0.93	2.15	0.01	0.01	0.93	0.96	0.01	0.01	0.71	1.39
>15000 元	0.11	0.12	1.19	10.12	0.11	0.13	0.67	18.93	0.10	0.14	1.95	7.16

　　由表 9 - 14 分析可得，随着居民预算水平的提高，无论是电费节约的低收入家庭，还是电费增加的中高收入家庭，三类不同收入组的电费补贴率均呈现出下降的趋势。引入家庭特征的电费补贴额强化了收入再分配效应的实施并推动其进一步向公平政策目标的演进。首先，对于 2009 年、2010 年的低收入家庭，再分配效应为正，即低收入家庭也未能实现电费节约，但引入家庭特征后其补贴金额仍然为负，此时引入家庭特征将有助于低收入家庭降低其电费支出额度的增加，并最终于 2011 年实现了低收入组的电费节约。其次，对于 2010 年的中等收入家庭与高收入家庭，由于中等收入家庭的谷时电量转移比较大（中、高收入家庭的峰谷电量比分别为 1.693 和 3.157），导致中等收入家庭的再分配效应强度大于高收入家庭，但引入家庭特征的补贴金额仍然与公平原则相一致，即中等收入家庭小于高收入家庭，此时若引入家庭特征高收入家庭的再分配效应金额将会增加更多，这将最终引致中等收入家庭与高收入家庭的关系符合公平原则。而三年的数据分析均显示，低收入家庭的家庭特征对其收入再分配的影响最大，而对中等收入家庭的影响强度较小，对高

---

① 一位老人夫妇家庭主要分布于低收入家庭，调查数据显示，有 61.7% 的一位老人夫妇家庭处于低收入家庭。《杭州统计年鉴》的数据显示，2009—2011 年中高收入家庭的消费性支出均呈现逐年增长的趋势，但低收入家庭的消费性支出为 2009—2010 年下降，2010—2011 年上升，月消费性支出分别为 1137.47、1048.89 元、1089.04 元。

收入家庭影响较大。另外，低收入家庭与中等收入家庭的补贴金额随着非线性定价的深入实施逐渐变小，而高收入家庭的电费支出增长较快，导致其电费补贴额有所上升。

第五节　结论及政策建议

本章利用2009—2011年杭州的居民用电和问卷调查月度数据，通过理论构建与实证分析，评估了分时阶梯定价这一在中国广泛使用的非线性定价方式，在引入家庭人口特征后对收入再分配效应调整的影响。我们首先构建理论框架分析分时阶梯定价方式下的居民用电行为特征，在效用最大化理论框架下，通过研究家庭阶梯选择及建立居民电力预算份额模型，利用引入家庭人口特征的QUAIDS模型分析家庭电力消费弹性，引入相对等价规模概念，测算具有不同家庭规模及家庭成员结构的电费补偿率与补偿额，并对补偿率进行分解。在理论分析的基础上，通过构建反事实场景，利用工具变量法解决非线性定价下的价格内生性问题，实证测算出家庭电力消费弹性及家庭人口特征引入对收入再分配效应的影响强度，并对不同收入家庭收入再分配效应的调整变化进行了动态分析。其基本结论是：引入家庭人口特征后收入再分配效应得到了强化，但对不同收入家庭其强度差异巨大，且随着消费预算水平的提高，家庭人口特征对收入再分配效应的影响在减小。

本章的研究结论和政策建议主要包括：

（1）家庭人口特征（家庭规模与结构）强化了分时阶梯价格的收入再分配效应，应考虑在非线性定价的资费设计中引入家庭人口特征。实证结果显示，为保持家庭效用不变，每增加一位家庭成员将会导致电费支出增加0.06%—0.52%，考虑了家庭人口特征后，由统一定价向分时阶梯定价转换的过程中，虽然电费支出调整的金额相对较小，但低收入家庭的电费节约可以提升21.50%，而中等收入家庭的电费支出将增加1.05%，高收入家庭增加9.53%。这与我国现行电价设计时的收入再分配目标构想一致，即低收入家庭得到福利补偿，中等收入家庭几乎无影响，高收入家庭为低收入家庭补贴。因此，为强化非线性定价的收入再分配功能，应该在定价设计时引入和考虑家庭人口特征，具体方法包括直接基于报告的收入与家庭特征定价,如智利某些地区的用水定价(Go-mez – Lobo and Contreras,2003);或者资费定价将仅基于报告的收入,但家庭规模通过计量方法估计得出(Meran et al.,2009)。

(2)家庭人口特征对非线性定价下的消费者行为选择有显著影响,政府在进行电力需求管理时可以引入家庭人口特征作为有效的政策工具。首先,家庭人口特征对峰谷及阶梯价格的选择有显著影响,峰谷及阶梯价格随着家庭规模的扩大而上升,但成员结构(18—65岁的成年劳动力、65岁以上老人、18岁以下未成年人)不同其影响程度不同,强度在0.4%—1.2%。而需求弹性分析显示,包含家庭特征的QUAIDS模型与不包含家庭特征的模型存在显著差异;电力需求属于基本需求,价格弹性为负且小于1,支出弹性小于1,且随着收入的增加,支出弹性与收入弹性均减小。电费支出随着家庭规模的扩大而增加,不同类型的家庭成员对电费支出的影响不同,增加一名成年劳动力人口的影响最小,为0.06%左右,增加老人或未成年人的影响较大,达到0.43%—0.46%。随着我国老龄化程度的提高,以及生育政策的逐渐放宽,不同收入家庭的家庭结构在未来会发生较大变化,故应引入家庭人口特征作为政策管理的工具。

(3)对电费补贴率的结构性分解显示,不同人口规模的家庭的电费补贴结构存在明显差异,政府应根据当前及未来的家庭规模选择合适的政策管理工具。电费补贴率由需求模式差异、支付价格差异及替代成本节约三部分构成,分解结果显示,随着家庭规模的扩大,需求模式差异所占比例减小、而支付价格差异迅速扩大、替代成本节约逐渐上升。以一对夫妇的两人家庭到一对夫妇两位老师的四人家庭为例,三类补贴值的比例由4∶1∶0.1调整为1∶2∶1。改革开放30多年来,随着我国经济的高速发展,家庭生活水平的提升,家庭规模正在逐渐变小,电费补贴中由于需求模式导致的差异在变大,但随着我国生育政策的变化,家庭规模将可能呈现出新的变化趋势,这也使得政府管理部门需要根据不同的家庭规模来选择对应的政策工具。

(4)对收入再分配效应调整的动态分析显示,随着收入及预算的提高,家庭人口特征对不同收入类型家庭收入再分配效应的影响在减小,如果政府需要加强家庭人口特征的政策强度,需要对非线性定价的资费设计进行有针对性的修订。2009—2011年,随着居民的预算水平逐年提高，支出弹性与价格弹性先是增大，再保持平稳；随着收入水平及消费预算支出的提高，大部分家庭类型的电费补贴呈下降趋势，居民家庭用电成本差异随着预算水平的提高而下降。三类不同收入组的电费补贴率均呈现出下降的趋势，增加一位家庭成员的电费补贴率由 0.07%—0.55% 下降为 0.05%—0.51%。除高收入组的补贴金额由于电费总支出增长较快而有所提升外，中低收入组的电费补贴额也在下降。由于非线性定价同时承担了经济效率、成本补偿、公平公正、收入再分配和资源保护等多个政策目标。因此，在综合权衡非线性定价的其他政策目标时，如果阶梯定价的资费结构有所调整，如阶梯价差增大、阶梯电量间距缩小，则会使得家庭人口特征对收入再分配的冲击增大。

我国非线性定价政策还处于全面实施的初期，围绕多政策目标下新增追求收入再分配、资源节约和环保等目标的影响研究还需继续深化深入，同时在家庭收入、家庭规模和构成等信息不对称下，如何制定非线性定价政策和提升其实施效力也是很值得国内学术界研究的主题。受数据获取限制，本章无法获取家庭成员的教育程度、性别数据，故未能分析人力资本、性别行为差异等因素对收入再分配效应的影响。同时，本次调查是一次完成，在调查期的三年内设定家庭人口数量与结构未有变动，因此未能研究家庭规模与结构变化对收入再分配效应的影响。这些都是将来后续研究的可能方向。

第十章　非线性定价组合下的电力需求分析

第一节　引言

　　非线性定价下的电力需求分析是经济学中的热点和难点问题。电力用户的需求行为及影响因素是电力定价机制改革和优化的基础依据，国外长期以来都非常重视针对电力用户，特别是居民电力用户的需求行为分析，很早就已经积累了丰富的研究成果（Taylor，1975）。然而，国内由于电力市场化改革进程缓慢，理论界对电力需求行为的研究进展也比较缓慢，相关实证研究更是匮乏。电力体制改革的压力迫切需要理论界对这一重大基础性问题给予解答，特别是提供实证依据，本章正是在这一背景下关注电力需求分析的。

　　本章不仅填补了国内电力需求分析的空白，而且提出并解决了新的理论问题，推进了非线性定价下需求分析的研究前沿。受电力市场特征和数据来源影响，现有文献均是考察单一定价方式下的电力需求。而中国的情况则更为特殊。随着 20 世纪 90 年代中后期全国性电力供求矛盾被局部"电荒"所取代，许多地方开始探索在政府管制下调节电力供求矛盾的零售电价改革，常见的有峰谷定价和（递增）阶梯定价，许多地方，比如杭州甚至形成了"峰谷＋阶梯"的非线性定价组合。随着 2012 年阶梯定价在全国推行，更多地方的居民用户会面临这种复杂的定价结构。无论是评估现有电价机制，还是确定未来的改革路径，都要求我们进行科学的需求分析，而基础则是对用户在非线性定价组合下的需求行为有准确把握。

　　由此产生的关键性问题是，消费者在峰谷和阶梯定价组合下的需求行为与单一非线性定价下有何不同？这个问题又可一分为二。首先，也是最根本的，消费者会像面对单一定价时那样只对单一价格做出反应吗？或者消费者会形成几种以及何种认知价格？峰谷定价旨在改变电力消费的时间分布，即"移峰填谷"；阶梯定价旨在抑制电力的过度消费，以达到节约用电的目的。既然消费者面临两个决策，我们就有理由怀疑，消费者可能利用不同认知价格来同时调整用电的时间分布和控制总量。实际上，泰勒（1975）已经指出，消费者在非线性定价下只对单一价格做出反应是不够的，需求函数应该在边际价格之外还包括一个平均价格或总支出变量。其次，定价水平是否足以激励消费者实现预定的政策目标？这一问题由冯永晟（2013）给予了回答。本章则主要关注第一个问题，只有明确了消费者对何种价格做出反应，我们才能正确地设定需求函数，同时也就验证了泰勒（1975）的假设。

电力需求是一种引致性消费，受用电模式和电器存量的影响（Dubin and McFadden，1984），因此，电力需求短期价格弹性的作用不大，长期价格弹性才更具政策意义。本章在实证方面的重要贡献是充分考虑了居民用户的家户特征、用电模式、电器存量和收入层次等关键变量的作用，当然，这得益于本章所用的独有数据集。相比其他同类研究，本章的结论更加真实可靠，比如 Shi、Zheng 和 Song（2012）计算的居民电力需求（短期）价格弹性竟达 -3.753—-2.477，明显背离常识，高得离谱。

本章利用 Davidson 和 MacKinon（1993）的包容性检验可以证明居民电力用户在面临"峰谷 + 阶梯"的非线性定价组合时，确实会同时对两种价格，即总量平均价格和峰段边际价格做出反应；在考虑各种关键性变量的影响后，居民用户的长期平均价格弹性约为 -0.5，考虑了路径依赖效应后能达到 -0.625，所有结果均表明，居民电力需求缺乏弹性，而非富于弹性。同时，本章验证了家户特征、用电模式、电器存量和收入层次等均是影响居民电力需求的关键变量，并深入分析了这些变量对电力需求的影响方式。

本章成果展示了国内居民电力需求分析领域最前沿、最全面的系统结论，为政府认识中国居民电力需求特征，进一步完善居民电力定价机制，推动电力体制改革提供了重要的理论基础和实证依据。本章提出，峰谷和阶梯定价组合在提高需求侧响应方面未表现出明显效果，而且潜在的作用空间也非常有限。2012 年在全国推广的阶梯定价难以提升用户的需求侧响应，主要作用在于扩充政府的政策手段，扭转中国居民电价

长期偏低的局面；非线性定价政策只有在电力市场竞争比较到位的前提
下才能充分释放政策效果。

第二节　理论背景

研究居民电力需求的文献虽然以实证居多，但却不断发掘出新的理
论问题。从梳理理论问题的脉络入手，可以发现本章的落脚点，同时也
是本章的贡献。

一　非线性定价下的需求响应和认知问题

经典需求理论，特别是非线性定价下的需求理论，认为消费者在非
线性约束集下仍根据真实的边际价格优化消费，从而认知价格等于边际
价格，但面临的技术困难很大，包括带拐点的预算约束和聚集点等
（Hausman，1985；Moffitt，1991）。这一条研究路线隐含地假设，消费者
能够完全理解非线性定价规则并了解其产生的影响。这一假设明显太强
了，而且越来越多的实证研究发现，消费者可能只对平均价格做出反应，
也就是说，消费者的认知价格并非边际价格。

Taylor（1975）认为，消费者面对阶梯定价时不应只对边际价格反
应，电力需求函数应该包括平均价格或各档总支出，但这篇综述文献也
仅仅提出了假设；Nordin（1976）在此基础上建议，采用平均价格与最后
一档边际价格的价格差变量会更加理想；Epsey 等（1997）发现，根据
Nordin（1976）得到的价格弹性要高于边际价格弹性。Shin（1985）率先
从消费者认知的角度，深入研究了当信息存在成本时边际价格对消费者
价格认知的影响，发现消费者实际上是对从账单平均价格做出反应；
Liebman 和 Zeckhauser（2004）认为，如果认知成本过高，那么消费者就
会"无视"复杂的定价规则，而将由总支出除以总消费决定的平均价格
作为边际价格的近似，从而放松了传统理论的假设；Borenstein（2009）
也认为，与边际价格相比，平均价格是更好的需求响应指标；近年来，
Ito（2012）更加明确地验证了消费者的认知价格只是平均价格，而非边
际价格。

消费者在非线性定价下的认知问题不但存在于电力需求分析中，在
其他领域中也同样突出。多个领域的文献都发现，消费者、纳税人和受

补贴者在面对非线性的价格结构、税率结构和补贴结构时，几乎都无法准确地理解这些结构的边际变化。除以上提到的文献，Brown、Hoffman和Baxter（1975）对电力价格，Liebman（1998）、Fujii和Hawley（1988）对税率，Carter和Milon（2005）对水价的研究都发现这一问题。而且实验经济学的结论也佐证了消费者的认知困难和对平均价格的反应，如de Bartolome（1995）对平均税率和边际税率之选的研究。

我们认为，发现消费者不对（或不只对）边际价格做出反应，并非否认新古典的研究范式，而是传统的非线性约束集模型并未考虑消费者的认知成本，即未将认知成本纳入消费者的优化过程。当然，这并非易事，因为产生认知成本的原因众多，难以标准化、模型化。第一，定价规则过于复杂，特别是在放松规制的电力市场环境下，定价水平会随时间变动，甚至频率很高，这使消费者难以跟踪电力价格的变动情况，并判断可能给自己产生的影响。第二，消费者无法精确控制自己的累积消费电量，目前来看，这主要受技术因素影响（缺乏展示实时电力消费信息的智能电表），但实际上，即使技术条件允许，消费者也面临在不同用电行为之间的再优化难题，因为消费者必须知道哪些用途是必须用电的，哪些是可以替代的，哪些则是必须停止的，而这往往很难。第三，计费周期的长短也会增加消费者优化电力消费行为的难度，比如阶梯定价下，按年计费和按月计费就会产生明显的差异，按年计费时，消费者更可能出现不理性的消费模式，比如在计费年度的前几个月很可能过度消费，因为面临的边际价格很低，而在最后几个月则不得不紧缩消费，因为面临的边际价格极高。

二　非线性定价组合产生的新问题

尽管从认知价格角度研究电力需求的研究已经取得丰富成果，但现有结论均基于单一非线性定价（通常是阶梯定价），还尚未见关于非线性定价组合，特别是关于峰谷和阶梯定价组合下的研究。若消费者面临非线性定价组合，那么问题会更加复杂。

我们不妨从最新的研究如Ito（2012）的研究来说明问题的复杂性。虽然Ito（2012）提供的直接证据确实表明消费者对平均价格而非边际价格做出响应，但是，其研究背景是竞争性电力市场下随时间波动的单一阶梯定价。这一背景使其结论具有很强的针对性，正是由于竞争性、波动和阶梯构成的复杂性，才使消费者在理解定价规则的影响时面临较高认知成本，从而只对平均价格做出反应。

　　只存在阶梯定价时，消费者面临的是单一产品的二级差别定价，消费者只需依靠某个价格就可以优化电量消费。当加入峰谷定价后，消费者面临的是峰电和谷电两种产品各自的二级差别定价，自然会面临多个价格变量。同时，由于两种产品的消费决策是相关的，因此，我们有理由相信消费者为实现效用最大化，会协调峰电和谷电的消费。那么，消费者就有可能形成多个不同的认知价格。

　　进一步分解消费者的行为方式可以发现，消费者需要同时决定用电的时间分布及控制用电总量，这也正是峰谷和阶梯定价的政策落脚点。我们可以假设，消费者必然需要某个价格变量来控制消费总量，由于用电总量等于峰谷段电量之和，总电量的真实边际成本难以计算，因此，消费者更可能使用总量平均价格；虽然我们并不确定消费者是依靠边际价格还是平均价格来调整峰谷段的时间分布，但消费者很可能会依据某个价格来做出决策。这正是本章要实证检验的假设，若这一假设得到验证，Taylor（1975）的假设也自然得到验证，只不过是在非线性定价组合，而非单一定价下。

　　此外，我们还认为，虽然 Ito（2012）似乎支持了 Liebman 和 Zeck-hauser（2004）的"无视"假设，即消费者在面临复杂定价时难以充分理解定价规则，但在管制条件下，定价方式和水平具有高度稳定性时，消费者至少不会面临价格波动的不确定性，假设消费者完全无视实际定价规则似乎过于牵强。这或许也可以在一定程度上支持我们的假设。

　　总之，消费者行为因峰谷和阶梯定价组合而发生改变是我们关注的核心问题，同时也是问题的复杂性所在。

三　路径依赖

　　电力不同于其他产品，其消费是分秒连续的，这种特征在现代社会中越发明显，比如家庭中已经普及冰箱、报警、门禁和其他具有充电或待机功能的电器等。因此，电器存量成为决定消费者用电模式的基础。由于电器存量和基于电器存量的生活习惯均难以改变，因此，消费者现在的消费特点必然受历史消费模式的影响。所以，虽然研究中常以一段时间内的电力消费作为分析对象，但各段电力消费之间往往具有明显的路径依赖特征。

　　在管制定价下，路径依赖还可能来源于价格的稳定性。理论上说，

（预期）电价水平是消费者购买和使用电器决策的关键因素之一（互补品价格）。不过，在电价受到严格管制的条件下，同一消费者在不同时期使用电器的决策，相比完全市场条件下，受价格的影响要小得多，因为价格缺乏波动。在这种环境下，消费者往往是将电力定位于"必需品"，而非商品，因此，电力消费更可能成为一种习惯性消费。

也就是说，电力消费的路径依赖特征，是刻画严格管制条件下的电力需求应该关注的问题，而这恰恰是之前相关研究所忽略的。如果路径依赖效应确实存在，但未在实证研究中考虑，那么关键参数价格的实际作用可能会被稀释，即变小，因为很多稳定性、习惯性消费的原因也被放在价格中了。

四　实证的难度

Dubin 和 McFadden（1984）指出，如果电力需求分析忽略用户的电器需求和使用模式，那么电力需求的估计将是有偏的且不一致的。Reiss 和 White（2005）也强调了电力需求分析在实证方法上面临着诸多困难。定价规则的非线性结构、不同时点用电量和不同电器用电量的加总、边际价格和电力消费之间存在同时决定的问题；用电量与电器的购电决策和居住条件之间的相互影响关系，提高了对详细居民数据的要求，同时，电器性能的差异也会加剧不同用户在需求响应方面的异质性。忽略这些信息会使需求分析的结论并不完整，不利于定价方式和水平的优化设计。

这就要求我们在建立居民电力需求模型时，尽可能多地控制影响需求的变量。既要尽可能地获取所需信息，又要在数据条件允许时，通过合理的模型选择来充分利用现有信息。当然，也要注意到，国外的研究主要基于竞争性电力市场，其价格往往随时间波动，从而能为识别关键变量提供足够的变化信息，特别是时序的差异，而中国由于电价受到严格管制，导致很多信息无法从时序变动中识别出来。

目前国内仍没有基于居民用户层面的需求分析，现有居民电力需求分析结果的可靠性也缺乏数据和方法的支撑。尽管本章的数据集仍无法提供 Reiss 和 White（2005）所提出的完美信息，但是，国内目前最为完备和细致的数据集。本章在居民电力需求模型中除价格变量外，尽可能地加入了家户信息（人口和居住条件等）、用电模式、电器存量和收入层次等变量，从而增强了结论的完整性和可靠性。

第三节　模型设定

本章的实证研究方案如下：首先，我们利用固定面板模型和 Davidson 和 MacKinon（1993）包容性检验判断在峰谷和阶梯定价组合下消费者究竟对什么价格或价格组合做出反应，具体而言，是只对总量平均价格，还是分别对峰谷平均价格或峰谷边际价格，还是同时对某种价格组合做出反应。其次，选择最佳重力估计长期需求函数。样本期内的家庭信息、用电模式、电器存量和收入层次均不随时间变化，而它们都是长期需求函数的关键变量。为弥补固定面板不能估计时不变变量参数的缺点，我们选择 Hausman – Taylor 估计法。最后，我们解释需求函数的关键参数，讨论验证两个假设，即消费者是否对多个价格做出反应，以及路径依赖效应是否会稀释价格的作用。

一　居民偏好和需求函数的基本假设

假设居民用户消费电力的效用函数是拟线性的，即需求函数中没有收入效应。根据已有关于居民电力需求的分析结果，居民电力需求的收入效应极低（Ito，2012）。假设消费者面临如下需求函数：

$$q_{it} = \lambda_i \prod p_{it,m}^{\alpha_m}$$

其中，q_{it} 表示居民（家庭）i 在时期 t 的电力需求，$p_{it,m}^{\alpha_m}$ 表示居民 i 在时期 t 形成的认知价格 m，分别表示总量平均价格、峰段边际和平均价格、谷段边际和平均价格五个价格，α_m 表示电力需求对 $p_{it,m}$ 的价格弹性。那么所需估计的基本需求方程就是：

$$\ln q_{it} = \ln \lambda_i + \alpha_m \sum \ln p_{it,m}$$

我们关注的是居民主体的需求行为，因此，固定效应模型便是最理想的计量估计模型（Baltagi，2001），同时，Hausman 检验也轻易地支持了固定效应，从而实证方程可以表示为：

$$\ln q_{it} = \ln \lambda_i + \alpha_m \sum \ln p_{it,m} + u_i + \varepsilon_{it}$$

其中，u_i 表示居民之间异质性的固定效应，ε_{it} 表示随机扰动项，服从独立同分布 $IID(0, \sigma_g^2)$。通常这一需求模型设定会面临识别问题，因为价格是消费量的函数，未被观测的需求冲击 ε_{it} 会与价格存在相关性。

为解决这一内生性问题，通常的做法是引入一个由外部政策导致的价格变动来做工具变量，称为模拟工具。这一工具变量计算了在某个消费水平上的价格变动，同时还要保证该消费水平与 ε_{it} 不相关。

但是，本章的特殊背景决定了我们可以从设定上天然地避免了内生性问题。由于样本期内的销售电价受到政府严格管制，没有任何波动，因此，需求冲击不会与价格之间存在任何相关性。反之，假设存在相关性，并按如以上方法对无论边际价格还是平均价格选择工具变量，工具变量最后都为零。

二 确定消费者认知价格的方法

参考 Ito（2012）的思路，我们首先利用固定效应模型估计基本需求函数，然后根据估计结果构造 Davidson 和 MacKinnon（1993）包容性 F 统计量，并据此判断用户对哪些价格做出反应，或形成认知价格。尽管这一研究方法与 Ito（2012）类似，但利用的样本信息和预期目标存在差异。Ito（2012）的样本有丰富的价格波动信息，而我们的样本只能利用截面差异信息，即居民之间异质性的信息；Ito（2012）是在平均价格和边际价格中二选一，而我们是要在多种价格组合中筛选出一种。

在峰谷和阶梯定价组合下，用户理论上说会面对峰段边际价格、峰段平均价格、谷段边际价格、谷段平均价格和总量平均价格（即总支出除以总电量）的影响。在本章样本中，尽管谷段定价形式是阶梯定价，但却按简单线性方式执行，即按最低一档（0.288 元/千瓦时）边际价格计算所有谷段电费，因此谷段边际价格与谷段平均价格相同。由于谷段价格不随时间变化且对所有用户都相同，无法识别，也就无法利用固定效应模型估计。因此，我们只需考察峰段边际价格、峰段平均价格和总体平均价格，从而需要估计以下四组方程：

$$\ln q_{it} = \ln\lambda_i + \alpha_{mp}\ln p_{it,mp} + \alpha_{ap}\ln p_{it,ap} + \alpha_{tot}\ln p_{it,tot} + \sum\beta_n tem_n + \gamma hum + u_i + \varepsilon_{it}$$

$$\ln q_{it} = \ln\lambda_i + \alpha_{mp}\ln p_{it,mp} + \alpha_{tot}\ln p_{it,tot} + \sum\beta_n tem_n + \gamma hum + u_i + \varepsilon_{it}$$

$$\ln q_{it} = \ln\lambda_i + \alpha_{ap}\ln p_{it,ap} + \alpha_{tot}\ln p_{it,tot} + \sum\beta_n tem_n + \gamma hum + u_i + \varepsilon_{it}$$

$$\ln q_{it} = \ln\lambda_i + \alpha_{mp}\ln p_{it,mp} + \alpha_{ap}\ln p_{it,ap} + \sum\beta_n tem_n + \gamma hum + u_i + \varepsilon_{it}$$

除关键价格变量外，我们加入了基本的环境参数，也是估计电力需求函数的基本惯例。tem_n 表示温度，β_n 表示温度 n 的参数，n 表示"最高"、"最低"和"平均"三种情形；*hum* 表示平均湿度，γ 表示其参数。

Davidson 和 MacKinnon（1993）包容性检验，将要检验的变量先用工具变量回归得到残差序列，再用固定面板模型回归增广模型，即加入了残差序列的模型。零假设是在增广模型中每个残差序列的系数都为零，意味着对应变量不应包括在模型中；拒绝原假设意味着模型中应该包括这些变量。通过构造相应的 F 统计量可以完成这一检验（Davidson and MacKinnon，1993）。

三　估计完整的长期需求函数

家庭特征、用电模式、电器存量和收入层次等关键变量，特别是用电模式和电器存量的加入使我们估计的需求函数本质上是长期需求函数，因此政策含义更有价值。该长期需求函数可以表示为：

$$\ln q_{it} = \ln\lambda_i + \alpha_m \sum \ln p_{it,m} + \sum \beta_n tem_n + \gamma hum + \sum \delta_l ctr_l + u_i + \varepsilon_{it}$$

其中，ctr_l 表示各关键变量，l 表示各个变量，δ_l 表示关键变量 l 的参数。

需要注意的是，家庭特征、用电模式、电器存量和收入层次等关键变量均是时不变变量，因为这些信息来自一次性入户调查。那么标准的固定效应模型便无法估计这些变量的参数，我们不得不调整估计策略，从而选择 Hausman – Taylor 模型（1981）。

Hausman – Taylor 模型可以理解为是固定效应模型和随机效应模型之间的折中估计重力。固定效应模型假设解释变量与 u_i 不相关，虽能保证参数的一致性，但却无法估计时不变变量的参数；随机效应模型假设解释变量与 u_i 相关，但却导致参数估计不一致。Hausman – Taylor 模型的优势在于能够得到时不变变量的一致估计值，可以看作是使用了工具变量法的一种随机效应模型。采用这一模型的前提是，外生时变变量的个数不少于内生时不变变量的个数，而我们的样本数据很明显会满足这一条件。

最后，为在需求函数中考察路径依赖效应，我们在模型中加入代表历史消费特点的变量，即历史的峰谷电量之比。同时为考察路径依赖效应时间长度对需求的影响，我们选择了不同时间段历史长度（2 个月、4 个月、6 个月）的峰谷电量比。

第四节 数据说明

本章使用的数据集来自国家电网浙江省公司在杭州市的抽样调查数据，样本结构为面板数据。样本期从 2009 年 1 月到 2011 年 12 月，共计 36 个月，18 个计费周期，69 个双数月结算用户。

杭州市从 2001 年开始实行居民峰谷定价，2004 年加入居民阶梯定价，至今一直实行峰谷加阶梯的定价组合。样本期内的用户均面临这种定价组合，且定价水平保持不变。样本期内的标准居民电价如表 10-1 所示。

表 10-1　　　　　　　杭州市的标准居民电价

	峰段（8—22 时）		谷段（22 时至次日 8 时）	
	电量（千瓦时）	电价（元/千瓦时）	电量（千瓦时）	电价（元/千瓦时）
第一档	<50	0.568	<50	0.288
第二档	51—200	0.598	51—200	0.318
第三档	≥201	0.668	≥201	0.388

需要指出的是，杭州市在样本期内两月结算一次电费，我们得到的电力消费数据也都是两月加总的数据。这造成的问题是，我们无法将双月数据倒推回单月数据（由于非线性的定价结构），也就是说，无法将每个月的电量与单月标准电价对应。为解决这个问题，我们采取了一个折中的办法，即将单月电价转化为双月电价，将各档电量乘以 2。尽管这样处理无法实现完全匹配，必然会产生一定的匹配偏差，但却是我们为使用该样本唯一可选的办法。

该数据集尽管样本量不大，但信息极其丰富，除基本的居民峰谷段的用电量、电价和电费信息外，还包括家庭信息、用电行为、电器存量和收入层次等信息。此外，我们还收集了杭州市在样本期内各月的温度数据和湿度数据，并计算得到了相应的双月值。样本的基本统计量如表 10-2 所示。

表 10 - 2　　　　　　　　　　　基本统计量

		最大值	最小值	平均值	标准误差
电力消费信息	峰电量（千瓦时）	1034	21	226.09	136.44
	谷电量（千瓦时）	1057	1	202.36	121.93
	总电量（千瓦时）	1882	24	428.45	234.55
	边际价格（元/千瓦时）	0.668	0.568	0.60	0.02
	平均价格（元/千瓦时）	0.828	0.568	0.63	0.04
	谷电价（元/千瓦时）	0.288	0.288	0.29	0.00
	平均电价（元/千瓦时）	0.588	0.368	0.47	0.04
	峰电费（元）	741.31	11.93	145.22	95.30
	谷电费（元）	304.42	0.29	58.28	35.12
	总电费（元）	976.32	12.79	203.50	122.52
	峰谷电量比	150.00	0.28	1.46	4.34
	峰谷电费比	299.07	0.66	3.11	8.66
环境变量	最高温度（°F）	397	282.46	201	77.5
	平均温度（°F）	158	43.84	−52	61.5
	最低温度（°F）	312.89	174.62	64.39	70.33
	平均湿度（%）	73.28	86.40	88.69	5.85
家庭基本信息	常住人口（人）	6	1	3.08	1.04
	65 岁以上老人（人）	2	0	0.78	0.86
	65 岁以下成年人（人）	5	0	2.09	1.20
	室（个）	4	1	2.22	0.59
	厅（个）	2	0	1.08	0.33
用户模式信息	是否使用空调（是1否0）	1	0	0.97	0.17
	是否使用电风扇（是1否0）	1	0	0.97	0.17
	是否使用洗衣机（是1否0）	1	0	0.94	0.23
	是否使用洗碗机（是1否0）	1	0	0.06	0.23
	是否用空调取暖（是1否0）	1	0	0.82	0.39
	是否用电暖器取暖（是1否0）	1	0	0.59	0.49
	是否用电做饭（是1否0）	1	0	0.67	0.47
	是否用电供水（是1否0）	1	0	0.73	0.45
	是否使用微波炉（是1否0）	1	0	0.67	0.47

续表

		最大值	最小值	平均值	标准误差
电器存量信息	冰箱冰柜数量（台）	4	1	1.09	0.41
	电视机数量（台）	3	1	1.80	0.67
	空调数量（台）	4	0	2.18	0.86
	台式计算机数量（台）	3	0	1.22	0.72
收入信息	收入 < 8000 元（是1否0）	1	0	0.55	0.50
	收入 8000—15000 元（是1否0）	1	0	0.36	0.48
	收入 > 15000 元（是1否0）	1	0	0.09	0.28

第五节 实证结果与分析

一 包容性检验结果

我们首先估计包含四种不同价格组合的固定效应模型。四个组合分别是：（1）峰段边际、峰段平均和总量平均价格；（2）峰段边际和总量平均价格；（3）峰段平均和总量平均价格；（4）峰段边际和峰段平均。根据估计结果计算包容性检验 F 统计量，我们对四组价格组合分别验证，发现了与 Ito（2012）不同的结果：消费者并非只对一种价格做出反应，而是会形成两个认知价格。检验结果如表 10 - 3 所示。

表 10 - 3 包容性检验结果

考虑的价格	Davidson 和 MacKinon F 统计量	伴随概率
组（1）	9.197	4.9e - 06
峰段边际价格	13.425	2.5e - 04
峰段平均价格	2.563	0.1094
总量平均价格	2.597	0.1071
组（2）	34.912	1.3e - 15
峰段边际价格	51.485	7.2e - 13
总量平均价格	16.300	5.4e - 05
组（3）	1.602	0.2018

续表

考虑的价格	Davidson 和 MacKinon F 统计量	伴随概率
峰段平均价格	0.904	0.3418
总量平均价格	2.507	0.1134
组（4）	13.224	2.0e－06
峰段边际价格	15.892	6.7e－05
峰段平均价格	3.713	0.0540

组（1）的结果表明，尽管可以接受三个价格并存的假设，但却不能排除平均价格和总量平均价格不显著的可能，因此排除。类似地，我们还可以排除组（3）和组（4），从而只接受组（2），即消费者同时对总量平均价格和峰段边际价格做出反应，且非常显著。

组合（2）的结果证明了 Taylor（1975）假设，即需求函数中除边际价格之外，还可以包括总量平均价格[1]；还拓展了 Ito（2012）等的研究，因为我们既验证了消费者确实会对"平均"价格做出反应（这与 Ito 相一致），同时也承认消费者会考虑"边际"价格（与 Ito 不同）；同时，我们也在一定程度上否定了 Liebman 和 Zeckhauser（2004）的完全"无视"假设，承认消费者会在一定程度上理解熟悉复杂的定价规划。

实际上，政府同时实行不同定价规则时，消费者会感受到定价规则的影响。尽管面对复杂非线性定价组合的认知成本提高了，但提高认知水平的收益也同样提高了，因为这会避免消费者的过多支出。消费者会觉察到峰谷定价是要其改变用电时间分布，阶梯定价是要抑制过度消费。因此，消费者会根据这一规制定价的特征，重新设定优化目标，既控制用电总量，又调整用电时间分布。根据我们的结果，消费者很可能会根据总量平均价格来控制用电总量，而根据峰段边际价格调整峰谷时段的用电时间分布，具体结论则会在下面的总量需求函数中得到更直接的验证。

二　总量需求函数的估计结果

假设所有解释变量都与 ε_{it} 不相关，同时家庭规模、人口结构、用电模式、电器存量和收入层次等外生变量均与 u_i 不相关，利用 Hausman－Taylor 估计量得到的变量参数估计结果如表 10－4 所示。

---

[1]　我们尚未能够验证除边际价格外，还可以加入总支出假设，这可以留待以后研究。

表 10 – 4　　　　　　　　　　　总量需求函数估计结果

	组（1）	组（2）	组（3）	组（4）
	con_ total	con_ total	con_ total	con_ total
（对数）总量平均价格	− 0.501 *	− 0.625 *	− 0.503	− 0.601 *
	（− 1.97）	（− 2.42）	（− 1.84）	（− 2.21）
（对数）峰谷边际价格	5.667 ***	5.775 ***	5.949 ***	5.645 ***
	（13.93）	（13.78）	（13.63）	（12.90）
最高温度	0.00283 ***	0.00271 ***	0.00251 ***	0.00206 ***
	（5.37）	（4.87）	（4.27）	（3.62）
平均温度	− 0.00417 ***	− 0.00556 ***	− 0.00394 ***	− 0.00255 **
	（− 5.41）	（− 6.82）	（− 4.86）	（− 3.03）
最低温度	0.00227 ***	0.00361 ***	0.00224 ***	0.00130 *
	（4.00）	（5.97）	（3.88）	（2.16）
平均湿度	0.0157 ***	0.0228 ***	0.0137 ***	0.0119 ***
	（5.88）	（8.27）	（4.87）	（3.96）
常住人口	0.122	0.134	0.124	0.125
	（1.05）	（1.34）	（0.98）	（1.05）
65 岁以上老人数	− 0.0742	− 0.0914	− 0.0731	− 0.0796
	（− 0.67）	（− 0.96）	（− 0.61）	（− 0.70）
65 岁以下成人数	0.164	0.115	0.169	0.155
	（1.38）	（1.11）	（1.31）	（1.27）
房间数量	0.491 ***	0.443 ***	0.511 ***	0.461 ***
	（6.67）	（6.87）	（6.37）	（6.01）
是否用空调	2.171 ***	2.292 ***	2.334 ***	2.528 ***
	（5.36）	（6.41）	（5.29）	（6.03）
是否用风扇	2.039 ***	1.816 ***	2.158 ***	1.956 ***
	（5.85）	（5.98）	（5.70）	（5.42）
是否用洗衣机	0.154	0.169	0.168	0.165
	（0.62）	（0.78）	（0.62）	（0.64）
是否用洗碗机	− 0.371	− 0.335	− 0.377	− 0.337
	（− 1.50）	（− 1.57）	（− 1.41）	（− 1.33）
是否用空调取暖	0.0150	0.00772	0.000818	0.0131
	（0.08）	（0.05）	（0.00）	（0.07）

续表

	组（1）	组（2）	组（3）	组（4）
是否用电暖器取暖	0.0246	-0.0307	0.0222	-0.000132
	(0.18)	(-0.26)	(0.15)	(-0.00)
是否用电做饭	0.370**	0.350**	0.383**	0.370**
	(2.88)	(3.14)	(2.74)	(2.79)
是否用电烧水	0.422***	0.404***	0.457***	0.452***
	(3.35)	(3.69)	(3.33)	(3.47)
是否用微波炉	0.0781	0.0265	0.0618	0.0285
	(0.61)	(0.24)	(0.44)	(0.22)
空调的数量	-0.157	-0.171*	-0.163	-0.162
	(-1.78)	(-2.24)	(-1.70)	(-1.78)
冰箱的数量	0.473***	0.380***	0.485***	0.382**
	(3.65)	(3.36)	(3.41)	(2.83)
电视的数量	-0.0366	-0.0237	-0.0512	-0.0464
	(-0.38)	(-0.28)	(-0.49)	(-0.47)
台式电脑的数量	0.0263	0.0359	0.0420	0.0588
	(0.32)	(0.51)	(0.48)	(0.70)
收入在8000—15000元	-0.695***	-0.590***	-0.718***	-0.713***
	(-4.88)	(-4.76)	(-4.62)	(-4.83)
收入高于15000元	-0.598**	-0.526***	-0.633**	-0.614**
	(-3.27)	(-3.32)	(-3.18)	(-3.25)
滞后1期的峰谷电量比		-1.844***		
		(-8.23)		
滞后2期的峰谷电量比			0.119	
			(0.53)	
滞后3期的峰谷电量比				-1.265***
				(-5.26)
N	809	763	717	672

注：t 测计量，* 表示 $p < 0.05$，** 表示 $p < 0.01$，*** 表示 $p < 0.001$。

根据以上估计结果，我们分别考察居民长期电力需求函数的特点。

（一）核心变量——价格

可以看出，总量平均价格和峰段边际价格的系数都非常显著。总量平均价格系数的符号为负，与理论预期一致，所代表的价格弹性在0.501—0.625，也与直观相吻合，即电力长期需求缺乏弹性（绝对值小于1）。这也就验证了消费者确实会依据总量平均价格来调整其电力消费总量。

峰段边际价格的结果比较有意思。峰段边际价格显著为正，似乎比较异常，不过，在由政府规定的递增阶梯定价下，这是消费者对政府定价的客观反应，因为边际价格与电量都是递增的，且是同步决定的。因此，这个系数实际上代表了峰段用电量的变化给总用电量变化所带来的影响，进一步地，即表明消费者是根据这一价格调整用电的峰谷段分布。

具体以第（2）组估计结果为例说明，峰段边际价格的系数5.775表示当峰段边际价格提高1%，对应的峰段用电量就会相应增加，从而助推总用电量提高5.775%。由于电力用户在控制用电总量并同步调整峰段用电量的同时，也就意味着用户同步调整了谷段用电量，因此，用户实际上是在根据峰段边际价格调整用电的峰谷段分布。

因此，峰段边际价格的含义并不同于总量平均价格的含义，并不代表需求法则规定的反向变动关系。在这里，我们可以将总量平均价格定义为直接认知价格，而将峰段边际价格定义为间接认知价格。利用间接认知价格优化峰谷段的用电分布，在此基础上，根据直接认知价格同步调整消费者总量。验证了消费者在峰谷和阶梯定价组合下会利用双重认知价格的结论是本章不同于其他研究的最大特点。

（二）关键控制变量

1. 温度和湿度

温度和湿度变量的系数均非常显著。其中，最高温度越高或平均湿度越高，电力消费就越多。背后的原因在于，消费者无论是降温还是除湿都可能密集使用空调等电器。最低温度越高，电力需求越大。其原因在于，最低温度越低，居民越可能采取电力的替代方式，特别是集中供暖、天然气供暖等，因此，电力需求就越小；最低温度越高，取暖需求变小，居民更可能选择电力供暖，比如只开某个房间的空调或使用电暖器取暖等，从而增加电力消费。结果还表明，平均温度越低，用电量越大。

2. 家庭情况

常住人口和人口结构的系数虽不显著，但却表现出与预期一致的结果。常住人口和 65 岁以下的成年人越多，用电机会越多，用电量自然越多；而 65 岁以上的老人越多，用电量就越少，原因在于老年人的生活往往简朴，注意节约。

房间数量的系数与预期一致，且非常显著。房间数量越多，用电可能性越大，因为能容纳的电器更多，电器的耗电量也更大。

3. 用电模式

使用空调、风扇，用电做饭、烧水的系数为正，与预期一致，且非常显著，表明使用这些电器的行为都会显著增加电力需求。这也反映出杭州居民生活水平的提高和生活方式的变革：空调、风扇已经普及，做饭烧水也实现了从依靠传统能源向清洁电力的转变。

其他用电模式变量的系数并不显著，表明家庭可能不常使用洗衣机、洗碗机、微波炉和用空调、电暖器取暖。由于洗衣、洗碗和加热饭菜等活动都存在多种实现手段，因此，这些变量的系数不显著可能是因为存在替代选择。而用空调、电暖器取暖的系数不显著则是因为杭州的气候条件，杭州属亚热带季风性气候，全年平均气温 17.5℃，用电取暖并非主要选择。

4. 电器存量

冰箱数量的系数显著为正，台式机数量的系数不显著但也为正，与预期一致，证明了一般电器数量越多，用电量越大。而空调、电视数量的系数却与预期不一致，原因可能有三：第一，空调和电视都面临替代品的竞争，比如居民有可能使用风扇而非空调，有可能看电脑而不是电视，但冰箱的替代品就很少；第二，空调和电视不同于电脑，常常是一机开启，多人受益；第三，空调和电视的节能技术进步迅速，比如变频技术的逐渐普及，而家庭中一旦购买新机，往往就更多使用新机器。当然，尽管这些系数为负但并不显著。

5. 收入层次

两个反映收入层次的系数均显著为负，表明与低收入水平（相对而言，低于 8000 元）相比，中高收入家庭的电力消费反而更低。背后的原因在于：收入水平越高的家庭，越有能力购置节能高效的电器；同时外出消费越多（替代家庭消费），从而减少了家庭用电的机会。此外，这种情况也可能与中国整体电价偏低有关，由于长期以来电力都作为必需品进入人们的生活，因此，即使相对贫穷的家庭，电力消费总量也很可观。当然，这里使用的是家庭总收入水平，这与家庭富裕程度并不完全对应。

6. 路径依赖效应

滞后 1 期和滞后 3 期变量的系数均显著为负，表明消费者确实会根据历史消费特点来调整当期消费。如果消费者发现之前时期的峰段用电过多，那么当期就会减少峰段消费。滞后 2 期的变量则并不显著，背后的原因可能在于滞后 4 个月，相当于跨越季节，用电模式会发生比较显著的变化，参考意义不大。

加入路径依赖会明显增大总量平均价格的弹性，加入滞后 1 期、3 期变量分别会提高 0.124 和 0.1。这表明，消费者在了解自身用电特点后，会更加关注价格的影响。

第六节　政策含义

上面的电力需求函数反映了居民用户在复杂政府管制定价组合下的需求行为，构成了我们评价政府管制定价，即峰谷和阶梯定价组合，以及近年来一些定价政策动向的基础。

一　定价政策的实际需求响应效果

峰谷和阶梯定价组合的共同目标是提升电力用户的需求侧响应。那么总体作用如何呢？根据本章实证结果，居民用户的长期价格弹性在 0.501—0.625。尽管我们无法确知用户在实行非线性定价组合之前的价格弹性，但可以肯定的是，非线性定价的实施并未根本改观居民用户的消费特点，即电力需要仍缺乏价格弹性，或缺乏需求响应。

若按样本的家庭双月平均电量 430 度计算，单月电量约为 215 千瓦时，如果平均价格提高 1%，也就是提高 6.3 厘，那么居民用户的月电费支出就会增加 1.35 元，而电量仅减少 0.5%，约 1 千瓦时；进一步地，如果价格提高 1 分，那么电费支出会增加约 2 元，电量减少仍不到 2 千瓦时。即使按 2008 年杭州市最低工资标准 960 元（2011 年提高到 1310 元）计，一般家庭的最低月收入大概在 2000 元，很难想象 2 元的支出变化会刺激家庭用户调整用电行为。

二　非线性定价的潜在政策空间

再进一步地，假设只依靠非线性定价，即使实施最完美的峰谷和阶梯定价组合能够实现多大程度的需求侧响应？对此，我们从以下两个方面解释。

首先，从国际经验来看，即使是实行零售竞争的电力市场，居民用户的电力需求也仍旧缺乏价格弹性。从这个意义上讲，在管制环境下，利用非线性定价改善居民需求侧响应的作用空间非常有限，根本就不可能扭转居民电力需求缺乏价格弹性的本质特点。

其次，峰谷和阶梯定价的政策目标存在潜在冲突。实际上，地方政府最早是为缓解高峰电力需求，避免高峰时段"电荒"才出台峰谷定价，比如杭州 2001 年；但随着电力供需矛盾依旧持续，政府才进一步从控制用电量的角度出台阶梯定价，比如杭州 2004 年。但问题在于，移峰填谷很可能会抵消部分控制用电量的效果，从而难以从根本上缓解"能源供应紧缺、环境压力加大"（国家发改委，2010）的问题。

总之，单纯依靠非线性定价方式本身无法有效激励需求侧响应。

三　如何理解阶梯定价的推广与电力体制改革

我们注意到，虽然 2012 年阶梯电价在全国推行，但其背后的推动因素与之前地方实行阶梯定价的推动因素还略有不同。2012 年之前实行阶梯定价的地方，大多位于东部发达地区，区域性、阶段性电荒问题比较突出。像杭州市在 2004 年实行阶梯定价，直接目的就是缓解电荒压力。如前所述，既然非线性定价或非线性定价组合无法根本性地提升居民的需求响应，那么为什么政府还要在全国推广阶梯定价呢？

首先，中央政府面临的问题与地方政府不同，它关注电力产业整体的电价矛盾，即居民电价所形成的私人收益与社会收益不相匹配，或居民用户享受了补贴，直接的政策目标是要扭转居民电价长期偏低的局面，同时逐步解决补贴问题。[1]

其次，在阶梯定价下，政府的提价行为可以更加隐蔽，提价的手段更加丰富，既可以调整档数，也可以调整各档或某一档的边际价格水平，而由于消费者面临认知成本，因此提价的影响很难被准确察觉。

---

[1]　可参见国家发改委《关于居民生活用电实行阶梯电价的指导意见（征求意见稿）》，2010 年 10 月。

因此，尽管阶梯定价本身难以促进居民用户"合理用电、节约用电"，但却为政府提供了一个理想的、行之有效的政策工具，使政府在面对电价调整压力（比如说煤电联动）时，可以从容地调价，而不会遇到很大的阻力。比如，在现有标准的三档资费设计下，即使长期保持前两档不变，而只调高第三档的边际价格（往往是提前调整），那么随着居民生活水平的提高和用电量的持续增加，平均电价必然不断上升。比如，杭州市 2012 年将第三档电价大幅提高到 0.868 元/千瓦时，就是这种效果。

还要注意到，政府能否合理确定电价水平才是最关键的问题。正是由于中国电力市场化程度不高才导致电力供求与价格无法相互引导，政府不得不寻求市场手段以外的替代工具，即非线性定价来强化需求侧响应。但是，政府会面临信息不完备和不对称等问题，很难获得准确定价的必要信息，所以，我们也很难预期非线性定价能够得到有效执行，并达到与市场引导相同的配置效率。此外，非线性定价还可能强化政府的垄断权力，并因定价方式的复杂性而产生更多腐败的机会，为利益集团"寻租"提供更大空间。

综上所述，尽管相比传统的居民用电价格，非线性定价确能发挥一定作用，但是，这一路径背后的理念是通过政府定价，而非通过市场化改革来解决问题，理念的偏差决定了这一政策只能锦上添花，而无法雪中送炭以推动电力体制改革。同时国际经验也表明，竞争程度较高的电力市场往往都未实行阶梯定价（市场和政府的替代性更加明显），被认为市场化程度最高的 PJM 电力市场甚至已经向动态零售电价发展，即将零售电价与竞售电价直接挂钩，完全由市场决定。总之，从中国电力体制改革的大背景来看，推广阶梯定价对电力市场化的推动作用非常有限，体制改革路径根本仍在于结构与模式之选。也唯有市场竞争有效开展，阶梯定价及其他非线性定价方式的政策目标才能切实落实，比如美国实行五级阶梯定价的加州电力市场。

第七节 结论

本章首次利用中国居民的微观数据分析了电力需求行为。为了准确地反映峰段和阶梯定价组合给居民用户带来的影响和由此导致的需求函数的变化，我们利用 Davidson 和 MacKinon（1993）的包容性检验进行验证，并发现消费者在峰谷和阶梯定价组合下，确实会形成多种认知价格。消费者会根据总量平均价格确定电力需求总量，同时根据峰段边际价格来调整用电时间分布。消费者的长期电力需求的价格弹性大约在 0.501，在考虑居民用电调整电力消费的路径依赖效应后，长期价格弹性能够达到 0.625。所有结果都表明，居民电力需求缺乏价格弹性。本章还系统地分析了温度湿度、家庭信息、用电模式、电器存量、收入层次等变量对需求的影响，得到了丰富结论。

　　本章的实证结果表明，峰谷和阶梯定价组合在提高需求侧响应方面未表现出明显效果，而且潜在的作用空间也非常有限。2012 年在全国推广的阶梯定价很难实现预期政策目标，主要是为政府提供了更便利的调价手段，有助于扭转中国整体居民电价长期偏低的局面；但很难保证政府能有效执行这一政策；更难以推进电力体制改革的进程。推进改革的根本还在结构与模式之选，只有市场竞争到位，非线性定价才能发挥应有效果。

第十一章 递增阶梯定价、分时定价与微观需求行为

第一节 引言

居民电力需求，特别是非线性定价下的微观需求分析一直是需求理论和定价政策研究领域的热点和难点，自 20 世纪 80 年代世界范围内电力放松规制浪潮以来，居民电力需求分析就成为支撑电力市场化改革的重要理论依据：居民用户如何对电价做出响应、居民定价机制应如何设计，等等。然而，微观需求分析领域长期存在激烈争论，在很大程度上甚至阻碍着电力市场化进程。中国同样面临类似问题。近年来，中国在居民电价领域推出一系列改革措施，比如一些地市实施了递增阶梯定价，或阶梯定价与分时定价，即与日度峰谷定价的组合；2012 年国家发改委在全国范围内推广了居民用电的阶梯定价，并计划于 2015 年年底前进一步在全国推广峰谷定价。这一方案引发了广泛的学术和政策讨论，问题的焦点集中在，递增阶梯定价及与峰谷定价的组合，能够如政策目标宣称的那样有效地鼓励合理用电行为，并在保障基本需求的同时促进公平消费吗？更进一步地，政府的居民电价改革理念是否与电力市场化改革方向保持了一致，同样值得深入探讨。回答这些问题需要我们对递增阶梯电价、分时电价下的微观用电需求行为进行深入剖析，这便构成了本章的核心内容。

我们首先解决了非线性定价下需求分析的四个理论难题，包括来自非线性定价规则导致的电量与电价间的内生性问题、电力消费的引致性特征、用户的复杂异质性特征和多种定价政策的组合特征等，构建起基于一般矩估计的完备结构计量模型，并结合丰富的家庭层面微观数据，

保证了实证模型能够真实地反映中国居民的用电行为，为科学地评估居民电价政策的实际效果提供了可靠的理论依据。与预期一致，我们验证了中国居民电力需求的价格弹性极低且收入效应微乎其微的基本结论，更重要的是，我们发现，根据递增阶梯定价和峰谷定价组合下的多种微观需求特征分析，阶梯与峰谷定价的组合并非有效的定价政策，也很难达到促进公平的目标；而且阶梯定价与峰谷定价组合的价格波动影响极为复杂，这极大地提高了规制机构的政策实施难度。我们并非在否定非线性定价政策的可能效果，而是在强调，非线性定价政策的效果释放是有条件的和具体的。对中国居民电价而言，在真实反映电力社会机会成本的有效市场资源配置机制出现之前，阶梯定价和分时定价的政策空间极为有限。我们主张，居民电价改革必须放在电力体制改革的整体框架下审视。正是由于政府缺乏对竞争性电力市场，特别是批发市场和零售市场各自定位及功能的准确认识，才导致居民定价政策走入歧途，而能否有效地发挥出非线性定价政策的应有效果，根本上取决于竞争性电力市场，特别是竞争性批发市场的构建。更进一步地，竞争性市场的存在，也将使政府面临截然不同的定价政策选择问题。

第二节　理论问题与研究进展

研究阶梯、分时等非线性定价与居民电力需求的文献极为丰富，同时也极富争议，这是因为，非线性定价下的居民电力需求建模面临极大的困难。总体来说，有四个方面：一是定价方式本身的非线性结构；二是电力需求的引致性特征；三是用户复杂异质性特征；四是多种定价的组合使用。在非线性定价下，居民的消费与边际价格是同步内生决定的，这就与基于边际优化的传统需求理论不完全一致，如何协调这种不一致就成为推动需求理论发展的重要推动力之一，而且这不仅仅存在于电力需求分析领域内。电力需求的引致性意味着电力需求根本上是由电器存量及电器使用行为决定的，理论上说，用电决策应与电器的购买和使用决策结合起来分析，但现实研究几乎难以达到这一要求（微观信息需求极高），目前这一领域所能达到的普遍水平也仅是考虑了电器存量及用电方式，极少数研究在尝试将个别耐用品的购买与电力消费联合建模，如

Rapson（2014）。用户的异质性对电力需求具有关键性影响，但实证研究往往受到模型和数据限制而无法充分体现。定价政策的丰富性及其组合使用则进一步增大了刻画消费行为的难度，目前相关文献仍十分缺乏。更重要的是，以上困难往往同时存在于所研究的问题之中，从而更增加了需求分析的难度。

针对以上困难，绝大多数文献往往是通过假设绕过其中的部分难题，采取简化策略，估计一般性的线性（或对数线性）居民需求函数。这类文献的贡献往往是提供一定时期内对一国或地区的居民需求价格弹性的一个直观认识，但对定价政策和市场改革的指导作用非常有限。这类研究通常会忽略上述第一个困难，寄希望于在简化设定下通过丰富的数据来反映电力需求的引致性和消费者（通常是家庭）的异质性，但这些假设从根本上扭曲了电力需求和定价结构的本质特征，从而导致设定偏误，使实证结果无法反映真实的需求行为，政策价值也因此受损。相对而言，Hausman（1985）、Moffit（1986，1990）等以虚拟收入假设为基础建立起不确定性下的双误差模型，以协调非线性定价与传统需求理论之间的鸿沟。当然，理论界对虚拟收入的假设一开始就存在很大争论，比如，这一所谓"收入"到底是一种收入补偿还是一种对价格的认知（Shin，1985），近年来的一些实验经济学研究也在动摇其假设基础（de Bartolome，1995），但无论如何，这一研究路径是该领域内最丰富和成熟的分支，且发挥了重要的政策指导作用。Reiss 和 White（2005，以下简称 R—W）借鉴了这一研究路线，通过更为细致的结构建模综合考虑了以上前三个方面的困难，深入刻画了消费与价格的内生决定问题，并利用用电模式来反映消费者的异质性，建立起分析二级递增阶梯定价下需求行为的整体计量模型，采用矩估计方法估计得到了需求函数的一致参数。比较来看，R—W 模型不仅是最为完备的需求模型，还具有许多其他模型所不具备的优点，比如解决了用年度数据识别月度（消费按月定价，但按年结算）参数，即跨期加总的技术难题；不需要价格的时间波动信息即可识别价格参数，即样本期内的价格可以保持不变；而且能够对电价改革进行前瞻性的政策评估。这些优点使我们有可能利用 R—W 模型来深入地研究中国的居民电力需求问题，并对中国的定价政策评估和改革提供经济理论依据。

不过，R—W 模型仅是针对单一非线性定价（二级递增阶梯定价）

的模型，无法准确地刻画多种定价组合下的需求行为，而中国很多地区，在未来可能有更多地区将实施非线性定价的组合政策。那么 R—W 模型也就无法用于分析中国居民电力需求，更无法评估未来的定价改革政策。考虑到这一模型综合解决各种需求分析难题的优势及政策评估效力，我们借鉴 R—W 的结构建模思路，拓展了 R—W 模型以考虑定价方式的"组合"特征，建立起更为完备的需求模型，从而能够分析非线性定价组合，也就是本章的递增阶梯定价与峰谷定价组合。这也是目前在国内外需求分析领域内最为完备的设定。

第三节　非线性定价组合下的需求模型设定与估计策略

一　阶梯与峰谷定价组合下的需求模型

R—W 创新性建立起与需求理论相契合的结构计量模型，解决了传统设定存在的设定偏误，不过，却仅针对单一阶梯定价，无法解决阶梯和峰谷等的定价组合问题。下面我们从建立非线性定价下的需求函数入手，一步步地建立起刻画三级递增阶梯定价和峰谷定价组合的需求模型，并具体说明模型在识别和估计等方面的细节。

（一）递增阶梯定价下的电力需求

1. 分析递增阶梯定价的起点

从 Gabor（1955）开始，经济学就已经意识到多部制定价等非线性定价会使消费者面临拐点预算约束。这时，消费者的需求并非取决于单一边际价格，而是取决于整个定价规则。从 Hall（1973）开始，主流计量经济学分析开始线性化预算约束，以利用经典需求理论的一般需求函数形式表示非线性定价下的需求。假设 $x(p, y)$ 代表消费者面临不变边际价格 p 和收入 y 时的需求函数，消费者面临着由式（11 – 1）表示三级递增阶梯定价。

$$p = \begin{cases} p_1 & for\ x \leqslant \overline{x}_1 \\ p_2 & for\ \overline{x}_1 < x \leqslant \overline{x}_2 \\ p_3 & for\ \overline{x}_1 < x \end{cases} \qquad (11-1)$$

那么消费者面对这一定价规则时最优消费者水平 x^* 就表示为：

$$x^* = x(p^*, \ y^*) \tag{11-2}$$

其中，p^* 表示近似线性预算约束的斜率，代表消费者的均衡边际支付意愿。能够让消费者在这一价格水平上消费 x^* 的收入水平就表示为：

$$y_2^* = y + \bar{x}_1(p_2^* - p_1) \ 或 \ y_3^* = y_2^* + \bar{x}_2(p_3^* - p_2) \tag{11-3}$$

需要注意的是，p^* 和 x^* 实际上是由定价规则式（11-1）、需求式（11-2）和收入式（11-3）组成的方程系统内生决定的。

2. 传统设定无法准确刻画需求

多数研究都明确地或隐含地采用了单一等式，即式（11-2）的简单逻辑来估计需求函数。由于边际价格由供给和需求共同决定，因此，使用 p^* 的 OLS 估计会导致需求参数估计值有偏且不一致。针对这一问题，多数研究都使用了一些校正策略，比如用代理变量法或工具变量法等进行估计。两种方法都可以在一定程度上减轻内生性，但也都产生了新的偏差：代理变量法往往错误地选择边际价格，而工具变量法则难以找到更好的工具变量。

工具变量的自然集合是价格规则的各构成部分（McFadden，Puig and Kirshner，1977），但这种方法也存在重要缺陷：样本中的定价规则可能变化很少或根本无变化，就像本书所使用的样本一样，这就使工具变量法面临一个典型的弱工具问题。另一个重要也更普遍的问题是消费信息的跨期加总或跨服务（或商品）加总。比如，本书要处理的电量数据是按单月定价规则计费，却按双月进行结算，这就使我们无法观测到每个消费者的单月实际边际价格，从而无法使用工具变量，因为内生边际价格（更准确地说，内生边际价格序列）无法映射到任何工具变量上。针对跨期加总问题，传统处理方法往往完全忽略，即假设问题不存在从而勉强地使用工具变量，但这不仅导致价格设定错误，更掩盖了能够反映需求的本质特征。

3. 阶梯定价下的需求

我们首先通过解由式（11-1）至式（11-3）系统把 x^* 表示为价格规则的函数，假设一般需求函数形式表示为：

$$x(p, \ y, \ z, \ \varepsilon; \ \beta) \tag{11-4}$$

其中，除价格和收入外，z 表示可以观测到的消费者特征，ε 表示观测不到的消费者特征，β 表示待估参数。遵循 R—W 的设定，避免不必要的技术处理，我们假设需求随 ε 严格递减，随 p 严格递增。对于三级递增阶梯定价而言，家庭最优消费水平 x^* 是定价规则的函数。

$$x^* = \begin{cases} x(p_1,\ y_1,\ z,\ \varepsilon;\ \beta) & if \quad \varepsilon < c_1 \\ \overline{x}_1 & if \quad c_1 < \varepsilon < c_2 \\ x(p_2,\ y_2,\ z,\ \varepsilon;\ \beta) & if \quad c_2 < \varepsilon < c_3 \\ \overline{x}_2 & if \quad c_3 < \varepsilon < c_4 \\ x(p_3,\ y_3,\ z,\ \varepsilon;\ \beta) & if \quad C_4 < \varepsilon \end{cases} \qquad (11-5)$$

其中，$y_1 = y$，$y_2 = y + \overline{x}_1(p_2 - p_1)$，$y_3 = y_2 + \overline{x}_2(p_3 - p_2)$[①]；$c_l$ 是 $x(p,\ y,\ z,\ c;\ \beta) = \overline{x}$ 的解，c_1 和 c_3 是 ε 在消费量位于第一档和第二档时的最大值，c_2 和 c_4 是 ε 在消费量位于第二档和第三档时的最小值。只要收入效应不太大，对于任何正常的需求曲线都有 $c_1 < c_2 < c_3 < c_4$。[②] 单一定价需求函数可以看作式（11-5）的特例 $x^* = x(p,\ y,\ z,\ \varepsilon;\ \beta)$。

（二）阶梯定价下的识别问题

只按式（11-5）的设定是否能够识别出价格对需求和供给的效应？一般而言，在线性模型下，识别需要利用额外的排除条件，即找到可靠的工具变量，但在非线性定价环境下，情况却并非如此。在本章中，需求是可以完全识别的，因为，第一，阶梯定价规则在各档内的价格保持不变；第二，ε 给定边际价格的条件分布是可计算的。那么，利用同一档内不同家庭之间的消费差异就可以识别需求的非价格变动。价格效应则可以通过不同价格档上家庭之间的平均消费的剩余差异，减去未观测特征的平均差异来识别。这通过 ε 的边际分布和定价规则就能够计算出来。[③] 因此，我们只需要对 ε 做出一些合理的分布假设，就可以不通过价

---

① $\overline{x}_1(p_2 - p_1)$ 和 $\overline{x}_2(p_3 - p_2)$ 都是超边际价格折扣，这是为了保证消费者能够以不变价格购买 $x^* > \overline{x}$ 所需补偿的虚拟收入，因此，非线性带来的影响通过收入效应而影响消费决策。这是线性化预算约束的自然结果，与此不同的另一种处理方式是将假设消费者不是改变自己的预算约束，而是直接熨平定价规则，即形成认知价格。

② 根据 Reiss 和 White（2005），从技术角度而言，式（11-5）中的各种情形条件只对特定偏好才成立。对正常品而言，这相当于假设收入效应不很大，或者更具体一些，超边际价格折扣产生的收入效应不会超过更高边际价格产生的替代效应。实际上，无论是通过对本章研究样本数据的统计分析，还是最终实证结果，抑或是已有相关研究（Ito，2014）来看，电力需求的收入效应都是微乎其微的。

③ 如果峰谷—阶梯定价组合中，假设谷段阶梯定价退化成单一定价，那么单独估计时就会存在识别问题，不过，由于谷段价格是组合定价的一部分，谷段与峰段阶梯的组合构成了组合价格下的不同阶梯，因此峰段的阶梯性质同样能够保证谷段需求参数的识别。

格波动而估计需求函数。①

总之，通过解出边际价格而得到式（11 – 5），那么式（11 – 2）所存在的内生性问题就完全避免了。此外，式（11 – 5）清楚地表明非线性定价规则的具体设定如何影响需求决策，从而提供了一个预测消费量如何受不同定价规则影响的分析框架。

（三）加入峰谷定价后的电力需求

考虑峰谷定价②后，消费者的电力总需求是由峰段需求和谷段需求共同组成，这时最优的家庭消费水平 x_{mix}^* 就表示为：

$$x_{mix}^* = x_p^* + x_v^* \tag{11 – 6}$$

如果消费者面临峰谷定价且峰、谷段均采取递增阶梯定价，那么峰谷段的需求就都用式（11 – 5）表示。这时，消费者面临峰谷用电的选择问题，这也正是峰谷定价存在的依据：引导消费者实现峰谷段的消费转移。需要注意的是，峰谷段的消费量和峰谷段之间的比例关系是同步决定的，但单纯依靠式（11 – 5）还无法保证这种同步性。

二　估计方法的选择

从计量角度看，式（11 – 5）是一个非线性删减模型，删减位于分布的内部而非尾部。这种模型的标准处理方法是由 Burtless 和 Hausman（1978）、Hausman（1985）、Moffit（1986，1990）发展起来的双误差极大似然估计模型。就本章而言，一方面，似然函数庞杂且难以估计；另一方面，峰谷规则从根本上使问题更为复杂，相当于给似然估计施加了新的峰、谷比例约束。若不考虑这一约束，那么参数必然是不一致的；若考虑这一约束，那么似然估计将难以处理。为解决这些问题，我们拓展了 R—W 模型的一般矩估计法，引入了体现峰谷规则影响的设定。但无论如何构造矩方程，我们都需要计算消费者单月消费的矩条件。对式（11 – 5）分段积分，可以得到单月期望消费。

$$E(x^* \mid \cdot) = E_\varepsilon[(p_3, y_3, z, \varepsilon; \beta)] + h(p_1, p_2, \bar{x}_1, y, z; \beta) + h(p_2, p_3, \bar{x}_2, y, z; \beta) \tag{11 – 7}$$

其中，$h(p_1, p_2, \bar{x}_1, y, z; \beta) = \tau_2 - \tau_1$ 和 $h(p_2, p_3, \bar{x}_2, y, z; \beta) =$

---

① 当然，如果有价格波动，那么模型就会增加一个识别来源。

② 更一般地，峰谷定价可以理解为分时定价。根据分时跨度的不同，峰谷定价的形式有很多种，在本章中，峰谷是指一天中的不同时段：峰段为 8—22 时，谷段为 22 时至次日 8 时。

$\tau_4 - \tau_3$ 是两个删减校正函数，其中的截断矩为：

$$\tau_1 = \int_{-\infty}^{c_1(\beta)} [\,\overline{x}_1 - x(p_1, y_1, z, \varepsilon; \beta)\,] \mathrm{d}F_\varepsilon; \quad \tau_2 = \int_{-\infty}^{c_2(\beta)} [\,\overline{x}_1 - x(p_2, y_2, z, \varepsilon; \beta)\,] \mathrm{d}F_\varepsilon$$

$$\tau_3 = \int_{-\infty}^{c_3(\beta)} [\,\overline{x}_1 - x(p_2, y_2, z, \varepsilon; \beta)\,] \mathrm{d}F_\varepsilon; \quad \tau_4 = \int_{-\infty}^{c_4(\beta)} [\,\overline{x}_2 - x(p_3, y_3, z, \varepsilon; \beta)\,] \mathrm{d}F_\varepsilon \tag{11-8}$$

其中，$c(\cdot)$ 由式（11-5）定义。假设 ε 以相加形式进入式（11-4），变形整理有：

$$E(x^* \mid \cdot) = \int_{-\infty}^{c_{11}} [\,x(p_1, y_1, z; \beta) + \varepsilon\,] \mathrm{d}F_\varepsilon + \int_{c_{11}}^{c_{12}} \overline{x}\,[\,x(p_2, y_2, z; \beta) + \varepsilon\,] \mathrm{d}F_\varepsilon +$$

$$\int_{c_{13}}^{c_{14}} \overline{x}_2 \,\mathrm{d}F_\varepsilon + \int_{c_{14}}^{+\infty} [\,x(p_3, y_3, z; \beta) + \varepsilon\,] \mathrm{d}F_\varepsilon \tag{11-9}$$

假设 ε 的分布函数 F_ε 为正态分布 $N(0, \sigma^2)$，那么单月期望消费就表示为：

$$E(x^* \mid \cdot) = [\,x(p_1, y_1, z; \beta) - \sigma\lambda_1\,]\, \Phi\!\left(\frac{c_1}{\sigma}\right) + \overline{x}_1 \left[\, \Phi\!\left(\frac{c_2}{\sigma}\right) - \Phi\!\left(\frac{c_1}{\sigma}\right)\right]$$

$$+ [\,x(p_2, y_2, z; \beta) - \sigma\lambda_3\,]\, \Phi\!\left(\frac{c_3}{\sigma}\right) - [\,x(p_2, y_2, z; \beta)$$

$$- \sigma\lambda_2\,]\, \Phi\!\left(\frac{c_2}{\sigma}\right) + \overline{x}_2 \left[\, \Phi\!\left(\frac{c_4}{\sigma}\right) - \Phi\!\left(\frac{c_3}{\sigma}\right)\right]$$

$$+ [\,x(p_3, y_3, z; \beta) + \sigma\lambda_4\,]\left[\,1 - \Phi\!\left(\frac{c_4}{\sigma}\right)\right] \tag{11-10}$$

其中，$\Phi(\cdot)$ 是标准正态的累积分布函数 $N(0, \sigma^2)$，$\Phi(\cdot)$ 是概率密度函数，$\lambda_j = \Phi\!\left(\frac{c_j}{\sigma}\right) \Big/ \Phi\!\left(\frac{c_j}{\sigma}\right)$，$j = 1, 2, 3$；$\lambda_4 = \Phi\!\left(\frac{c_4}{\sigma}\right) \Big/ \Phi\!\left(1 - \Phi\!\left(\frac{c_4}{\sigma}\right)\right)$。

根据后面将要介绍的实际定价特征，假设仅峰谷执行阶梯定价，而谷段消费执行单一线性定价，$x_v = x(p_v, y_v, z; \beta)$，那么式（11-10）表示为：

$$E(x_m^* \mid \cdot) = [\,x(p_1, y_1, z; \beta) - \sigma\lambda_1\,]\, \Phi\!\left(\frac{c_1}{\sigma}\right) + \overline{x}_1 \left[\, \Phi\!\left(\frac{c_2}{\sigma}\right) - \Phi\!\left(\frac{c_1}{\sigma}\right)\right]$$

$$+ [\,x(p_2, y_2, z; \beta) - \sigma\lambda_3\,]\, \Phi\!\left(\frac{c_3}{\sigma}\right)$$

$$- [\,x(p_2, y_2, z; \beta) - \sigma\lambda_2\,]\, \Phi\!\left(\frac{c_2}{\sigma}\right)$$

$$+ \bar{x}_2 \left[\Phi \left(\frac{c_4}{\sigma} \right) - \Phi \left(\frac{c_3}{\sigma} \right) \right] + \left[x(p_3, y_3, z; \beta) + \sigma \lambda_4 \right]$$

$$\left[1 - \Phi \left(\frac{c_4}{\sigma} \right) \right] + x(p_v, y_v, z; \beta) \tag{11-11}$$

三　跨时期的加总问题

一般矩估计法使我们能够处理跨期加总问题。在我们的样本中，用户的电费按月度计算，并按双月结算。这种跨期的不匹配会成为一个重要的偏误来源，解决这一问题需要我们刻画单月消费，以避免错误地设定消费者面对的价格，同时我们也需要电力消费逐月变化的信息。为准确起见，我们用 w_t 表示影响月份 t 的可观测的变量，包括适用的电价规则和天气状况等。令 x_{mt}^* 表示家庭在月份 t（$t = 1$、2，分别表示结算月和前一个月）的用电量（包括峰谷段），根据式（11 – 5）使用当月变量计算；$x_b = x_{m1}^* + x_{m2}^*$ 表示用户的双月总用电量。为了估计模型，我们需要表示出双月需求的期望，假设①：

$$E[x_b \mid w_1, w_2] = E[x_{m1}^* \mid w_1] + E[x_{m2}^* \mid w_2] \tag{11-12}$$

其中，$E[x_{mt}^* \mid w_t]$ 由式（11 – 11）计算。这就相当于我们通过估计两次月度需求（分别用当月的解释变量）之和来估计双月的条件期望需求。式（11 – 11）和式（11 – 12）有两个重要作用：第一，估计需求模型，避免当消费者面对非线性定价时产生的加总偏误；第二，利用估计出的模型预测消费如何随定价规则的变化而变化。下面考虑如何具体设定家庭电力需求函数。

四　家庭需求函数的形式

电力作为引致需求，是由家电提供的服务流决定的。家电设备的寿命（或持续性）导致了短期需求与长期需求的区分，短期需求是家庭电器存量既定下的需求，长期需求则考虑了家庭对电器存量的调整。理论上说，电价变化的长期效应是家用电器采购决策（需求侧）和电器制造商对技术特征和新电器价格的决策（供给侧）的均衡结果。但受制于数据，还几乎没有考察电价变化如何影响设备调整决策的研究。本章描述的也仅是电器使用行为而非均衡电器存量变化对需求的影响，这种建模

---

① 这实际上是做了一个可分离性假设，即根据家庭的电器存量、对前一个月的电价规则和天气状况的了解并不影响结算月的电力消费。虽然这个假设比较微妙但却非常合理，因为家庭无法大量储存电力，无法把电力来做跨期分配。

思路是以现有电器存量为条件。不同家庭的电器存量不同，影响不同家庭电力需求的因素也就存在显著差异。我们通过确定各个家庭电器层面的电力需求函数来反映这种异质性。虽然无法观测到电器层面的用电量，但可以把分类电器的用电量作为潜变量，并加总这些电器层面的用电量来得到家庭的总电力需求。将电器分为 K 类，如果家庭拥有某一类电器，该类（单月）电力需求表示为：

$$x_k = \alpha_k p + \gamma_k y + z'_k \boldsymbol{\delta}_k + \varepsilon_k \tag{11-13}$$

其中，向量 z_k 表示可观测的家庭特征，ε_k 表示未被观测到的家庭特征。α_k、γ_k、$\boldsymbol{\delta}_k$ 表示待估参数（或向量）。根据不同的电器分类，z_k 可能包括不同的家庭人口信息、住房信息和同期天气信息等。式（11-13）是消费者在面临不变价格时的需求。

由于家庭的总电力需求是各分类需求之和，我们可以加总式（11-13）来得到总需求：

$$x = \sum_k d_k \alpha_k p + \sum_k d_k \gamma_k y + \sum_k d_k z'_k \boldsymbol{\delta}_k + \varepsilon_k \sum_k d_k \varepsilon_k \tag{11-14}$$

其中，x 表示总用电量，$d_k = 1$ 表示家庭属于第 k 类，$d_k = 0$ 表示家庭不属于第 k 类。令 $\sum_k d_k \alpha_k = \alpha$，$\sum_k d_k \gamma_k = \gamma$，式（11-13）可以重新整理为：

$$x = ap + \gamma y + z' \boldsymbol{\delta} + \varepsilon \tag{11-15}$$

尽管式（11-15）像传统线性函数，但参数却取决于家庭的电器组合，这就使得拥有不同电器组合的用户表现出不同的价格和收入弹性。注意，我们并不是直接估计 α、γ 和 $\boldsymbol{\delta}$，而是估计 α_k、γ_k 和 $\boldsymbol{\delta}_k$。将式（11-14）代入式（11-6）和式（11-11）就可以得到期望需求。

五　家庭需求的异方差

上面的设定还面临着家庭层面的异方差问题，这是因为，家庭需求设定中的误差项是分类需求的误差项之和。根据式（11-12）和式（11-13），家庭需求的误差项的方差是电器的函数。

$$V(\varepsilon) = \sum_{j=1}^{K} \sum_{k=1}^{K} d_j d_k \text{cov}(\varepsilon_j, \varepsilon_k) = \left[\sigma(d_1, d_2, \cdots, d_K) \right]^2 \tag{11-16}$$

实际上，分类需求的误差项反映了家庭对电器使用的异质性偏好。式（11-15）中的协方差项倾向于为正，即家庭需求的误差项的方差会随之所拥有的电器数量而增加。

从计量角度，式（11-16）代表了一种典型的组别异质性。这往往不会给线性设定造成太大麻烦，但在非线性定价下，家庭层面的误差项就会影响消费者选择不同阶梯的可能性。如式（11 - 10）表明的那样，标准差 σ 同时进入了条件期望和选择阶梯的概率。所以，未观测到的偏好异质性将会影响预期消费的计算和所有需求参数的估计。

六 最优矩估计策略

我们利用一般矩估计的思路，最小化实际双月消费量与预期双月消费量的差异。但是，由于数据的性质，条件期望函数式（11 - 11）在 σ 的真实值附近几乎是水平的，这本质上反映了样本的一阶矩包含的信息太少，无法准确地估计式（11 - 15）中的方差。为了解决这一问题，我们就需加入实际双月消费量和期望消费量的二阶矩差异。但模型仍不包含峰谷结构的信息，因此，我们进一步加入实际双月峰谷电量比和期望峰谷电量比的一阶矩差异。从而形成了包括三个矩方程的矩估计模型式（11 - 17）。

$$u_1 = x_b - h_1(W, \theta)$$

$$u_2 = x_b^2 - h_2(W, \theta) - 2h_1(W, \theta)[x_b - h_1(W, \theta)]$$

$$u_r = \frac{x_{bp}}{x_{bv}} - h_r(W, \theta) \qquad\qquad (11 - 17)$$

其中，$h_r(W, \theta) = E[x_b^r \mid W]$，$r = 1$、$2$ 表示双月消费量的 r 阶条件矩，h_r 表示双月峰谷电量比的 1 阶条件矩，θ 表示待估参数，W 表示影响家庭用电量的可观测变量。令 $\boldsymbol{\beta}$ 表示式（11 - 15）中的需求参数，$\boldsymbol{\xi}$ 表示式（11 - 11）中的方差向量，$\boldsymbol{\theta} = (\boldsymbol{\beta}, \boldsymbol{\xi})$。由于最优工具变量是协方差加权的条件矩 h_1 和 h_2 的梯度，令：

$$z_1(W, \theta)' = \nabla_\beta h_1(W, \theta), \ z_2(W, \theta)' = \begin{bmatrix} \nabla_\beta h_2(W, \theta) \\ \nabla_\xi h_2(W, \theta) \end{bmatrix},$$

$$z_r(W, \theta)' = \nabla_\beta h_r(W, \theta) \qquad\qquad (11 - 18)$$

根据正交性条件 $E[z', u_r] = 0$ 建立矩方程。[①] h_1 的函数形式由式（11 - 11）和式（11 - 12）给出，h_2 和 h_r 的函数形式也类似求出。[②] 我们假设 ε 不存在跨期自相关。

---

① 注意，最优工具变量中是否包括 h_1 对方差参数的梯度。其对应的样本矩方程不提供识别方差参数的信息。

② 推导参见附录。

估计时最小化目标函数 $\|Au(\theta)\|^2$，其中，A 表示权重矩阵，每次迭代中保持不变。$u(\theta)' = [u_1(\theta)'u_2(\theta)'u_r(\theta)']$ 是堆积起来的 $2n$ 维的一、二阶矩差异。矩阵 $A = \tilde{R}\tilde{Z}'$，其中，$\tilde{Z}$ 表示在 θ 的初始一致估计值上计算的工具变量矩阵，$\tilde{R}$ 是对 $[\tilde{Z}'\tilde{\Omega}\tilde{Z}]^{-1}$ 做 Cholesky 分解的根，中间的 $\tilde{\Omega}$ 表示在 θ 的初始一致估计值计算的协方差函数矩阵 $E[u(\theta)u(\theta)'|W]$。这些协方差函数都是可以直接计算的，我们在估计时使用它们的解析表达式。[1]

七　交叉价格的引入

由于峰谷段的划分及峰谷价格的差异，消费者在峰段消费时需要考虑谷段价格的影响，对谷段消费同样如此。消费者的峰谷用电并非独立的，而是构成一种互补或替代关系。这种互补或替代关系一方面在模型中通过假设峰谷段的用电模式差异来体现，更重要的还是通过价格反映出来。但是，阶梯定价下的用电量与边际价格是同步决定的，这增加了引入交叉价格的困难。根据实际样本特征，谷段执行单一定价，因此容易在峰段需求引入谷段边际价格；但在谷段中却难以直接引入峰段边际价格，因为峰段消费量、峰段边际价格和谷段消费量三个变量都必须同时决定。理想的解决办法当然是将阶梯定价下的需求行为与峰谷段之间的选择行为联合建模，但在现有框架下，我们可以通过两步法来校正参数的不一致性问题。我们根据样本数据计算出一个双月的虚拟边际价格，假设该边际价格作为单月边际价格的代理变量，通过模型得到第一步估计结果；根据该估计结果，我们预测每个样本点的单月用电量，根据该预测值预测单月边际价格，从而形成新的边际价格序列；利用这一新序列，重新估计模型，得到最终模型估计结果。

第四节　数据说明与数据处理

本章使用的数据集来自国家电网浙江省公司在杭州市的抽样调查数据，样本结构为面板数据。样本期从 2009 年 1 月至 2011 年 12 月，共计 36 个月，18 个计费周期，96 个双数月结算用户，其中，有 41 个用户在

---

[1]　推导参见附录。

奇数月结算，有55个用户在偶数月结算。杭州市从2001年开始实行居民峰谷定价，2004年加入居民三级递增阶梯定价，至2012年一直实行峰谷加阶梯的定价组合。样本期内的标准居民电价如表11-1所示。需要指出的是，虽然名义定价规则是峰谷段都执行三级递增阶梯定价，但从我们获得的实际样本数据来看，谷段的计费仅采用了谷段第一档价格，因此，样本中的谷段实际上执行了单一线性定价。

表11-1　　　　　　　　　　杭州市的标准居民电价

	峰段（8—22时）		谷段（22时至次日8时）	
	电量（千瓦时）	电价（元/千瓦时）	电量（千瓦时）	电价（元/千瓦时）
第一档	<50	0.568	<50	0.288
第二档	51—200	0.598	51—200	0.318
第三档	≥201	0.668	≥201	0.388

如前所述，模型建立在电器使用模式基础上。根据杭州地区的社会发展程度和数据实际特征，我们将用电模式划分为基本用电、扩展用电和个性用电。所谓基本用电模式，是指保障居民能够达到同地区平均生活水平的用电模式，包括只使用烹饪用电、洗浴用电和使用一台空调；扩展用电则代表了拥有两台及以上空调的用电模式；个性用电则包括使用电磁炉等电器的用电模式。基本用电覆盖了所有用户，但这些用电并非都拥有两台及以上空调，同时也并非都使用电磁炉。用户实际上形成了三个分组：基本＋扩展、基本＋个性、三模式均有。由于谷段时间跨度为22时至次日8时，而这段时间是人们的主要休息时段，用电行为自然与峰段存在较大差异。为了体现这种差异，我们假设峰段同时存在三种用电模式，而谷段只有基本用电模式。这样处理也是考虑了样本量的因素。

该样本是不平衡面板，为扩充样本量和提高模型自由度，我们将数据做汇总处理，形成了包括1468个观测点的数据集，其中包含丰富的信息，除基本的居民峰谷段的用电量外，还包括家庭信息、用电行为、电器存量和收入层次等信息。此外，我们还收集了杭州市在样本期内各月的温度数据和湿度数据。样本的基本统计量如表11-2所示。

表 11-2　　　　　　　　　　　　　样本基本统计量

变量	平均值	标准误差	最小值	最大值
con_ peak	205.8583	116.7071	8	910
con_ valley	166.0422	71.9951	1	547
con_ total	372.1948	162.9206	20	1219
famiscale	3.1437	1.0107	1	6
nroom	3.2711	0.7477	2	6
uhouarea	53.9220	20.4994	25	120
nageab65	0.7330	0.8466	0	2
cookmode1	0.6744	0.4688	0	1
bathmode1	0.7691	0.4216	0	1
naircon	2.2745	0.8175	1	4
mvoven	0.7684	0.4220	0	1
income1	0.5313	0.4992	0	1
income2	0.3672	0.4822	0	1
income3	0.1015	0.3021	0	1
avtem	17.2026	8.5265	1.4	30.6
hdd	3.5456	6.5484	0	31
cdd	6.2268	10.2452	0	31
raindays	12.0095	4.3932	3	20
avtem_ p	17.2278	8.2270	1.4	30.6
hdd_ p	3.3617	6.5579	0	31
cdd_ p	5.7323	9.3625	0	31
raindays_ p	11.9128	4.1452	3	20
样本数	1468			

第五节　实证结果与基本含义

一　模型参数估计

表 11-3 展示了居民电力需求的参数估计值，参数后面括号中是参数的渐近标准误差。

表11-3 居民电力需求函数的参数估计

	总电力需求	基本需求		峰段扩展需求	峰段个性需求
		峰段	谷段		
常数项	237.8464	109.9865 (5.0480)	73.6864 (5.0480)	35.2391 (5.7929)	18.9343 (6.5773)
峰段价格	-129.1863	-85.0376 (8.3435)	24.2398 (8.1354)	-44.8270 (9.5712)	-23.5614 (10.8607)
谷段价格	-9.6150	1.9977 (17.5279)	-15.3753 (16.8922)	2.0693 (20.1143)	1.6932 (22.8380)
收入	17.4686	6.7319 (5.6851)	-1.2881 (5.4753)	6.6792 (6.2283)	5.3456 (7.3589)
家庭人口数	-1.0519	3.5245 (1.6060)	-7.9338 (1.5475)	1.8016 (1.8361)	1.5558 (2.1350)
房间数	-6.6134	2.4732 (1.5437)	-10.8794 (1.4872)	1.7928 (1.7320)	
房屋建筑面积	0.0529	0.5449 (0.0937)	0.3247 (0.0902)	-0.8167 (0.1035)	
65岁以上老人数	-7.4938	0.2306 (6.8827)	-7.7244 (6.6373)		
平均温度	0.6951	-0.0742 (0.2933)	0.7693 (0.2826)		
HDD	2.5787	-0.6636 (1.4624)	1.2914 (1.4086)	1.9510 (1.6824)	
CDD	1.5761	0.1875 (0.8455)	-0.2659 (0.8136)	1.6545 (0.9790)	-0.1396 (9.2890)
做饭是否用电	3.5970	0.1080 (7.4891)	3.6286 (7.2139)		
洗浴是否用电	5.0554	-0.0188 (6.5638)	5.0742 (6.3257)		
raindays	0.5350	-0.4548 (0.4220)	0.9899 (0.4067)		
2009年	4.1890	-0.3176 (14.8516)	4.5067 (14.3121)		
2010年	1.0404	-1.2598 (15.0900)	2.3002 (14.5453)		
是否单月结算	0.8406	-2.5653 (11.8854)	3.4059 (11.4451)		

从表11-3可见，关键参数的估计值都与预期或已有研究相符。价格参数的估计值［第一列加总值，根据式（11-15）］为负，特别是三种用电模式下的自价格参数的符号均为负，收入参数均为正，与传统需求理论一致。就显著性而言，仅有峰段价格比较显著，而谷段价格却不显著。根据冯永晟（2014），消费者虽然同时面对着峰谷段价格，但基本只对峰段价格做出响应，这或许是谷段价格参数不显著的原因之一。收入参数既不显著，影响也很微弱，与现有文献的结论相一致。

基本用电模式下的一些峰谷参数差异明显，特别是符号相反，表明峰谷段的电力消费确实受到家庭特征等消费者异质性的显著影响。因此，依靠峰谷定价来实现移峰填谷自然会受到许多因素制约，比如老龄人口和住房面积会随着社会经济发展而不断提高，但这两个因素对峰谷电量的相对影响却截然不同。进一步地，考虑到不同地区的社会经济发展程度不一，广泛地采取峰谷定价必然需要更为细致的、差别性的考量。

二　弹性与定价分析

我们计算了用户平均长期（按样本期计算）价格弹性与收入弹性[1]，表示样本期内保持用电模式不变的前提下，每月边际价格或家庭收入提高1%，整个样本期总用电量变化的百分比。我们计算的弹性是用户位于最优消费点的弹性，因为该点代表了消费者的优化结果。[2] 我们采用的计算方法考虑了价格在不同阶梯档之间跳跃所产生的收入补偿效应，虽然R—W模型采用了同样的思路，但是，其对补偿收入效应的处理方式（仅适用二级递增阶梯定价）却会扩大三级阶梯定价下第三档面临的收入效应，因此，我们根据三级阶梯的特征重新设计了补偿收入项，以区分第二档和第三档的补偿收入效应差异。[3]

---

[1] 当然，根据Borenstein（2009），若电器存量缺乏变化信息，那么电力需求的价格弹性仍不能算是长期弹性而是中期弹性。这种区分无疑更为细致，不过，从实际研究角度看，把考虑了电器存量信息后得到的弹性统称为长期弹性可以更直观地与短期弹性区分开来，长、短期的区分具有"性质"的根本差别，而长、中期的区别则相对更侧重"程度"差异。此外，理论上不能排除电器存量在相当长的时间内保持稳定的可能。

[2] 需要注意的是，度量非线性定价下的需求弹性可能涉及许多类型的"价格变化"，比如，价格变化可能来自阶梯规则，也可能来自峰谷规则；可能来自各档阶梯规则的整体变化，也可能来自某一档价格的变化，还可能来自各档边界的调整；可能来自峰谷的同时变化，也可能仅是峰或谷段价格的单独变化，还可能来自峰谷时间划分的调整。

[3] 弹性计算公式参见附录。

居民电力需求在 2009—2011 年的全局价格弹性约为 -0.32，显然处于已有研究[①]确定的合理范围内。R—W 模型计算的年度价格弹性约为 -0.39，与本章弹性处于大致水平。冯永晟（2014）所得弹性在 -0.6—-0.5，相对更高[②]，其原因在于本章根据边际价格计算弹性，而冯永晟（2014）则根据认知价格计算弹性。这涉及消费者是对边际价格还是认知价格（一般是平均价格）做出响应的根本性假设问题。Ito（2014）对此进行过直接验证，并根据两种价格分别计算了弹性，发现边际价格弹性绝对值小于平均价格弹性，本章结果和冯永晟（2014）的研究竟恰恰符合 Ito（2014）发现的经验规律。[③]

与以往研究不同，我们还计算了两个全样本交叉价格弹性，即谷段的峰价格弹性和峰段的谷价格弹性分别约为 0.01 和 0.20。两个弹性均为正表明峰谷段消费之间互为替代品，只是替代性较弱。考虑到谷段价格的效应并不显著，我们可以推断，峰谷段之间的替代性是非对称的，峰段价格产生的替代效应要高于谷段价格产生的替代效应。

三　政策效果冲突

表 11-4 计算了针对整体定价规则的全局价格弹性，以及无条件自价格弹性、条件自价格弹性和交叉价格弹性，其中条件自价格弹性是指未考虑峰谷段的交叉效应。

表 11-4　　　　　　　　居民电力需求的长期价格弹性　　　　　　单位:%

		全局价格弹性	无条件自价格弹性		条件自价格弹性		交叉价格弹性	
			峰价格	谷价格	峰价格	谷价格	谷段峰价格	峰段谷价格
全样本		-0.3152	-0.4893	-0.0413	-0.6173	-0.0618	0.2014	0.0130
基本+扩展	1	-0.3255	-0.5053	-0.0404	-0.6351	-0.0643	0.2012	0.0134
	0	-0.2414	-0.3717	-0.0472	-0.4862	-0.0452	0.2027	0.0100
基本+个性	1	-0.3156	-0.4911	-0.0394	-0.5151	-0.0510	0.1978	0.0135
	0	-0.3135	-0.4829	-0.0483	-0.9873	-0.1008	0.2145	0.0111
三种模式		-0.3294	-0.5126	-0.0378	-0.5203	-0.0521	0.1968	0.0141

---

① 可参见 Taylor（1975）、Dahl（1993）、Espey 和 Espey（2004）、Heshmati（2012）等综述。

② 本章在谈及弹性大小时，均是就绝对值的比较而言。

③ 这涉及需求分析方法论的选择问题。越来越多的实验和计量经济学研究得出，消费者往往不会对边际价格做出响应。或许我们做出的理性假设过强，但在这一充满争议的领域内，需要提供多视角的见解。

从表 11 - 4 可以发现，无论有无条件，峰段自价格弹性均明显高于谷段自价格弹性，谷价格的存在对谷段消费的影响极其微弱。同时，谷段峰价格交叉弹性相对较大，而峰段谷价格弹性则极小，表明峰谷段的双向替代关系不对称：峰段价格上升对谷段消费的影响相对较大，而谷段价格的上升则几乎不会影响峰段消费。

峰段消费不到 - 0.5 的自价格弹性表明峰段价格上升对峰段消费不会产生明显抑制作用，因而节能效果非常有限；同时，这一节能效果还会因峰谷间的替代性而削弱，在峰谷段用电量大致相当的样本特征下，峰段阶梯提价会使原本微弱的节能效果再打折扣。导致这种现象的原因除峰段阶梯本身的设计问题外，还有阶梯与峰谷结构之间的政策效果冲突。只有当峰谷段存在互补性时，同时采取阶梯和峰谷定价才会充分发挥出促进节约用电或抑制过度用电的效果，但峰谷消费之间却表现为替代关系，因此阶梯与峰谷定价之间出现了相互掣肘的局面，这就凸显了多元政策目标的协调困难。

此外，政策效应的冲突也是由于峰谷设计存在问题。既然谷价格的存在和变化基本上不会影响谷段消费，那么区分峰谷的意义何在呢？峰谷定价本质上是一种两产品的差别定价，其理论依据是实施拉姆齐配置可以实现最优社会福利，对低弹性的需求（谷段用电）要制定高价格，对高弹性的需求（峰段用电）制定低价格。但是，现实的峰谷价格却截然相反，谷段的所有名义价格均严格占优峰段的最低名义价格。之所以出现这种情况，是因为峰谷定价的现实目的在于平滑负荷曲线从而降低系统成本和提高系统可靠性。[1] 所谓谷段，是指时间处于负荷曲线的低位，为了"填谷"才将谷段电价定得极低。但这种供给侧的考虑却无关需求特征，导致谷段价格几乎不会引发需求响应。同时，针对居民用电实施峰谷定价的前提是居民用电在平滑负荷曲线方面具有突出作用，但居民用电水平不足全社会用电的 13%[2]，这一前提显然值得商榷。峰谷定价根本上难以发挥出预期的政策效果，但有意思的是，它又确实发挥了一些效果，至于具体发挥出何种实际效果，政策模拟的情形 2 将会具体

---

[1] 避免系统内机组的频繁启停。机组的频繁启停会产生高额的启停成本，同时威胁系统可靠运行。

[2] 国家能源局 2015 年 1 月 26 日发布了 2014 年全社会用电量信息，参见 http：//www. nea. gov. cn/。

说明。

四 促进公平了吗？

如果仅仅是难以引导有效的资源配置也就罢了，因为毕竟定价部门还寄希望于通过这些非线性定价来达到"促公平"的目标，但真的公平了吗？图 11-1 展示了居民价格弹性的异质性。绝大多数用户的弹性都集中在 -0.35—-0.30，最低在 -0.4 以上，最高的为 -0.2。受家庭数量的限制，图中的拟合分布表现出负偏态的特征。如果样本家庭数更大，这种负偏态可能会更加明显，R—W 模型的最高弹性能够达到 -2。这意味着，如果居民电价上升，那么由此产生的社会福利净损失将主要由很少的一部分用户来承担。

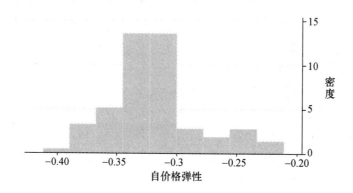

图 11-1 居民电力需求价格弹性的估计分布

消费者具体位于这一分布的哪个位置取决于家庭的收入及其他特征。表 11-5 计算了不同收入和消费水平下的弹性分布。通常认为，低收入家庭对电价更为敏感，表中结果验证了这一观点：低收入家庭的弹性最高，中等收入的略低，高收入的最低。同时结合图 11-1 的"负偏态"特征可以判断，低收入家庭将相对承担更多的因阶梯和峰谷定价而产生的社会福利净损失。此外，弹性与用电量如何随定价规则变化有关。通常认为，用电量越高弹性越大，表 11-5 的结果验证了这一观点，同时结合图 11-1可以判断，消费者用电越多，承担的净福利损失就越大。

以上两种情形往往被规制机构混淆，认为用电越多定价越高就是在促进公平，但表 11-5 表却真实地表明，阶梯和峰谷的定价政策无助于解决低收入家庭面临的不公平负担。那所谓的"公平"如何来体现呢？唯一可能的推论就是：通过非线性定价政策提供价格补贴。

表 11 -5　　　　　　　　　按收入和消费层次划分的价格弹性

分位	家庭月度收入范围	全局价格弹性	月度用电量范围	全局价格弹性
第一档	<8000 元	- 0.3241	<50 千瓦时	—
第二档	8000—15000 元	- 0.3230	50—200 千瓦时	- 0.2974
第三档	≥15000 元	- 0.2772	≥200 千瓦时	- 0.3241

（一）居民电价补贴

表 11 -5 还反映出居民的家庭月用电量基本都高于 50 度，那么很明显第一档价格"形同虚设"，从而使前面提到的虚拟收入成了实在的价格补贴。当然，对此有两种解释：一是样本可能存在选择偏误；二是阶梯结构下存在补贴。理论上说，我们不排除第一种可能，但可能性极低，因为首先根据杭州市的统计数据，仅考虑个别电器，城镇家庭平均拥有约 1.96 台冰箱、1.61 台电视，2.12 部手机等，农村家庭也仅仅略低一点，加之照明用电，那么即使按远低于平均水平的电器数量计算，每月 50 度（平均每天不足 2 度）也是极低水平。另外，虽然样本数量有限，但随机抽样的性质决定了样本分布与总体分布不会存在系统差异。

因此，样本中的定价结构更可能是在提供补贴。这与定价的"保基本"特征紧密相关，政策模拟的情形 3、情形 4 将进一步给予支撑。实际上，《关于居民生活用电实行阶梯电价的指导意见（征求意见稿）》承认，"用电量越多的用户，享受的补贴越多；用电量越少的用户，享受的补贴越少"。只是我们强调，引入阶梯和峰谷电价也未消除补贴，或者说，非线性定价并非消除补贴的办法。

（二）收入弹性分析

表 11 -6 计算了居民电力需求的收入弹性。与预期一致，全局收入弹性为 0.1331，峰段收入弹性相对较高，也仅为 - 0.0080，谷段收入弹性很低，不到 - 0.01，这与以往研究的结果一致：收入效应微乎其微。如前所述，我们对需求的设定也是合理的。

五　定价调整的政策模拟

本章实证模型的突出优点是可以对复杂非线性定价的政策效果进行

事前评估。样本城市杭州自 2012 年起实施了新的居民电价方案，在保持阶梯与峰谷组合特征的同时，调整了峰谷段价格水平，并改月度计费为年度计费。改革后价格水平为：峰段的 3 档价格分别为 0.568 元/千瓦时、0.618 元/千瓦时和 0.868 元/千瓦时；谷段的 3 档价格分别为 0.288 元/千瓦时、0.338 元/千瓦时、0.588 元/千瓦时。本章模型除分析原有定价政策的效果外，还可以评估多种定价改革方案，从而能够比较全面地考察定价方式变化对居民用电消费和支出的影响，同时也能更好地支持定价政策的改革决策。

表 11-6		居民电力需求的收入弹性		单位:%
		全局收入弹性	收入弹性	
			峰段	谷段
全样本	0.0752	0.1331	-0.0080	
基本+用电	1	0.0806	0.1419	-0.0083
	0	0.0365	0.0683	-0.0054
基本+个性	1	0.0792	0.1395	-0.0071
	0	0.0607	0.1100	-0.0142
三种模式		0.0872	0.1524	-0.0084

我们设计了四种模拟情形。

情形 1：模拟原有定价结构下只调整局部价格带来的消费和支出变化。假设仍按月度计费，价格采用调整后的新价格。由于电网公司存在实际操作与名义价格的差异，我们只能先模拟峰段执行新价格后的消费和支出，再进一步地，模拟谷段分别执行 0.338 元/千瓦时和 0.588 元/千瓦时的消费和支出。

情形 2：模拟非线性定价变为线性定价所产生的消费和支出变化，分别考虑峰谷段分别采取线性定价和峰谷段采取统一线性定价两种情形。单一价格按模型预测出的平均月度电价计算。

情形 3：模拟阶梯分档电量变化带来的消费和支出变化。我们考虑两种情形：①第一档为 100 千瓦时，第二档为 300 千瓦时；②第一档为 200 千瓦时，第二档为 400 千瓦时。

情形 4：模拟价格调整后按年计费带来的支出变化。由于模型参数只能反映用户的月度消费特征，因此，我们难以模拟年度消费变化，而只能模拟年度支出变化。具体方法是：先计算用户平均的峰谷段月度预期消费和月度预期支出，得到年度的预测消费量，根据此消费量预测年度支出。

表 11 -7 和表 11 -8 给出了各种模拟情形的结果。

表 11 -7 电价调整产生的消费变化

		调整前	情形 1			情形 3		情形 3		情形 4
			子情形 1	子情形 2	子情形 3	子情形 1	子情形 2	子情形 1	子情形 2	
月度消费（千瓦时）	所有家庭	184.86	178.63	178.09	175.4	187.55	199.41	187.05	188.32	—
	基本 + 扩展	173.38	168.11	167.53	164.61	175.52	185.66	175.17	176.28	—
	基本 + 个性	177.4	172.77	172.18	169.18	179.21	186.82	178.94	179.75	—
	三种模式	189.91	183.08	182.57	180.01	192.93	206.09	192.34	193.74	—
变化比例（%）	所有家庭	—	-3.37	-3.66	-5.12	1.45	7.87	1.18	1.87	—
	基本 + 扩展	—	-3.04	-3.38	-5.06	1.24	7.08	1.03	1.67	—
	基本 + 个性	—	-2.61	-2.94	-4.63	1.02	5.31	0.87	1.33	—
	三种模式	—	-3.59	-3.86	-5.21	1.59	8.52	1.28	2.01	—

表 11 -8 电价调整产生的支出变化

		调整前	情形 1			情形 3		情形 3		情形 4
			子情形 1	子情形 2	子情形 3	子情形 1	子情形 2	子情形 1	子情形 2	
月度消费（千瓦时）	所有家庭	86.86	84.11	87.6	103.88	88.49	93.55	86.77	87.13	84.96
	基本 + 扩展	81.24	78.94	82.2	97.33	82.65	87.1	80.99	81.42	79.57
	基本 + 个性	82.97	81.11	84.46	100.04	84.16	87.64	82.49	82.78	81.24
	三种模式	89.37	86.33	89.91	106.67	91.15	96.68	89.41	89.75	87.37
变化比例（%）	所有家庭	—	-3.16	0.85	19.59	1.88	7.70	-0.10	0.31	-2.19
	基本 + 扩展	—	-2.83	1.18	19.80	1.74	7.21	-0.31	0.22	-2.06
	基本 + 个性	—	-2.25	1.80	20.63	1.44	5.63	-0.58	-0.23	-2.09
	三种模式	—	-3.41	0.60	19.36	1.99	8.18	0.04	0.42	-2.24

综合表 11 -7 和表 11 -8 的情形 1 可以看出，峰段价格的明显上升会产生消费和支出双下降的结果，加上谷段价格的大幅上升会产生消费下

降和支出增加的结果。谷段价格对消费者的影响和对支出的影响是不成比例的。三种子情形表明，在复杂定价组合下，局部价格变动产生的影响会非常复杂，使规制机构难以把握实际的政策效果，这会给定价调整带来很大困难。

根据情形2，如果峰段从阶梯定价变为单一线性定价，那么消费和支出均仅增加1%多一点，表明阶梯定价的引入并未发挥出充足的节约用电的效果，反而带来促进用电的结果。如果峰谷段采用统一线性定价，那么消费和支出均会增加，变动比例基本一致，约为7.7%，相对较高。从价格水平变化看，峰谷统一定价意味着峰段价格被拉低而谷段价格被抬高，消费变动主要来自峰段消费的增加，谷段几乎不受影响。因此，主要是峰谷结构而非阶梯结构影响消费总量，这就表明：一方面，阶梯结构在抑制过高消费方面并未发挥出预期作用；另一方面，峰谷结构虽然无法发挥"移峰填谷"的作用，但却能够发挥阶梯结构未发挥出的节约用电效果——这就解释了为什么价格主管部门在全面推广阶梯定价后又急于在全国推广峰谷定价——阶梯定价难以奏效，而峰谷定价却能"不务正业"。

关于阶梯定价的结论似乎与直观不符，因为阶梯主要是为抑制过度消费，导致这种不一致的根源在于原有阶梯规则的设计并非以节约用电，而是以"保基本"为导向。根据情形3，在现有定价结构上，大幅调整阶梯结构下的各档电量（分别翻一番和翻两番）对消费和支出的影响均十分微小。这恰恰表明，原有各档电量设计实质上具有突出的"保基本"特征。换句话说，原有阶梯规则的实际效果近似于极低的线性定价，从而很可能提供补贴。

根据情形4，消费者在保持原有消费水平不变的条件下按年计价，那么支出水平会下降约2%。这反映出价格主管部门的定价考虑重点显然不是节约用电或抑制过高消费，反而是在促进居民用电。综合情形3和情形4，价格主管部门的落脚点似乎还是在"保障基本用电"上。

第六节　定价政策评价与讨论

综上所述，无论从哪个角度讲，阶梯与峰谷的定价组合都未能发挥出预期的政策效果。当然，我们看到了价格主管部门不断调整定价政策的努力，但问题的根源显然不在于定价规则如何选择和如何设计，而在于推进定价改革的理念，以及整个电力体制改革方案的选择上。因此，居民定价机制改革不能"头痛医头、脚痛医脚"，需要有更系统的思维。

一　定价改革的理念

我们接下来要回答为什么会出现不协调的定价政策。追根溯源，现行居民电价制度是严格管制下的政府定价，定价依据显然不是经济效率（因为不反映成本）。一般来说，规制机构往往需在效率与公平之间做出权衡，但对中国而言，价格主管部门却更偏向"保基本"的考虑，我们称之为"生存"或"必需"因素。也就是说，现行定价政策是在必需、效率和公平三者之间做出权衡，只不过效率往往退居末位，正如本章所揭示的一样。比如，阶梯定价的基本档覆盖范围过大（80%—90%），实行极低的谷段定价，都是价格主管部门为了保障基本用电的"必需"性。

问题在于实施非线性定价的根本理论依据在于，这种政策能够比单一线性定价实现更高的配置效率，即让价格能够更好地反映用户用电的机会成本。然而，规制机构显然忽视了非线性定价的这一本质特征，反而将非线性定价政策作为满足"必需"和促进"公平"的首选工具。对效率的忽视使这些定价政策仍在持续地扭曲资源配置信号，从动态角度看，利用扭曲的价格保障当前的"必需"和促进所谓的"公平"必将损害长期的、真正的"必需"和"公平"。扭转这种动态低效率根本上取决于让价格真实地反映用电的机会成本，但这显然不是通过政府调整手中的规制定价方式所能实现的。

二　居民电价改革与电力体制改革

我们并非苛责价格主管部门的改革努力，而是要强调居民电价问题有更深层次的体制问题，现有的居民电价制度是在长期的非市场环境下形成的，改变现有格局也必须从构建竞争性电力市场入手。在竞争性电力市场中，居民电价改革属于零售市场改革。无论是理论上还是国外成熟改革经验均表明，零售市场改革需以竞争性批发市场为前提。推动现代电力产业出现竞争的主要因素是发电和电网技术的革命性变革，电力市场的竞争收益也主要来自批发市场。只是由于竞争性批发市场的设计必须面对最终用户（不仅是居民用户）低价格弹性的约束，这样，才增加了市场设计的难度（Stoft，2002）。

为了更好地让竞争性批发市场发挥作用和保持系统的可靠性，需求侧响应应当而且能够得到提升。能否有效地提升则要取决于批发市场能否传递实时竞争价格，以及零售市场的技术特征和制度安排，比如零售用户是否具备对实时价格做出响应的技术条件和能力，以及零售商参与批发市场的交易规则等。虽然理论界对零售竞争仍存争议①，但从实际经验看，零售竞争对整体市场收益的贡献是相对次要的，因为无论如何，零售电价主要是传递而非发现批发竞争的信号。即使是在竞争性零售市场环境下，居民电力用户的根本需求特征——低价格弹性也并未改变，这从国外众多竞争性市场环境下的居民电力需求分析可见一斑。

竞争环境下的理想居民电价应让用户看到批发市场实时电价，从而更好地引导消费，因此合理地设计非线性定价有助于提升需求侧响应，对提高批发市场运行效率和系统可靠性均具有重要作用。然而，在类似中国电力的非市场环境下，居民电价还承担不了竞争性市场条件下居民电价的应有作用，因为中国仍缺乏竞争性批发市场——居民电价主要承担结算功能，而无法传递和反映居民用电成本——这一问题是单纯依靠居民电价方式改革所无力解决的。很自然，国内理论界和政策界常常提及的电价水平偏低和存在交叉补贴等问题，也都是缺乏有效市场配置机制的结果而非造成问题的原因。因此，要改革居民电价机制必须从电力市场化的规制改革与竞争改革入手，这背后进一步涉及市场结构、电网管理体制（投资、运营、调度）和电力交易模式的选择，绝非"头痛医头、脚痛医脚"就能解决的。

我们绝非否定非线性定价的作用，而是强调采用非线性定价必须结合定价政策的本质特征和制度环境，否则政策手段不但无法实现预定目标，反而会扭曲改革方向，延误改革时机。根据本章的实证分析，假设政府的意图是通过改革居民定价方式来推动电价回归合理水平，那么在政策效果极为有限的前提下，这一回归过程将十分漫长；如果再考虑政府面临的因提价而产生的社会和政治压力，这一过程恐将更为漫长。更关键的是，发现合理价格水平的任务绝非居民用电价格改革本身所能完

---

① 比如 Joskow（2001）认为，零售竞争的价格空间有限，主要是增值服务竞争，但 Littlechild（2001）则认为，远期交易能够促进价格竞争。

成的，通过政府在居民电价改革上的政策选择，我们看到的是中国电力体制改革方向的偏差。政府是继续变换手中的定价方式，还是构建竞争性市场机制，将决定新一轮电力体制改革的成效。

第七节　结论

本章解决了利用基于一般矩估计的完备结构模型和微观居民电力需求数据研究递增阶梯定价与峰谷定价组合下的居民电力需求行为，深入剖析了中国居民电价政策的实际效果，讨论了居民电价和电力体制的改革问题。本章为非线性定价需求理论的进展做出了一定贡献，并将理论研究与实践政策评估紧密结合，发掘了丰富的理论和政策内涵。我们发现：

第一，中国居民电力需求的价格弹性极低，收入效应微乎其微，与该领域内已有研究结论一致。特别地，峰谷段需求均缺乏价格弹性，但相对差异却非常明显，意味着峰价格高、谷价格低的价格结构不符合拉姆齐配置效率标准，是一种低效定价政策。

第二，峰谷段的交叉价格弹性均为正，但大小不同，表明峰谷段电力需求之间呈不对称的替代关系，这会对阶梯与峰谷的组合效果产生重要影响。阶梯和峰谷定价规则之间存在政策效果冲突，而且政策目标与政策手段存在错配问题。阶梯规则难以促进节约用电，峰谷规则难以刺激移峰填谷，反而峰谷结构在抑制过度消费方面发挥着相对更大的作用。

第三，在现有制度环境下，利用复杂非线性定价规则调整电价水平难以实现"促公平"的目标，因为价格变化产生的社会福利损失将主要由小部分用户承担，特别地，阶梯和峰谷的定价政策无助于解决低收入阶层面临的不公平负担。

第四，在现有制度环境下，非线性定价无助于消除补贴，补贴在阶梯和峰谷定价组合下仍长期存在。其背后是政府对"保基本"的过分关注和对非线性定价规则的不当理解，扭曲了非线性定价政策的应有效果。这也是为什么价格主管部门在全国实施了阶梯定价格后，又急于推广峰谷定价的原因，但这一尝试依旧停留在错误的路径上。

第五，电价改革根本上是要让电价真实地反映用电的机会成本，在缺乏竞争性电力市场，特别是竞争性批发电力市场的条件下，居民规制定价手段的调整不可能实现这一目标，因为零售电价的作用是传递，而非发现实时批发电价。

第六，非线性定价下的局部价格变动会产生极其复杂的影响，而且制约政策效果的因素非常多，要有效实施非线性定价就必须对需求做出全面、细致和差别性的考量，而这会增加政府实施定价政策的难度，出现规制低效，这也正是中国居民电价中存在的问题。

需要重点强调的是，本章观点并非否定阶梯和分时等非线性定价政策及组合的应有效果，而是突出了此类政策发挥作用的条件性和具体性。居民电价改革必须在电力体制改革的大背景下协调推进。在现有电力产业的制度环境下，阶梯定价和分时定价的引入均无法实现决策者宣称的政策目标，原因不在于如何选择定价方式和确定价格水平，而在于缺乏竞争的制度环境已经从根本上限制了非线性定价政策的效果空间。合理的居民电价必须真实地反映用电的社会机会成本，但发现真实机会成本的功能根本上取决于竞争性批发市场；零售侧非线性定价政策的使用主要是"锦上添花"，即传递实时批发电价，而难以"雪中送炭"，即发现真实机会成本。因此，要确定合理的居民电价，根本上依赖构建竞争性批发电力市场，以及与之相配套的投资和监管机制。此外，如果竞争性市场机制到位，那么针对居民用电的非线性定价政策选择也将与现在截然不同，因为阶梯和分时定价将很可能不再是首选，甚至不需进入考虑范围。

附　录

（一）单月消费量的各阶中心矩

结算月和前一个公式类似，下标 1 表示结算月。四阶矩公式如下：

1. 一阶中心矩

$$E\left[x_{1p}^{*}\mid w_1\right] = (x_{11}-\sigma\lambda_{11})\,\varPhi\!\left(\frac{c_{11}}{\sigma}\right) + \bar{x}_1\left[\varPhi\!\left(\frac{c_{12}}{\sigma}\right)-\varPhi\!\left(\frac{c_{12}}{\sigma}\right)\right]$$

$$+ (x_{12}-\sigma\lambda_{13})\,\varPhi\!\left(\frac{c_{13}}{\sigma}\right) - (x_{12}-\sigma\lambda_{12})\,\varPhi\!\left(\frac{c_{12}}{\sigma}\right)$$

$$+ \bar{x}_2 \left[\Phi\left(\frac{c_{14}}{\sigma}\right) - \Phi\left(\frac{c_{13}}{\sigma}\right) \right] + (x_{13} + \sigma\lambda_{14}) \left[1 - \Phi\left(\frac{c_{14}}{\sigma}\right) \right]$$

$$E[x_{1v}^* \mid w_1] = x_{1v}$$

$$E[x_1^* \mid w_1] = E[x_{1p}^* \mid w_1] + E[x_{1v}^* \mid w_1]$$

2. 二阶中心矩

$$E[(x_{1p}^*)^2 \mid w_1] = (x_{11}^2 - 2\sigma x_{11}\lambda_{11} - \sigma c_{11}\lambda_{11} + \sigma^2) \Phi\left(\frac{c_{11}}{\sigma}\right) + \bar{x}_1^2 \left[\Phi\left(\frac{c_{12}}{\sigma}\right) \right.$$

$$\left. - \Phi\left(\frac{c_{11}}{\sigma}\right) \right] + (x_{12}^2 - 2\sigma x_{12}\lambda_{13} - \sigma c_{13}\lambda_{13} + \sigma^2) \Phi\left(\frac{c_{13}}{\sigma}\right)$$

$$- (x_{12}^2 - 2\sigma x_{12}\lambda_{12} - \sigma c_{12}\lambda_{12} + \sigma^2) \Phi\left(\frac{c_{12}}{\sigma}\right) + \bar{x}_2^2 \left[\Phi\left(\frac{c_{14}}{\sigma}\right) \right]$$

$$- \Phi\left(\frac{c_{13}}{\sigma}\right) + (x_{13}^2 + 2\sigma x_{13}\lambda_{14} + \sigma c_{14}\lambda_{14} + \sigma^2) \left[1 - \Phi\left(\frac{c_{14}}{\sigma}\right) \right]$$

$$E[(x_{1v}^*)^2 \mid w_1] = x_{1v}^2$$

$$E[(x_1^*)^2 \mid w_1] = E[(x_{1p}^* + x_{1v}^*)^2 \mid w_1]$$

$$= E[(x_{1p}^*)^2 \mid w_1] + 2E[x_{1p}^* \mid w_1][x_{1v}^* \mid w_1] + E[(x_{1v}^*)^2 \mid w_1]$$

3. 三阶中心矩

$$E[(x_{1p}^*)^3 \mid w_1] = (x_{11}^2 - 3\sigma x_{11}^2\lambda_{11} - 3\sigma x_{11}c_{11}\lambda_{11} + 3\sigma^3 x_{11} - \sigma c_{11}^2\lambda_{11}$$

$$- 2\sigma^3\lambda_{11}) \Phi\left(\frac{c_{11}}{\sigma}\right) + \bar{x}_1^3 \left[\Phi\left(\frac{c_{12}}{\sigma}\right) - \Phi\left(\frac{c_{11}}{\sigma}\right) \right] + (x_{12}^2 -$$

$$3\sigma x_{12}^2\lambda_{13} - 3\sigma x_{12}c_{13}\lambda_{13} + 3\sigma^2 x_{12} - \sigma c_{13}^2\lambda_{13} - 2\sigma^3\lambda_{13}) \Phi$$

$$\left(\frac{c_{13}}{\sigma}\right) - (x_{12}^2 - 3\sigma x_{12}^2\lambda_{12} - 3\sigma x_{12}c_{12}\lambda_{12} + 3\sigma^2 x_{12} - \sigma c_{12}^2$$

$$\lambda_{12} - 2\sigma^3\lambda_{12}) \Phi\left(\frac{c_{12}}{\sigma}\right) + \bar{x}_2^3 \left[\Phi\left(\frac{c_{14}}{\sigma}\right) - \Phi\left(\frac{c_{13}}{\sigma}\right) \right] + (x_{13}^3 +$$

$$3\sigma x_{13}^2\lambda_{14} + 3\sigma x_{13}c_{14}\lambda_{14} + 3\sigma^2 x_{13} + \sigma c_{14}^2\lambda_{14} + 2\sigma^3\lambda_{14})$$

$$\left[1 - \Phi\left(\frac{c_{14}}{\sigma}\right) \right]$$

$$E[(x_{1v}^*)^3 \mid w_1] = x_{1v}^3$$

$$E[(x_1^*)^3 \mid w_1] = E[(x_{1p}^* + x_{1v}^*)^3 \mid w_1]$$

$$= E[(x_{1p}^*)^3 \mid w_1] + 3E[(x_{1p}^*)^2 \mid w_1] E[x_{1v}^* \mid w_1]$$

$$+ 3E[x_{1v}^* \mid w_1] E[(x_{1v}^*)^2 \mid w_1] + E[(x_{1v}^*)^3 \mid w_1]$$

4. 四阶中心矩

$$E[(x_{1p}^*)^4 \mid w_1] = (x_{11}^4 - 4\sigma x_{11}^3 \lambda_{11} - 6\sigma x_{11}^2 c_{11}\lambda_{11} + 6\sigma^2 x_{11}^2 - 4\sigma x_{11}c_{11}^2\lambda_{11}$$

$$-8\sigma^3 x_{11}\lambda_{11} - \sigma c_{11}^3\lambda_{11} - 3\sigma^3 c_{11}\lambda_{11} + 3\sigma^4)\Phi\left(\frac{c_{11}}{\sigma}\right)$$

$$+\overline{x_1}^4\left[\Phi\left(\frac{c_{12}}{\sigma}\right) - \Phi\left(\frac{c_{11}}{\sigma}\right)\right]$$

$$+(x_{12}^4 - 4\sigma x_{12}^3\lambda_{13} - 6\sigma x_{12}^2 c_{13}\lambda_{13}$$

$$+6\sigma^2 x_{12}^2 - 4\sigma x_{12}c_{13}^2\lambda_{13} - 8\sigma^3 x_{12}\lambda_{13} - \sigma c_{13}^3\lambda_{13} - 3\sigma^3 c_{13}\lambda_{13}$$

$$+3\sigma^4)\Phi\left(\frac{c_{13}}{\sigma}\right) - (x_{12}^4 - 4\sigma x_{12}^3\lambda_{12} - 6\sigma x_{12}^2 c_{12}\lambda_{12} + 6\sigma^2 x_{12}^2$$

$$-4\sigma x_{12}c_{12}^2\lambda_{12} - 8\sigma^3 x_{12}\lambda_{12} - \sigma c_{12}^3\lambda_{12} - 3\sigma^3 c_{12}\lambda_{12}$$

$$+3\sigma^4)\Phi\left(\frac{c_{12}}{\sigma}\right) + \overline{x_2}^4\left[\Phi\left(\frac{c_{14}}{\sigma}\right) - \Phi\left(\frac{c_{13}}{\sigma}\right)\right] + (x_{13}^4$$

$$+4\sigma x_{13}^3\lambda_{13} + 6\sigma x_{13}^2 c_{13}\lambda_{13} + 6\sigma^2 x_{13}^2 + 4\sigma x_{13}c_{14}^2\lambda_{14}$$

$$+8\sigma^3 x_{13}\lambda_{14} + \sigma c_{14}^3\lambda_{14} + 3\sigma^3 c_{14}\lambda_{14} + 3\sigma^4)\left[1 - \Phi\left(\frac{c_{14}}{\sigma}\right)\right]$$

$$E[(x_{1v}^*)^4 \mid w_1] = x_{1v}^4$$

$$E[(x_1^*)^4 \mid w_1] = E[(x_{1p}^* + x_{1v}^*)^4 \mid w_1]$$

$$= E[(x_{1p}^*)^4 \mid w_1] + 4E[(x_{1p}^*)^3 \mid w_1]E[x_{1v}^* \mid w_1]$$

$$+6E[(x_{1p}^*)^2 \mid w_1]E[(x_{1v}^*)^2 \mid w_1] + 4E[x_{1p}^* \mid w_1]$$

$$E[(x_{1v}^*)^3 \mid w_1] + E[(x_{1v}^*)^4 \mid w_1]$$

（二）双月消费量的各阶条件矩

1. 一阶条件矩

$$h_1(W, \theta) = E[x^a \mid W]$$

$$= E[x_1^* \mid w_1] + E[x_2^* \mid w_2]$$

$$= E[x_{1p}^* \mid w_1] + E[x_{1v}^* \mid w_1] + E[x_{2p}^* \mid w_2] + E[x_{2v}^* \mid w_2]$$

2. 二阶条件矩

$$h_2(W, \theta) = E[(x^a)^2 \mid W]$$

$$= E[(x_{1p}^*)^2 \mid w_1] + 2E[x_{1p}^* \mid w_1] + E[x_{1v}^* \mid w_1]$$

$$+ E[(x_{1v}^*)^2 \mid w_1] + 2E[x_1^* \mid w_1]E[x_2^* \mid w_2]$$

$$+ E[(x_{2p}^*)^2 \mid w_2] + 2E[x_{2p}^* \mid w_2]E[x_{2v}^* \mid w_2] + E[(x_{2v}^*)^2 \mid w_2]$$

3. 三阶条件矩

$$h_3(W, \theta) = E[(x^a)^3 \mid W]$$

$$= E[(x_{1p}^*)^3 \mid w_1] + 3E[(x_{1p}^*)^2 \mid w_1]E[x_{1v}^* \mid w_1]$$

$$+ 3E[x_{1p}^* \mid w_1]E[(x_{1v}^*)^2 \mid w_1] + E[(x_{1v}^*)^3 \mid w_1]$$

$$+ E[(x_1^*)^2 \mid w_1]E[(x_2^*) \mid w_2] + E[(x_1^*) \mid w_1]$$

$$E[(x_2^*)^2 \mid w_2] + E[(x_{2p}^*)^3 \mid w_2] + 3E[(x_{2p}^*)^2 \mid w_2]E[x_{2v}^* \mid w_2]$$

$$+ 3E[x_{2p}^* \mid w_2]E[(x_{2v}^*)^2 \mid w_2] + E[(x_{2v}^*)^3 \mid w_2]$$

4. 四阶条件矩

$$h_4(W, \theta) = E[(x^a)^4 \mid W]$$

$$= E[(x_{1p}^*)^4 \mid w_1] + 4E[(x_{1p}^*)^3 \mid w_1]E[x_{1v}^* \mid w_1]$$

$$+ 6E[(x_{1p}^*)^2 \mid w_1]E[(x_{1v}^*)^2 \mid w_1]$$

$$+ 4E[x_{1p}^* \mid w_1]E[(x_{1v}^*) \mid w_1] + E[(x_{1v}^*)^4 \mid w_1]$$

$$+ 4E[(x_1^*)^3 \mid w_1][x_2^* \mid w_2] + 6E[(x_1^*)^2 \mid w_1]E[(x_2^*)^2 \mid w_2]$$

$$+ 4E[x_1^* \mid w_1]E[(x_2^*)^3 \mid w_2] + E[(x_{2p}^*)^4 \mid w_2]$$

$$+ 4E[(x_{2p}^*)^3 \mid w_2]E[x_{2v}^* \mid w_2] + 6E[(x_{2p}^*)^2 \mid w_2]$$

$$E[(x_{2v}^*)^2 \mid w_2] + 4E[x_{2p}^* \mid w_2]E[(x_{2v}^*)^3 \mid w_2]$$

$$+ E[(x_{2v}^*)^4 \mid w_2]$$

（三）峰谷电量比例的各阶条件矩

1. 一阶条件矩

$$h_{1r} = E\left[\frac{x_p^*}{x_v^*}\right] = E\left[\frac{x_{1p}^* + x_{2p}^*}{x_{1v}^* + x_{2v}^*}\right] = \frac{E[x_{1p}^* + x_{2p}^*]}{E[x_{1v}^* + x_{2v}^*]} = \frac{E[x_{1p}^*] + E[x_{2p}^*]}{E[x_{1v}^*] + E[x_{2v}^*]}$$

2. 二阶条件矩

$$h_{2r} = E\left[\left(\frac{x_p^*}{x_v^*}\right)^2\right] = \frac{E(x_{1p}^* + x_{2p}^*)^2}{E(x_{1v}^* + x_{2v}^*)^2}$$

（四）最优工具变量

1. h_1 对经济变量参数 β 的偏导（以价格参数为例）

（1）对峰段参数的偏导

$$\frac{\partial h_1}{\partial \beta} = A + B$$

$$A = \frac{\partial E(x_{1p}^*)}{\partial \beta} = \Phi\left(\frac{c_{11}}{\sigma}\right)p_1 + \left(\Phi\left(\frac{c_{13}}{\sigma}\right) - \Phi\left(\frac{c_{12}}{\sigma}\right)\right)p_2 + \left(1 - \Phi\left(\frac{c_{14}}{\sigma}\right)\right)p_3$$

$$B = \frac{\partial E(x_{2p}^*)}{\partial \beta} = \Phi\left(\frac{c_{21}}{\sigma}\right)p_1 + \left(\Phi\left(\frac{c_{23}}{\sigma}\right) - \Phi\left(\frac{c_{22}}{\sigma}\right)\right)p_2 + \left(1 - \Phi\left(\frac{c_{24}}{\sigma}\right)\right)p_3$$

对收入参数，将 p_1、p_2、p_3 依次换成 y_1、y_2、y_3；对峰段的谷价格 p_v 参数和控制变量 z 参数，将 p_1、p_2、p_3 全部换成 p_v 或 z。

（2）对谷段参数的偏导

$$\frac{\partial h_1}{\partial \beta} = C + D$$

$$C = \frac{\partial E\ (x_{1v}^*)}{\partial \beta} = p_v$$

$$D = \frac{\partial E\ (x_{2v}^*)}{\partial \beta} = p_v$$

对收入参数，将 p_v 依次换成 y_1；对谷段的峰价格 p_p 参数和控制变量 z 参数，将 p_v 全部换成 p_p 或 z。

2. h_2 对经济变量参数 β 的偏导（以价格参数为例）

（1）对峰段参数的偏导

$$\frac{\partial h_2}{\partial \sigma} = A + B + C + D + E$$

$$A = \frac{\partial E[\ (x_{1p}^*)^2]}{\partial \beta} = \left\{ \begin{array}{l} p_1\left[x_{11}\Phi\left(\frac{c_{11}}{\sigma}\right) + \sigma\phi\left(\frac{c_{11}}{\sigma}\right)\right] \\[2mm] + p_2\left[x_{12}\Phi\left(\frac{c_{13}}{\sigma}\right) - \sigma\phi\left(\frac{c_{13}}{\sigma}\right) - x_{12}\Phi\left(\frac{c_{12}}{\sigma}\right) + \sigma\phi\left(\frac{c_{12}}{\sigma}\right)\right] \\[2mm] + p_3\left[x_{13}\left(1 - \Phi\left(\frac{c_{14}}{\sigma}\right)\right) + \sigma\phi\left(\frac{c_{14}}{\sigma}\right)\right] \end{array} \right\}$$

$$B = 2\frac{\partial[E(x_{1p}^*)E(x_{1v}^*)]}{\partial \beta} = 2\left\{\Phi\left(\frac{c_{11}}{\sigma}\right)p_1 + \left[\Phi\left(\frac{c_{13}}{\sigma}\right) - \Phi\left(\frac{c_{12}}{\sigma}\right)\right]p_2 + \left[1 - \Phi\left(\frac{c_{14}}{\sigma}\right)\right]p_3\right\}x_{1v}$$

$$C = 2\frac{\partial[\ E(x_1^*)E(x_2^*)]}{\partial \beta} = 2\frac{\partial E(x_1^*)}{\partial \beta}E(x_2^*) + 2\frac{\partial E(x_2^*)}{\partial \beta}E(x_1^*)$$

$$D = \frac{\partial E[\ (x_{2p}^*)^2]}{\partial \beta} = 2\left\{ \begin{array}{l} p_1\left[x_{21}\Phi\left(\frac{c_{21}}{\sigma}\right) - \sigma\phi\left(\frac{c_{21}}{\sigma}\right)\right] \\[2mm] + p_2\left[x_{22}\Phi\left(\frac{c_{23}}{\sigma}\right) - \sigma\phi\left(\frac{c_{23}}{\sigma}\right) - x_{22}\Phi\left(\frac{c_{22}}{\sigma}\right) + \sigma\phi\left(\frac{c_{22}}{\sigma}\right)\right] \\[2mm] + p_3\left[x_{23}\left(1 - \Phi\left(\frac{c_{24}}{\sigma}\right)\right) + \sigma\phi\left(\frac{c_{24}}{\sigma}\right)\right] \end{array} \right\}$$

$$E = 2\frac{\partial\left[E(x_{2p}^*)E(x_{2v}^*)\right]}{\partial\beta} = 2\left[\varPhi\left(\frac{c_{21}}{\sigma}\right)p_1 + \left(\varPhi\left(\frac{c_{23}}{\sigma}\right) - \varPhi\left(\frac{c_{22}}{\sigma}\right)\right)p_2 + \left(1 - \varPhi\left(\frac{c_{24}}{\sigma}\right)\right)p_3\right]x_{2v}$$

对收入参数，将 p_1、p_2、p_3 依次换成 y_1、y_2、y_3；对峰段的谷价格 p_v 参数和控制变量 z 参数，将 p_1、p_2、p_3 全部换成 p_v 或 z。

（2）对谷段参数的偏导

$$\frac{\partial h_2}{\partial\beta} = F + G + H$$

$$F = \frac{\partial E\left[\left(x_{1v}^*\right)^2\right]}{\partial\beta} = 2x_{1v}p_v$$

$$G = \frac{\partial E\left[\left(x_{2v}^*\right)^2\right]}{\partial\beta} = 2x_{2v}p_v$$

$$H = \frac{\partial E\left[\left(2x_{1v}^*\right)x_{2v}^*\right]}{\partial\beta} = 2p_v\left(x_{1v}^* + x_{2v}^*\right)$$

对收入的参数，将 p_v 依次换成 y_1；对谷段的峰价格 p_p 参数和控制变量 z 参数，将 p_v 全部换成 p_p 或 z。

3. h_{1r} 对经济变量参数 β 的偏导（以价格参数为例）

（1）对峰段参数的偏导

$$\frac{\partial h_{1r}}{\partial\beta}$$

$$= \frac{1}{E\left[x_v^*\right]}\left[\begin{array}{l}\left(\varPhi\left(\frac{c_{11}}{\sigma}\right) + \varPhi\left(\frac{c_{21}}{\sigma}\right)\right)p_1 + \left(\varPhi\left(\frac{c_{13}}{\sigma}\right) - \varPhi\left(\frac{c_{12}}{\sigma}\right) + \varPhi\left(\frac{c_{23}}{\sigma}\right) - \varPhi\left(\frac{c_{22}}{\sigma}\right)\right)p_2 \\ + \left(2 - \varPhi\left(\frac{c_{14}}{\sigma}\right) - \varPhi\left(\frac{c_{24}}{\sigma}\right)\right)p_3\end{array}\right]$$

对收入参数，将 p_1、p_2、p_3 依次换成 y_1、y_2、y_3；对峰段的谷价格 p_v 参数和控制变量 z 参数，将 p_1、p_2、p_3 全部换成 p_v 或 z。

（2）对谷段参数的偏导

$$\frac{\partial h_{1r}}{\partial\beta} = -2\frac{E\left[x_p^*\right]}{\left(E\left[x_v^*\right]\right)^2}p_v$$

对收入的参数，将 p_v 依次换成 y_1；对谷段的峰价格 p_p 参数和控制变量 z 参数，将 p_v 全部换成 p_p 或 z。

（3）h_2 对参数 σ 的偏导

$$\frac{\partial h_2}{\partial\sigma} = A + B + C + D + E$$

$$A = \frac{\partial E[(x_{1p}^*)^2]}{\partial \sigma} = 2\left[\begin{array}{l} \sigma\left(\Phi\left(\frac{c_{11}}{\sigma}\right) + \Phi\left(\frac{c_{13}}{\sigma}\right) + 1 - \Phi\left(\frac{c_{12}}{\sigma}\right) - \Phi\left(\frac{c_{14}}{\sigma}\right)\right) \\ + \overline{x}_1\left(\phi\left(\frac{c_{12}}{\sigma}\right) - \phi\left(\frac{c_{11}}{\sigma}\right)\right) + \overline{x}_2\left(\phi\left(\frac{c_{14}}{\sigma}\right) - \phi\left(\frac{c_{13}}{\sigma}\right)\right) \end{array}\right]$$

$$B = 2\frac{\partial[E(x_1^*)E(x_2^*)]}{\partial \sigma} = 2\left[\begin{array}{l} E(x_2^*)\left(\phi\left(\frac{c_{12}}{\sigma}\right) - \phi\left(\frac{c_{11}}{\sigma}\right) + \phi\left(\frac{c_{14}}{\sigma}\right) - \phi\left(\frac{c_{13}}{\sigma}\right)\right) \\ + E(x_1^*)\left(\phi\left(\frac{c_{22}}{\sigma}\right) - \phi\left(\frac{c_{21}}{\sigma}\right) + \phi\left(\frac{c_{24}}{\sigma}\right) - \phi\left(\frac{c_{23}}{\sigma}\right)\right) \end{array}\right]$$

$$C = \frac{\partial E[(x_{2p}^*)^2]}{\partial \sigma} = 2\left[\begin{array}{l} \sigma\left(\Phi\left(\frac{c_{21}}{\sigma}\right) + \Phi\left(\frac{c_{23}}{\sigma}\right) + 1 - \Phi\left(\frac{c_{22}}{\sigma}\right) - \Phi\left(\frac{c_{24}}{\sigma}\right)\right) \\ + \overline{x}_1\left(\phi\left(\frac{c_{22}}{\sigma}\right) - \phi\left(\frac{c_{21}}{\sigma}\right)\right) + \overline{x}_2\left(\phi\left(\frac{c_{24}}{\sigma}\right) - \phi\left(\frac{c_{23}}{\sigma}\right)\right) \end{array}\right]$$

$$D = 2\frac{\partial E[x_{1p}^*|w_1]E[x_{1v}^*|w_1]}{\partial \sigma} = 2E(x_{1v}^*)\left[\phi\left(\frac{c_{12}}{\sigma}\right) - \phi\left(\frac{c_{11}}{\sigma}\right) + \phi\left(\frac{c_{14}}{\sigma}\right) - \phi\left(\frac{c_{13}}{\sigma}\right)\right]$$

$$E = 2\frac{\partial E[x_{2p}^*|w_2]E[x_{2v}^*|w_2]}{\partial \sigma} = 2E(x_{2v}^*)\left[\phi\left(\frac{c_{22}}{\sigma}\right) - \phi\left(\frac{c_{21}}{\sigma}\right) + \phi\left(\frac{c_{24}}{\sigma}\right) - \phi\left(\frac{c_{23}}{\sigma}\right)\right]$$

（五）协方差函数矩阵

$$E[uu'] = \begin{bmatrix} u_1u'_1 & u_1u'_2 & u_1u'_3 \\ u_2u'_1 & u_2u'_2 & u_2u'_3 \\ u_3u'_1 & u_3u'_2 & u_3u'_3 \end{bmatrix}$$

$$= \begin{bmatrix} h_2 - h_1^2 & h_3 - 3h_1h_2 + 2h_1^3 & 0 \\ h_3 - 3h_1h_2 + 2h_1^3 & h_4 - h_2^2 - 4h_1h_3 + 8h_1^2h_2 - 4h_1^4 & 0 \\ 0 & 0 & h_{2r} - h_{1r}^2 \end{bmatrix}$$

（六）价格弹性和收入弹性的模拟公式

1. 每个样本点的自价格弹性

（1）计算单月峰谷期望消费量

$$\hat{x}_{itp}^* \equiv E[x_{itp}^*|w_{it};\hat{\theta}]$$

$$\hat{x}_{itv}^* \equiv E[x_{itv}^*|w_{it};\hat{\theta}]$$

$$\hat{x}_{it}^* = \hat{x}_{itp}^* + \hat{x}_{itv}^*$$

（2）计算单月峰谷价格边际效应

$\hat{\alpha}_{pp}$、$\hat{\alpha}_{vp}$ 分别表示进入峰谷段消费的峰段边际价格参数估计值；$\hat{\alpha}_{pv}$、$\hat{\alpha}_{vv}$ 分别表示进入峰谷段消费的谷段边际价格参数估计值。

$$\frac{\mathrm{d}x_{itp}^{*}}{\mathrm{d}\,(mp_{p})}\Big|_{\hat{x}_{it}^{*},\,m\hat{p}} \neq \frac{\mathrm{d}x_{it}^{*}}{\mathrm{d}\,(mp_{p})}\Big|_{\hat{x}_{it}^{*},\,m\hat{p}}\,;\quad \frac{\mathrm{d}x_{itv}^{*}}{\mathrm{d}\,(mp_{v})} \neq \frac{\mathrm{d}x_{it}^{*}}{\mathrm{d}\,(mp_{v})}$$

其中，$\tilde{p}_1$ 表示前两档价格差，$\tilde{p}_2$ 表示第三档与第一档价格差，a 是补偿收入的调整系数，通过它可以计算边际价格从第二档跳至第三档时的补偿收入变化。$a = 0.775$ 是由定价规则决定的。

$$\frac{\mathrm{d}x_{itp}^{*}}{\mathrm{d}(mp_{p})}\Big|_{\hat{x}_{it}^{*},\,m\hat{p}_{p}} = \hat{a}_{pp}\cdot 1\,(\hat{x}_{itp}^{*} \neq \overline{x}_1,\,x_{itp}^{*} \neq \overline{x}_2) + \hat{\gamma}\cdot\overline{x}_1\cdot 1\,(\overline{x}_1 < \hat{x}_{itp}^{*} <$$
$$\overline{x}_2)\cdot\tilde{p}_1 + \hat{\gamma}\cdot\overline{x}_2\cdot 1\,(\hat{x}_{itp}^{*} > \overline{x}_2)\cdot\tilde{p}_2\cdot a$$

$$\frac{\mathrm{d}x_{itp}^{*}}{\mathrm{d}(mp_{p})}\Big|_{\hat{x}_{it}^{*},\,m\hat{p}_{p}} = \hat{a}_{pp}\cdot 1\,(\hat{x}_{itp}^{*} \neq \overline{x}_1,\,x_{itp}^{*} \neq \overline{x}_2) + \hat{\gamma}\cdot\overline{x}_1\cdot 1\,(\overline{x}_1 < \hat{x}_{itp}^{*} <$$
$$\overline{x}_2)\cdot\tilde{p}_1 + \hat{\gamma}\cdot\overline{x}_2\cdot 1\,(\hat{x}_{itp}^{*} > \overline{x}_2)\cdot\tilde{p}_2\cdot a + \hat{a}_{vp}$$

$$\frac{\mathrm{d}x_{itv}^{*}}{\mathrm{d}(mp_{v})} = \hat{\alpha}_{vv}$$

$$\frac{\mathrm{d}x_{it}^{*}}{\mathrm{d}(mp_{v})} = \hat{\alpha}_{pv} + \hat{\alpha}_{vv}$$

（3）计算单月峰谷价格弹性

局部峰、谷弹性 $\hat{\eta}_{itp}$ 和 $\hat{\eta}_{itv}$ 同上，但不等于全局峰谷弹性。

$$\hat{\eta}_{itp} = \frac{m\hat{p}_{p}}{\hat{x}_{itp}^{*}}\cdot\big[\hat{\alpha}_{pp}\cdot 1(\hat{x}_{itp}^{*} \neq \overline{x}_1,\,x_{it}^{*} \neq \overline{x}_2) + \hat{\gamma}\cdot\overline{x}_1\cdot 1(\overline{x}_1 < \hat{x}_{itp}^{*} < \overline{x}_2)\cdot\tilde{p}_1$$
$$+ \hat{\gamma}\cdot\overline{x}_2\cdot 1(\hat{x}_{itp}^{*} > \overline{x}_2)\cdot\tilde{p}_2\cdot a + \hat{\alpha}_{vp}\big]$$

$$\hat{\eta}_{itv} = \frac{m\hat{p}_{v}}{\hat{x}_{itv}^{*}}\cdot(\hat{\alpha}_{pv} + \hat{\alpha}_{vv})$$

（4）计算单月全局价格弹性

$$\hat{\eta}_{it} = \frac{\hat{x}_{itp}^{*}}{\hat{x}_{it}^{*}}\hat{\eta}_{itp} + \frac{x_{itv}^{*}}{\hat{x}_{it}^{*}}\hat{\eta}_{itv} = \frac{\hat{x}_{itp}^{*}}{\hat{x}_{itp}^{*} + \hat{x}_{itp}^{*}}\hat{\eta}_{itp} + \frac{x_{itv}^{*}}{\hat{x}_{itp}^{*} + \hat{x}_{itp}^{*}}\hat{\eta}_{itv}$$

2. 每个用户的自价格弹性

（1）结算期（双月）价格弹性

$$\hat{\eta}_{ib} = \frac{\hat{x}_{i1}^{*}}{\hat{x}_{i1}^{*} + \hat{x}_{i2}^{*}}\hat{\eta}_{i1} + \frac{x_{i2}^{*}}{\hat{x}_{i1}^{*} + \hat{x}_{i2}^{*}}\hat{\eta}_{i2}$$

（2）年度价格弹性

$$\hat{\eta}_{iy} = \frac{1}{\hat{x}_{iy}}\sum_{t=1}^{12}\hat{\eta}_{it}\cdot\hat{x}_{it}^{*}，其中，\hat{x}_{iy} = \sum_{t=1}^{12}\hat{x}_{it}^{*}。$$

（3）样本期价格弹性

$$\hat{\eta}_{is} = \frac{1}{\hat{x}_{is}^*} \sum_{t=1}^{N} \hat{\eta}_{it} \cdot \hat{x}_{it}^*, \text{其中}, \hat{x}_{is}^* = \sum_{t=1}^{N} \hat{x}_{it}^* \text{。}$$

3. 收入弹性

收入弹性的计算公式与上面无交叉价格的价格弹性相似，只是峰段收入的边际效应公式需要注意。

$$\frac{dx_{it}^*}{dy} \Big|_{\hat{x}_{it}^*, \hat{mp}} = \hat{\gamma}_p \cdot 1 \ (\hat{x}_{it}^* \neq \overline{x}_1, \ x_{it}^* \neq \overline{x}_2)$$

（七）峰谷段非对称交叉价格弹性

1. 每个样本点的交叉价格弹性

（1）谷段消费的峰段价格弹性

$$\eta_{itpv} = \frac{m\hat{p}_p}{\hat{x}_{itv}^*} \cdot \frac{dx_{itv}^*}{d \ (mp_p)} \Big|_{\hat{mp}} = \frac{m\hat{p}_p}{\hat{x}_{itv}^*} \cdot \hat{\alpha}_{vp}$$

（2）峰段消费的谷段价格弹性

$$\eta_{itvp} = \frac{m\hat{p}_v}{\hat{x}_{itp}^*} \cdot \frac{dx_{itp}^*}{d \ (mp_v)} \Big|_{\hat{x}_{it}} = \frac{m\hat{p}_v}{\hat{x}_{itv}^*} \cdot \hat{\alpha}_{pv}$$

2. 每个用户的交叉价格弹性

（1）结算期（双月）交叉价格弹性

①谷段消费的峰段价格弹性

$$\hat{\eta}_{ibpv} = \frac{\hat{x}_{i1v}^*}{\hat{x}_{i1v}^* + \hat{x}_{i2v}^*} \hat{\eta}_{i1pv} + \frac{x_{i2v}^*}{\hat{x}_{i2v}^* + \hat{x}_{i2v}^*} \hat{\eta}_{i2pv}$$

②峰段消费的谷段价格弹性

$$\hat{\eta}_{ibvp} = \frac{\hat{x}_{i1p}^*}{\hat{x}_{i1p}^* + \hat{x}_{i2p}^*} \hat{\eta}_{i1vp} + \frac{x_{i2p}^*}{\hat{x}_{i2p}^* + \hat{x}_{i2p}^*} \hat{\eta}_{i2vp}$$

（2）年度交叉价格弹性

①谷段消费的峰段价格弹性

$$\hat{\eta}_{iypv} = \frac{1}{\hat{x}_{iyv}^*} \sum_{t=1}^{12} \hat{\eta}_{itpv} \cdot \hat{x}_{itv}^*, \text{其中}, \hat{x}_{iyv}^* = \sum_{t=1}^{12} \hat{x}_{itv}^* \text{。}$$

②峰段消费的谷段价格弹性

$$\hat{\eta}_{iyvp} = \frac{1}{\hat{x}_{iyp}^*} \sum_{t=1}^{12} \hat{\eta}_{itvp} \cdot \hat{x}_{itp}^*, \text{其中}, \hat{x}_{iyp}^* = \sum_{t=1}^{12} \hat{x}_{itp}^* \text{。}$$

（3）样本期交叉价格弹性

①谷段消费的峰段价格弹性

$$\hat{\eta}_{ispv} = \frac{1}{\hat{x}_{isv}} \sum_{t=1}^{N} \hat{\eta}_{itpv} \cdot \hat{x}_{itv}^{*}, 其中, \hat{x}_{isv} = \sum_{t=1}^{N} \hat{x}_{itv}^{*} 。$$

②峰段消费的谷段价格弹性

$$\hat{\eta}_{isvp} = \frac{1}{\hat{x}_{isp}} \sum_{t=1}^{N} \hat{\eta}_{itvp} \cdot \hat{x}_{itp}^{*}, 其中, \hat{x}_{isp} = \sum_{t=1}^{N} \hat{x}_{itp}^{*} 。$$

第十二章　居民用电的需求响应：混合定价与分时定价的比较

第一节　引言

为了统筹经济效率、成本补偿、收入再分配和节能环保等多个监管目标，20 世纪 70 年代以来，很多国家相继在公用事业以及资源领域尝试需求侧管理。国内电力行业率先于 1992 年引入需求侧管理，并将其作为一个长期能源战略（林伯强，2005）。2003 年和 2011 年，国家发改委分别颁布了《关于加强用电侧管理的通知》和《电力需求侧管理办法》，为电力需求侧管理的具体实施提供指导，其中电价成为实施电力需求侧管理的一个重要手段（曾鸣，2002；于永臻，2012）。

作为一种非线性定价方式，递增阶梯定价（IBP）一直是公用事业规制部门和学术界关心的重要议题，其基本理念是，随着用电量的增加，包含经济与环境外部性等边际成本逐步递增，电力消费者将承担更高的边际价格。据统计，1982 年美国只有 4% 的能源企业使用递增阶梯定价，到 2000 年左右，这一比例增到 33%（Olmstead et al.，2007）。到 2007 年，OECD 国家中有 49% 的能源企业采用了递增阶梯定价。目前，递增阶梯电价已经在美国、加拿大、澳大利亚的部分地区、大部分东南欧国家（如捷克、意大利等）、部分中东国家（如沙特等）以及东亚的日本、韩国、中国香港和中国台湾及菲律宾、马来西亚等东南亚国家和地区得到了广泛应用（OECD，2009；杨娟、刘树杰，2010）。

自 2004 年相继在四川、浙江和福建试点居民阶梯电价后，我国于 2012 年 7 月在除西藏与新疆外的大陆所有地区，推广实施居民递增阶梯电价（发改委，2012）。此外，2013 年 12 月与 2014 年 3 月，国家发改委又相继宣布，全国将于 2015 年年底正式实施居民阶梯水价与阶梯气价，并在十二届人大三次会议《政府工作报告》中，正式提出了加快价格改革，完善资源性产品价格，全面实行居民阶梯价格制度的基本方向。目前，国家发改委正在探索对石油、煤炭和城市土地之类的能源和资源使用实施递增阶梯定价。

利用阶梯定价进行需求侧管理的有效性，取决于递增阶梯定价结构下的需求响应程度，而价格弹性是衡量需求响应的关键参数（Olmstead，2007；Wichman，2014）。目前，很多文献研究了分时及阶梯定价下的需求响应问题。Bohi（1981）综述了线性定价的需求弹性的早期研究；Taylor 等（2005）和 Filippin（2011）估计了分时定价下的自价格与交叉价格弹性，并探讨了峰谷间的替代效应；Bohi 和 Zimmerman（1984）、Vaage（2000）和 Mansur 等（2005）估计了阶梯定价下取决于电器设备是否变化的短期与长期价格弹性及不同人群的价格弹性。不同文献得到的弹性估计差异很大，变化幅度达到 -1.32— -0.24。为此，Bohi 和 Zimmerman（1984）、Hawdon（1992）、King 和 Chatterjee（2003）指出，由于时间、费率、样本规模、峰时长度等方面的差异，不同文献的研究结果很难直接比较。

除了价格弹性，文献还研究了电力需求的收入效应和收入弹性。由于电费支出占居民生活总支出的比重较小，大部分研究认为，居民电力需求的收入弹性极低。Hausman 等（1979）、Reiss 和 White（2005）、Ito（2012）和 Chandra 等（2013）研究指出，需求收入弹性很弱或基本为零，且不同收入人群的需求收入弹性是一致的。此外，Borenstein（2005）、Borenstein 和 Holland（2005）、Holland 和 Mansur 等（2006）估计了分时定价的收入效应，发现需求收入弹性值不显著或小于 0.05。

也有不少文献开始关注 IBP 等复杂定价结构对需求的价格和收入弹性的影响。Howit 和 Haneman（1995）基于离散/连续选择（Discrete/Continuous Choice，DCC）模型[①]，估计出居民生活用水的价格[②]和收入弹性

[①] 该模型由 Burtless 和 Hausman（1978）及 Hausman（1985）提出，经 Hanemann（1984）对其进行了一般化处理，Moffitt（1986，1990）给出其在水及电力需求估计中的一般设定，Pint（1999）与 Waldman（2000，2005）给出了 k 级阶递增阶梯定价下的需求估计方程。

[②] 在 Hewitt 和 Hanemann（1995）的研究之前，只有 Danielson（1979）、Deller 等（1986）及 Howe（1967）这 3 篇文章得出的价格弹性是大于 1 的。同时，从 1963—2004 年的 400 篇水需求价格弹性的研究中，只有 3 篇使用了 DCC 模型（Hewitt and Hanemann，1995；Pint，1999；Rietveld，Rouwendal and Zwart，2000），即使在其中的 140 篇文献中，价格不是递增阶梯定价就是递减阶梯定价。

分别为 -1.8989 和 0.1782。在其对阶梯水价的分析中，他们将需求弹性细化为条件需求弹性与无条件需求弹性，并估计出无条件需求的价格和收入弹性分别为 -1.586 和 0.1543。类似地，Olmstead 等（2007，2009）估计的条件和无条件需求的价格弹性分别为 -0.6411 与 -0.5893；Miyawaki 等（2014）得到的（平均）条件需求价格弹性[①]为 -1.09，而基于分层贝叶斯方法得到的无条件价格弹性小于条件需求。

为了探索价格结构变化本身对价格弹性的影响，一些实证文献对不同定价结构下的价格弹性进行了比较。Espey 等（1997）及 Dalhuisen 等（2003）的研究显示，IBP 下的（无条件）需求价格弹性要高于统一定价下的价格弹性。Nieswiadomy 等（2003）得出，IBP 下的无条件需求价格弹性比递减阶梯定价（DBP）要高。Olmstead 等（2007）分析了可能导致不同定价结构下的需求弹性存在差异的原因：首先，IBP 与统一定价下价格弹性的定义本身存在很大差异。IBP 下的无条件需求的价格弹性要比统一定价下的价格弹性更为复杂，其中前者包括：（1）用户选择在哪一个阶梯内或尖点处消费的概率；（2）价格变动会对超边际价格产生补贴反应，即虚拟收入效应。其次，类似于纳税人在累进税的征收与转移过程中的行为反应（Liebman and Zeckhauser，2004），IBP 下各阶梯上的边际价格的跳跃向消费者提供了一个账单提醒的信号（Gaudin，2006）。

国内学者主要比较了纯分时定价、纯递增阶梯定价和分时递增阶梯混合定价等定价方式的需求特征与政策含义。殷树刚等（2011）发现，某省居民生活用电实施分时定价后，谷电使用比例从 15% 提高到 43%，用电量提高 22%，居民平均电价降低 17%。黄海涛等（2012a）认为，相较于统一定价，IBP 能有效地权衡经济效率与节能减排、公平与效率这两对矛盾。尽管如此，在分时定价框架下嵌套 IBP，要比单纯实施 IBP 更宜于公用事业运营企业补偿提供成本。即便是出于兼顾效率和公平的考虑，将 IBP 嵌入于分时定价（峰谷定价）也更加有效。此时，实时定价（峰谷定价）主要承担有效定价和实现效率的使命，而 IBP 则更多承担社会调节和公平公正功能（张昕竹，2010，2015）。李媛等（2012）认为，随着用电量的增加，分时 IBP 下的无条件需求的自价格弹性呈现倒 U 形

[①]　如果没有特别说明是那一阶梯的条件弹性，即为平均条件弹性。平均条件需求是将所有阶梯上的似然函数加总，然后求出对应的需求弹性值，我们将在本章第二节进行详细说明。

变动；模拟分析也发现分时 IBP 兼顾了纯分时定价和纯 IBP 的优点。刘自敏等（2015a）分析了分时 IBP 结构下的再分配效应。刘自敏等（2015b）进一步比较了 IBP 与纯分时定价所能实现的政策目标的差异性。黄海涛（2012b）估算出分时 IBP 结构下的自价格弹性介于 -0.11—-0.02，交叉价格弹性介于 0.003—0.04。冯永晟（2014）得出分时 IBP 结构下的无条件需求的长期平均价格弹性介于 -0.625—-0.501。田露露等（2015）对递增阶梯定价的估计方法、价格选择和实施效果等主题进行了综述。总的来说，国内对于 IBP 和分时 IBP 等复杂定价的实证研究刚刚起步。

本章旨在基于 IBP 结构，通过构建满足可分性条件的 DCC 模型，并使用参数与非参数估计方法，刻画 IBP 的条件需求和无条件需求。利用 2009—2011 年杭州和上海两市居民家庭用电和问卷数据，实证估计分时与阶梯混合定价与纯分时定价下的条件需求与无条件需求的价格和收入弹性特征，最后分析递增阶梯定价结构对需求弹性特征的影响。

第二节 阶梯定价下的需求弹性特征：理论分析

鉴于阶梯电价具有非线性特征，本节分析阶梯定价下的价格弹性，首先对条件需求与无条件需求的概念进行界定，然后构建阶梯定价的结构计量模型——DCC 模型，并求出条件需求弹性。在此基础上构建阶梯定价下无条件需求的理论模型，并求出无条件需求弹性。

一 条件需求与无条件需求

在任一给定阶梯定价下，各阶梯间的边际价格水平不同。随着阶梯数的增加，各阶梯边际价格可能递增或递减。考察一个只包含两种正常品 w 和 x 的经济系统，其中，w 是诸如城市居民用水、用电等之类的公用事业或资源。产品 x 是包括所有其他消费品在内的希克斯商品，且处于完全竞争市场，其价格被标准化为 1。一个代表性消费者同时消费这两类产品面临的预算约束是 $B(w) + x \leqslant Y$，其中，$Y \geqslant 0$ 是该消费者用于生活消费的货币总预算，函数 $B(w)$ 是专门消费 w 所发生的货币支出。鉴于该预算约束在产品空间 (w, x) 上是凸集，只有预算边界起作用，即预算线为 $B(w) = y$，$y = Y - x$ 是消费者用于消费 w 的所有货币额。在给定某

个 K （$K \geqslant 2$）级阶梯定价结构下，函数 $B(w)$ 可表示为式（12-1）所示的分段形式：

$$
B = \begin{cases}
C + p_1 w & w \in (w_0, w_1) \\
C + p_2 w - (p_2 - p_1) w_1 & w \in (w_1, w_2) \\
C + p_3 w - [(p_3 - p_2) w_2 + (p_2 - p_1) w_1] & w \in (w_2, w_3) \\
\vdots & \\
C + p_K w - \displaystyle\sum_{j=1}^{K-1} (p_{j+1} - p_j) w_k & w \in (w_{K-1}, +\infty)
\end{cases}
$$

$$(12-1)$$

其中，非负参数 C 是接入网络供给系统最多消费 $w_0 \geqslant 0$ 所需支付的每月固定支出[①]；当 $w_0 = 0$ 时，参数 C 便是接入费。$(w_1, w_2, \cdots, w_{K-1}) \equiv [w_i]_{i=1}^{K-1}$ 与 $(p_1, p_2, \cdots, p_K) \equiv [p_i]_{i=1}^{K}$ 分别为阶梯的数量分割点（尖点）和各阶梯上的边际价格。注意，$0 < w_1 < w_2 < \cdots < w_{K-1}$。式（12-1）刻画了一个 K 级阶梯定价机制族。如果各阶梯上的边际价格满足 $0 \leqslant p_1 < p_2 < \cdots < p_K$，那么该定价机制称为 K 级递增阶梯定价。满足该不等式的所有定价机制统称为 K 级递增阶梯定价集。对应地，如果在任一阶梯 $i \in \{2, 3, \cdots, K\}$ 上均有 $p_i < p_{i-1}$ 或 $p_i = p_{i-1}$，所有满足这些条件的定价机制分别称为 K 级递减阶梯定价（Decreasing Block Pricing, DBP）集与统一定价（即两部制）集。

显然，在递增阶梯定价结构下，预算约束 $y = B(w)$ 是非线性的。通过引入虚拟收入（Virtual Income, VI），可以将消费者预算约束线性化（Taylor, 1975）。如果采用基于边际价格的统一定价，消费者将在真实收入 y 的基础上得到补贴 d_k，$k \in \{1, 2, 3, \cdots, K\}$。真实收入与补贴之和称为虚拟收入，即 $y + d_k = C + p_k w \equiv \tilde{y}_k$。在式（12-1）所描述的阶梯定价结构下，消费者的补贴 d_k 为：

$$
d_k = \begin{cases}
0 & k = 1 \\
\displaystyle\sum_{j=1}^{k-1} (p_{j+1} - p_j) w_k & k \in \{2, 3, \cdots, K\}
\end{cases}
$$

$$(12-2)$$

①　表示只要接受该定价方式，无论消费量多少，都需支付的固定费用，主要用于弥补运营企业的固定成本。我国居民用电、用水的阶梯定价政策里隐含认定 $C = 0$。

　　在任意给定的定价结构下，需求函数描述的是需求量与价格和其他需求移动变量（如收入等）间的关系。在阶梯定价中，各阶梯上的价格差异会导致消费者的需求反应存在差别。为刻画阶梯定价特征对需求的影响，Hausman（1981）首次提出条件需求与无条件需求概念。在给定阶梯定价结构下，条件需求函数是指在给定阶梯上的边际价格（或收入）与需求量的关系。故给定 K 级递增阶梯定价结构，一共存在 K 个条件需求。以一个二级阶梯定价为例，第 k 个阶梯的条件需求 w^*_{-k} 可表示为：

$$w^*_{-k} = \begin{cases} w^*(p_1, y_1) & w^*_{-1} < w_1 \\ w_1 & w^*_{-1}（或 w^*_{-2}）= w_1 \\ w^*(p_2, y_2) & w^*_{-2} > w_1 \end{cases} \tag{12-3}$$

　　其中，(p_1, p_2) 与 (y_1, y_2) 是不同阶梯上的价格与消费者的收入水平，$w^*(p_i, y_i)$ 是消费者基于价格、收入与其他社会经济特征等得出的最优消费。消费者将在既定阶梯上选择最优消费，实现整体效用最大化。

　　在阶梯定价下，不仅有基于特定阶梯的条件需求，还存在基于整个阶梯定价结构的需求，这个需求刻画了整个定价结构下的边际价格（或收入）与需求量的函数关系（Howitt and Haneman，1995；Olmstead et al.，2007）。① 为了区别于条件需求和更方便地比较不同定价结构下的需求特征，将这个需求称为无条件需求。"无条件"的含义是允许最优消费可以在不同阶梯上变化。由此可见，无条件需求刻画了消费者的全面选择，不仅包括消费者在既定阶梯上的消费选择，还包括在哪个阶梯上进行消费的离散选择。一个阶梯定价结构，在每个阶梯上都有一个条件需求，但是，只有一个无条件需求。实际上，无条件需求是条件需求与尖点处需求的联合函数。严格地说，给定二级递增阶梯定价结构下的无条件需求可表示为：

$$w = \begin{cases} w^*(p_1, y_1) & w^*_{-1}(p_1, y_1) < w_1 \\ w_1 & w^*_{-2}(p_2, y_2) \leq w_1 \leq w^*_{-1}(p_1, y_1) \\ w^*(p_2, y_2) & w^*_{-2}(p_2, y_2) > w_1 \end{cases} \tag{12-4}$$

　　比较式（12-3）与式（12-4）可以得出，条件需求描述的是阶梯

---

① 而与之对应的是，在统一定价结构下，条件需求与无条件需求无差异，或者说不存在条件需求。

选择既定条件下的最优消费量；而无条件需求刻画的是在所有可能情形下的最优消费（含阶梯内、尖点处、跨阶梯等多种可能）。在阶梯内，无条件需求与条件需求一致；但是，在阶梯间的尖点处，无条件需求的表达式由相邻两个阶梯内的条件需求函数共同决定，如第一阶梯与第二阶梯间尖点处的无条件需求满足的条件为：尖点处的需求 w_1 小于等于由第一阶梯内的条件需求函数得出的需求 $w^*_{-1}(p_1，y_1)$，由于尖点本身定义为第一阶梯与第二阶梯间的跳跃点，此条件保证尖点是第一阶梯上消费量的最大值；且同时满足尖点处的需求 w_1 大于等于由第二阶梯内的条件需求函数得出的需求 $w^*_{-2}(p_1，y_1)$，同理，此条件保证尖点是第二阶梯上消费量的最小值。[①]

递增阶梯定价下的需求分析至少面临两个难题：尖点识别问题（Burtless and Hausman，1978；Hausman，1985）和价格选择问题。递增阶梯定价下需求存在尖点，导致尖点处的需求不可微，使尖点处常规定义的弹性不存在，因此，基于效用理论的最优化方法失效，这增大了阶梯定价下估计价格弹性的难度。

在对电力行业进行需求侧管理时，首先要明确的是价格对需求的影响方式和程度。对选择哪种价格进入估计方程，目前存有很大争议（Howitt and Haneman，1995）。比如，在阶梯定价政策下，应选择某个边际价格，还是所有阶梯的价格来进行需求分析[②]（Taylor，1975；Nordin，1976）？如果只考虑边际价格，应选择哪个阶梯的边际价格？如果选择所有阶梯的价格，所得的需求特征与统一定价下的需求反应特征有何区别（Ito，2014）？现有文献也只是关注条件需求与无条件需求弹性的分析和比较，以及阶梯定价下条件与无条件需求特征（价格与收入弹性）之差异的来源。而对不同定价结构对需求弹性的影响、影响方向及其强度，以及由此带来的电力需求响应问题，则关注极少。

二　阶梯定价下的条件需求：满足可分性条件的 DCC 模型

在线性化的消费者预算约束下，递增阶梯定价产品的最优消费可能在某一阶梯内，也可能在阶梯的跳跃尖点处。与统一定价相比，尖点处

---

① Burtless 和 Hausman（1978）、Hausman（1985）、Moffitt（1986，1990）以及 Hewitt 和 Hanemann（1995）给出了关于无条件需求更详细的推导过程。

② 关于阶梯定价中应该使用平均价格还是边际价格的争执产生了大量的文献，从需求价格设定到泰勒—诺丁法及其普适性等，详见方燕等（2014）的综述。

的消费反映了递增阶梯定价下的价格、收入和消费数量之间的复杂关系。对于整个递增阶梯定价结构，代表性消费者的消费数量应与价格负相关，与收入正相关。但是，当该消费者的最优消费量位于尖点处时，收入和价格的边际变动对其消费量的影响效应可能均为零（Moffit，1990；Olmstead et al.，2007）。这种消费刚性特征导致该消费者的个人需求曲线不连续。具体而言，随着价格的不断下降（或收入的不断上升），该消费者的最优消费点会向上跳跃：先刚性地停滞在尖点处，然后从一个较低阶梯突然跳跃至与之相邻的一个较高阶梯上。反之，随着价格的不断上升（或收入的不断下降），最优消费点会向下跳跃。

　　鉴于最优消费解的跳跃性，递增阶梯定价下的需求分析异常复杂，尤其体现为需求计量方程的设定和估计过程中。张昕竹等（2015）对递增阶梯电价下居民用电的离散/连续选择模型（DCC）进行了重点阐述，以同时考虑阶梯档的选择和给定阶梯下的消费量的决策。在这个经典DCC模型所构造的似然函数中，每一个观察值都有严格为正的概率落在预算分段线的任何部位。用户的最优消费点可能位于两个阶梯间的尖点处，也可能落在某一阶梯内部。假设在某个 K 级递增阶梯定价下，某代表性消费者的用电需求计量模型[①]为：

$$\ln w = \delta z + \alpha \ln p + \gamma \ln y + \eta + \varepsilon \qquad\qquad (12-5)$$

　　其中，变量 w、p 和 y 分别为消费量、价格和收入，z 为控制变量，包括用户社会经济状况、用电行为、电器存量和家庭收入等信息。为了同时刻画消费者在阶梯上和尖点处的选择行为差异，式（12-5）中包含两个结构性误差项：未被消费者特征 z 解释的异质性误差项 η 和为未被消费者和分析者观察到的随机误差项 ε。后者包括计量误差以及用户消费选择偏离最优行为所产生的误差等。不失一般性，假设 η 和 ε 相互独立，且分别服从均值为 0、方差为 σ_η^2 与 σ_ε^2 的正态分布。

　　经典 DCC 模型即便同时考虑了阶梯档的选择和给定阶梯下的消费量的决策，但仍可能出现不符合实际的实证估计结果：基于 DCC 模型估计出的处于上一级阶梯的最优消费量可能高于在下一级阶梯上的最优消费量。为了规避这种不合理情形，这里进一步假定相邻阶梯上的最优消费

---

　　① 模型的推导及其设定详见 Hanemann（1993），本章采用双对数模型的原因，一是基于电量消费的分布是极度向右倾斜；二是为便于与其他类似需求研究的实证结果作比较。

量满足一个可分性条件，即相邻阶梯上的最优消费量带来的不同消费量选择存在严格排序，从而保证处于上一级阶梯上的最优消费估计值一定不高于在下一级阶梯上的最优消费估计值。Miyawaki 等（2014a）率先通过引入可分性条件，来保证消费者的选择一定位于互不交叉的阶梯内或尖点处。正如 Moffitt（1986）指出的那样，DCC 模型在计算上较为复杂、对初始值敏感且尖点处左右偏导数不相等。对消费者偏好引入可分性条件，不仅规避了上述不符合阶梯定价设计原则的估计结果，还让消费者的个人需求函数的定义和性质趋于正则化，从而易于数学处理。

式（12 - 5）所刻画的需求计量模型的对数似然函数为（Moffitt，1986；Pint，1999；Waldman，2000，2005；Olmstead et al.，2007；Miyawaki et al.，2014a）：

$$
\begin{aligned}
\ln L = \sum \Bigg\{ & \ln\Bigg[\sum_{k=1}^{K} \frac{1}{\sqrt{2\pi}} \frac{\exp(-(s_k)^2/2)}{\sigma_v} (\varPhi(r_k) - \varPhi(n_k)) \\
& + \sum_{k=1}^{K-1} \left(\frac{1}{\sqrt{2\pi}} \frac{\exp(-(u_k)^2/2)}{\sigma_\varepsilon} \right) (\varPhi(m_k) - \varPhi(t_k)) \Bigg] \\
& \prod_{k=1}^{K-1} I(z'_{k+1}\delta \leqslant z'_k\delta) \Bigg\}
\end{aligned}
\tag{12 - 6}
$$

式（12 - 6）右边中括号内第一个求和式为 K 个阶梯上的似然函数，第二个求和式为 $K-1$ 个尖点上的似然函数，其中 z 仍是计量模型中的控制变量，而 δ 为待估参数。此外，所涉及的其他变量的界定和关系详见 Olmstead 等（2007）及张昕竹等（2015）。

与 Olmstead 等（2007）使用的传统 DCC 模型相比，式（12 - 6）右边大括号内乘积的第二项 $I(\cdot)$ 是一个示性函数：在相关条件成立和不成立情况下，其对应取值 1 和 0。由于这种示性函数刻画了消费者的可分性条件。$\prod_{k=1}^{K-1} I(z'_{k+1}\delta \leqslant z'_k\delta)$ 即表示进入似然函数的样本在所有阶梯上均满足可分性条件，由此，式（12 - 6）所示的需求计量模型便是考虑了可分性条件的 DCC 模型。这种满足可分性的 DCC 模型，也能用于计算无条件需求和测算需求价格及收入弹性。

三 阶梯定价下的无条件需求弹性

条件需求与无条件需求的区别在于，是否要求真实消费量落在既定阶梯上。在条件需求弹性估计中，当价格变化时，消费者的消费量不能由一个阶梯转换到另一个阶梯，而在无条件需求弹性估计中，价格变化可能带来消费量由一个阶梯转换到另一个阶梯。因此，无条件需求弹性包含价格改变对阶梯选择或尖点转换概率的影响。根据效用理论，无条件效用函数是条件效用函数的最大值泛函。计算每个阶梯内与每个尖点处的似然函数，便能得出消费者可能在任意处消费的无条件需求弹性（Asci and Borisova，2014）。

参考 Howitt（1993）、Howitt 和 Haneman（1995）的做法，求解无条件需求函数即构造出无条件需求消费量 w 与价格 p 及虚拟收入 $\tilde{y}$ 的关系表达式。由于阶梯内的条件需求与无条件需求一致，而尖点处的无条件需求由式（12-4）中该尖点左右阶梯上的最优消费量共同决定。因此，求解无条件需求弹性的具体思路为：首先，在 DCC 模型框架下，使用虚拟收入 $\tilde{y}$ 替代式（12-3）中的 y，由满足可分性条件的 DCC 模型估计出条件需求弹性后，得到条件需求量 $w^*_{-k}(\cdot)$。其次，由无条件需求的定义，无条件需求不限制消费量在不同阶梯或尖点处的转换，这体现为无条件需求的消费量在任何处都以正的概率出现，为此，我们将基于消费者在每一点的消费量及其概率，刻画得出式（12-4）中的无条件消费量 w 的期望值，进而得出 w 与价格 p 及收入 $\tilde{y}$ 的关系表达式。最后，考虑到阶梯定价的复杂非线性特征，难以直接通过关系表达式求出价格或收入的边际变化导致的边际需求变化，因此，本章采用模拟方法求解弹性。一种可行的策略为，通过模拟价格与收入各自变化1%[1]时无条件（期望）需求变化的百分比，求出价格或收入的边际变化导致的边际需求变化，即无条件需求下的价格或收入弹性。

为计算式（12-3）中无条件需求下的消费量 w，由于 w^*_{-k} 是 DCC 模型中的第 k 个阶梯下消费估计参数与数据的函数。严格来说，由式（12-5）变化可得，$w^*_{-k}(\cdot)=\exp(Z\delta)p_k^a\tilde{Y}^\mu$。对于既定的阶梯档次 k，$w^*_{-k}(\cdot)$ 与阶梯分割点 w_k 是已知常数。注意，消费者对阶梯的离散选择仅受异质性

---

① 对于阶梯定价下的无条件需求价格弹性，通常定义为所有阶梯上的边际价格同时变化1%时所导致的需求量变化，另一种可以考虑的需求反应是仅在某一个阶梯上的价格改变。然而，考虑所有阶梯上的价格变化更符合直觉，因为无论消费者面临哪个阶梯的价格，他都会在边际上面临1%的价格增加。对于由于价格变化而导致了阶梯选择发生变化的用户而言，还会通过虚拟收入的变化间接影响价格弹性，这增加了 IBP 下价格弹性分析的复杂性，我们将在后续部分作进一步讨论。

误差项 η 的影响，与随机误差项 ε 无关。设定 $\exp(\eta) = \eta^*$ 及 $\exp(\varepsilon) = \varepsilon^*$。当 $k \rightarrow \infty$ 时，$w_k = \infty$；当 $k = 0$ 时，$w_0 = 0$。在某一 K 级递增阶梯定价结构下，该代表性消费者的预期消费为：

$$E(w) = \sum_{k=1}^{K} w_{-k}^{*}(\,\cdot\,) \times \Big[\int_{0}^{+\infty} \int_{w_{k-1}/w_{-k}^{*}(\cdot)}^{w_k/w_{-k}^{*}(\cdot)} \varepsilon^* \eta^* f(\varepsilon^*, \eta^*) d\eta^* d\varepsilon^* \Big]_{+}$$

$$\sum_{k=1}^{K-1} w_k \times \Big[\int_{0}^{+\infty} \int_{w_k/w_{-k}^{*}(\cdot)}^{w_k/w_{-k+1}^{*}(\cdot)} \varepsilon^* f(\varepsilon^*, \eta^*) d\eta^* d\varepsilon^* \Big] \qquad (12-7)$$

式（12-7）右边第一个求和式是给定某一阶梯 K 内的消费量与消费量落在该阶梯上的概率的乘积。式（12-7）反映了给定阶梯 K 内的期望消费量。第二个求和式是尖点处的消费量 w_k 与消费落在该尖点处的概率的乘积。式（12-7）则反映了尖点处的期望消费量。

由于前面已假设误差项 η 和 ε 均服从正态分布，σ_η 与 σ_ε 的具体数值均可从 DCC 模型中估计得出，由此可计算出 K 级递增阶梯定价下的期望需求函数（Todd，2002）。

$$E(w) = w_{-1}^{*}(\,\cdot\,)\exp\!\Big(\mu_\varepsilon + \frac{\sigma_\varepsilon^2}{2}\Big)\exp\!\Big(\mu_\eta + \frac{\sigma_\eta^2}{2}\Big)\Big\{1 - \Phi\Big[\sigma_\eta - \frac{\ln(w_1/w_{-1}^{*}(\,\cdot\,) - \mu_\eta)}{\sigma_\eta}\Big]\Big\}$$

$$+ w_1 \exp\!\Big(\mu_\varepsilon + \frac{\sigma_\varepsilon^2}{2}\Big)\Big\{\Phi\Big(\frac{\ln(w_1/w_{-2}^{*}(\,\cdot\,) - \mu_\eta)}{\sigma_\eta}\Big) - \Phi\Big[\frac{\ln(w_1/w_{-1}^{*}(\,\cdot\,) - \mu_\eta)}{\sigma_\eta}\Big]\Big\}$$

$$+ \cdots$$

$$+ w_{-i}^{*}(\,\cdot\,)\exp\!\Big(\mu_\varepsilon + \frac{\sigma_\varepsilon^2}{2}\Big)\exp\!\Big(\mu_\eta + \frac{\sigma_\eta^2}{2}\Big)\Big\{1 - \Phi\Big[\sigma_\eta - \frac{\ln(w_i/w_{-i}^{*}(\,\cdot\,) - \mu_\eta)}{\sigma_\eta}\Big]\Big\}$$

$$+ w_i \exp\!\Big(\mu_\varepsilon + \frac{\sigma_\varepsilon^2}{2}\Big)\Big\{\Phi\Big[\frac{\ln(w_i/w_{-i+1}^{*}(\,\cdot\,) - \mu_\eta)}{\sigma_\eta}\Big] - \Phi\Big[\frac{\ln(w_i/w_{-i}^{*}(\,\cdot\,) - \mu_\eta)}{\sigma_\eta}\Big]\Big\}$$

$$+ \cdots$$

$$+ w_{-k}^{*}(\,\cdot\,)\exp\!\Big(\mu_\varepsilon + \frac{\sigma_\varepsilon^2}{2}\Big)\exp\!\Big(\mu_\eta + \frac{\sigma_\eta^2}{2}\Big)\Phi\Big\{\sigma_\eta - \frac{\ln[w_{k-1}/w_{-k}^{*}(\,\cdot\,) - \mu_\eta]}{\sigma_\eta}\Big\} \quad (12-8)$$

其中，$\Phi(\,\cdot\,)$ 为正态分布的累积分布函数。基于此，为同时验证估计结果的稳健性，我们使用参数估计与非参数估计两种方法分别得到 K 级递增阶梯定价结构下的无条件需求。求得无条件需求的步骤分为两大步：首先，使用电量消费与价格、收入及其他变量的原始数据进行 DCC 模型估计，并得出各变量的参数估计值。对于参数估计方法，从总误差分布中进行 $m(\,=500\,)$ 次随机抽取，并基于每次抽取的误差，由式（12-8）

得出无条件需求下的消费量，分析当价格或收入改变 1% （或一定百分比）时，利用无条件消费量与改变后的价格或收入及其他变量的原始数据进行 DCC 模型估计，最终计算出 m（ = 500）次的价格与收入弹性的平均值与标准差。对于非参数估计方法，从数据中（替代性的）抽取 m（ = 500）次规模为的随机样本，并基于对原始数据的 DCC 模型的参数估计值，模拟价格（或收入）改变 1% （或一定百分比）导致由式（12 - 8）求出的期望需求变化的百分比，并使用自助法①估计出标准差。

　　显然，在非参数估计方法下，不需要再次使用 DCC 模型求价格（或收入）弹性，仅仅计算价格变化 1% （或一定百分比）时的需求变化比例即可。但是，在参数估计下，需要从样本中随机抽取 m 份子样本，依次计算 m 次 DCC 模型，然后得到无条件需求的价格（或收入）弹性特征。

第三节　数据说明

一　样本描述性统计

　　本章使用的数据源于国家电网以及杭州和上海当地抽样调查，样本期从 2009 年 1 月到 2011 年 12 月，共计 36 个月。在样本期内，作为阶梯电价试点地区，杭州市在峰谷分时电价下，针对峰谷状态内部嵌套三级递增阶梯电价，由此形成混合定价形式。上海市采用峰谷分时内的统一定价。鉴于杭州和上海两地对居民用电定价均区别对待了消费峰谷状态，我们将重点比较在共同的分时定价基础上的阶梯定价与统一定价导致的需求响应差异。杭州与上海市居民用电的电价结构如表 12 -1 所示。

表 12 -1　　　　　　　　杭州分时阶梯与上海纯分时电价结构

杭州	电量（千瓦时）	峰时电价（8—22 时）（元）	谷时电价（22 时至次日 8 时）（元）
第一阶梯	0—50	0.568	0.288
第二阶梯	51—200	0.598	0.318

---

　　① 自助法是一种基于原数据观测值，从给定样本中有放回的均匀抽样方法，在此基础上可以估计出统计量的标准差，详见 Efron（1979）。

续表

杭州	电量（千瓦时）	峰时电价（8—22 时）（元）	谷时电价（22 时至次日 8 时）（元）
第三阶梯	201 以上	0.668	0.388
上海	电量（千瓦时）	峰时电价（6—22 时）	谷时电价（22 时至次日 6 时）
无阶梯	0 以上	0.617	0.307

资料来源：国家电网。

微观数据的调查与获取流程如下：首先通过国家电网数据库随机选择共 500 户用电家庭（杭州与上海各 250 份），然后通过邮寄纸质问卷对居民家庭收入状况、家庭特征、家用电器设备等信息进行调查，再将所得的问卷信息与国家电网数据库中的用电量及电费数据进行匹配。问卷共计回收 237 份，剔除收入数据缺失家庭样本，得到有效家庭数为 221 户，其中杭州 119 户，上海 102 户。本章研究的家庭收入信息为一次调查完成，而用电信息为 2009—2011 年共计 3 年的月度数据。剔除电网数据库中丢失的电量数据，共计得到 7920 个有效样本。需要说明的是，虽然用户数相对较少，但总体样本较大，同时也是国内目前最为完整的相关数据，样本随机选取具有代表性，且与国外同类研究相比达到相当的样本量（Hausman et al.，1979；Pashardes et al.，2002；Olmstead et al.，2007；You，2013）。样本的基本统计量如表 12－2 所示。

表 12－2　　　　　　　　　　基本统计量

	变量名	平均值	标准差	最小值	最大值
电量信息（千瓦时）	月峰时用电量	151.856	105.816	2.448	963
	月谷时用电量	94.097	70.303	0.365	701.176
	月总用电量	245.953	155.142	6	1258.078
家庭信息（个）	家庭总人口	3.295	1.134	1	8
	65 岁以上人口	0.739	0.890	0	3
	65 岁以下成年人口	2.262	1.205	0	6
	住房建筑面积（平方米）	81.185	34.954	29	300
	卧室数	2.254	0.760	1	8

续表

	变量名	平均值	标准差	最小值	最大值
电器信息（个）	电脑数	1.217	0.840	0	4
	电视数	2.043	0.831	1	6
	空调数	2.423	0.993	0	6
	冰箱冰柜数	1.095	0.350	0	4
	是否有微波炉	0.830	0.376	0	1
	冬天是否取暖	0.775	0.418	0	1
	是否用电煮饭	0.670	0.470	0	1
	是否用电洗澡	0.534	0.499	0	1
收入信息（元）	收入 < 8000	0.457	0.498	0	1
	收入 8000—15000	0.390	0.488	0	1
	收入 > 15000	0.154	0.361	0	1
气候信息	月最高气温（1/10度）	287.366	80.435	73	397
	月平均气温（1/10度）	172.854	86.665	13.548	307
	月平均湿度（RH，相对湿度）	69.419	7.526	35.100	81.200
	月平均日照数（小时）	192.520	1212.147	11.750	191.499

资料来源：笔者根据国家电网和问卷调查数据整理。

二　阶梯定价下的样本聚集

与统一定价（和递减阶梯定价）相比，递增阶梯定价带来的一个显著后果是它可能引致某些消费者的最优消费量集聚在尖点处。这种集聚特性是影响实证模型选择的关键因素，也是构造双误差结构计量模型的主要原因。这里用竖线对杭州市居民用电的分时三级递增阶梯电价系统中的尖点进行标示，如图 12-1 所示。

可以看出，无论是峰时还是谷时，大量居民的用电量扎堆落在第一个尖点处，聚集现象非常明显；同时，由表 12-2 可知，杭州居民的峰时与谷时平均用电仅为 152 千瓦时与 94 千瓦时，相对于第二阶梯电量 200 千瓦时较少，这可以部分解释为何未在第二个尖点处出现明显的聚集。进一步地，由表 12-3 可看到，如果按照电量平均分布，尖点的 10% 左右两侧区间（即第一个尖点附近的 45—55 千瓦时电范围与第二个尖点附近的 190—210 千瓦时范围）应该只分布 7.8% 与 7.14% 的电量，但实际分布达到 13.14% 与 12.69%，电量分布的实际值大大高于假设不存在尖

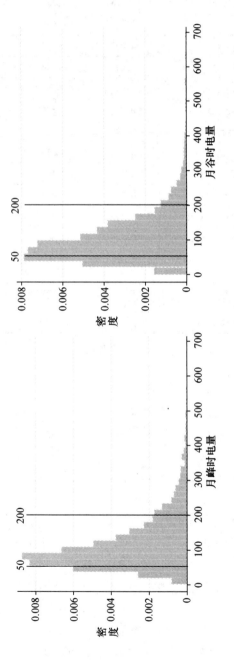

图 12－1　杭州峰时及谷时的电量分布

点时电量均匀分布的理论值，由此说明杭州的峰时与谷时确实均存在用
电量在尖点处聚集的现象。

表 12 - 3　　　　　　　　　杭州峰时与谷时的尖点聚集　　　　　　单位：%

尖点	峰时电量			谷时电量		
	50	200	总聚集度	50	200	总聚集度
10.00	6.41	6.73	13.14	7.56	5.14	12.69
5.00	2.96	3.59	6.55	3.73	2.72	6.45
1.00	0.66	0.63	1.29	0.75	0.49	1.24

资料来源：课题组整理。

第四节　弹性特征估计和异质性考察：实证分析

利用杭州与上海的微观数据，分析分时阶梯混合电价下杭州居民用
电的条件与无条件需求特征，纯分时电价下上海居民的电力需求特征。
本部分分别采用 DCC 模型与工具变量法，测量阶梯电价系统中尖点对电
力需求特征的影响。同时，分别用参数与非参数估计得到杭州分时阶梯
电价下的无条件需求特征。

一　条件与无条件需求弹性估计

基于杭州市居民用电的样本数据，我们用工具变量法估计递增阶梯
电价下的需求特征。具体有两种思路（Szabo，2014）：一种是始于 Mc-
Fadden 等（1977），并经 Terza（1986）、Nieswadomy 和 Molina（1989）修
正和应用的两阶段估计，其中第一阶段是利用电力消费量与实际的边际
价格和外生控制变量等直接回归，得到预测的消费电量，并由此获得预
测的消费电量所在阶梯的边际价格与虚拟收入变量；第二阶段再根据这
些预测的变量回归。另一种思路是像 Olmstead（2009）那样，将各个阶
梯上的边际价格作为观测到的边际（或平均）价格的工具变量。由于本
章所用数据中有关家庭收入、家庭电器设备等控制变量数据均为一次调
查完成，难以完全保证 McFadden 等（1977）方法中的控制变量如家庭电
器设备购置等与阶梯电价政策实施的独立无关性。例如，递增阶梯电价
政策的实施会抑制各家庭对电器设备的需求，但受政策影响的电器设备

变动量无法从现有调查数据中加以剔除。因此，现有数据中存在家庭电器拥有量和电价结构（尤其是边际价格）相关的可能，这就使基于两阶段估计和考虑外生控制变量的估计思路不满足工具变量的外生性条件。鉴于此，本章采用第二种思路。

对于上海居民的用电样本数据，首先使用 OLS 作为基准估计。然后考虑样本期内用户的社会经济状况、用电模式、电器存量和收入层次等数据均不随时间变化，故使用 Hausman – Taylor（1981）方法进行估计。① 这种估计法能弥补固定面板不能估计时不变变量参数的缺陷。各模型的估计结果如表 12 – 4 所示。②

表 12 – 4　　　　　　　　　条件需求弹性估计结果

模型	全样本（DCC）	杭州（DCC）	杭州（IV）	杭州（OLS）	上海（OLS）	上海（Hausman – Taylor）
对数（价格）	− 0. 8611 ***	− 1. 0582 ***	− 0. 685 ***	0. 784 ***	− 0. 165	− 0. 688 ***
	（− 10. 377）	（− 8. 931）	（0. 111）	（0. 096）	（− 1. 019）	（− 3. 481）
对数（收入）	0. 2683 ***	0. 228 ***	0. 062 ***	0. 023	0. 070 ***	0. 047
	（29. 006）	（14. 586）	（0. 019）	（0. 019）	− 4. 011	− 0. 751
家庭变量	控制	控制	控制	控制	控制	控制
电器变量	控制	控制	控制	控制	控制	控制
气候变量	控制	控制	控制	控制	控制	控制
σ_η	0. 5943 ***	0. 5535 ***				
	（46. 245）	（25. 102）				
σ_ε	0. 1671 ***	0. 196 ***				
	（4. 15）	（3. 697）				
N	7920	4262	4262	4262	3658	3658

注：*** 表示在1% 的水平上显著。

———————

① 回归方程 $Y = \alpha X + \beta Y + \mu_i + \varepsilon_{it}$ 中，时变自变量 $X = (X_1, X_2)$，非时变自变量 $Z = (Z_1, Z_2)$，X_1 和 Z_1 是外生变量，与 μ_i 不相关；X_2 和 Z_2 是内生变量，与 μ_i 相关，所有自变量均与 ε_{it} 不相关。Hausman 和 Taylor（1981）指出，使用 X_2 均值的离差和 X_1 作为 X_2 和 Z_2 的工具变量并进行两阶段最小二乘（2SLS）估计，得到的 Hausman – Taylor 估计量不仅可得到非时变变量的估计值，还通过工具变量克服了内生性偏误。

② 限于篇幅，书中未列出各类控制变量的估计结果，如有兴趣，可向笔者索取。

在 DCC 模型的估计中，本章还尝试使用不同的气候控制变量，包括在电力消费中使用的 HDD（采暖度日数）与 CDD（制冷度日数）[①]，作为最高气温、平均气温、平均湿度及平均日照等气候变量的替代变量，但无论采用哪一组气候变量，价格与收入弹性的估计值基本保持不变。这也说明 DCC 模型估计得出的价格与收入弹性是较为稳健的。限于篇幅，本章并未列出这些变量的估计结果。

表 12 - 4 比较了杭州居民用电分时阶梯电价下的 DCC 模型与 IV 模型。实证分析发现，DCC 模型估计出的价格弹性结果（ - 1.0582），与 Szabo（2014）、Miyawaki 等（2014）及 Hewitt 和 Hanemann（1995）等用 DCC 模型估计出的结果（分别为 - 1.139、- 1.09 和 - 1.8989）一致，均为富有弹性。而与 Olmstead 等（2007）中缺乏弹性的估计结果（ - 0.6411）有差异，但与其相类似的是，价格及收入弹性均大大高于 IV 法。Olmstead（2003）指出，由于 IV 法无法分离及刻画尖点识别问题，无法使用 IV 法估计无条件需求。此外，对于本章，使用 IV 法还要求，（由边际价格与虚拟收入导致的）消费者观察到的阶梯与消费者真实消费的阶梯一致。但在 IV 法的一阶段回归中，对于受预算约束的用户消费量究竟落在哪个阶梯上，实际消费量与使用 IV 法预测得出的结果可能并不一致，尤其对那些落在尖点附近的用户更是如此，这将直接导致二阶段估计中消费者面临的边际价格设定错误。总之，IV 法未识别阶梯电价中的尖点问题，而 DCC 模型考虑了这一点，使得 DCC 模型的估计弹性大于 IV 法。基于两种估计方法的比较分析，可以初步推断，阶梯电价中的尖点提升了价格与收入弹性。

同时，我们比较了杭州和上海居民的电力需求特征。杭州居民在分时阶梯混合电价下的价格与收入弹性（分别是 - 1.0574 和 0.2216）均明显高于上海纯分时电价下的 - 0.688 和 0.047（见表 12 - 5），而杭州与上海的总样本估计所得出的弹性值介于单独估计的阶梯分时定价杭州样本

[①] HDD（Monthly Heating Degree Days in 100s）为采暖度日数，是当某天室外日平均温度低于 18℃ 时，将该日平均温度与 18℃ 的差值度数乘以 1 天，所得出的乘积的累加值 $\sum_{i=1}^{30}(18-t_i)$，其单位为摄氏度·天（℃·d）；CDD（Monthly Cooling Degree Days in 100s）为制冷度日数，为当某天室外日平均温度高于 26℃ 时，将高于 26℃ 的度数乘以 1 天，所得出的乘积的累加值 $\sum_{i=1}^{30}(t_i-26)$，其单位为摄氏度·天（℃·d）。

与纯分时定价上海样本之间。上海居民电力需求弹性结果与 Vaage
(2000) 和 Mansur (2005) 等文献的对应估计结果相似。将（上海）分
时电价下的电力需求价格弹性与（杭州）分时阶梯混合电价下的价格弹
性相比较可以看出，后者更高。与大量的实证研究类似，这一结果可能
再次验证了定价结构对价格弹性有着显著的影响（Hewitt and Hanemann,
1995；Olmstead, 2007）。当然，这并不意味着较高的价格弹性与定价结
构直接相关，后面将对此问题作进一步分析。

表 12 - 5 无条件需求弹性模拟结果

	变动幅度	参数模拟		非参数模拟	
		价格	收入	价格	收入
杭州	1%	− 1.0574 ***	0.2216 ***	− 1.0474 ***	0.2201 ***
		(0.1191)	(0.0151)	(0.0058)	(2.93E − 07)
	5%	− 1.0511 ***	0.2241 ***	− 1.0318 ***	0.2189 ***
		(0.1205)	(0.0151)	(0.0116)	(0.0009)
	10%	− 1.0466 ***	0.227 ***	− 1.0072 ***	0.2169 ***
		(0.1223)	(0.0151)	(0.0255)	(0.0021)
上海		− 0.688 ***	0.047	− 0.688 ***	0.047
		(− 3.481)	− 0.751	(− 3.481)	(− 0.751)

注：* * * 表示在 1% 的水平上显著。

需要指出的是，递增阶梯定价能产生三种价格效应：一是零价格效
应，即在相邻两个阶梯的尖点处，不同的边际替代率对应同样的需求，
导致在尖点处存在集聚效应。二是在既定同一阶梯上，价格变化导致某
个阶梯的条件需求变动。三是相对于给定阶梯的价格变动，无条件需求
的变动。计算条件需求的价格弹性只需要估计式（12 - 4）的系数 α，但
要计算无条件需求的价格弹性，必须考虑所有条件需求，包括各个阶梯
和尖点处需求的价格效应。与条件需求相比，无条件需求更具一般意义，
也便于使用无条件需求价格弹性与其他类型定价下的弹性特征进行比较，
由理论分析可知无条件需求是条件需求的复杂函数，因此根据本章第三
节，利用模拟的方法来实现对无条件需求的识别（Olmstead, 2009）。由
此这里采用参数与非参数方法求出阶梯电价下的无条件需求特征，并通

过两种方法的结果比较来验证所得出无条件需求的稳健性。

通过对价格变化 1%、5% 及 10% 的模拟估计显示，无论是使用参数模拟还是非参数模拟，杭州居民在阶梯电价下的无条件需求价格弹性与收入弹性（在数值上）均小于条件需求下的弹性。这与 Howitt 和 Hausman（1995）、Olmstead 等（2007）及 Miyawaki 等（2014a）文献的估计结果相吻合。另外，参数模拟结果显示，价格变化后基于 DCC 模型的其他变量估计值，与对原始样本的 DCC 估计结果（见表 12 - 4）的差异很小。这也印证了 DCC 模型的估计结果具有较强的稳健性。对于实施统一电价的上海居民样本，由于不存在阶梯选择问题，条件需求特征与无条件需求特征完全相同。

二　各阶梯的条件需求弹性估计

本小节估计各个阶梯的条件需求，更确切地讲，估计杭州居民在三级分时阶梯电价结构的峰谷时段下，各阶梯上的条件需求及相应的价格和收入弹性，以此分析各阶梯下条件需求特征的异质化程度。

表 12 - 6 中，N 为处于峰谷不同阶梯上的样本数。结果显示，不同阶梯间条件需求的价格和收入的弹性差异都很大。在峰时，第一阶梯的价格弹性小于 1，缺乏弹性，而第二、第三阶梯上的弹性值均大于 1，富有弹性。这与让第一阶梯和第三阶梯分别满足基本生活需求和差异化需求的阶梯电价设计目标相吻合。同时，第一阶梯内的收入弹性与第二、第三阶梯上的收入弹性差异巨大，这说明了低收入家庭的电力需求特征与中高收入家庭存在显著差异，低收入家庭的电力需求是生活保障的基本需求，且第一阶梯内的两类误差特征也与第二和第三阶梯内的两类误差项特征存在显著差异。

表 12 - 6　　　　　峰谷时段中不同阶梯下的条件需求估计结果

杭州	峰时			谷时		
	第一阶梯	第二阶梯	第三阶梯	第一阶梯	第二阶梯	第三阶梯
价格	- 0.2406 *** (- 0.001)	- 1.6509 *** (0.1296)	- 3.9338 *** (0.5957)	- 0.0612 (0.1742)	- 1.1948 *** (0.1229)	- 0.823 ** (0.3409)
收入	- 0.2406 *** (- 0.0417)	0.1787 *** (0.0153)	0.2718 *** (0.0545)	0.212 *** (0.03)	0.2409 *** (0.0149)	0.3524 *** (0.0519)

续表

杭州	峰时			谷时		
	第一阶梯	第二阶梯	第三阶梯	第一阶梯	第二阶梯	第三阶梯
家庭变量	控制	控制	控制	控制	控制	控制
电器变量	控制	控制	控制	控制	控制	控制
气候变量	控制	控制	控制	控制	控制	控制
σ_η	-0.0099 ***	0.4796 ***	0.5818 ***	0.4838 ***	0.4572 ***	-0.0001
	(-0.0020)	(0.0127)	(0.0318)	(0.0123)	(0.0198)	(0.1311)
σ_ε	0.4243 ***	0.148 ***	0.2058 ***	0.0241	0.1842 ***	0.4656 ***
	(0.0028)	(0.0292)	(0.0302)	(0.0364)	(0.0401)	(0.0178)
N	550	3167	545	901	3003	358

注：*** 表示在1%水平上显著。

在谷时，各个阶梯下的需求特征也差异明显：第一阶梯的价格弹性不明显，而第二阶梯的价格弹性为富有弹性，第三阶梯为显著但缺乏弹性。由表12-2的描述性统计分析可知，绝大多数家庭的谷时电量消费集中在第二阶梯，处于谷时第一阶梯的居民为基本消费，而处于谷时消费第三阶梯的家庭为极少数对价格变化不敏感的高收入家庭。双误差特征分析显示，低收入家庭与高收入家庭的最优化误差及异质性误差各自不显著。

最后，对表12-4及表12-6的DCC双误差模型进行分析。全样本与杭州样本的异质性误差和测量误差都是显著的，因此选择DCC模型估计是可行的。异质性误差的显著性说明，考虑消费者的异质性选择特征非常重要。由于消费者之间存在诸如收入等方面的异质性特征，阶梯下的消费者行为选择存在差异。测量误差的显著性说明，阶梯定价下消费量聚集在尖点附近，消费者有向尖点处聚集的理性选择行为。

表12-7结果说明，在总误差中，除峰时第一阶梯外，消费者的异质性误差占比更大。而谷时第一阶梯的随机测量误差不显著，谷时第三阶梯的异质性误差不显著。除峰时第一阶梯外，异质性误差与随机误差的比例介于2.5—3.6，这与Moffitt（1986）、Howitt 和 Haneman（1995）、Pint（1999）和 Olmstead（2007，2009）等的测算一致。

表 12 - 7 条件需求的双误差特征分析

参数	全样本	杭州样本	峰时			谷时		
			第一阶梯	第二阶梯	第三阶梯	第一阶梯	第二阶梯	第三阶梯
$\sigma_\eta/\sigma_\varepsilon$	3.5566	2.8239	-0.0233	3.2405	2.827	—	2.4821	—
$\sigma_\eta(\%)$	78.05	73.85	2.28	76.42	73.87	—	71.28	—
$\sigma_\varepsilon(\%)$	21.95	26.15	97.72	23.58	26.13	—	28.72	—

第五节　定价结构与需求弹性特征关系间的识别

与现有诸多相关的实证文献一样，本章同样发现，递增阶梯定价相对于统一定价会增加价格弹性。对其解释存在多种观点。Olmstead (2009) 等文献认为，可能是定价曲线本身改变的结果，即用户对非线性定价更为价格敏感。Liebman 和 Zechhauser (2004) 则指出，由于复杂定价结构常常促使用户的行为更谨慎，阶梯电价下的需求价格弹性更有可能是用电行为改变所致。总之，对于阶梯电价下价格弹性增大的原因，现有文献尚未给出令人满意的解答。本节将基于现有理论分析，初步探讨价格结构与需求弹性间的关系，并对阶梯定价的弹性特征进行结构分解，试图识别影响阶梯定价弹性大小的各类因素。

一　定价结构与需求弹性间关系的初步检验

检验价格结构对价格弹性是否存在显著影响的一个理想方式是，像 McFadden 等 (1977)、Terza (1986)、Nieswadomy 和 Molina (1989) 那样去估计一个两阶段模型。在这个两阶段估计模型的第一阶段，预测阶梯电价结构参数（包括价格高低、阶梯数量、分割点选择等）受到哪些因素的影响；在第二阶段，依据所预测的价格结构参数来确定合适的工具变量，进行无偏的价格弹性估计。由此推断定价结构对价格弹性的影响。但可能存在的问题是，理论上说，在两阶段估计思路的第一阶段，确定所有影响定价结构的因素很困难。鉴于此，本章提出的可行策略为：在保持其他变量不变的前提下，分析价格结构参数变动对价格弹性的影响，这也是因果关系识别中常用的方式。

具体做法与 Olmstead (2007) 类似，基于杭州居民用电数据，在前面的 DCC 模型中，引入对数（平均）价格乘以阶梯边际价格的交叉项。在其他变量相同的情况下，考察新引入交叉项是否显著影响价格弹性。首先，阶梯定价与统一定价相比，它们的定价方式仅在边际价格是否有变化这一特征上存在差异，而交叉项刻画又包含这一点；其次，通过交叉项可以很好地刻画阶梯定价中价格弹性有多大成分是通过阶梯边际价格差异这个机制来影响价格弹性的（Woodridge，2001），即递增阶梯定价的偏效应强度；同时，由于边际价格并不是消费者在阶梯定价下对需求的直接反应（Ito，2014），所以，不宜将阶梯边际价格和对数（平均）价格并列进入方程。因此，引入对数（平均）价格乘以阶梯边际价格的交叉项，能够在一定程度上分析定价结构与需求弹性间的关系。对包含杭州和上海地区居民用电数据的全样本以及杭州样本作分析。具体模拟估计结果如表12－8所示。

表 12 –8 价格结构与价格弹性关系检验

模型	杭州（DCC）	全样本（DCC）
对数（价格）	− 1. 0486 *** （0. 1259）	− 0. 5423 *** （0. 09）
对数（收入）	0. 22 *** （0. 0155）	0. 1535 *** （0. 0108）
对数（价格）×阶梯边际价格	− 0. 0561（0. 1909）	− 0. 7815 *** （0. 0693）
家庭变量	控制	控制
电器变量	控制	控制
气候变量	控制	控制
σ_η	0. 5517 *** （0. 0242）	0. 5761 *** （0. 0155）
σ_ε	0. 1979 *** （0. 0581）	0. 1572 *** （0. 0526）

表12－8显示，对于面临三级阶梯电价结构的杭州居民用电样本，带有价格乘以阶梯边际价格的交叉项的 DCC 模型，交叉项的估计系数－0. 0561 并不显著。这是由于样本内的所有居民都面临同一个三级递增阶梯电价结构，引入阶梯边际价格因素并不带来显著影响，也就不能显著改变阶梯电价结构下的价格弹性。但是，对于由杭州与上海样本所组成的总样本，交叉项的估计系数－0. 7815 显著为负，也就是说，阶梯边际电价显著地负向影响电力消费量。由于价格弹性为负，这意味着阶梯电价的引入显著地提高了价格弹性（的数值）；而统一定价下边际价格等

于平均价格，并无此效应。无论是表12 – 4的条件需求弹性估计还是表12 – 5的无条件需求弹性估计均显示，阶梯定价下的价格弹性大于统一定价下的弹性，我们可以进一步推论，阶梯价格是通过递增的阶梯边际价格（即交叉项）提升了价格弹性。因此，以下我们将进一步剖析递增阶梯边际价格的特征及其对价格弹性的影响机制。

表12 – 8仅对价格结构与价格弹性间关系做出初步检验与解释。为了增强价格结构与价格弹性间关系的检验结果的说服力，基于本章的样本及数据特征，我们首先可以进一步排除几个可能对价格弹性有影响的非价格结构方面的因素。首先，由于长期价格弹性比短期价格弹性要大，不同时长样本如果比较，其价格弹性含义可能不同。但本章中，由于本章分析所依据的上海与杭州居民用电样本数据均为3年限期，期限内电器设备等设定保持不变，所比较的都是短期价格弹性。其次，在其他条件相同的情况下，价格弹性高可能是价格水平更高所致，而非定价结构所致。根据如表12 – 1所示的描述性统计结果显示，上海与杭州两地居民用电的价格水平大致相当。价格水平差异所致价格弹性不同的情形同样在这里并不成立。最后，微观经济理论揭示的电费支出占居民可支配的生活支出的比例差异对价格弹性的影响，对于本章研究样本而言同样不适用。根据《杭州统计年鉴》与《上海统计年鉴》，以及对分别实施分时阶梯电价和纯分时电价的杭州和上海居民用电样本数据计算显示，上海和杭州居民的电费支出占生活支出的比例都很小，为生活支出的1.5%—2.0%，两地的情况不存在显著差异。

需要说明的是，进入DCC模型的阶梯电价下的居民收入是虚拟收入，而统一电价下的居民收入为真实收入。阶梯定价下的收入弹性受阶梯价格结构的影响，这可能导致分时阶梯电价下的收入弹性与纯分时电价下的收入弹性有所区别。但是，由于电费支出占生活支出的比例较小，且虚拟收入值也很小，本章也尝试使用类似如表12 – 8所示的方法，使用对数收入与阶梯边际价格的交叉项进入DCC模型，分析价格结构与收入弹性间的关系，但模型并不收敛。相关分析显示，由于虚拟收入值很小导致交叉项与对数收入项高度相关。回归方程不能有效识别并分离出阶梯定价下虚拟收入对收入弹性的影响，需要开发新的检验思路，来分析是否阶梯价格对收入弹性有显著影响。

尽管前面已剔除对表12 – 8结果的几种非价格结构因素的解释，间接地保证了阶梯价格结构显著地影响价格弹性结论的稳健性。但是，仍然无法排除其他几种可能的解释。比如，本章样本所显示的两种定价下的价格弹性差异，可能是不同定价结构下消费者对价格的关注度的差异所致（Saez，2010；Chetty et al.，2011），也可能消费者在不同定价结构下对不同价格作出反应所致（Fell et al.，2014）。更有甚者，地域接近的杭州与上海两地，在有关社会公用事业服务的一些政策配套措施方面的差别，也可能导致需求特征的差异，从而致使价格弹性大小出现差异。不管怎样，本章对有关价格结构与需求弹性两者关系之间的探索，是对此问题的率先探讨。正如 Wichman（2014）指出的那样，无论从理论研究还是政策分析角度来看，关注内生化的价格结构对需求特征的影响都是极为重要的。

二　阶梯定价下需求弹性的结构分解

本小节基于对有关阶梯电价和统一电价与需求价格和收入弹性间关系的初步检验，集中探讨居民在阶梯电价结构下最优用电消费量的跳跃特性，对条件需求与无条件需求特征的影响，并进一步分析阶梯定价下影响条件与无条件需求弹性间差异的原因。

比较表 12－4 与表 12－5 可知，分时阶梯电价下的无条件用电需求的价格弹性（数值）比条件需求价格弹性要小 1%—4.7%。参数与非参数模拟估计结果还显示，无条件需求收入弹性也比条件需求收入弹性小 0.3%—3.4%。与之对应，纯分时电价下的条件需求与无条件需求的价格和收入弹性特征完全相同。类似研究中，Olmstead（2007）得出的无条件需求价格弹性比条件需求的价格弹性小 2.5%，无条件需求收入弹性比条件需求收入弹性小 4.7%；而 Howitt 和 Haneman（1995）得到的无条件价格与收入需求数值也小于 DCC 模型估计的条件弹性值。Miyawaki 等（2014）在消费者偏好可积与可分离的假定下用贝叶斯 DCC 模型估计得到，无条件需求的价格弹性数值同样小于条件需求。以上几位研究者的共同解释是，价格离散变化令消费需求聚集于尖点处。

本章结论和其他相关实证文献都说明，阶梯电价结构下无条件需求的价格弹性值比条件需求价格弹性值小。比较两类需求特征的定义可知，它们的差异在于当居民用电决策时是否拥有在不同阶梯之间进行选择，以进行阶梯转换的可能。事实上，正是由于两个相邻阶梯间的电量连续但电价递增跳跃，削弱了用电需求对价格变动的敏感性程度。为了让我们对该问题的分析更清晰，这里把条件需求特征与无条件需求的弹性特征间的差异进行结构分解，如式（12-9）所示。

$$\Delta e_p = e^p_{条件} - e^p_{无条件} = f(dampen, vi, others)$$

$$\Delta e_i = e^i_{条件} - e^i_{无条件} = f(vi, others) \tag{12-9}$$

其中，Δe_p 与 Δe_i 为条件与无条件价格弹性与收入弹性的差异，$dampen$、vi 及 $others$ 为导致弹性差异的尖点黏贴因素、虚拟收入及其他因素。进一步解释为，在探讨阶梯定价结构下的无条件需求价格弹性时，需要考虑到阶梯定价所带来的黏贴效应和虚拟收入效应这两种影响。一种影响是尖点黏贴效应，如图 12-2 所示，即消费者在尖点处或第二阶梯上位于尖点附近的最优选择点会被第一阶梯上较低的边际价格 p_1 黏住。此时，即使消费点落在第一阶梯的居民的收入由 y 增至 y'，或消费点落在第二阶梯的居民的收入增至 y'，最优选择曲线均可能由曲线 b 或曲线 c 移至曲线 a。这样，黏贴效应可能使价格发生变化而消费量不变的情况发生，这就使无条件需求价格弹性降低了。另一种影响被称为阶梯的虚拟收入效应。由于递增阶梯定价下存在为正的补贴导致虚拟收入大于真实收入，此时预算线与更高的效用曲线相切，即图 12-3 中由曲线 d 移至曲线 e，再移至曲线 f。此时虽然价格未变化而消费量可能变化，这将增加无条件需求的价格弹性。当然，从行为经济学视角看，虚拟收入虽然能被视为一种"收入"，但其对消费的影响并非通过真实的收入效应来实现，而是消费者的价格认知行为的一种体现（Shin，1985）。但虚拟收入无疑会增加消费者的需求。

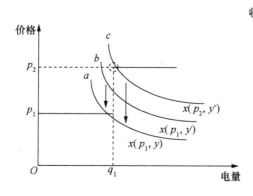

图12-2　二级递增阶梯定价的黏贴效应

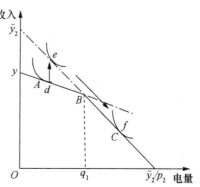

图12-3　二级递增阶梯定价下的虚拟收入效应

与此不同的是，探究阶梯定价下的无条件需求收入弹性时，只需要考虑阶梯定价的虚拟收入效应，不需要关注尖点黏贴效应。虚拟收入效应让居民在更高的收入约束下选择了与真实收入下等量的电力消费量，进而可能减小无条件需求的收入弹性。同时，该效应也会影响面临递增阶梯定价的居民在预算约束下选择消费数量阶梯档和消费量落在尖点处的概率，但此影响较为复杂，对收入弹性影响的方向不定。

表 12 -4 与表 12 -5 的结果比较显示，杭州居民在三级阶梯电价下的黏贴效应比虚拟收入效应强，导致无条件需求价格弹性小于条件需求价格弹性。虚拟收入效应较弱[1]的论断与我国电费支出占家庭总生活支出的比例较小的事实相吻合。黏贴效应强度较大的背后原因，具体有如下两种可能：（1）用户在尖点处黏住，此处的边际收入与价格效应可能为零（Moffit，1990）。而尖点处的需求弹性则更复杂地影响无条件需求弹性，因为弹性 $\varepsilon = \dfrac{\Delta Q/Q}{\Delta P/P} = \dfrac{dQ}{dP} \bigg/ \left(\dfrac{Q}{P}\right)$，每一个尖点处的左（导数导致的）弹性为 $\varepsilon'_-(w_k) = \dfrac{dQ}{dP_k} \bigg/ \left(\dfrac{Q}{P}\right)$，而右（导数导致的）弹性为 $\varepsilon'_+(w_k) = \dfrac{dQ}{dP_{k+1}} \bigg/ \left(\dfrac{Q}{P}\right)$，在递增阶梯定价下，$P_k < P_{k+1}$，导致 $\varepsilon'_-(w_k) > \varepsilon'_+(w_k)$，随着阶梯价差的拉大，这种趋势更为明显。（2）当价格水平下降时，理论最优消费量，在增长得足够多的情况下，会致使用户选择将实际消费量落在边际价格更高的数量阶梯档次上。此时面临更高边际价格的消费增加量，相比面临原来不变的边际价格时要低。也就是说，相比于统一电价，递增阶梯定价结构会在一定程度上抑制价格下降对需求量的推动效应。显然，当价格上升时，结论同样成立。总之，阶梯电价下的黏贴效应与虚拟收入效应会对条件需求价格弹性与无条件需求价格弹性间的差异产生完全不同的作用。

更进一步地，这里将基于前面的理论分析，试图分离出黏贴效应和虚拟收入效应各自对条件需求和无条件需求下价格弹性差异的具体影响。当然，鉴于前面对阶梯电价结构与需求弹性特征间关系的探讨仍较为粗略，很有必要深入开发诸如贝叶斯估计、MCMC、半参数估计等计量工具（Miyawaki，2014b）或充分统计量模型（Chetty，2009）来测度定价结构对需求特征的影响。另一个思路则是，我们继续沿用 DCC 模型的思路，

---

① 但在劳动力市场的累进税制效应分析中，该效应强度很大（Hausman，1981）。

通过对双误差模型中的误差比例的分析，为探究价格结构与价格弹性间的关系提供一定的理论基础。条件需求和无条件需求的异质性和随机性误差项的标准误差特征结果，如表 12－9 所示。

表 12－9　　　　　　　条件需求与无条件需求双误差特征分析

参数	条件需求		无条件需求	
		1%	5%	10%
$\sigma_\eta / \sigma_\varepsilon$	3.5566	2.7783	2.8025	2.7898
σ_η（%）	78.05	63.01	63.32	64.15
σ_ε（%）	21.95	35.99	35.68	35.85

表 12－9 的条件需求与无条件需求的双误差结果显示，无论在条件需求还是在无条件需求下，异质性误差（σ_η）都比随机测量误差（σ_ε）大很多。这就使消费者的异质性差异占比也很大，既定阶梯下的居民用电消费选择存在差异。同时，相对于条件需求情形，无条件需求时的测量误差占总误差比例更大，相对于条件需求局限于消费者在阶梯内选择，当无条件需求下消费者有权进行阶梯自由选择时，电力消费量在尖点处聚集的现象更为集中和明显，消费者的理性选择行为即为向尖点处聚集，即式（12－9）中的黏贴效应在电力需求的无条件需求分析中起到了比条件需求更强的作用。

需要说明的是，对于式（12－9）中影响需求价格弹性的其他因素，也需要加以分析。这些因素包括诸如各种能源间的替代性、居民对阶梯电价的适应性、电表接入率等。这些因素对条件需求和无条件需求下价格和收入弹性的影响，也是值得进一步研究的课题。

第六节　结论及政策建议

基于对递增阶梯定价下的条件需求与无条件需求的理论性界定，本章利用上海和杭州居民用电数据估算了条件需求与无条件需求下的价格和收入弹性，并初步探讨了定价结构与需求弹性特征间的关系，以及识别了影响需求弹性的因素。本章的需求响应研究，为电力规制者进行有效的电力需求侧管理提供了理论指导，也有助于对递增阶梯水价和气价和将可能要实施的阶梯油价、煤价和地价进行需求响应研究和需求侧管理。

本章的结论和政策建议主要包括以下四个方面。

第一，利用 IV 法估计出的阶梯定价无条件需求价格弹性远低于 DCC 法估计出的结果。电力规制者应重视对递增阶梯电价结构的阶梯分割电量点进行合理设定，这可以扩展电力需求侧管理的政策空间。IV 法估算出的数值仅为 DCC 法估计的对应结果的 2/3 左右。导致这种系统性差异的原因在于，IV 法未有效估计递增阶梯定价中尖点附近的消费量。同时，这也说明对阶梯档的分割对需求弹性特征的影响是巨大的。因此，规制者为实现合理的政策目标，确定恰当的阶梯数和各阶梯档的分割电量不失为一个可行的工具。

第二，分时阶梯定价下的价格弹性值 -1.058 大于纯分时下的价格弹性 -0.688，阶梯定价的条件价格弹性与无条件价格弹性存在差异，同时分时阶梯电价各阶梯上的条件需求的价格弹性的差异很大。这意味着阶梯定价为规制者提供了更为灵活的电力需求侧价格管理工具。首先，条件需求与无条件需求弹性的差异可以使得阶梯跳跃作为调节消费电量分布与消费者区隔的有效手段。其次，更有意义的是，分阶梯的条件需求弹性差异明显，这有助于利用不同阶梯的弹性特征来兼顾实现不同的政策目标。事实上，我国政府倡导实施的三级递增阶梯电价（以及水价），正是希望这三个消费档依次满足基本需求、正常需求和差异性的高额需求的政策目标。

第三，对定价结构与需求弹性间关系的初步检验显示，与统一定价不变的边际价格相比，变化的阶梯边际价格显著地影响需求价格弹性，阶梯边际价格上升提高了阶梯价格的价格弹性数值。因此，即使政府或电力提供商受到收益中性条件的规制，即平均价格保持不变或不能改变①，政府也可以通过调整阶梯间的价格差异，通过扩大或缩小不同阶梯间的边际价格差异来实现需求弹性的调整，最终在不同用户间进行需求行为的调整变化，实现效率与公平等多目标间的平衡。

---

① 对于社会公用事业，普遍的提高价格（即平均价格上升）可能会带来政府的满意度下降及其他社会问题。

　　第四，递增阶梯定价结构下的黏贴效应与虚拟收入效应会同时对无条件需求弹性产生影响，但方向相反。这有利于政府厘清阶梯定价系统设计中的可操作变量（阶梯数、分割点和各阶梯的边际价格）是如何通过中介变量传导并影响最终的消费者需求响应。通过梳理两类变量作为中介影响需求特征的通道，为政府实施电力需求侧价格管理拓宽了思路，并能很好地利用两类效应的相对大小来实现既定目标。黏贴效应可能导致无条件需求弹性减小，而虚拟收入效应可能导致无条件需求弹性增加。对阶梯电价的分析显示，黏贴效应的强度大于虚拟收入效应，导致无条件价格弹性在数值上小于条件价格弹性，即阶梯定价的尖点发挥了更强作用，而阶梯间的边际价差强度不足。政府可以通过尖点设定或价差调整对两类效应进行强度控制。

　　囿于数据限制，本章主要是对比分析分时阶梯与纯分时定价结构下的弹性特征和需求响应程度，并未细化至分析阶梯定价的结构参数调整对需求响应的影响问题。现代递增阶梯定价研究，不应局限于探讨既定递增阶梯定价结构的需求效应，还应深入定价机制内部，研究最优递增阶梯定价机制的设计与执行问题。随着全国各地陆续实施递增阶梯电价、水价和气价，更充足的微观数据能用于更准确地研究特定递增阶梯定价政策的需求响应程度，为对公用事业的需求侧管理提供更坚实的理论基础。

第十三章　杭州市阶梯定价的再分配效应分析

第一节　导言

2011 年，国家发改委正式出台了《关于居民生活用电试行阶梯电价的指导意见》，对我国实施阶梯电价的基本事项进行了明确。阶梯电价通过将用户均用电量设为若干阶梯（一般为 3—6 阶梯），并对不同的阶梯实施不同的价格来达到鼓励居民节约用电的目标。国务院印发的《"十二五"节能减排综合性工作方案》中也提出，将居民用电、用水阶梯价格作为促进节能减排目标实现的有效措施。

对阶梯定价的实证研究始于 Feldstein（1972），他构建了一个规制者同时关心效率与公平的模型，在能够收回成本的条件下，最优的基础固定收费与按消费量收费的单价，并应用到马萨诸塞州来估计电力消费的价格与收入弹性。随后很多研究者尝试使用模拟方法，使用收入需求弹性估计值，来推算电力消费在不同收费模式下的转移额度。另外，一些研究把电费账单与较小样本的入户调查结合起来，分析递增阶梯定价（Increasing Block Price，IBP）的影响。Hennessy（1984）综述了这些文献。Faruqui（2008）使用模拟方法讨论了最近的研究与美国各电力公司的 IBP 政策。Scott（1981）与 Hennessy 和 Keane（1989）分析了美国的"生命线"（Lifeline）贫困救助计划对贫困人群提供的（有限的）电量折扣。目前，国内外已有众多学者对居民阶梯电价进行了研究，研究内容包括居民阶梯电价对居民消费支出的影响、居民阶梯电价水平的确定方法、居民阶梯电价的优化设计等。

借鉴 Borenstein（2009，2010）的研究方法，利用杭州市 2009—2011 年城市居民调查数据，我们分析了杭州市自 2008 年 7 月以来实施的电力阶梯定价对不同收入家庭的福利及社会总福利影响。本章首先对杭州市阶梯定价的方案进行介绍；然后对 2009—2011 年调查样本的用电量与用户特征进行分析，在此基础上比较在不同阶梯电量中使用阶梯定价与固定费率电价两种方式对居民电费支出的影响差别；最后，在不同电力需求弹性下，分析使用阶梯定价对不同类型收入家庭的福利影响。

第二节　浙江省阶梯定价方案简介

按照发改委发布的《关于居民生活用电试行阶梯电价的指导意见》，实施阶梯电价后，我国居民用电价格将分为三个档次，第一档表示居民的基本用电，第一档次的电价基本按照现行的电价收费或者说不提价；第二档表示居民的正常用电；第三档表示居民的高质量用电。第一档用电量包括 80% 居民的用电，第二档用电量包括 95% 居民的用电。

根据 2004 年浙江省居民户均月用电量，浙江省居民阶梯式电价设计了 50 千瓦时和 200 千瓦时两个阶梯。规定月用电量 50 千瓦时及以下部分执行基数电价；月用电量 51—200 千瓦时部分，在基数电价上每千瓦时上调 0.03 元；月用电量 201 千瓦时及以上部分，在基数电价上每千瓦时上调 0.1 元。同时，将居民生活用电划分为两个时段，高峰时段为 8—22 时，低谷时段 22 时至次日 8 时，实施峰谷电差异定价。具体如表 13 - 1 所示。

表 13 - 1　　　　　　　　　**浙江省电力阶梯定价方案**

阶梯电量（千瓦时）	峰时电价（元/千瓦时）	谷时电价（元/千瓦时）
0—50	0.568	0.288
51—200	0.598	0.318
201 以上	0.668	0.388

第三节　杭州市居民家庭收入及电量使用特征

调查中，我们对杭州市居民的家庭收入归为三档：月收入小于 8000

元、月收入 8000—15000 元和月收入 15000 元以上。用户的家庭收入分布情况如图 13 − 1 所示。

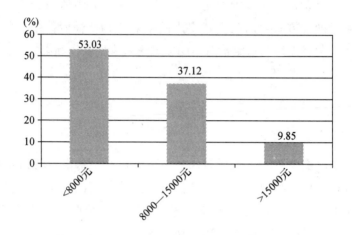

图 13 − 1　杭州市家庭收入分布

　　根据 2009—2011 年调查数据，我们分年统计处于阶梯定价三个不同阶梯上的用户数与用电量情况，以此对杭州市的居民用电特征有一个初步认识。

　　从表 13 − 2 中可以看出，无论是峰时还是谷时，绝大多数用户的用电量均在 200 千瓦时以下，大部分用户的峰时用电在 51—200 千瓦时，绝大部分用户的谷时用电量在基本电量 50 千瓦时以下。但从用电量来看，1%左右的用电大户使用了 5%左右的电力资源。

表 13 − 2　　　　　　　2009 年杭州市居民用电量特征分析

2009 年		0—50 千瓦时	51—200 千瓦时	201 千瓦时以上
用户数	峰时	39. 39	59. 09	1. 52
	谷时	85. 61	13. 64	0. 76
用电量	峰时	18. 07	76. 53	5. 40
	谷时	61. 77	33. 61	4. 62

　　从表 13 − 3 中可以看出，与 2009 年相比，无论是峰时还是谷时，绝大多数用户的用电量均有上升的趋势，用电量处于第二档的用户数增多，

且第二档用户的用电量占比也增大，同时，处于第三档用户的谷时用电
占比大幅增加。

表 13 - 3　　　　　　2010 年杭州市居民用电量特征分析　　　　单位:%

2010 年		0—50 千瓦时	51—200 千瓦时	201 千瓦时以上
用户数	峰时	36.36	62.12	1.52
	谷时	80.30	18.18	1.52
用电量	峰时	14.23	80.88	4.89
	谷时	56.81	34.59	8.60

从表 13 - 4 中可以看出，与 2009 年和 2010 年相比，用电量处于第二
档的用户数继续增多，且第二档用户的用电量占比也增大，但处于第三
档的用电大户用电占比回落。

表 13 - 4　　　　　　2011 年杭州市居民用电量特征分析

2011 年		0—50 千瓦时	51—200 千瓦时	201 千瓦时以上
用户数	峰时	32.58	66.67	0.76
	谷时	82.58	16.67	0.76
用电量	峰时	10.75	87.01	2.24
	谷时	62.34	34.06	4.30

使用 2009—2011 连续三年的数据，我们对杭州市实施阶梯定价的用
户特征进行分析，总体上说，居民在峰时处于第二阶梯的用户较多，他
们使用了绝大多数电量；在谷时，大部分用户处于第一阶梯。处于第三
阶梯 1% 左右的用户使用了 4% 的电量。

表 13 - 5　　　　　2009—2011 年杭州市居民用电量特征分析　　　　单位:%

2009—2011 年		0—50 千瓦时	51—200 千瓦时	201 千瓦时以上
用户数	峰时	34.09	64.39	1.52
	谷时	83.33	15.91	0.76
用电量	峰时	13.16	82.04	4.81
	谷时	62.09	33.71	4.21

表 13 - 6   2009—2011 年杭州市分收入居民用电特征分析

收入区间	用户数占比（%）	峰时用电量（千瓦时）	谷时用电量（千瓦时）
<8000 元	53.03	65.93	31.84
8000—15000 元	37.12	67.59	39.36
>15000 元	9.85	79.06	50.39

因此，杭州市所定的阶梯数量上第二档基本上满足了 95% 的用户需求，但并未在第一档满足 80% 的用户需求。第一档电量数量偏小。

第四节 使用阶梯定价与固定费率定价时的电费支出比较

我们比较固定费率定价方式与阶梯定价方式对用户电力消费支出的影响，由于浙江省自 2004 年就开始实施阶梯定价，而 2004 年前的定价方式由于间隔时间较长，与当前现实情况差距较大。因此，我们设计了三种固定费率的电价场景。

第一，基于上海的电力定价方式。上海自 2012 年 7 月开始实施阶梯定价，在此之前，上海的居民电力定价方式如表 13 - 7 所示。

表 13 - 7   上海市固定电价

峰时定价（元/千瓦时）	谷时定价（元/千瓦时）
0.617	0.307

第二，基于第一阶梯电价。基于对全国各省份阶梯定价方案的分析，可以看到，包括上海、四川、福建、江西等全国绝大多数省份均是把原有固定定价方式作为第一阶梯的定价，在此基础上在第二及第三阶梯实施一定程度的价格上浮。杭州市第一阶梯电价如表 13 - 8 所示。

表 13 - 8   杭州市第一阶梯电价

峰时定价（元/千瓦时）	谷时定价（元/千瓦时）
0.568	0.288

第三，基于电力公司电费总收入不变时所确定的电价。在保持电力公司电费总收入不变的条件下，我们测算出此时的固定费率电价。我们仍然区分峰时与谷时的差异定价（见表 13 - 9）（在不区分时，电力公司总收入不变的固定定价为 0.479 元/千瓦时）。

表 13 - 9   基于电力公司总收益不变时的电价

峰时定价（元/千瓦时）	谷时定价（元/千瓦时）
0.580	0.293

第四，我们尝试分析在保持电力公司边际收益等于边际成本（MR = MC）时的固定定价方式，根据《中国能源统计年鉴》，我国居民电力长期边际成本 1.03 元/千瓦时，这与实际电价差异较大。即使我们考虑电力补贴，根据《中国物价年鉴》，城镇居民生活用电价格 0.52 元/千瓦时（未区分峰谷），仍然与实施后的阶梯定价有较大差异。因此，我们放弃此类场景假设。

一 场景一：基于上海的固定价格

我们对比分析使用阶梯定价与固定定价时不同收入类型家庭的电费支出变化，根据不同收入类型，我们将分析三类收入家庭的电费支出变化额及变化比例。

从表 13 - 10 可以看出，由于上海固定电价较高，在阶梯定价下，所有收入类型家庭的电价支出均降低了，且用电量最大的高收入家庭下降最多，从支出占比看，低收入家庭下降的比例最高，获益最大。而高收入家庭的支出占比减少比例最小。

表 13 - 10   两类收费方式下的电费变化

收入区间（元）	用户数占比（%）	峰时用电量（千瓦时）	谷时用电量（千瓦时）	固定电价下电费（元）	阶梯电价下电费（元）	支出变化额（元）	支出变化比（%）
<8000	53.03	65.93	31.84	50.46	47.41	-3.04	-6.42
8000—15000	37.12	67.59	39.36	53.79	50.75	-3.04	-5.99
>15000	9.85	79.06	50.39	64.25	61.08	-3.17	-5.19

下面我们分别分析在峰时及谷时电费支出的变化额及变化比例，以及在不同电量使用下的变化趋势（见表13 – 11）。

表13 – 11 场景一下峰时电费变化

峰时电量 （千瓦时）	阶梯定价下的 电费（元）	固定电价下的 电费（元）	支出变化额 （元）	支出变化比
0—50	$0.568 \times x$	$0.617 \times x$	$-0.049 \times x$	-0.07942
50—200	$0.03 \times (x - 50) + 0.568 \times x$	$0.617 \times x$	$-0.019 \times x - 1.5$	$-0.0308 - 1.5/x$
200 以上	$0.1 \times (x - 200) + 0.03 \times 150 + 0.568 \times x$	$0.617 \times x$	$0.051 \times x - 15.5$	$0.08266 - 25.12/x$

图13 – 2分析了在峰时的电费支出变化额及变化比例的趋势。

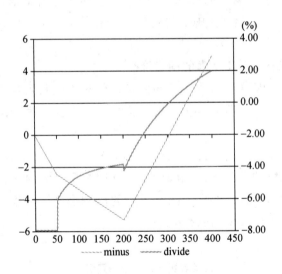

图13 – 2 场景一下峰时电费支出变化

从表13 – 10及图13 – 2可以看出，在绝大部分电量下，阶梯定价所产生的电费均比固定定价时低，只有当峰时用电量超过304千瓦时，阶梯定价所产生的电费才超过固定定价。且在第一阶梯和第二阶梯，阶梯定价均是鼓励用户用电，使用越多，支出额相对固定定价时节省越多。同样，表13 – 12及图13 – 3分析了谷时的电费支出额及支出比例的变化。

峰时电量 （千瓦时）	阶梯定价下的电费 （元）	固定电价下的 电费（元）	支出变化额 （元）	支出变化比
0—50	$0.288 \times y$	$0.307 \times y$	$-0.019 \times y$	-0.062
50—200	$0.03 \times (y-50) + 0.288 \times y$	$0.307 \times y$	$0.011 \times y - 1.5$	$0.0358 - 4.886/y$
200 以上	$0.1 \times (y-200) + 0.03 \times 150 + 0.288 \times y$	$0.307 \times y$	$0.081 \times y - 15.5$	$0.2638 - 50.4886/y$

表 13 - 12　　　　　　　　场景一下谷时电费变化

图 13 - 3 分析了在峰时的电费支出变化额及变化比例的趋势。

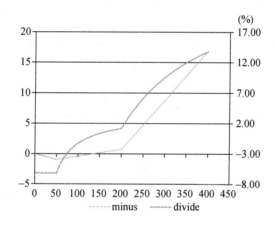

图 13 - 3　场景一下谷时电费支出变化

从表 13 - 12 及图 13 - 3 可以看出，在绝大部分电量下，阶梯定价所产生的电费均比固定定价时低，只有当谷时用电量超过 137 千瓦时，阶梯定价所产生的电费才超过固定定价，根据调查，杭州市只有 1.5% 的用户每月谷时用电量超过 137 千瓦时。在第一阶梯，阶梯定价是鼓励用户用电，使用越多，支出额相对固定定价时节省越多。

二　场景二：基于杭州市第一阶梯电价

与国内许多省份类似，我们将杭州市第一阶梯定价作为固定电价，我们对比分析使用阶梯定价与固定定价时不同收入类型家庭的电费支出变化，根据不同收入类型，我们将分析三类收入家庭的电费支出变化额及变化比例。

从表 13 - 13 可以看出，由于阶梯定价是在固定电价的基础上实行的分阶梯加价，因此，在阶梯定价下，所有收入类型家庭的电价支出均上升了，随着收入的增加，电费增幅随之增加；从支出占比看，同样是收入最高的家庭的电费收入增加比例最大。

表13－13　　　　　　　两类收费方式下的电费变化

收入区间（元）	用户数占比（%）	峰时用电量（千瓦时）	谷时用电量（千瓦时）	固定电价下电费（元）	阶梯电价下电费（元）	支出变化额（元）	支出变化比（%）
<8000	53.03	65.93	31.84	44.71	47.41	2.70	5.70
8000—15000	37.12	67.59	39.36	47.37	50.75	3.38	6.66
>15000	9.85	79.06	50.39	56.40	61.08	4.68	7.67

下面我们分别分析在峰时及谷时电费支出的变化额及变化比例，以及在不同电量使用下的变化趋势（见表13－14）。

表13－14　　　　　　　场景二下峰时电费变化

峰时电量（千瓦时）	阶梯定价下的电费(元)	固定电价下的电费(元)	支出变化额（元）	支出变化比
0—50	$0.568 \times x$	$0.568 \times x$	0	0
50—200	$0.03 \times (x-50) + 0.568 \times x$	$0.568 \times x$	$0.03 \times (x-50)$	$0.0528 - 2.6408/x$
200以上	$0.1 \times (x-200) + 0.03 \times 150 + 0.568 \times x$	$0.568 \times x$	$0.1 \times x - 15.5$	$0.1761 - 27.289/x$

图13－4分析了在峰时的电费支出变化额及变化比例的趋势。

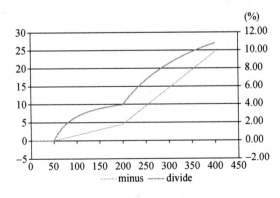

图13－4　场景二下峰时电费支出变化

从表 13 –14 及图 13 –4 可以看出，当超过第一档电量 50 千瓦时后，阶梯电价的所产生的电费超过了固定电价。根据调查，杭州市有 65.9% 的居民月峰时电量使用超过了 50 千瓦时。因此，如果固定定价是基于第一档定价时，更换为阶梯定价后增加了大多数居民的电费负担，但总体上占居民总收入的比例很小，不到 1%，且增加的幅度也仅为原电费的 1%—2% 。

同样，表 13 –15 及图 13 –5 分析了谷时的电费支出额及支出比例的变化。

表 13 –15   场景二下谷时电费变化

峰时电量 (千瓦时)	阶梯定价下的电费(元)	固定电价下的电费(元)	支出变化额(元)	支出变化比
0—50	0.288 × y	0.288 × y	0	0
50—200	0.03 × (y − 50) + 0.288 × y	0.288 × y	0.03 × (y − 50)	0.1042 − 5.2083/y
200 以上	0.1 × (y − 200) + 0.03 × 150 + 0.288 × y	0.288 × y	0.1 × y − 15.5	0.3472 − 53.819/y

图 13 –5 分析了在峰时的电费支出变化额及变化比例的趋势。

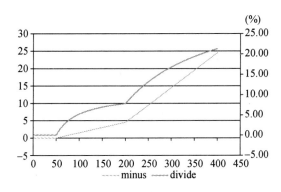

图 13 –5 场景二下谷时电费支出变化

从表 13 –15 及图 13 –5 可以看出，当超过第一档电量 50 千瓦时后，阶梯电价的所产生的电费超过了固定电价。根据调查，杭州市有 16.7% 的居民月谷时电量使用超过了 50 千瓦时。因此，如果固定定价是基于第一档定价时，更换为阶梯定价后并没有增加大多数（83.3%）居民的电费支出。

三 场景三：基于电力公司总收入不变时的电价

在加利福尼亚州 2001 年能源危机后，当推出新的阶梯定价时，加利福尼亚州三大电力公司 California – Pacific Gas & Electric（PG&E）、Southern California Edison（SCE）和 San Diego Gas & Electric（SDG&E）考虑了维持公司总收入不变时，相应的固定费率电价。当然，此固定费率综合考虑了加利福尼亚州电力危机时公司的损失（Borenstein，2010）。我们根据杭州市居民用电情况，在保证电力公司收入不变的情况下，测算出对应的峰时与谷时的固定电价。根据不同收入类型家庭，我们将分析三类收入家庭的电费支出变化额及变化比例（见表 13 – 16）。

表 13 – 16　　　　　　　　两类收费方式下的电费变化

收入区间（元）	用户数占比（%）	峰时用电量（千瓦时）	谷时用电量（千瓦时）	固定电价下电费（元）	阶梯电价下电费（元）	支出变化额（元）	支出变化比（%）
<8000	53.03	65.93	31.84	44.71	47.41	-0.16	-0.34
8000—15000	37.12	67.59	39.36	47.37	50.75	0.01	0.02
>15000	9.85	79.06	50.39	56.40	61.08	0.46	0.75

从表 13 – 16 可以看出，在保证总收入不变的情况下，从固定定价转移到阶梯定价后，对低收入家庭来说，电费支出下降了，而中等收入家庭的支出基本没有变化（增加 1 分钱），即 90% 左右的居民并没有受到阶梯定价的影响，且 50% 左右的家庭从阶梯定价中减轻了电费支出负担。支出增加主要是高收入家庭，但支出变化仍然很小。

下面我们分别分析在峰时及谷时电费支出的变化额及变化比例，以及在不同电量使用下的变化趋势（见表 13 – 17）。

表 13 – 17　　　　　　　　场景三下峰时电费变化

峰时电量（千瓦时）	阶梯定价下的电费（元）	固定电价下的电费（元）	支出变化额（元）	支出变化比
0—50	$0.568 \times x$	$0.580 \times x$	$-0.012 \times x$	-0.02069
50—200	$0.03 \times (x-50) + 0.568 \times x$	$0.580 \times x$	$0.018 \times x - 1.5$	$0.03103 - 2.5862/x$

续表

峰时电量 （千瓦时）	阶梯定价下的 电费（元）	固定电价下的 电费（元）	支出变化额（元）	支出变化比
200 以上	$0.1 \times (x-200) + 0.03 \times 150 + 0.568 \times x$	$0.580 \times x$	$0.088 \times x - 15.5$	$0.1517 - 26.724/x$

图 13 - 6 分析了在峰时的电费支出变化额及变化比例的趋势。

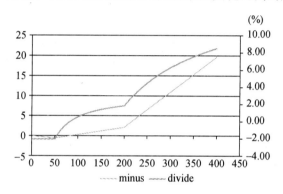

图 13 - 6　场景三下峰时电费支出变化

从表 13 - 17 及图 13 - 6 可以看出，当用户峰时电力使用量超过 83 千瓦时，阶梯电价所产生的电费超过了固定电价。根据调查，杭州市居民的峰时电量平均使用量为 67.8 千瓦时。因此，绝大多数居民使用阶梯定价时的峰时电费支出是减少的。

同样，表 13 - 18 及图 13 - 7 分析了谷时电费支出额及支出比例的变化。

表 13 - 18　　　　　　　　　场景三下谷时电费变化

峰时电量 （千瓦时）	阶梯定价下的电费（元）	固定电价下的 电费（元）	支出变化额（元）	支出变化比
0—50	$0.288 \times y$	$0.293 \times y$	$-0.005 \times y$	-0.01736
50—200	$0.03 \times (y-50) + 0.288 \times y$	$0.293 \times y$	$0.025 \times y - 1.50$	$0.0853 - 5.1195/y$
200 以上	$0.1 \times (y-200) + 0.03 \times 150 + 0.288 \times y$	$0.293 \times y$	$0.095 \times y - 15.5$	$0.3242 - 52.901/y$

图 13 - 7 分析了在峰时的电费支出变化额及变化比例的趋势。

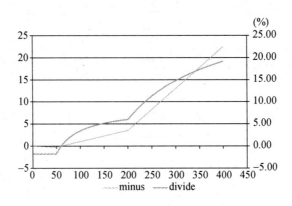

图 13 - 7　场景三下谷时电费支出变化

从表 13 - 18 及图 13 - 7 可以看出，当用户谷时电力使用量超过 60 千瓦时时，阶梯电价所产生的电费超过了固定电价。根据调查，杭州市居民的峰时电量平均使用量为 36.5 千瓦时。因此，绝大多数居民使用阶梯定价时的峰时电费支出是减少的。

第五节　电力需求弹性与电费支出再分配效应

以上分析均没有考虑用户的需求弹性，一般来说，随着电价的上升，居民消费的电量会随之下降。我们将整合电力需求弹性，在三种场景下，分析居民在不同电力定价下的电费支出，从而更准确地分析电费支出的再分配效应。

首先，我们需要确定杭州市居民的电力需求弹性，对于能源价格长期需求价格弹性 ε 的计算，由于采用方法与数据的差异，不同学者计算的结果不同。本章选取 Qi 等（2009）计算的数值 - 0.16 作为中国居民用电需求价格弹性。但是，考虑到本书中样本均为杭州市城市居民，根据李虹等（2011）的研究，城镇居民会综合考虑电费与舒适度，具有一定的弹性，将 - 0.36 作为城镇居民生活用电需求价格弹性基准值。其次，城市中不同收入家庭的电力需求弹性存在差异，对于不同收入家庭，其消费性质会影响需求价格弹性。总体来说，收入增加，弹性就会增加，但当收入较高时，又会对价格变化不太敏感，因此，中等收入家庭的价格弹性最大。李虹等（2011）将中国城镇居民收入分为7档，分别设定不同的需求弹性，根据《杭州统计年鉴》（2012），2011年，杭州市区城镇居民家庭人均可支配收入，20%最高收入家庭的总收入为77257.4元，因此，我们将调查中的三档家庭归为城镇较低收入家庭、城镇较高收入家庭、城镇最高收入家庭，其电力需求弹性分别为0.26、0.31和0.21。

我们分析在不同需求弹性下居民的福利变化，正值表示在阶梯定价下居民的电费支出的减少额，居民的福利上升。

一　场景一下的电费支出再分配效应

在场景一（峰谷时固定电价分别为0.617千瓦时、0.307千瓦时）下，我们分析在e=0、0.1、0.2、0.3、0.4及不同收入家庭不同弹性下的支出变化。根据不同的需求弹性，分别调整用户在不同时段的用电消费量，得到在不同定价方式下的电力支出额（见表13-19）。

表13-19　　　　　　　　　　家庭月均电费支出变化

单位：元

收入区间（元）	用户数占比（%）	用电量占比（%）	e = 0	e = -0.1	e = -0.16	e = -0.2	e = -0.3	e = -0.36	e = 0.26/0.31/0.21	e = 0.4
<8000	53.03	29.26	3.04	3.34	3.51	3.63	3.92	4.10	3.81	4.22
8000—15000	37.12	32.00	3.04	3.36	3.56	3.68	4.00	4.20	3.85	4.33
>15000	9.85	38.74	3.17	3.56	3.79	3.95	4.34	4.57	3.83	4.72

可以看到，所有收入家庭的电费支出均出现了下降，但下降额度有所差别，在同一弹性下，收入越高的家庭电费支出下降越多。在不同收入家庭不同的弹性设定下，中等收入家庭的电费支出下降最大，福利改进最多。

在此基础上，我们可以计算出杭州市所有家庭的电费支出变化，根据《杭州统计年鉴》（2012），2009—2011年，杭州市居民总户数分别为215.28万户、216.51万户及218.26万户，我们由此得出杭州市月均电费支出的总变化，对应及杭州市电力公司的总收入变化（见表13-20）。

表13-20　　　　　　　　杭州市月均电费支出变化表　　　　　　单位：万元

收入区间（元）	用户数占比（%）	用电量占比（%）	e = 0	e = -0.1	e = -0.16	e = -0.2	e = -0.3	e = -0.36	e = 0.26/0.31/0.21	e = 0.4
<8000	53.03	29.26	349.54	383.22	403.42	416.90	450.57	470.78	437.10	484.25
8000—15000	37.12	32.00	244.49	270.28	285.75	296.07	321.85	337.33	309.65	347.64
>15000	9.85	38.74	67.63	75.91	80.88	84.19	92.47	97.44	81.62	100.76
总电费支出变化			661.66	729.40	770.05	797.15	864.90	905.55	828.37	932.65
低收入家庭支出变化/总电费支出变化（%）			52.83	52.54	52.39	52.30	52.10	51.99	52.77	51.92
中等收入家庭支出变化/总电费支出变化（%）			36.95	37.05	37.11	37.14	37.21	37.25	37.38	37.27
高收入家庭支出变化/总电费支出变化（%）			10.22	10.41	10.50	10.56	10.69	10.76	9.85	10.80

从表13-20中可以看到，各种弹性下，电费总支出均出现了下降，且对于不同家庭的影响较为一致，尤其是在不同收入家庭的不同弹性假设下，不同家庭的支出占比与家庭占比数一致。

二　场景二下的电费支出再分配效应

在场景二（峰谷时固定电价分别为0.568千瓦时、0.228千瓦时）下，我们分析在e=0、0.1、0.2、0.3、0.4及不同收入家庭不同弹性下的支出变化。根据不同的需求弹性，分别调整用户在不同时段的用电消费量，得到在不同定价方式下的电力支出额（见表13-21）。

表13-21　　　　　　　　家庭月均电费支出变化　　　　　　　单位：元

收入区间（元）	用户数占比（%）	用电量占比（%）	e = 0	e = -0.1	e = -0.16	e = -0.2	e = -0.3	e = -0.36	e = 0.26/0.31/0.21	e = 0.4
<8000	53.03	29.26	-0.48	-2.45	-2.29	-2.19	-1.93	-1.78	-2.04	-1.68
8000—15000	37.12	32.00	-0.53	-3.10	-2.94	-2.82	-2.55	-2.38	-2.52	-2.27
>15000	9.85	38.74	-0.91	-4.35	-4.15	-4.02	-3.68	-3.48	-4.21	-3.35

可以看到，所有家庭的电费支出均出现了上升，但上升额度差别很大，收入越高的家庭电费支出上升越多。在此基础上，我们可以计算出杭州市所有家庭的电费支出变化，得出杭州市月均电费支出的总变化，对应及杭州市电力公司的总收入变化（见表13-22）。

表13-22 　　　　　　　　　**杭州市月均电费支出变化** 　　　　　　单位：万元

收入区间（元）	用户数占比（%）	用电量占比（%）	e=0	e=-0.1	e=-0.16	e=-0.2	e=-0.3	e=-0.36	e=0.26/0.31/0.21	e=0.4
<8000	53.03	29.26	-54.88	-280.81	-263.14	-251.37	-221.93	-204.27	-233.71	-192.50
8000—15000	37.12	32.00	-42.42	-249.31	-235.94	-227.03	-204.74	-191.37	-202.52	-260.67
>15000	9.85	38.74	-19.34	-92.77	-88.51	-85.66	-78.54	-74.27	-89.80	-71.43
总电费支出变化			-116.64	-622.89	-587.59	-564.06	-505.22	-469.92	-526.03	-524.59
低收入家庭支出变化/总电费支出变化（%）			47.05	45.08	44.78	44.56	43.93	43.47	44.43	36.70
中等收入家庭支出变化/总电费支出变化（%）			36.37	40.02	40.15	40.25	40.53	40.72	38.50	49.69
高收入家庭支出变化/总电费支出变化（%）			16.58	14.89	15.06	15.19	15.55	15.81	17.07	13.62

从表13-22中可以看到，各种弹性下，电费总支出均出现了上升，但对于不同收入家庭的影响不同，占50%左右的低收入家庭的支出上升额占总上升额的比例保持在45%左右，占37%的中等收入家庭支出上升额占中上升额的比例为40%左右，而占家庭10%的高收入家庭支出上升额占中上升额的16%左右。随着弹性的增加，中等收入家庭的福利损失最小，中高收入家庭的福利损失最大。

三　场景三下的电费支出再分配效应

在场景三（峰谷时固定电价分别为0.580千瓦时、0.293千瓦时）下，我们分析在e=0、0.1、0.2、0.3、0.4及不同收入家庭不同弹性下的支出变化。根据不同的需求弹性，分别调整用户在不同时段的用电消费量，得到在不同定价方式下的电力支出额（见表13-23）。

表 13 - 23　　　　　　　　　　家庭月均电费支出变化表　　　　　　单位：元

收入区间（元）	用户数占比（%）	用电量占比（%）	e = 0	e = -0.1	e = -0.16	e = -0.2	e = -0.3	e = -0.36	e = 0.26/0.31/0.21	e = 0.4
<8000	53.03	29.26	0.16	0.45	0.75	0.75	1.04	1.22	0.92	1.33
8000—15000	37.12	32.00	-0.01	0.31	0.63	0.63	0.95	1.15	0.98	1.27
>15000	9.85	38.74	-0.46	-0.07	0.32	0.32	0.71	0.94	0.36	1.09

　　可以看到，在不同的弹性下，不同类型家庭的支出额度变化不一致，当弹性较小时，低或中等收入家庭的电费支出可能下降，而此时高收入家庭的电费支出上升，定价方式对不同收入家庭的影响产生了不同效果。随着弹性的增大，不同收入家庭的电费支出均可能下降，但是，下降幅度不一，中等与低收入家庭的下降幅度大于高收入家庭，且在对不同收入家庭不同的弹性的假设下，中等收入家庭的费用支出下降最多，福利改进最大。

　　在此基础上，我们可以计算出杭州市所有家庭的电费支出变化，得出杭州市月均电费支出的总变化，对应及杭州市电力公司的总收入变化。

　　从表 13 - 24 中可以看到，各种弹性下，对不同家庭的支出影响变化很大，随着弹性的增大，低收入家庭的支出减少额度总体上超过了它占家庭的比例，中等收入家庭支出额度的减少与其所占人数额度大致一致，而高收入家庭的支出额度减少明显小于其所占家庭比例。应该说，这种方式是亲民的。

表 13 - 24　　　　　　　　　　杭州市月均电费支出变化　　　　　　单位：万元

收入区间（元）	用户数占比（%）	用电量占比（%）	e = 0	e = -0.1	e = -0.16	e = -0.2	e = -0.3	e = -0.36	e = 0.26/0.31/0.21	e = 0.4
<8000	53.03	29.26	18.26	51.94	85.62	85.62	119.29	139.50	105.82	152.97
8000—15000	37.12	32.00	-0.79	25.00	50.78	50.78	76.57	92.04	79.15	102.36
>15000	9.85	38.74	-9.81	-1.52	6.76	6.76	15.04	20.01	7.59	23.32

续表

收入区间 （元）	用户数 占比 （%）	用电量 占比 （%）	e = 0	e = -0.1	e = -0.16	e = -0.2	e = -0.3	e = -0.36	e = 0.26/ 0.31/ 0.21	e = 0.4
总电费支出变化			7.66	75.41	143.16	143.16	210.91	251.56	192.56	278.66
低收入人群支出变化/ 总电费支出变化（%）			238.27	68.87	59.80	59.80	56.56	55.46	54.96	54.90
中等收入人群支出变化/ 总电费支出变化（%）			-10.30	33.15	35.47	35.47	36.31	36.59	41.10	36.73
高收入人群支出变化/ 总电费支出变化（%）			-127.97	-2.02	4.72	4.72	7.13	7.95	3.94	8.37

第六节　结论及展望

利用杭州市2009—2011年家庭居民电力消费的调查数据，我们首先分析了杭州市不同收入家庭的电量使用特征，然后分析了固定定价方式与阶梯定价方式下的电费支出差异，在考虑电力需求弹性的基础上，我们分析了电费支出的再分配效应，由于电力价格收费方式的调整，对不同收入人群的影响差异。

根据不同的场景设定，我们得到不同的研究结论。主要包括以下几个方面。

（1）杭州市所定的阶梯数量上第二档基本上满足了95%的用户需求，但并未在第一档满足80%的用户需求。第一档电量数量偏小，尤其是峰时的居民电量消费大多处于第二档。

（2）如果第一档的电价低于传统的固定定价方式，反而有可能鼓励用户用电，使用越多，支出额相对固定定价时节省越多。此时各类收入家庭可能出现电力支出节约，但中等或高收入家庭的电费节约会更多。

（3）当前全国多个省份采用将固定电价作为第一阶梯定价的方案，这种方案下，各个收入家庭的电费支出均会出现上升趋势，但不同类型家庭支出差别很大。总体来说，随着弹性的增加，中等收入家庭的福利损失最小，中高收入家庭的福利损失最大。

（4）为保证电力公司的总收入不变，此时的定价方式对不同收入家庭的影响产生了不同效果。在不同的弹性下，不同类型用户的支出额度变化不一致，当弹性较小时，低或中等收入家庭的电费支出可能下降，而此时高收入家庭的电费支出上升。且随着弹性的增大，低收入家庭仍然获得了较大的福利所得（较小的福利损失）。

由此，我们得出相应的政策建议是：

（1）制定合理的第一阶梯电量，保障居民的基本电力需求。推行居民阶梯式电价，既需要引导居民节约用电，又需要保障居民基本用电需求，在实行阶梯电价时，应该科学地制定基数电量，尤其是保障峰时居民的基本用电量。

（2）制定合理的阶梯价格，发挥阶梯定价的再分配效应。阶梯定价作为一种可行的再分配方式，应发挥减少低收入家庭的负担，转移电价到高收入家庭的功能。因此，在保障电力公司利益的同时，应制定合理的阶梯价格，让高电量使用者承担更多的电力支出。

（3）完善配套措施，进一步发挥阶梯电价的调节功能。包括如要制定激励性的配套政策鼓励居民节约用电，制定激励性的政策鼓励居民积极利用非电力能源，加强宣传，让广大居民充分了解实施阶梯电价的目标等。

附录 1　家庭用电情况调查问卷

一　家庭基本情况

1. 您家里现有常住人口____人，其中，65 岁以上老人____人，65 岁以下成年人____人。

2. 您家里住房的使用面积为____平方米，建筑面积为____平方米，共有____室____厅。

二　用电设备情况

3. 您家里是否装有空调

（1）□是　　　　（2）□否

4. 如果您家里装有空调，您家里的空调是否为中央空调

（1）□是　　　　（2）□否

5. 如果您家里安装的不是中央空调，您家安装了____台空调

6. 您家里在夏天时是否使用电风扇

（1）□是　　　　（2）□否

7. 您家里在冬季时是否取暖

（1）□是　　　　（2）□否

8. 如果您家里在冬季时取暖，取暖方式为

（1）□空调　（2）□电暖气　（3）□（1）和（2）都使用

（4）□其他

9. 您家里有____台冰箱和冰柜（冰箱和冰柜累计）

10. 您家里有____台电视机

11. 您家里是否有洗衣机

（1）□是　（2）□否

12. 您家里是否有洗碗机

（1）□是　（2）□否

13. 您家里有____台台式计算机

14. 您家里做饭主要使用

（1）□电　（2）□煤气或天然气　（3）□（1）和（2）都使用

（4）□其他

15. 您家里是否使用微波炉

（1）□是　（2）□否

16. 您家里是否使用电烤箱

（1）□是　（2）□否

17. 您家里洗澡烧水主要使用

（1）□电　（2）□煤气或天然气　（3）□太阳能　（4）□其他

三　家庭收入

18. 您家每个月的家庭收入在

（1）□8000 元以下　（2）□8000—15000 元　（3）□15000 元以上

附录 2　浙江省居民生活用电阶梯电价实施情况

一　居民阶梯电价实施背景和方案

浙江作为经济大省，同时又是自然资源小省，一次能源 95% 以上依

靠外省调入。2003 年、2004 年，浙江遭遇了严重的"电荒"，成为全国拉闸限电范围最大、缺电最严重的省份。为缓解电力供需紧张局面，倡导建设节约型社会，引导居民合理用电、节约用电，在综合考虑浙江省经济社会发展水平、电力供应能力和需求状况、群众可承受能力以及周边省市居民生活电价水平等因素的基础上，2004 年浙江省率先提出了对居民生活用电实行阶梯式累进加价的居民电价调整方案，经听证会听证，报国家发改委批准，于 2004 年 8 月 1 日起正式实施。具体执行方案如下：

1. 居民一户一表用户执行阶梯电价：月用电量 50 千瓦时及以下部分执行基础电价（当时为每千瓦时 0.53 元，2006 年 6 月底调整为每千瓦时 0.538 元）；月用电量 51—200 千瓦时部分在基础电价上每千瓦时上调 0.03 元（即每千瓦时 0.56 元，2006 年 6 月底调整为每千瓦时 0.568 元）；月用电量 201 千瓦时及以上部分在基础电价上每千瓦时上调 0.10 元（即每千瓦时 0.63 元，2006 年 6 月底调整为每千瓦时 0.638 元）。

2. 居民合表用户和学校等执行居民电价的集体用户不实行阶梯式电价，但在居民阶梯的基础电价上每千瓦时上调 0.02 元（即每千瓦时 0.55 元，2006 年 6 月底调整为每千瓦时 0.558 元）。

二　浙江省居民阶梯电价实施成效、存在的问题及解决意见

截至 2009 年 10 月 30 日，浙江省 2131.23 万用户中执行居民生活用电价格的用户有 1876.14 万户，其中，执行阶梯电价的一户一表居民用户 1840.49 万户，占 98.10%；执行居民合表电价的学校、城乡居民住宅附属设施等非居民合表用户数 34.71 万户，占 1.85%；执行居民合表用电价格的居民合表用户数 0.97 万户，占 0.05%。

一户一表居民用户中，安装磁卡预付费电表的用户为 9.5 万户，占一户一表用户的 0.52%。

（一）实施居民阶梯式电价的主要成效

1. 充分运用价格的杠杆作用，引导居民合理用电、节约用电，体现出节能型社会的方向。实行居民阶梯式电价，充分发挥了价格杠杆和市场机制的作用，促使居民合理用电、节约用电，促进节约型社会建设，在全社会初步形成了节约用电的氛围。实施阶梯式电价前的 2002 年和 2003 年，浙江省居民生活用电分别增长 17.04% 和 24.2%。2004 年实施阶梯式电价后，因 2004 年受拉限电因素影响居民生活用电同比下降 6.47%，导致 2005 年出现 24.35% 的较高增幅外，2006 年和 2007 年在居民生活水平快速提高和出现持续高温天气的情况下，居民生活用电量增幅分别为 16.24% 和 15.13%，均低于实施前的增幅，且均低于全省平均增长水平。

2. 合理确定不加价的基数电量，照顾了城市低收入居民和农村居民的利益，体现出和谐社会的主题。实施居民阶梯式电价后，不加价部分和少加价部分占了大头，这部分主要是居民的基本生活用电，这个办法较好地维护了大多数居民特别是低收入群体的利益，确保其维持基本生活用电，不因电价调整增加过多负担；同时又通过经济手段对用电大户的用电起到一定的限制作用。而且由于居民电价中存在交叉补贴现象，这部分补贴实际上向用电量较小的城镇低收入居民和农村居民倾斜。

3. 加强抄表质量管理，进一步促进供电企业提升供电服务水平，体现出供电企业服务社会的要求。由于居民阶梯式电价实行月基数，用户对抄表时间是否固定非常关注，这对供电企业提出了更高的要求。对此，供电企业积极应对，加强抄表管理，固定抄表时间，按时到用户抄表，有效地推动了供电企业管理和服务水平的提高。

（二）居民阶梯式电价实施中存在的困难

1. 增加了供电企业的管理难度。由于居民阶梯式电价实行月基数，用户对抄表时间是否固定非常关注，如果每月抄表时间有偏差的话，容易引起纠纷。所以就要求供电必须定期到户抄表。但目前有许多客观的原因，使部分抄表不能及时到位。如城市中每月有大量的新房投放市场，但由于各种原因，用户入住时间差异较大，特别是一些远郊的房产，实际入住率较低，给抄表及阶梯电价的执行带来影响；还有就是门闭户，可能会出现抄到表时已过了抄表日等情况。另外，对电卡表的购电及管理也增加了难度。

2. "户"的法律性和合理性问题。主要为：

一是"户"的法律定义。目前，"一户一表"用电中的"户"没有法律定义，是按房屋产权证还是按公安登记户口确定，在实际操作中都有问题，因此纠纷时有发生。如浙江省衢州市有一居民用户，与其亲戚两家人合住一处，有一本房屋产权证，却分别有同一地址的户口本，在安装"一户一表"时与电力部门发生分歧，而我们在处理类似纠纷时缺乏法律依据。

二是按户确定基本生活电量的合理性问题。每户居民的人数不同，有 7 人、8 人的大户，也有 1 人、2 人的小户，统一按户确定月基本生活电量并实行阶梯式电价有失公平。但按每户人数分别核定月基本生活电量，操作难度很大。

3. 对实施的成效较难预计。实行居民阶梯式电价，理论上讲，能够促进用户节能节电，但最终的成效与阶梯的档次及加价的幅度有很大关系。随着居民生活水平的提高，用电量自然会增长。因此，真正由于阶梯电价的实施，抑制了多少用电难以精确计算，用户对价格的敏感度有多大也难以把握，如果加价幅度大的话，还会受到替代能源的冲击。

（三）解决建议

1. 稳步推进居民阶梯电价政策，做好充分准备。实行居民阶梯电价，阶梯的合理设置非常关键。阶梯设计一方面要适当照顾大多数居民，特别是低收入居民和农村居民的实际情况，确保其基本生活用电不受影响，考虑大多数居民生活基本不受影响；另一方面要合理考虑居民生活水平提高后用电量的增长，在确保居民基本生活用电需求的同时，能有效地促进居民节能节电。

2. 合理确定基数电量，科学发挥阶梯电价执行成效。浙江省目前执行的用电基数是按照 2004 年城乡居民的用电量水平确定的，2004 年浙江省平均每户月用电量为 76.46 千瓦时，其中城市居民用户为 134.26 千瓦时，农村居民用户为 50.40 千瓦时，分别设计了 50 千瓦时和 200 千瓦时两个阶梯。目前，浙江省居民用户户均月用电量已达到 116 千瓦时，其中城镇居民用户为 158 千瓦时，农村居民用户为 90 千瓦时。目前，浙江省电力供求形势依然严峻，建议在适当时候允许浙江省调整居民阶梯电价，对月用电量 50 千瓦时和 200 千瓦时以上部分进一步提高加价标准，充分发挥价格杠杆作用，促进节能节电。

3. 建议适当调整居民阶梯基础电价水平。浙江省居民用电价格自 2004 年提价 0.32 元以来，在后续的电价调整中都没有进行同步调整，使原享受大幅度交叉补贴的居民生活用电与其他用电的比价关系进一步拉大，也增大了工业等类别用电的调价压力。为逐步缓解交叉补贴问题，合理分摊供电成本，建议适当提高居民电价基础水平，使其逐步向合理电价水平过渡。

三 非居民用户执行阶梯式电价的可行性

按现行电价政策，浙江省主要针对城乡居民住宅附属设施（楼道灯、住宅楼电梯、水泵、小区及村庄内路灯、物业管理、门卫、消防、车库等）、学校的教学和学生生活［普通高等学校（包括大学、独立设计的学院和高等专科学校）、高中、中等职业学校、初中、小学、幼儿园（托儿所）、对残疾儿童、少年实施义务教育的学校］等非居民用户执行居民合表用电价格，对以上用户建议不执行阶梯式电价，主要考虑两方面的原因：

1. 对于城乡居民住宅的附属设施、学校的教学用电等非居民生活的用电，执行居民生活用电价格的目的就是扶持此类用户，体现人文关怀的理念。考虑到此类用户的公益性、社会性、义务性的特点以及非生活用电的性质，不应该执行阶梯式电价。

2. 学生公寓用电的居住人群为学生，一般以集体居住为主，由于不同学校的学生公寓的标准不一，新建的有 2—4 人一间的，老式的有 8 人一间的，虽然为了内部缴费需要在合表后安装有几十个甚至几百个分表，因其"户"的概念和一般居民用户性质不同，难以界定基数电量的标准，不具备执行阶梯式电价的条件。

附录3　四川省居民生活用电阶梯电价实施情况

实施居民生活用电阶梯电价，是国家促进节能减排、引导用户合理用电、维护低收入群体利益、缓解我国电价交叉补贴而采取的重要价格举措。现将四川省电力公司在执行阶梯式电价方面的情况报告如下：

一　"一户一表"用户比重情况

截至 2008 年年末，四川省电力公司直供区域内城乡居民用户总数 1258.474 万户。其中，"一户一表"用户 858.676 万户（占全部居民用户的 68.23%）、合表用户约 400 万户。目前四川省电力公司直供区域内还没有磁卡预付费电表用户。

二　阶梯式电价取得的成效及存在的问题

1. 居民阶梯电价政策：经国家发改委发改价格〔2006〕1233 号文件批准，从 2006 年 6 月 30 日抄表起，四川电网居民生活"一户一表"用户电价调整为月用电量在 60 千瓦时以内，电价不提高，即每千瓦时 0.4724 元；月用电量在 61—100 千瓦时部分，电价每千瓦时提高 0.08

元，即每千瓦时 0.5524 元；月用电量在 101—150 千瓦时部分，电价每千瓦时提高 0.11 元，即每千瓦时 0.5824 元；月用电量超过 151 千瓦时部分，电价每千瓦时提高 0.16 元，即每千瓦时 0.6324 元。

2. 取得的成效：公司直供区居民用户在执行阶梯递增电价以前的2004—2006 年，其居民生活用电量每年增长幅度均保持在 12% 以上，占公司省内售电量的比重维持在 12.5% 左右。其中，公司直供区居民用电量 2006 年较 2005 年增长率达 17.66%。执行居民户表阶梯递增电价后，2007 年公司居民生活用电量 92.5 亿千瓦时，同比仅增长 0.11%，占公司省内售电量的比重下降到 11.11%；2008 年，公司居民生活用电量100.82 亿千瓦时，同比仅增长 8.95%，占公司省内售电量的比重下降到11.57%。由此可以看出，居民"一户一表"用户实施阶梯式电价符合建设节约型社会与和谐社会的要求，在一定程度上强化了广大居民用户自觉节约用电的意识，抑制了过度消费，起到了良好的社会和经济效益。

3. 社会反响：据调查，四川省低保户以及丘陵地区的农民月平均月用电量约 30 千瓦时，高的一般也不会超过 60 千瓦时。因此，四川省确定的月用电量 60 千瓦时及以下的城乡居民用电电价不提高，较为符合四川省实际情况（国家统计局数据四川户均月用电量为 65.12 千瓦时），也充分体现了对广大农村居民尤其是丘陵、山区的农民和城镇特困、低保家庭的照顾。就两年来的实际执行情况看，广大居民用户反应平静，基本没有发生群众向四川省公司或物价部门反映阶梯式电价不合理的情况。从目前的实际执行情况来看，四川省现有的阶梯电价政策，对广大农村居民尤其是身处丘陵、山区的农民和城镇特困、低保家庭，继续享受较低的生活用电电价给予了有效保护，这有利于和谐社会的建立和缩小贫富差距。

4. 对四川省公司的影响：居民户表阶梯递增电价的执行，抑制了四川省居民用电量的快速增长势头。分析 2006—2007 年公司逐月电量变化情况可以看出，执行居民户表阶梯递增电价以前，2006 年 1—6 月，居民生活用电量的增幅保持在 19% 左右；执行居民户表阶梯递增电价后，居民生活用电量的增幅逐月下降，甚至在 2007 年的大部分月份出现了负增长现象。按常规分析，随着 2007 年农村电网一期、二期改造的完成，以及农村供电所的居民客户在 2006 年 7 月与城市直供区居民客户实现同网同价，在降低了农村居民的实际结算电价标准背景下，应该说对农村居民用电量的增长有较大的拉动作用，更会带来公司居民用电量的大幅增长。但2007年四川省公司的居民生活用电量几乎没有增长，仅0.11%。

由此可见，对"一户一表"居民用户实施阶梯电价，在抑制居民生活用电量增长的同时，也提高了居民用户节约用电的意识，居民用电量出现了增幅明显趋缓的情况，这对电网公司的增供扩销、市场开拓和经济效益有一定程度的影响。

三　制定居民户表阶梯电价的相关建议

1. 在对居民用户实施阶梯电价的方案测算时，应注意由此引起的居民用电量增长放缓问题。

2. 在方案设定时应充分考虑用电量小的农村居民用户和低收入城市居民用户的实际情况，尽可能减少对该部分用户的影响。

3. 为了强化广大居民用户自觉节约用电的意识，同时避免引起较大的社会波动，建议基数电量取值参考国家统计局数据，分档价差按国家发改委要求制定。

4. 测算分档电价增收金额时，要尽可能向物价部门宣传，实施阶梯电价后居民节约用电意识加强，后两档的电量将大幅降低，增收金额将十分有限。

附录4　福建省居民生活用电阶梯电价实施情况

一　调价前居民电价政策（试点阶段）情况和相关文件

2004年福建省对直供区居民电价进行了两次专门性研究，为直供区居民分档阶梯电价模式的确立以及居民电价合理调整奠定了基础。2004年7月，福建省召开了调整直供区居民生活用电价格听证会，多数代表提出了实行居民阶梯电价的建议，既是为了减轻低收入阶层的电费负担，也是为建设节约型社会，对高消费用电采取"惩罚性"电价，以制约不合理的用电需求。为此福建省正式向国家申请实行居民阶梯电价模式。经国家发改委批准，福建省自2004年11月1日抄表电量起正式执行分档累进加价制度，执行标准是：月用电量150千瓦时及以下的按0.4463元/千瓦时执行；月用电量在151—400千瓦时的按0.4663元/千瓦时执行；月用电量在401千瓦时以上的按0.5663元/千瓦时执行；合表用户不实行累进加价制定，执行电价 0.4643 元/千瓦时，合表用户主要是学校、福利机构（福利院等）、服务于居民社区的公共设施（如电梯、水泵）、部队和企事业集体宿舍、未实行"一户一表"改造的住宅小区等用户。

根据《福建省物价局关于在省电网直供区开展居民分时电价试点工作的通知》（闽价〔2005〕商 448 号），福州局在 2005 年时开展居民分时电价试点工作，居民分时电价的时段划分为峰时段和谷时段，其中峰时段为每日的 8—22 时；谷时段为 22 时至次日 8 时。峰时段电价按 0.50 元/千瓦时执行；谷时段电价按 0.30 元/千瓦时执行。开展试点的 10 个小区总户数 2651 户。截至 2011 年第一季度，仅 30 户还在运行，占 1.13%。

县电网居民用电仍采用单一制电价。

二 现行居民阶梯电价政策情况

根据《福建省物价局关于全省居民生活用电实行阶梯电价暨用电同价的通知》（闽价商〔2012〕241 号，附件 4），福建省从 2012 年 7 月 1 日起在全省范围内实行居民生活用电同价并全面推行阶梯电价制度，具体情况：一是执行标准调整为月用电量 200 千瓦时及以下的按 0.4983 元/千瓦时执行；月用电量在 201—400 千瓦时的按 0.5483 元/千瓦时执行；月用电量在 401 千瓦时以上的按 0.7983 元/千瓦时执行；合表用户执行电价 0.5330 元/千瓦时。二是采取提价过渡措施，确保政策平稳实施。省电网和 18 个趸售县电网"一户一表"用户第一档电价和合表用户电价三年逐步过渡到位。三是实行居民生活用电峰谷分时电价。"一户一表"居民用户可自愿申请执行峰谷分时电价，一旦申请执行，需执行满一年后方可申请推出。四是适当解决一户多人口问题。户籍人口在 6 人及以上的家庭，具备分表条件的予以分户分表，不具备分表条件的可以选择执行合表电价。五是明确电费实行按月计量按月结算。

第五篇　阶梯电价政策评估

——基于加总数据

第十四章 居民对递增阶梯定价的反应：基于加总 DCC 模型的分析

第一节 问题提出

为逐步减少电价的交叉补贴，引导居民合理用电、节约用电，促进环境友好型社会建设，2012 年 7 月 1 日，中国正式开始在除新疆、西藏外的大陆地区，对居民用电实行递增阶梯定价（Increasing Block Pricing，IBP）政策。这是中国首次在公用事业领域引入全国范围的阶梯定价，而相比于其他国家，中国定价机制改革起步较晚。以美国为例，早在 20 世纪 80 年代，大部分地区的居民用水、用电领域就已实施阶梯定价。而日本、韩国、马来西亚、澳大利亚、埃及等国家也引入了此种定价模式。①

相对于统一线性定价的低效率，阶梯定价的特殊结构使监管机构具有更多的调控工具，因此可以协调多个政策目标。以居民用电中的 IBP 为例，最低档的基本电量（也被称为生命线电量）一般低于边际成本或平均价格，以保证居民（特别是低收入居民）的正常生活，实现公平性目标；最高档的价格一般高于平均价格，甚至等于或接近长期边际成本，以实现配置效率，并弥补厂商在低档电量的损失，保证在满足经济性目标的同时，还能促进节约、实现收入再分配等社会性目标。然而，需要注意的是，社会性目标的实现需要一定前提条件，当没有考虑到家庭人口规模以及用户使用替代能源的情况时，政策目标的实现就会大打折扣。故监管机构在具体实施的过程中，应考虑到人口等因素的影响，以便尽可能地最大化 IBP 的效用。由于生命线电量或免费电量的存在，大量对

① 田露露、张昕竹：《递增阶梯定价研究综述》，《产业经济评论》2015 年第 3 期。

IBP 实施效果研究的文献，都肯定了其兼顾多个监管目标的作用。

国外已有很多文献对阶梯定价下的需求响应进行了分析，其结论不仅有助于理解非线性定价结构下的需求响应，还对价格结构的调整与优化具有重要的指导意义。需要特别强调的是，与统一线性定价不同，在阶梯定价中，边际价格随消费量变化，并且消费是价格的非线性函数，这种定价结构不仅使消费者行为更加复杂与难以预测，对相关估计技术也带来很大挑战。作为阶梯定价文献中的热点与难点，阶梯定价下的需求分析衍生了很多方法与技术，其中具有微观基础的离散/连续选择（Discrete/Continuous Choice，DCC）结构计量模型得到广泛应用。但是，由于 DCC 模型适用的研究对象为微观个体，模型估计一般要求家庭层面的微观数据，这种较高的数据要求，使 DCC 模型在实际应用中受到很大的制约。

鉴于此，本章旨在推广微观 DCC 模型，使其在较易获得加总数据的情形下也能应用，本章将推广后的模型称为加总 DCC 模型，并应用该模型估计中国居民电力需求。通过与其他模型对比分析，本章将验证加总DCC 模型的有效性。另外，利用不同定价结构下的样本进行估计，本章分析 IBP 实施前后消费者的需求响应，即消费者对定价结构的敏感性，并初步探究其原因。

第二节　阶梯定价下需求估计面临的问题

一　需求估计

多重目标的实现使 IBP 在稀缺性的资源、能源领域中得到广泛的应用，加之其定价结构的复杂性，使需求估计成为文献研究的热点与难点。其中，对内生性问题的解决则是最关键的。在线性定价结构下，需求估计的内生性问题通常来自外部因素的冲击，因此难以区分影响消费的因素是来自供给还是需求。而在非线性定价中，消费随边际价格变动，由此带来价格和消费同时决定的问题。相对于统一线性定价（边际价格不变），递增阶梯定价中的边际价格会随着消费量的增加而升高，故价格与消费量同时决定产生了内生性问题。不仅如此，价格的不连续使消费者的预算约束呈现分段线性，由此产生尖点问题，这些问题对传统的估计方法提出了挑战。

在早期的需求设定中，一般使用平均价格[①]或边际价格[②]，或将二者同时包括在内，模型也是使用较为简单的两步/三步最小二乘法（Two/Three – stage Least squares）。由于定价结构的特殊性，为了突出反映其对消费者的影响，Nieswiadomy 和 Molina 通过线性化，在设定中引入了"虚拟收入"的概念。[③] 但是，由于大多数文献均未考虑消费者在需求曲线上的位置选择，因此忽略了对落在尖点上的样本的分析。为了解决此问题，Hanemann[④] 首次将劳动经济学中研究累进所得税率下劳动力供给效应的 DCC 模型引入到阶梯定价的分析中。在 DCC 模型中，总体的需求估计函数由每部分的函数乘以相应的概率后加总求和得来。不同于前述的线性化估计模型，DCC 模型不仅考虑了阶梯上的消费选择，还同时考虑了尖点问题，故在引入阶梯定价领域后，就得到了广泛应用。

二　价格弹性

价格弹性是衡量需求响应的主要参数，因此是需求分析关注的重点。从实证结果来看，由于研究样本不同，不同文献的估计结果也存在一定的差异。以用电弹性为例，在线性定价下，Kamerschen 和 Porter[⑤] 测得长期内居民的用电弹性在 – 0.85—– 0.94；Holtedahl 和 Joutz 估计的中国台湾居民的用电弹性为 – 0.15；Espey 等[⑥]对 1971—2000 年研究用电需求的文献使用元分析法后发现，居民用电价格弹性在短期内的均值为 – 0.35，

---

① Billings, R. B. and D. E. Agthe, Price Elasticities for Water：A Case of Increasing Block Rates [J] . *Land Economics*, 1980, 56（1）：73 – 84.

② Danielson, L. E., An Analysis of Residential Demand for Water Using Micro Time – series Data [J] . *Water Resources Research*, 1979, 15（4）：763 – 767.

③ 虚拟收入 $\widetilde{Y} = y + d_k$，y 为实际收入，$d_k = \sum_{j=1}^{k-1} (P_{j+1} - P_j) \, w_{k-1}$，$w_{k-1}$ 为尖点处分界电量。当消费量落在第一档（$k=1$）时，实际价格即为边际价格，虚拟收入即为实际收入，$d_k = 0$；落在第二档及以上（$k \geqslant 2$）时，消费者以实际价格支付的费用小于以边际价格支付的费用，需要将消费者支出减少的部分 d_k 作为补贴返还给消费者，此时虚拟收入大于实际收入。

④ Hanemann, W. M., Welfare Evaluations in Contingent Valuation Experiments with Discrete Responses [J] . *American Journal of Agricultural Economics*, 1984, 66（3）：332 – 341.

⑤ Kamerschen, D. R. and D. V. Porter, The demand for residential, industrial and total electricity, 1973 – 1998 [J] . *Energy Economics*, 2004, 26（1）：87 – 100.

⑥ Espey J. A. and M. Espey, Turning on the Lights：A Meta – Analysis of Residential Electricity Demand Elasticities [J] . *Journal of Agricultural and Applied Economics*, 2004, 36（1）：65 – 82.

中值为 -0.28,长期内均值为 -0.85,中值为 -0.81。另外,Espey 等[1]使用同样的方法对用水需求的文献分析后,也发现大部分的估计结果都在 -0.75—0 的无弹性区间。竺文杰和郁义鸿[2]利用加总数据,估计出中国短期与长期的价格弹性分别为 -0.092、-0.1560,He 等[3]使用 CGE 方法估计中国居民电力需求的价格弹性为 -0.3。由此可以看出,由于所处地区、适用费率或研究群体的不同,价格弹性的数值有较大变化,但总体来看,在线性定价机制下,多数用电需求都处于无弹性区间。

对于非线性定价机制,Houthakker 等[4]对 IBP 不同档次上的数据分别估计后,得出价格弹性分别为 -1、-1.2、-0.45。Acton 等[5]估计的洛杉矶居民在递减阶梯定价下的用电弹性短期内为 -0.35,长期内为 -0.7。Dalhuisen 等[6]使用元分析法,发现 IBP 下的价格弹性较平均定价、递减阶梯定价下要大。一些研究更是得出 IBP 下的价格弹性介于 -2—-1 间,也就是处在弹性区间。Olmstead[7] 发现,引入 IBP 后,电力价格弹性会提高。同样,对居民生活阶梯用水的研究中也得出类似的结论。[8] 通过对相关因素(如时间长短、价格变化、电费占收入比重等)的分析与排除,Olmstead[9] 认为,实施阶梯定价前后价格弹性不同的原因,可能与 IBP 本身的定价结构有关,但由于数据的限制,无法从实证上得到证实。实际上,现有文献对定价机制变化导致的需求响应变化及其成因的研究

---

① Espey, M., J. Espey and W. D. Shaw, Price Elasticity of Residential Demand for Water: A Meta – Analysis [J]. *Water Resources Research*, 1997, 33 (6): 1369 – 1374.

② 竺文杰、郁义鸿:《我国居民电力需求弹性探析》,《中国科技产业》2009 年第 3 期。

③ He, Y. X., L. F. Yang, H. Y. He, T. Luo and Y. J. Wang, Electricity Demand Price Elasticity in China Based on Computable General Equilibrium Model Analysis [J]. *Energy*, 2011, 36 (2): 1115 – 1123.

④ Houthakker, H. S., P. K. Verleger and D. P. Sheehan, Dynamic Demand Analysis for Gasoline and Residential Electricity [J]. *American Journal of Agricultural Economics*, 1974, 56 (2): 412 – 418.

⑤ Acton, J. P., B. Mitchell and R. Mowill, Residential Demand for Electricity in Los Angeles: An Econometric Study of Disaggregated Data [R]. Rand Corporation, Report R – 1899 – NSF, 1976.

⑥ Dalhuisen, J. M., Price and Income Elasticities of Residential Water Demand: A Meta – analysis [J]. *Land Economics*, 2003, 79 (2): 292 – 308.

⑦ Olmstead, S. M., Reduced – Form vs. Structural Models of Water Demand under Non – linear Prices [J]. *Journal of Business and Economic Statistics*, 2009, 27 (1): 84 – 94.

⑧ Olmstead, S. M., W. M. Hanemann and N. R. Stavins, Water Demand under Alternative Price Structures [J]. *Journal of Environmental Economics and Management*, 2007, 54 (2): 181 – 198.

⑨ Ibid..

还处于空白状态，这主要是因为当定价结构发生变化，而不仅仅是价格水平变化时，无法根据 Slutsky 等式将价格结构变化分解为替代效应和收入效应。

本章可以根据上述文献得出，线性统一定价机制下，居民的用电弹性处于无弹性区间，但在 IBP 机制下，其价格弹性要比线性统一定价结构下大。也就是说，无论是由 IBP 本身的定价结构直接引起的，还是通过其他影响因素造成的，IBP 会提高用电价格弹性，即消费者对 IBP 的反应更敏感。虽然国外许多文献都在其他场景验证了此结论，但是，由于自然环境、社会因素的不同，国外的研究结论是否适用于中国，或者说中国引入 IBP 后，居民的用电行为是否发生类似的变化，仍是一个亟待研究的实证问题。为此，本章将从此视角展开相应的分析。

第三节　加总 DCC 模型的构建

DCC 模型应用的前提就是知道微观个体的具体情况与掌握准确的数据信息，然而，实际上满足此种条件的情况较少，阻碍了模型的应用。本节将在原有 DCC 模型基础上，进一步放开其前提条件与研究假设，以拓展模型的应用范围。

一　基本假设

需要说明的是，居民面临复杂定价结构时，按照新古典的理性假设，居民做出反应的价格应该是边际价格。当然，在复杂定价结构下，可能存在消费者有限理性，或其受某些心理认知和社会认知效应影响的问题，消费者可能对预期边际价格或平均价格做出反应，一些文献对此问题进行了初步探讨。但本章主要基于理性假设分析阶梯定价下的需求响应，因而假定消费者对边际价格做出反应。

按照国家发展改革委的要求，中国阶梯电价以省（自治区、直辖市）为单位实施，且均实行三档阶梯电价结构。假定某地区 i 在时期 t 的价格结构为：

$$P = \begin{cases} P1_{it} & 0 < Q_{ijt} \le Q1_{it} \\ P2_{it} & Q1_{it} < Q_{ijt} \le Q2_{it} \\ P3_{it} & Q_{ijt} > Q2_{it} \end{cases} \qquad (14-1)$$

其中，$P1_{it}$、$P2_{it}$、$P3_{it}$分别表示地区 i 在 t 期第一、第二、第三档上的价格，$Q1_{it}$、$Q2_{it}$分别表示第一档与第二档、第二档与第三档之间的临界电量，Q_{ijt}表示用户 j 在 t 期实际的需求量。

为了方便弹性计算，以及便于比较不同模型下的估计结果，本章将主要变量取其对数形式：

$$\ln Q_{ijt} = \alpha_1 D_{it} + \alpha_2 T_{it} + \beta \ln P_{it} + \gamma_1 H_{ijt} + \gamma_2 A_{ijt} + \gamma_3 Y_{ijt} + \delta_1 C_{ijt} + \delta_2 L_{ijt} + \mu_{ijt} + \varepsilon_{ijt} \tag{14-2}$$

式（14-2）为当消费者面临边际价格 P_{it} 时的需求量表达式。其中，Q_{ijt}表示地区 i 中的用户 j 在 t 期的需求量，其主要受地域情况、价格、家庭特征和电力替代品四个方面的影响。对于地域情况，本章用南北方地区虚拟变量 D_{it} 及温度 T_{it} 表示，其中，温度变量参照 Silk 和 Joutz[1]、Kamerschen 和 Porter[2] 等的研究，取采暖度日数（Heating Degree Days，HDD）和取冷度日数（Cooling Degree Days，CDD）两个气象指标。其计算公式为：

第 m 天的度日数：

$$HDD_m = \max\{[0; (T_{ref} - T_{avg})]\}, \ CDD_m = \max\{[0; (T_{avg} - T_{ref})]\}$$

年度日数：

$$HDD = \int_m \max\{[0; (T_{ref} - T_{avg})]\}, CDD = \int_m \max\{[0; (T_{avg} - T_{ref})]\}$$

其中，T_{ref}表示基础温度，T_{avg}表示日平均温度，M 表示一年内的总天数。一般而言，HDD 中的基础温度为 18℃，CDD 的基础温度为 26℃[3]，故本章使用 HDD18 与 CDD26 两个年度日数指标。

对于价格，本章用消费者 j 在 t 期面临的边际价格 P_{it}，估计过程中取其对数以求价格弹性。对于反映用户间异质性的家庭特征，本章用家庭人口数 H_{ijt}、家用电器数量 A_{ijt}、人均可支配收入 Y_{ijt} 来表示，当消费量超过第一档时，要将收入 Y_{ijt} 调整成虚拟收入 $\tilde{Y}_{ijt}$，以反映定价结构对消费者带来的隐性补贴。对于可能会影响到电力消费的其他替代品，本章煤气

---

① Silk, J. I. and F. L. Joutz, Short and Long – run Elasticities in US Residential Electricity Demand：A Co – integration Approach [J]．*Energy Economics*，1997，19（4）：493 –513.

② Kamerschen, D. R. and D. V. Porter, The demand for residential, industrial and total electricity, 1973 –1998 [J]．*Energy Economics*，2004，26（1）：87 –100.

③ 曹洁、邱粲、刘焕彬、史志娟、董旭光：《山东省采暖与降温度日数时空分布规律研究》，《气象》2013 年第 1 期。

用量 C_{ijt}、液化石油气用量 L_{ijt} 表示。另外，与普通的单误差模型不同的是，本模型包含两个误差项：（1）代表不能够用家庭特征解释但影响家庭用电选择偏好的异质性误差 μ_{ijt}；（2）一个代表不能同时被消费者与分析者观测到的随机误差 ε_{ijt}，其包含优化误差以及测量误差两部分。本章假定这两个误差项都服从均值为 0，方差为 σ_{μ}^2、σ_{ε}^2 的独立正态分布。

二 模型推导

由式（14-2）可知，当对微观家庭需求量求解时，不仅需要了解 N_i 个家庭所在地区的情况及面临的价格结构，还需要知道每个家庭的人口数 H_{ijt}、家用电器数量 A_{ijt} 和人均可支配收入 Y_{ijt} 等，数据获取难度较大。为避免上述问题，假定在模型设定阶段，对具体家庭情况并不知道，只可观察到地区家庭用户的平均特征。这时假定表示家庭特征的变量及替代品消费量均服从独立正态分布，即 $H_{ijt} \sim N(\overline{H}_{it},\ \sigma_{H_{it}}^2)$；$Y_{ijt} \sim N(\overline{Y}_{it},\ \sigma_{Y_{it}}^2)$；$A_{ijt} \sim N(\overline{A}_{it},\ \sigma_{A_{it}}^2)$；$C_{ijt} \sim N(\overline{C}_{it},\ \sigma_{C_{it}}^2)$；$L_{ijt} \sim N(\overline{L}_{it},\ \sigma_{L_{it}}^2)$。在第三档阶梯定价下，$N_i$ 个家庭落在各部分的平均电力需求为：

（1）用户平均落在第一档上时，电力需求表达式为：

$$\ln Q_{it\_1} = \alpha_1 D_{it} + \alpha_1 T_{it} + \beta \ln P1_{it} + \gamma_1 \overline{H}_{it} + \gamma_2 \overline{A}_{it} + \gamma_3 \overline{Y}_{it} + \delta_1 \overline{C}_{it} + \delta_2 \overline{L}_{it} + \mu_{it} + \varepsilon_{it} \qquad (14-3)$$

用户知道自身的异质性属性，在效用最大化时，选择落在第一档消费区间的前提条件是：

$$\ln Q_{it\_1} < \ln Q1_{it} \qquad (14-4)$$

进一步转换后，得到条件：

$$\mu_{it} < \ln Q1_{it} - [\alpha_1 D_{it} + \alpha_2 T_{it} + \beta \ln P1_{it} + \gamma_1 \overline{H}_{it} + \gamma_2 \overline{A}_{it} + \gamma_3 \overline{Y}_{it} + \delta_1 \overline{C}_{it} + \delta_2 \overline{L}_{it}] \qquad (14-5)$$

定义：$B1_{it} = \ln Q1_{it} - [\alpha_1 D_{it} + \alpha_2 T_{it} + \beta \ln P1_{it} + \gamma_1 \overline{H}_{it} + \gamma_2 \overline{A}_{it} + \gamma_3 \overline{Y}_{it} + \delta_1 \overline{C}_{it} + \delta_2 \overline{L}_{it}]$

（2）用户平均落在第一档与第二档之间的尖点上时，需求函数为：

$$\ln Q_{it\_2} = \ln Q1_{it} + \varepsilon_{it} \qquad (14-6)$$

此时，前提条件是：

$$\ln Q1_{it} - [\alpha_1 D_{it} + \alpha_2 T_{it} + \beta \ln P1_{it} + \gamma_1 \overline{H}_{it} + \gamma_2 \overline{A}_{it} + \gamma_3 \overline{Y}_{it} + \delta_1 \overline{C}_{it} + \delta_2 \overline{L}_{it}] <$$
$$\mu_{it} < \ln Q1_{it} - [\alpha_1 D_{it} + \alpha_2 T_{it} + \beta \ln P2_{it} + \gamma_1 \overline{H}_{it} + \gamma_2 \overline{A}_{it} + \gamma_3 (\overline{Y}_{it} + I_{it\_2}) + \delta_1 \overline{C}_{it} + \delta_2 \overline{L}_{it}] \qquad (14-7)$$

其中，$\overline{Y}_{it} + I_{it\_2}$ 表示用户落在第二档上时的虚拟收入，$I_{it\_2} = (P2_{it} - P1_{it})Q1_{it}$。

定义 1：$B2_{it} = \ln Q1_{it} - [\alpha_1 D_{it} + \alpha_2 T_{it} + \beta \ln P2_{it} + \gamma_1 \overline{H}_{it} + \gamma_2 \overline{A}_{it} + \gamma_3 \overline{(Y_{it} + I_{it\_2})} + \delta_1 \overline{C}_{it} + \delta_2 \overline{L}_{it}]$

（3）用户平均落在第二档上时，其电力需求表达式为：

$$\ln Q_{it\_3} = [\alpha_1 D_{it} + \alpha_2 T_{it} + \beta \ln P2_{it} + \gamma_1 \overline{H}_{it} + \gamma_2 \overline{A}_{it} + \gamma_3 (\overline{Y}_{it} + I_{it\_2}) + \delta_1 \overline{C}_{it} + \delta_2 \overline{L}_{it} + \mu_{it} + \varepsilon_{it}] \qquad (14-8)$$

如同第一档的需求分析，用户平均落在第二档消费区间的前提条件是：

$$\ln Q1_{it} < \ln Q_{it\_3} < \ln Q2_{it} \qquad (14-9)$$

进一步转换后，得到条件：

$$\ln Q1_{it} - [\alpha_1 D_{it} + \alpha_2 T_{it} + \beta \ln P1_{it} + \gamma_1 \overline{H}_{it} + \gamma_2 \overline{A}_{it} + \gamma_3 (\overline{Y}_{it} + I_{it\_2}) + \delta_1 \overline{C}_{it} + \delta_2 \overline{L}_{it}] < \mu_{it} < \ln Q2_{it} - [\alpha_1 D_{it} + \alpha_2 T_{it} + \beta \ln P2_{it} + \gamma_1 \overline{H}_{it} + \gamma_2 \overline{A}_{it} + \gamma_3 (\overline{Y}_{it} + I_{it\_2}) + \delta_1 \overline{C}_{it} + \delta_2 \overline{L}_{it}] \qquad (14-10)$$

定义 2：$B3_{it} = \ln Q2_{it} - [\alpha_1 D_{it} + \alpha_2 T_{it} + \beta \ln P2_{it} + \gamma_1 \overline{H}_{it} + \gamma_2 \overline{A}_{it} + \gamma_3 \overline{(Y_{it} + I_{it\_2})} + \delta_1 \overline{C}_{it} + \delta_2 \overline{L}_{it}]$

（4）当用户落在第二档与第三档之间的尖点上时，即：

$$\ln Q_{it\_4} = \ln Q2_{it} + \varepsilon_{it} \qquad (14-11)$$

此时，前提条件是：

$$\ln Q2_{it} - [\alpha_1 D_{it} + \alpha_2 T_{it} + \beta \ln P1_{it} + \gamma_1 \overline{H}_{it} + \gamma_2 \overline{A}_{it} + \gamma_3 (\overline{Y}_{it} + I_{it\_2}) + \delta_1 \overline{C}_{it} + \delta_2 \overline{L}_{it}] < \mu_{it} < \ln Q2_{it} - [\alpha_1 D_{it} + \alpha_2 T_{it} + \beta \ln P3_{it} + \gamma_1 \overline{H}_{it} + \gamma_2 \overline{A}_{it} + \gamma_3 (\overline{Y}_{it} + I_{it\_2} + I_{it\_3}) + \delta_1 \overline{C}_{it} + \delta_2 \overline{L}_{it}] \qquad (14-12)$$

其中，$\overline{Y}_{it} + I_{it\_2} + I_{it\_3}$ 表示第三档的虚拟收入，$I_{it\_3} = (P3_{it} - P2_{it})Q2_{it}$。

定义 3：$B4_{it} = \ln Q2_{it} - [\alpha_1 D_{it} + \alpha_2 T_{it} + \beta \ln P3_{it} + \gamma_1 \overline{H}_{it} + \gamma_2 \overline{A}_{it} + \gamma_3 (\overline{Y}_{it} + I_{it\_2} + I_{it\_3}) + \delta_1 \overline{C}_{it} + \delta_2 \overline{L}_{it}]$

（5）当用户落在第三档时，其电力需求的表达式为：

$$\ln Q_{it\_5} = \alpha_1 D_{it} + \alpha_2 T_{it} + \beta \ln P3_{it} + \gamma_1 \overline{H}_{it} + \gamma_2 \overline{A}_{it} + \gamma_3 (\overline{Y}_{it} + I_{it\_2} + I_{it\_3}) + \delta_1 \overline{C}_{it} + \delta_2 \overline{L}_{it} + \mu_{it} + \varepsilon_{it} \qquad (14-13)$$

用户落在第三档消费区间的前提条件是：

$$\ln Q2_{it} < \ln Q_{it\_3} \qquad (14-14)$$

进一步转换后，得到条件：

$$\ln Q2_{it} - \left[\alpha_1 D_{it} + \alpha_2 T_{it} + \beta \ln P3_{it} + \gamma_1 \overline{H}_{it} + \gamma_2 \overline{A}_{it} + \gamma_3 \left(\overline{Y}_{it} + I_{it\_2} + I_{it\_3} \right) + \right.$$
$$\left. \delta_1 \overline{C}_{it} + \delta_2 \overline{L}_{it} \right] < \mu_{it} < \infty \qquad (14-15)$$

定义 4： $B5_{it} = \ln Q2_{it} - \left[\alpha_1 D_{it} + \alpha_2 T_{it} + \beta \ln P3_{it} + \gamma_1 \overline{H}_{it} + \gamma_2 \overline{A}_{it} + \right.$
$\left. \gamma_3 \left(\overline{Y}_{it} + I_{it\_2} + I_{it\_3} \right) + \delta_1 \overline{C}_{it} + \delta_2 \overline{L}_{it} \right]$

将各部分的需求量表达式同时列出，即：

$$\ln Q_{it} = \begin{cases} \ln Q_{it\_1} = \alpha_1 D_{it} + \alpha_1 T_{it} + \beta \ln P1_{it} + \gamma_1 \overline{H}_{it} + \\ \qquad \gamma_2 \overline{A}_{it} + \gamma_3 \overline{Y}_{it} + \delta_1 \overline{C}_{it} + \delta_2 \overline{L}_{it} + \mu_{it} + \varepsilon_{it} & , if\ \mu_{it} < B1_{it} \\ \ln Q_{it\_2} = \ln Q1_{it} + \varepsilon_{it} & , if\ B2_{it} < \mu_{it} < B1_{it} \\ \ln Q_{it\_3} = \left[\alpha_1 D_{it} + \alpha_2 T_{it} + \beta \ln P2_{it} + \gamma_1 \overline{H}_{it} + \gamma_2 \overline{A}_{it} + \right. \\ \qquad \left. \gamma_3 (\overline{Y}_{it} + I_{it\_2}) + \delta_1 \overline{C}_{it} + \delta_2 \overline{L}_{it} + \mu_{it} + \varepsilon_{it} \right] & , if\ B3_{it} < \mu_{it} < B2_{it} \\ \ln Q_{it\_4} = \ln Q2_{it} + \varepsilon_{it} & , if\ B4_{it} < \mu_{it} < B3_{it} \\ \ln Q_{it\_5} = \alpha_1 D_{it} + \alpha_2 T_{it} + \beta \ln P3_{it} + \gamma_1 \overline{H}_{it} + \gamma_2 \overline{A}_{it} + \\ \qquad \gamma_3 (\overline{Y}_{it} + I_{it\_2} + I_{it\_3}) + \delta_1 \overline{C}_{it} + \delta_2 \overline{L}_{it} + \mu_{it} + \varepsilon_{it} & , if\ B5_{it} < \mu_{it} < B4_{it} \end{cases}$$

$$(14-16)$$

将每部分的需求表达式与概率相乘，并加总求和，即得到最终的表达式：

$$\ln Q_{it} = \left[\alpha_1 D_{it} + \alpha_2 T_{it} + \beta \ln P1_{it} + \gamma_1 \overline{H}_{it} + \gamma_2 \overline{A}_{it} + \gamma_3 \overline{Y}_{it} + \delta_1 \overline{C}_{it} + \delta_2 \overline{L}_{it} \right]$$
$$\Phi\left(\frac{B1_{it}}{\sigma_{\mu_{it}}}\right) + Q1_{it} \left[\Phi\left(\frac{B2_{it}}{\sigma_{\mu_{it}}}\right) - \Phi\left(\frac{B1_{it}}{\sigma_{\mu_{it}}}\right) \right] + \gamma_3 I_{it\_2} \left[\Phi\left(\frac{B3_{it}}{\sigma_{\mu_{it}}}\right) - \Phi\left(\frac{B2_{it}}{\sigma_{\mu_{it}}}\right) \right] +$$
$$Q2_{it} \left[\Phi\left(\frac{B4_{it}}{\sigma_{\mu_{it}}}\right) - \Phi\left(\frac{B3_{it}}{\sigma_{\mu_{it}}}\right) \right] + \gamma_3 I_{it\_3} \left[\Phi\left(\frac{B5_{it}}{\sigma_{\mu_{it}}}\right) - \Phi\left(\frac{B4_{it}}{\sigma_{\mu_{it}}}\right) \right] + \varepsilon_{it} \quad (14-17)$$

式（14-17）即为在无法观测到具体家庭，只对平均情况有所了解时可使用的加总 DCC 模型。其中，最后一项误差项 ε_{it} 服从标准正态分布 $N(0, \sigma_{\varepsilon_{it}}^2)$。此时，本章只需要知道地区 i 在 t 期的居民平均电力消费量 Q_{it}，天气情况 T_{it}，南北方虚拟变量 D_{it}，用电价格 P_{it}，平均的家庭人口数 $\overline{H}_{it}$，家用电器量 $\overline{A}_{it}$，人均可支配收入 $\overline{Y}_{it}$，代表替代品的家庭年均煤气消费量 $\overline{C}_{it}$、液化石油气消费量 $\overline{L}_{it}$，以及代表家庭异质性的三个变量的方差 $\sigma_{H_{it}}$、$\sigma_{A_{it}}$、$\sigma_{Y_{it}}$，就可以求出相应的电力需求与价格弹性。

相比较而言，虽然微观 DCC 模型对个体用电行为刻画得更为准确与深入，但对微观数据的较高要求限制了它的应用场景，而加总 DCC 模型的优点包括：（1）所需数据信息较少，观测者可以不必进行烦琐的微观调查，这既减少了调研工作量与成本，同时还能避免受访者提供虚假有误的信息，从而在源头上杜绝或减少可能导致估计结果出现偏差的因素。（2）由设定过程可知，在加总 DCC 模型中，保留了原 DCC 模型的微观结构。（3）由于微观家庭数据一般来源于局部地区，虽然得出的结论对其他地区也有相应的借鉴意义，但仍会因较小的适用范围而不能代表更大乃至全国范围内的平均情况。（4）即便每个地区的微观家庭数据都能获得，当对用电需求估计时，简单地将微观数据平均，最终的积分过程也相对复杂得多，需要采取数值模拟方式进行，而加总 DCC 模型一开始就假定微观数据不可获得，仅针对地区均值的情况进行估计，使得过程相对简单。（5）加总 DCC 模型还可引入造成需求曲线整体移动的其他外部因素，故能提供更全面、细致的总体分析结果，这也是原有模型无法做到的。

第四节　变量选取与估计方法

一　变量选取

在对相关数据收集的过程中，我们发现，若以城市为单位，相关家庭变量的缺失比较严重，加之电价的实施与调整均以省（自治区、直辖市）为单位进行，故本章也将以省（自治区、直辖市）为单位进行样本的收集。在中国大陆 31 个省（自治区、直辖市）中，除相关变量缺失比较严重的重庆、湖南、河北，以及未实行阶梯定价的新疆、西藏地区外，剩余的 26 个省（自治区、直辖市）均在本章的研究范围内。其中，浙江和福建于 2004 年，四川于 2006 年就开始在居民用电领域试点实施 IBP。由于重要变量的月度数据未有相关统计（如家庭年均生活用电量），且相关电价调整的文件只可查询到 2007 年，故本章收集的数据均以年度为单位，观察期为 2007—2013 年。其中，2007—2011 年为实行统一定价的时期，2012 年、2013 年为实行 IBP 的时期。[1]

---

[1] 中国 2012 年下半年才开始实施阶梯电价，但为方便估计，本章将其视作实施阶梯电价的年份。

本章以城镇居民家庭为研究对象。在数据收集过程中，发现城镇家庭年均生活用电量未有统计，故本章根据各地人均生活用电量与城镇家庭户均人口相乘而间接得出，单位为千瓦时；描述温度变量的两个指标，采暖度日数 HDD18 与取冷度日数 CDD26，根据美国国家海洋和大气管理局（NOAA）CDO 数据库中提供的每日城市温度数据计算得到，单位为摄氏度/天，且除直辖市外，其余省份的温度指标均用省会城市来代替；南北方的划分以秦岭—淮河为界，北方为 1，南方为 0；对于家用电器，本章只统计了居民生活中耗电量较多且使用频率较高的 5 种，分别是彩色电视机、电冰箱、家用电脑、空调器和洗衣机；家庭收入、人口变量用城镇家庭人均可支配收入、城镇家庭户均人口数来表示，单位分别为元、人；另外，加总 DCC 模型需要用到表示家庭异质性的收入、家用电器、家庭人口的方差，由于难以对每个家庭逐一进行统计并计算，故本章对各地统计年鉴中按家庭收入五等分下的收入、电器数量、家庭人口数据分别进行收集，以这三个变量在五种收入阶层中的方差来代替；由于缺乏直接的统计，本章根据《中国城市统计年鉴》中提供的数据计算出人均煤气、天然气生活用量，并与城镇家庭户均人口相乘得出城镇家庭年均生活用煤气、天然气用量。本章的数据主要来源于各省（自治区、直辖市）统计年鉴，部分来源于美国国家海洋和大气管理局（NOAA CDO）数据库、《中国城市统计年鉴》，国家发展和改革委员会网站上的电价调整文件。相关数据基本统计量见表 14 - 1。

表 14 - 1　　　　　　　　　　　基本统计量

变量名	平均值	标准误差	最小值	最大值
家庭用电量（LNQ）	6.973	0.413	5.999	7.889
电价（LNP）	-0.658	0.103	-0.975	-0.483
可支配收入（LNY）	9.814	0.331	9.212	10.689
平均人口数（H）	2.895	0.161	2.500	3.440
家用电器数（A）	4.814	1.180	3.190	7.677

续表

变量名	平均值	标准误差	最小值	最大值
采暖度日数（HDD18）	2304.360	1357.161	62.500	5822
取冷度日数（CDD26）	138.019	129.572	0.000	442.200
家庭煤气用量（C）	113.960	114.550	5.902	856.300
家庭液化气用量（L）	34.995	31.513	5.125	184.339
收入方差（IF）	207708913.788	134507345.500	37387140.062	704049595.143
人口方差（HF）	0.191	0.252	0.009	2.063
电器方差（AF）	0.755	0.540	0.055	2.417

资料来源：各省（自治区、直辖市）统计年鉴、《中国城市统计年鉴》、美国国家海洋和大气管理局数据库、国家发展和改革委员会网站。

二 估计方法说明

中国大范围实施阶梯电价始于 2012 年，由于阶梯电价的样本太少，无法对其进行单独估计，故本章对混合样本（2007—2013 年全部 26 个地区的样本）与统一线性定价样本（除浙江、四川和福建三个试点地区以外的其余 23 个地区 2007—2011 年的样本）分别进行估计，然后比较二者的价格弹性，若差异较大，则一定程度上说明 IBP 的引入会造成弹性的变化。同时，本章在混合样本的估计中分离出阶梯样本的价格变量，根据其显著性来进一步判断 IBP 的引入是否确实对消费及弹性带来影响。另外，由于消费习惯的存在，前期消费也许会对本期造成影响，为排除此种因素，本章建立动态回归，在解释变量中引入需求量的一阶滞后，重新对以上步骤进行估计，以增强稳健性的同时再次巩固本章的结论。最后，为探析引起弹性变化的原因，本章在排除了一些潜在影响因素的基础上，借鉴 Olmstead[1] 提出的引入交叉项（block × lnp）的方法，来判断此变化究竟是定价结构引起的，还是其他因素变化造成的。

本章在对混合样本的估计中，除使用加总 DCC 模型外，还使用 OLS 估计与简化估计两个模型，以便于对比。OLS 会因价格内生性问题产生有偏且不一致的估计量，而简化估计通过线性化价格解决了此问

---

① Olmstead, S. M., W. M. Hanemann and N. R. Stavins, Water Demand under Alternative Price Structures [J]. *Journal of Environmental Economics and Management*, 2007, 54（2）: 181–198.

题，在 DCC 模型出现之前一直得到广泛的应用。此外，在加总 DCC 模型中，地区数据的使用使得影响需求的因素更多，更易产生一般性的内生性问题，故有必要加入工具变量作进一步估计。通常采用一阶差分，但由于本章的居民用电价格数据在阶梯电价实施之前鲜有变化，差分后为 0，故采用价格的一阶滞后 $P_{i(t-1)}$ 来作工具变量。相关检验如表 14 - 2 所示。

表 14 - 2　　　　　　　　　　工具变量检验结果

内生性检验		弱工具变量检验	
Hausman 检验（P 值）	7.33（0.007）	F 统计量（P 值）	63.309（0.000）
DWH 检验（P 值）	7.611（0.006）	Cragg - Donald Wald F 统计量	176.362

注：Cragg - Donald Wald F 统计量在 10% 的临界值为 16.38。

资料来源：笔者整理。

表 14 - 2 内生性检验结果显示，Hausman 的检验结果在 5% 的水平上拒绝"解释变量为外生的"原假设，即认为价格为内生变量，而当存在异方差时，DWH 检验结果在 1% 的水平上同样认为价格为内生解释变量。对弱工具变量的检验显示，F 统计量为 63.309（超过 10），且 P 值为 0.000，故不存在弱工具变量，进一步地，Cragg - Donald Wald F 统计量的值为 176.362，大于 10% 下的临界值 16.38，同样可拒绝弱工具变量的假设。可见，有必要在加总 DCC 模型估计中引入 $P_{i(t-1)}$ 这个工具变量，以进一步验证估计结果，增强稳健性。

第五节　实证结果及分析

一　需求估计与弹性比较

首先，本章使用 OLS 估计模型、简化估计模型、加总 DCC 模型以及加入了工具变量的加总 DCC（IV）模型对混合样本进行估计，而后使用 OLS 对统一定价样本进行估计，以对比不同样本与估计方法下的价格弹性。估计结果如表 14 - 3 所示。

表 14-3 居民用电需求估计结果

变量	OLS 估计模型（混合样本）	简化估计模型（混合样本）	加总 DCC 模型（混合样本）	加总 DCC（IV）模型(混合样本)	OLS 估计模型（统一定价）
价格（对数）	-0.785^{***} (0.176)	-1.231^{***} (0.257)	-1.036^{***} (0.152)	-1.079^{***} (0.026)	-0.341^{*} (0.265)
收入（对数）	0.877^{***} (0.064)	0.866^{***} (0.064)	0.829^{***} (0.030)	0.817^{***} (0.033)	0.952^{***} (0.096)
人口	0.270^{***} (0.094)	0.195^{***} (0.099)	0.232^{***} (0.006)	0.188^{***} (0.005)	0.345^{***} (0.132)
家用电器	0.084^{***} (0.027)	0.084^{***} (0.025)	0.094^{***} (0.006)	0.094^{***} (0.006)	0.102^{***} (0.028)
HDD18	$7.13 \times 10^{-5\,***}$ (0.000)	$7.15 \times 10^{-5\,***}$ (0.000)	$7.519 \times 10^{-5\,***}$ (0.000)	$7.614 \times 10^{-5\,***}$ (0.000)	$9.9 \times 10^{-5\,***}$ (0.000)
CDD26	$3.395 \times 10^{-4\,*}$ (0.000)	$5.895 \times 10^{-4\,***}$ (0.000)	$4.291 \times 10^{-35\,***}$ (0.000)	$6.298 \times 10^{-35\,***}$ (0.000)	0.001 (0.000)
家庭煤气用量	$3.211 \times 10^{-4\,*}$ (0.000)	$2.933 \times 10^{-4\,***}$ (0.000)	$3.81 \times 10^{-4\,***}$ (0.000)	$3.436 \times 10^{-5\,***}$ (0.000)	$4.69 \times 10^{-4\,***}$ (0.000)
家庭液化气用量	0.001^{***} (0.000)	0.002^{***} (0.000)	0.002^{***} (0.000)	0.002^{***} (0.000)	0.001 (0.000)
南北方	-0.111^{***} (0.030)	-0.123^{***} (0.030)	-0.101^{***} (0.009)	-1.627^{***} (0.239)	-0.123^{***} (0.033)
常数项	-3.574^{***} (0.654)	-3.572^{***} (0.646)	-4.211^{***} (0.424)	-4.284^{***} (0.432)	-4.295^{***} (0.988)
σ_{μ}				0.112^{***} (0.072)	0.121^{***} (0.083)
σ_{ε}				0.068^{***} (0.069)	0.073^{***} (0.078)

注：①$***$、$**$、$*$分别表示在 1%、5% 和 10% 的水平上显著，下表同；②σ_u 与 σ_E 分别代表加总 DCC 模型中的异质性误差与测量误差。

资料来源：笔者整理。

由表 14-3 结果可以看出，在混合样本下，简化估计、加总 DCC 模型与加总 DCC（IV）模型的价格弹性分别为 -1.231、-1.036、

-1.079，OLS 估计模型的 -0.785 与这三个值有较大差别。进一步地，本章发现简化估计模型与加总 DCC 估计模型、加总 DCC（IV）模型的价格弹性有一定的差异。这与 Howitt 和 Hausman[1]、Olmstead[2] 得出的结论类似。Olmstead[3] 发现，简化估计模型的价格弹性统计上较不显著（仅在 10% 的水平上显著），且与 DCC 模型的估计值相差 0.349。Hewitt 和 Hausman[4] 发现，较 DCC 模型显著的负值弹性，简化估计模型的价格弹性不仅不显著且为正。本章中简化估计模型的价格弹性值与加总 DCC 模型相差 0.195，虽然未如上述二者的大，但也存在一定差距。Olmstead[5]、Howitt 和 Hausman[6] 均并未对此现象给出较清晰、明确的解释，但都认为与模型本身有一定的关联，即相较于简化估计模型只能估计消费者已选择的档内样本而言，DCC 模型既能对档内又能对尖点样本估计，以及考虑了居民用电异质性的特点，使得结果更准确。由实际的估计结果也可看出，加总 DCC 模型与加总 DCC（IV）模型较简化估计模型的估计效果更好，各系数及双误差的估计值都十分显著，这表明了加总 DCC 模型的正确性与有效性，以及加入异质性误差与测量误差的必要性。本章将以加总 DCC 模型及加总 DCC（IV）模型的估计结果为依据作进一步分析。

具体来看，加总 DCC 模型估计的价格弹性在 -1 左右，表明价格越高，用电量越少，且已经处在有弹性的临界点上；收入弹性为 0.8，表明收入越高，用电量越多；人口、家用电器、温度的系数也为正，与预期相一致，表明各变量数量上越多，用电量也越多；而家庭煤气与家庭液化气用量的系数方向为正，一定程度上表明二者替代品的属性并不明显，电力作为一种生活必需品，具有其他能源无法取代的属性；南北方虚拟变量的系数显示，北方家庭用电量相对要小于南方，这也许与不同地区

---

① Howitt, J. A. and W. M. Hausman, A Discrete/Continuous Choice Approach to Residential Water Demand under Block Rate Pricing [J]. *Land Economics*, 1995, 71 (2): 173 – 192.

② Olmstead, S. M., Reduced – Form vs. Structural Models of Water Demand under Non – linear Prices [J]. *Journal of Business and Economic Statistics*, 2009, 27 (1): 84 – 94.

③ Ibid..

④ Howitt, J. A. and W. M. Hausman, A Discrete/Continuous Choice Approach to Residential Water Demand under Block Rate Pricing [J]. *Land Economics*, 1995, 71 (2): 173 – 192.

⑤ Olmstead, S. M., Reduced – Form vs. Structural Models of Water Demand under Non – linear Prices [J]. *Journal of Business and Economic Statistics*, 2009, 27 (1): 84 – 94.

⑥ Howitt, J. A. and W. M. Hausman, A Discrete/Continuous Choice Approach to Residential Water Demand under Block Rate Pricing [J]. *Land Economics*, 1995, 71 (2): 173 – 192.

的生活习性或用电习惯有关。

　　进一步地，本章对比不同样本下的估计结果。表14-3中，统一定价下的价格弹性为 -0.341，处在无弹性区间，绝对值明显小于混合样本下的结果。由于混合样本中多出了阶梯样本，这说明阶梯定价的引入使得居民对电价更敏感，价格弹性绝对值变大。为了进一步验证此结论，本章在对混合样本的估计中分离出阶梯定价价格变量，重新进行估计。结果如表14-4所示。

表14-4　　　　　　　　　　分离阶梯价格后的结果

变量	OLS 估计模型	简化估计模型	加总 DCC 模型	加总 DCC（IV）模型
价格（对数）	-0.923***	-0.984***	-0.861***	-1.086***
	(0.182)	(0.352)	(0.038)	(0.122)
阶梯定价价格（对数）	-0.797***	-0.853***	-0.529***	-0.892***
	(0.179)	(0.332)	(0.098)	(0.024)
收入（对数）	0.967***	0.968***	0.867***	0.926***
	(0.073)	(0.070)	(0.06)	(0.025)
…	…	…	…	…

　　注：此估计只针对全部样本进行，且由于其他系数的估计值与表14-3并无太大区别，为节约篇幅只保留主要变量的估计结果，下同。

　　资料来源：笔者整理。

　　表14-4显示，在加入了阶梯定价价格（对数）变量后，混合样本中的价格弹性与收入弹性较之前有些不同，但总体上变化不大，而阶梯定价价格（对数）统计上十分显著，这表明阶梯定价的引入确实会对需求量以及价格弹性造成一定的影响，从而可确定 IBP 的引入会提高价格弹性。

　　由于消费习惯的存在，本期消费可能会受前一期的影响。为进一步验证以上结论，本章在解释变量中引入需求量的一阶滞后，重新对以上步骤进行动态估计。具体结果如表14-5所示。由表14-5可看出，需求滞后项都十分显著，且方向为正，表明当期消费量确实会受到前期消费的影响。由统一定价样本下 -0.262 和混合样本下 -0.866、-1.068 的价格弹性可看出，在排除了前期消费的影响后，价格弹性虽然在一定程度上变小，但阶梯定价的引入仍使得不同样本间的价格弹性发生了较大的变化，而统计上显著的阶梯价格（对数）也验证了 IBP 引入后对消费者行为的影响。由此可见，即使考虑了需求滞后项，也并不妨碍本章得出混合样本下的价格弹性仍大于统一定价下的结论，即 IBP 的引入提高了居民的价格弹性。

表 14 – 5　　　　　　　　　　居民用电需求的动态估计结果

变量	OLS 估计模型（混合样本）	简化估计模型（混合样本）	加总 DCC 模型（混合样本）	加总 DCC（IV）模型（混合样本）	OLS 估计模型（统一样本）
价格（对数）	– 0.649 ***	– 1.088 ***	– 0.866 ***	– 1.068 ***	– 0.262 *
	(0.173)	(0.261)	(0.132)	(0.012)	(0.257)
需求滞后项	0.157 ***	0.138 ***	0.271 ***	0.115 ***	0.138 **
	(0.053)	(0.051)	(0.069)	(0.014)	(0.055)
收入（对数）	0.834 ***	0.826 ***	1.064 ***	0.665 ***	0.942 ***
	(0.069)	(0.068)	(0.139)	(0.010)	(0.100)
…	…	…	…	…	…
价格（对数）	– 0.778 ***	– 1.078 ***	– 0.870 ***	– 1.026 ***	
	(0.179)	(0.227)	(0.056)	(0.032)	
阶梯价格（对数）	– 0.658 ***	– 0.907 ***	– 0.780 ***	– 0.928 ***	
	(0.177)	(0.216)	(0.074)	(0.013)	
需求滞后项	0.156 ***	0.148 ***	0.206 ***	0.196 ***	
	(0.052)	(0.049)	(0.03)	(0.029)	
收入（对数）	0.919 ***	0.907 ***	0.856 ***	0.845 ***	
	(0.077)	(0.072)	(0.038)	(0.038)	
…	…	…	…	…	

注：*** 表示在 1% 的水平上显著；由于其他变量估计与表 14 – 3 并无太大差别，故仅列出关键变量的估计结果；上半部分即为需求函数的动态估计结果，下半部分即为分离阶梯价格后的动态估计结果。

资料来源：笔者整理。

二　原因探析

IBP 实施后的价格弹性较之前变大，其原因也许是由定价结构的变化引起的，也许是其他因素的变化而间接造成的。为确定最终的原因，本章需要将可观测的影响因素逐一排除掉。首先，前文已说明居民的反应价格也许并非是边际价格，而是平均价格。若居民对平均价格反应，平均价格升高时价格弹性也会提高。实际上，中国首档电量的覆盖率已达到了89%，各地家庭平均用电量大都落在第一档内，对应的价格也为首档价格，这使IBP下的居民用电平均价格与原统一定价下并无差别①，故此原因可排除。其次，当电费支出在收入中的占比提高时，也会影响需求量，从而造成价格弹性的升高。在本章样本中，2013 年，IBP 实施后，各地家庭平均用电支出占收入的 2.885%，此数值不仅不高甚至还低于统一定价下的 3.162%，故电费占比原因也可以排除。最后，Olmstead② 认为，在用户可选择定价结构的情况下，模型中不可观测的家庭或城市特征也可能会影响居民对不同定价结构的选择并进而影响价格弹性。但对中国来说，定价结构的使用及计费标准均由政府决定，居民本身并无选择权，故此种原因也可排除。综合以上分析，本章认为，只有定价结构的不同，才能解释弹性变化的原因，即使价格的变化并未改变大部分居民的用电支出，但定价方式的变化使居民在用电行为上更谨慎。

为进一步验证此原因，本章借鉴 Olmstead③ 的方法，引入价格变量（lnp）与边际价格（block）的交叉项 block × lnp，此处的边际价格为最高档（本章为第三档）上的价格。引入交叉项主要基于以下几点考虑：第一，阶梯定价与统一线性定价最主要的差异是边际价格是否有变化上，交叉项能够包含这一点；第二，阶梯定价中最高档价格的存在对居民用电产生了一定的约束，是造成居民用电行为更谨慎的原因；第三，通过交叉项可以很好地刻画阶梯定价中价格弹性有多大部分是通过阶梯边际价格差异这个机制来影响价格弹性的，即递增阶梯定价的偏效应强度可间接地说明价格结构是引起弹性变化的原因。同样，本章也引入了需求的一阶滞后进行动态分析。

由表14－6可看出，无论是否加入了需求滞后项，交叉项的引入都使

① 四川、福建在原有统一定价基础上分别增加了 0.05 元/千瓦时、0.052 元/千瓦时，云南、青海分别降低了 0.033 元/千瓦时、0.05 元/千瓦时；其余 25 个地区的首档电价仍维持阶梯电价实施之前的水平。

② Olmstead, S. M., W. M. Hausmann and N. R. Stavins, Water Demand under Alternative Price Structures [J]. *Journal of Environmental Economics and Management*, 2007, 54 (2): 181 – 198.

③ Ibid. .

得加总 DCC 模型与加总 DCC（IV）模型的价格弹性较原估计结果都相对更大一些，交叉项在统计上的十分显著一定程度上表明了定价结构确实会对价格弹性有一定的影响，定价结构的变化造成了弹性的不同。然而，这也只是本章的初步判断，由于实践中影响因素众多，虽然前文已排除一些可观测的潜在因素的影响，但严格而言，可能还存在其他一些无法排除的解释因素，如居民对不同定价结构的关注度不同而使弹性不同等（Saez，2010；Chetty et al.，2011）。

表 14 - 6　　　　　　　　　加入交叉项后的估计结果

变量	OLS 估计模型（混合样本）	简化估计模型（混合样本）	加总 DCC 模型（混合样本）	加总 DCC（IV）模型（混合样本）
价格（对数）	- 0.899 ***	- 1.089 ***	- 1.266 ***	- 1.234 ***
	(0.178)	(0.368)	(0.222)	(0.152)
交叉项 Block × lnp	- 0.196 ***	- 0.211 ***	- 0.237 ***	- 0.255 ***
	(0.058)	(0.060)	(0.025)	(0.027)
收入（对数）	0.999 ***	1.000 ***	0.908 ***	0.910 ***
	(0.076)	(0.072)	(0.055)	(0.033)
…	…	…	…	…
价格（对数）	- 0.757 ***	- 1.175 ***	- 1.024 ***	- 1.127 ***
	(0.175)	(0.259)	(0.162)	(0.029)
交叉项 Block × lnp	- 0.189 ***	- 0.222 ***	- 0.221 ***	- 0.211 ***
	(0.053)	(0.055)	(0.019)	(0.007)
需求滞后项	0.157 ***	0.140 ***	0.175 ***	0.162 ***
	(0.051)	(0.048)	(0.011)	(0.013)
收入（对数）	0.952 ***	0.962 ***	0.915 ***	0.926 ***
	(0.079)	(0.074)	(0.022)	(0.022)
…	…	…	…	…

注：＊＊＊、＊＊、＊分别表示在1%、5%和10%的水平上显著；此估计只针对混合样本进行；表格中上半部分与下半部分的区别为是否加入需求滞后项。

资料来源：笔者整理。

故综合以上分析可以得出，本章在原有模型基础上推出的加总 DCC 模型应用效果良好，各系数及误差项的显著性证明了其有效性。根据不同模型在不同样本下的估计结果，本章发现，IBP 引入后价格弹性发生了较大的变化，居民在 IBP 下的价格弹性（绝对值）大于统一定价。在排除了一些因素后，本章认为，造成此种状况的原因是由定价结构的不同引起的，即阶梯定价本身特殊的结构使居民对电价更敏感，用电行为更谨慎。故整体来看，IBP 的引入确实在一定程度上有效地抑制了居民的用电需求，起到了促进节约的作用。

第六节　结论及政策启示

一　结论

IBP 在资源、能源领域中发挥着重要的作用，但特殊的定价结构使得需求估计变得相对困难，同时消费者的行为也更难预测。现有文献中的估计方法都存在着一定的缺陷。基于此，本章在现有文献中首次将具有微观计量基础的 DCC 模型加以拓展，使其在不需要进行复杂的微观调查的情形下也能使用，因而节约了数据信息与收集成本。而后运用加总 DCC 模型对中国居民的电力需求行为进行分析，得出统一定价下全国居民电力需求的价格弹性为 -0.3，IBP 引入后变为 -1 左右，介于有弹性与无弹性的分界点间，经过进一步的分析，本章认为，阶梯定价的引入使弹性前后变化较大。通过引入交叉项进行识别，结果显示，是定价结构的差异造成了此情况的发生，即相对统一定价，IBP 特殊的定价结构使居民对用电量更关注，使用上也更谨慎。由此本章认为，居民用电领域实施 IBP 的政策确实取得了一定的效果，它有效地提高了居民对自身用电行为的关注，促使居民节约、合理用电。此结论对于 2015 年实施的阶梯水价、气价，以及其他领域中阶梯定价的制定，具有一定的借鉴意义。

二　政策建议

虽然现有定价结构一定程度上实现了最初设定时的目标，但鉴于实际过程中出现的问题，本章认为，还有一定的改进空间。由此提出以下政策建议：

（1）进一步细化阶梯电价方案。现有阶梯电价方案是以省（自治区、直辖市）为单位，根据各地发展水平和居民用电量来确定。但由于发展情况不同，同一省份的各个城市、城乡之间的用电情况有很大区别。因此，阶梯电价方案需进一步细化，要根据发展情况在城市与农村设计不同的电价方案，不同城市之间也应能自主制定适合自己的电价结构。如此，才能合理贴近居民实际的用电情况，减少电价设计的不合理因素，在维护居民基本用电量的同时提高居民节约用电的积极性。

（2）建立动态调整机制。阶梯电价方案并未规定多久调整一次。随着经济及生活水平的提高，长期不变的定价结构会使居民正常用电量轻易突破第一档，而上升到高电价区域内，故消费者面临用电成本大幅上升的压力。因此，应建立阶梯电价的动态调整机制，制定合理的调整办法，定期、适时、适度地提高每档电量，并在满足厂商正常利润的基础上，使电价也可上下浮动，以在满足基本需求的基础上实现其他可行性目标。

（3）考虑实行组合定价方案。虽然一些地区在 2012 年就已考虑到了季节变换、丰枯水及峰谷期对用电情况的影响，在阶梯电价的基础上制订了分时电价方案，但由于家庭人口、收入等的不同，不同居民有着不同的用电需求，现有的定价方案仍较为单一，满足不了需求的多样性。故可考虑根据实际情况制订多种定价方案，将辅助性定价与阶梯定价组合执行的同时，制订多种具有不同电量与电价的方案，不仅能够避免"一刀切"的模式，让居民有更多的选择权，还能保证多目标的实现。

参考文献

1. 曹洁、邱粲、刘焕彬、史志娟、董旭光：《山东省采暖与降温度日数时空分布规律研究》，《气象》2013 年第 1 期。
2. 方燕、张昕竹：《递增阶梯定价：一个综述》，《经济评论》2011 年第 10 期。
3. 冯永晟：《非线性定价组合与电力需求——基于中国居民微观数据的实证研究》，《中国工业经济》2014 年第 2 期。
4. 冯永晟：《阶梯和峰谷的定价组合实现政策目标了吗?》，《工作论文》，2012 年。
5. 国家电网浙江省电力公司：《关于浙江省居民阶梯电价政策有关情况的报告》，2012 年。
6. 国家发改委：《关于居民生活用电实行阶梯电价的指导意见（征求意见稿)》，2010 年。
7. 国家发改委：《关于居民生活用电实行阶梯电价的指导意见》，2011 年 11 月。
8. 黄海涛：《居民分时阶梯电价联合优化模型研究》，《电网技术》2012 年第 10 期。
9. 黄海涛：《居民阶梯电价结构与水平设计的模型研究》，《华东电力》2012 年第 5 期。
10. 黄海涛、程瑜：《居民阶梯电价结构的国际经验及启示》，《价格理论与实践》2012 年第 4 期。
11. 李虹：《取消燃气和电力补贴对我国居民生活的影响》，《经济研究》2011 年第 2 期。
12. 林伯强：《中国电力工业发展：改革进程与配套改革》，《管理世界》2005 年第 8 期。
13. 刘自敏、张昕竹：《纯分时定价与分时阶梯定价对政策目标实现的对比分析》，《数量经济与技术经济研究》2015 年第 6 期。

14. 刘自敏、张昕竹：《递增阶梯定价、收入再分配效应和效率成本估算》，《经济学动态》2015 年第 3 期。

15. 刘自敏等：《递增阶梯定价、收入再分配效应和效率成本估算》，工作论文，中国社会科学院规制与竞争研究中心，2014 年。

16. ［美］奥尔巴克、菲尔德斯坦：《公共经济学手册》第一卷，匡小平等译，经济科学出版社 2005 年版。

17. ［美］蒋中一：《数理经济学的基本方法》，商务印书馆 2004 年版。

18. 田国强：《经济机制理论：信息效率与激励机制设计》，《经济学》（季刊）2003 年第 2 卷第 2 期。

19. 田露露、张昕竹：《递增阶梯定价研究综述——估计方法、价格选择及实施效果测算》，《产业经济评论》2015 年第 1 期。

20. 田露露、张昕竹：《递增阶梯定价研究综述》，《产业经济评论》2015 年第 3 期。

21. 文洋、张振华：《收入分配差距对我国进口贸易的影响》，《国际贸易问题》2011 年第 11 期。

22. 吴建宏等：《基于灰色关联度和理想解法的居民阶梯电价实施效果评价》，《水电能源科学》2012 年第 12 期。

23. 杨娟、刘树杰：《阶梯电价的国际实践》，《中国经贸导刊》2010 年第 10 期。

24. 于永臻：《需求侧管理，电价改革与节能减排》，《当代经济科学》2012 年第 6 期。

25. 曾鸣：《电力需求侧管理的激励机制及其应用》，中国电力出版社 2002 年版。

26. 曾鸣等：《基于 QUAIDS 模型的居民阶梯电价政策福利均衡分析》，《华东电力》2012 年第 10 期。

27. 曾鸣等：《考虑多元因素的居民阶梯电价评估》，《华东电力》2012 年第 3 期。

28. 张粒子等：《我国居民阶梯电价水平制定方法研究》，《价格理论与实践》2010 年第 4 期。

29. 张昕竹：《阶梯定价、实时定价及其潜在影响》，《改革》2011 年第 3 期。

30. 张昕竹：《阶梯定价不如实时定价》，《中国改革》2010 年第 12 期。

31. 张昕竹：《最优递增阶梯定价设计研究》，工作论文，中国社会科学院规制与竞争研究中心，2013 年。

32. 张昕竹：《最优递增阶梯定价设计研究》，工作论文，中国社会科学院规制与竞争研究中心，2013 年。

33. 张昕竹、刘自敏：《分时与阶梯混合定价下的居民电力需求：基于 DCC 模型的分析》，《经济研究》2015 年第 3 期。

34. 张昕竹、田露露：《阶梯电价实施及结构设计》，《财经问题研究》2014 年第 7 期。

35. 周亚虹、贺小丹、沈瑶：《中国工业企业自主创新的影响因素和产出绩效研究》，《经济研究》2012 年第 5 期。

36. 竺文杰、郁义鸿：《我国居民电力需求弹性探析》，《中国科技产业》2009 年第 3 期。

37. Acton, J. P., 1976, B. Mitchell and R. Mowill, Residential Demand for Electricity in Los Angeles: An Econometric Study of Disaggregated Data. Rand Corporation, Report R – 1899 – NSF.

38. Agthe, D. E. and R. B. Billings, 1987, Equity, Price Elasticity and Household Income under Increasing Block Rates for Water. *American Journal of Economics and Sociology* 46 (3): 273 – 286.

39. Agthe, D. E., R. B. Billings, J. L. Dobra and K. Raffiee, A Simultaneous Equation Demand Model for Block Rates. *Water Resources Research*, 1986, 22 (1).

40. Allcott, H., 2011, Rethinking Real – Time Electricity Pricing. *Resource and Energy Economics*, 33 (4).

41. Altagi, B. H., 2001, "Econometric Analysis of Panel Data". John Wiley & Sons, Ltd..

42. American Water Works Association, 1992, *Water Industry Data Base: Utility Profiles.* Denver: American Water Works Association (AWWA).

43. Angus Deaton, 1980, John Muellbauer: An Almost Ideal Demand System. *American Economic Review*, 70 (3).

44. Apesteguia, J., M. A. Ballester, 2010, The Computational Complexity of Rationalizing Behavior. *Journal of Mathematical Economics*, 46 (3).

45. Arbues, F. , M. A. Garcia – Valinas and R. Martinez – Espineira, 2003, Estimation of Residential Water Demand: A State – of – the – art Review. *Journal of Socio – Economics*, 32 (1).

46. Arbués, F. , Barberán, R. , 2012, Tariffs for Urban Water Services in Spain: Household Size and Equity. *International Journal of Water Resources Development*, 28 (1).

47. Arbués, F. , R. Barberán and I. Villanua, 2000, Water Price Impact on Residential Water Demand in the City of Zaragoza: A Dynamic Panel Data Approach. Paper Presented at the 40th European Congress of the European Regional Studies Association (ERSA), 30 – 31, August, Barcelona.

48. Arbués, F. , Villanúa, I. , Barberán, R. , 2010, Household Size and Residential Water Demand: An Empirical Approach. *Australian Journal of Agricultural and Resource Economics*, 54 (1).

19. Armstrong, M. , 1999, Price Discrimination by a Many – Product Firm. *Review of Economic Studies*, 66 (1).

50. Armstrong, M. , "Recent Developments in the Economics of Price Discrimination". *Advances in Economics and Econometrics: Theory and Application*, Ninth World Congress, Cambridge, UK: Cambridge University Press, 2006.

51. Asci, S. , Borisova, T. , 2014, The Effect of Price and Non – Price Conservation Programs on Residential Water Demand. 2014 Annual Meeting, July 27 – 29, Minneapolis, Minnesota, Agricultural and Applied Economics Association, 2014 (170687).

52. Asian Development Bank, 1993, *Water Utilities Handbook: Asian and Pacific Region*, Manila, Philippines.

53. Atkinson, A. B. , J. E. Stiglitz, 1976, *Lectures on Public Economics*. New York: McGraw Hill.

54. Atkinson, A. , Stiglitz, J. , 1976, The Design of Tax Structure: Direct and Indirect Taxation. *Journal of Public Economics*, 6.

55. Atkinson, A. B. and J. E. Stiglitz, 1980, *Lectures on Public Economics*, McGraw – Hill, New York.

56. Auerbach, A. , Pellechio, A. , 1978, The Two – part Tariff and Volunta-

ry Market Participation. *Quarterly Journal of Economics*, 92.

57. Auerbach, A. J. and M. Feldstein, 1985, *Handbook of Public Economics*, Vol. 1, Elsevier Science B. V.

58. Bagh, A. , H. K. Bhargava, 2007, "Doing More with Less: Price Discrimination with Three – part v. s Two – part Tariffs", Working Paper, University of California Davis, November.

59. Bar – Shira, Z. and I. Finkelshtain, 1998, The Long – run Inefficiency of Block – rate Pricing, *Natural Resource Modeling*, 13 (4) .

60. Bar – Shira, Z. , I. Finkelshtain and A. Simhon, 2006, Block – rate Versus Uniform Water Pricing in Agriculture: An Empirical Analysis. *American Journal of Agricultural Economics*, 88 (4) .

61. Barberán, R. and F. Arbués, 2009, Equity in Domestic Water Rates Design. *Water Resources Management*, 23: 2101 – 2118.

62. Barkatullah, N. , 1996, OLS and Instrumental Variable Price Elasticity Estimates for Water in Mixed – effects Model under Multiple Tariff Structure, Working Papers in Economics, Department of Economics, University of Sydney.

63. Barkatullah, N. , 2002, "OLS and instrumental variable price elasticity estimates for water in mixed – effects model under multiple tariff structure" . Department of Economics.

64. Barta, R. , 2004, *Stretching Urban Water Supplies in Colorado – Strategies for Landscape Water Conservation*, Colorado Water Resources Research Institute, Colorado.

65. Bergemann, D. , M. Pesendorfer, 2007, Information Structures in Optimal Auctions. *Journal of Economic Theory*, 137 (1) .

66. Billings, R. B. and D. E. Agthe, 1980, Price Elasticities for Water: A Case of Increasing Block Rates. *Land Economics* 56, 1 (Feb.) .

67. Bithas, K. , 2008, The Sustainable Residential Water Use: Sustainability, Efficiency and Social Equity The European Experience. *Ecological Economics*, 68.

68. Blomquist, S. and H. Selin, 2010, Hourly Wage Rate and Taxable Labor Income Responsiveness to Changes in Marginal Tax Rates [J]. *Journal of*

Public Economics, 94 (11 – 12).

69. Blumrosen, L., M. Feldman, 2008, "Mechanism Design with a Restricted Action Space". Working Paper.

70. Blumrosen, L., N. Nisan, I. Segal, 2007, Auctions with Severely Bounded Communications. *Journal of Artificial Intelligence Research*, 28.

71. Blumrosen, L., T. Holenstein, 2008, Posted Prices vs. Negotiations: An Asymptotic Analysis, In: *Proceeding of the 10th ACM Conference on Electronic Commerce*, New York.

72. Bohi, D. R., Zimmerman, M. B., 1984, An update on econometric studies of energy demand behavior. *Annual Review of Energy*, 9(1).

73. Boisvert, R., Cappers, P., Goldman, C., Neenan, B. and Hopper, N., 2010, *Customer response to RTP in competitive markets: A study of Niagara Mohawk's Standard Offer Tariff. Energy Journal*, 28 (1).

74. Boiteux, M., 1960, Peak – load pricing. *The Journal of Business*, 33 (2).

75. Boiteux, M., 1956, Sur La Gestion Des Monopolies Publics Astreints A L'equilibre Budgetaire. *Econometrica* 24.

76. Boland, J. J. and D. Whittington, 1998, The Political Economy of Increasing Block Tariffs in Developing Countries, In World Bank Sponsored Workshop on *Political Economy of Water Pricing Implementation*, Washington D. C..

77. Boland, J. J. and D. Whittington, 2000a, The Political Economy of Water Price with Water Tariff Design in Developing Countries: Increasing Block Tariffs versus Uniform Price with Rebate, in: Dinar, A. (ed.), *The Political Economy of Water Pricing Reforms*, Oxford University Press for the World Bank, Vol. 13.

78. Boland, J. J. and D. Whittington, 2000b, Water Tariff Design in Developing Countries: Disadvantages of Increasing Block Tariffs (IBTS) and Advantages of Uniform Price with Rebate (UPR) Designs. World Bank Water and Sanitation Program, Washington D. C., Vol. 37.

79. Boland, J. J. and D. Whittington, 2003, The Political Economy of Increasing Block Tariffs in Developing Countries. Special Papers.

81. Boland, J. J. , 1997, Pricing Urban Water: Principles and Compromises, Paper Presented at the World Bank Seminar on Pricing of Sanitation and Water Services, February 18 – 19.

81. Borenstein, Severin, 2012, The Redistributional Impact of Nonlinear Electricity Pricing. *American Economic Journal: Economic Policy*, 4 (3) .

82. Borenstein, Severin, 2008, Equity effects of Increasing – Block Electricity Pricing. *Center for the Study of Energy Markets.*

83. Borenstein, Severin, 2009, To What Electricity Price Do Consumers Respond? Residential Demand Elasticity under Increasing – Block Pricing. Center for the Study of Energy Markets, UCEI, Berkeley, California.

84. Borenstein, S. , 2005, The long – run efficiency of real – time electricity pricing. *Energy Journal*, 26 (3) .

85. Borenstein, S. , 2010, The Re – distributional Impact of Nonlinear Electricity Pricing, NBER Working Paper, 15822.

86. Borenstein, S. , Bushnell, J. B. , Wolak, F. A. , 2002, Measuring market inefficiencies in California's deregulated wholesale electricity market. *American Economic Review*, 92 (5) .

87. Borenstein, S. , Holland, S. , 2005, On the efficiency of competitive electricity markets with time invariant retail prices. *RAND Journal of Economics*, 36 (3) .

88. Bos, D. , 1994, *Pricing and Price Regulation.* Amsterdam: North Holland.

89. Bower, A. G. , 1993, Procurement Policy and Contracting Efficiency, *International Economic Review*, 1993, 34 (4) .

90. Brouwer, R. and P. Strosser, 2004, Environmental and Resource Costs and the Water Framework Directive: An Overview of European Practices, Proceedings of a Workshop Held at Amsterdam, March 26.

91. Brown, F. L. , L. Hoffman and J. D. Baxter, 1975, New Way to Measure Price Elasticity. *Electrical World*, 184.

92. Brown, S. and D. Sibley, 1986, *The Theory of Public Utility Pricing.* Cambridge University Press, Cambridge.

92. Bulow, J. I. , P. D. Klemperer, 1996, Auctions vs. Negotiations. *American Economic Review*, 86 (1) .

94. Burtless, G. , Hausman, J. A. , 1978, The Effect of Taxation on labor Supply: Evaluating the Gary Negative Income Tax Experiment. *Journal of Political Economy*, (3) .

95. Bushnell, James B. and Erin T. Mansur, 2005, Consumption under Noisy Price Signals: A Study of Electricity Retail Rate Deregulation in San Diego. *Journal of Industrial Economics*, 53 (4) .

96. B. C. Hydro, 2008 Residential Inclining Block Rate Application, Vancouver B. C. , February, 2008.

97. Carlton, D. W. and J. M. Perloff, 2005, *Modern Industrial Organization.* Addison Wesley Press, MA.

98. Carter, D. W. and J. W. Milon, 2005, Price Knowledge in Household Demand for Utility Services. *Land Economics*, 81 (2) .

99. Carter, A. , R. Craigwell and W. Moore, 2012, Price Reform and Household Demand for Electricity. *Journal of Policy Modeling*, 34 (2) .

100. Cavanagh, S. M. , W. M. Hanemann and R. N. Stavins, 2001, Muffled Price Signals: Household Water Demand under Increasing – Block Prices, Harvard University.

101. Chao, H. , R. Wilson, 1987, Priority Service: Pricing, Investment and Market Organization. *American Economic Review*, 77 (5) .

102. Chen, H. and Z. F. Yang, 2009, Residential Water Demand Model under Block Rate Pricing: A Case Study of Beijing, China. *Communications in Nonlinear Science and Numerical Simulation* 14.

103. Chetty, R. , 2009, Sufficient Statistics for Welfare Analysis: A Bridge Between Structural and Reduced – form Methods. *Annual Review of Economics.*

104. Chicoine, D. L. , S. C. Deller and G. Ramamurthy, 1986, Water Demand Estimation under Block Rate Pricing: A Simultaneous Equation Approach. *Water Resources Research*, 22 (6) .

105. Choi et al. , 2011, Response of Industrial Customers to Hourly Pricing in Ontario's Deregulated Electricity Market. *Journal of Regulation Economics*,

40 (2) .

106. Chu, Chenghuan S. , P. Leslie, A. Sorensen, 2011, Bundle – Size Pricing as an Approximation to Mixed Bundling. *American Economic Review*, 101 (1) .

107. Clay, K. B. , D. S. Sibley, P. Srinagesh, 1992, Ex Post vs. Ex Ante Pricing: Optimal Calling Plans and Tapered Tariffs. *Journal of Regulatory Economics*, 4 (2) .

108. Coase, R. H. , 1946, The Marginal Cost Controversy. *Economica*, 13.

109. Coase, R. H. , 1970, The Theory of Public Utility Pricing and Its Application. *Bell Journal Economics and Management Sciences*, 1(1) .

110. Crase, L. , S. O' Keefe and J. Burston, 2007, Inclining Block Tariffs for Urban Water, *Agenda*, 14 (1) .

111. Cremer, H. and F. Gahvari, 2000, Nonlinear Pricing, Redistribution and Optimal Tax Policy, Working Paper.

112. Cremer, H. , Gahvari, F. , 2002, Nonlinear Pricing, Redistribution and Optimal Tax Policy. *Journal of Public Economic Theory*, 4 (2) .

113. Dahan, M. and Nisan, U. , 2007, Unintended consequences of increasing block tariffs pricing policy in urban water. *Water Resources Research*, 43 (3) .

114. Dahl, C. A. , 1993, A Survey of Energy Demand Elasticities in Support of the Development of the NEMS, MPRA Paper No. 13962, Colorado, U. S..

115. Dalhuisen, J. M. , Florax, R. J. G. M. , de Groot, H. L. F. et al. , 2003, Price and income elasticities of residential water demand: A meta – analysis. *Land Economics*, 79 (2) .

116. Damiano, E. , H. , Li, 2007, Price Discrimination and Efficient Matching. *Economic Theory*, 30 (2) .

117. Dandy, G. , T. Nguyen and C. Davies, 1997, Estimating Residential Water Demand in the Presence of Free Allowances. *Land Economics*, 73 (1) .

118. Danielson, L. E. , 1979, An Analysis of Residential Demand for Water Using Micro Time – series Data [J] . *Water Resources Research*, 15

(4).

119. Davidson, Russell and James G. MacKinnon, 1993, Estimation and Inference in Econometrics. OUP catalogue, Oxford University Press.

120. de Bartolome, Charles A. M., 1995, "Which Tax Rate Do People Use: Average or Marginal?". *Journal of Public Economics*, Vol. 56, No. 1, 79 – 96.

121. Dean C. Mountain, Evelyn L. Lawson, 1992, A Disaggregated Nonhomothetic Modeling of Responsiveness to Residential Time – of – Use Electricity Rates. *International Economic Review*, 33 (1).

122. Deller, S. C., D. L. Chicoine and G. Ramamurthy, 1986, Instrumental Variables Approach to Rural Water Service Demand. *Southern Economic Journal*, 53 (2).

123. Dewees, D. N., 2002, Pricing Municipal Services: The Economics of User Fees. *Canadian Taxation Journal* 50 (2).

124. Diamond, Peter A., 1998, Optimal Income Taxation: An Example with a U – Shaped Pattern of Optimal Marginal Tax Rates. *The American Economic Review*, 88 (1).

125. Dimopoulos, D., 1981, Pricing Schemes for Regulated Enterprises and Their Welfare Implications in the Case of Electricity. *Bell Journal of Economics*, 12 (1).

126. Dinar, A., 2000, The Political Economy of Water Pricing Reforms, A World Bank Publication.

127. Dubin, Jeffrey A. and Daniel L. McFadden, 1984, An Econometric Analysis of Residential Electric Appliance Holdings and Consumption. *Econometrica*, 52 (2).

128. Dubin, J. A., 1982, Economic Theory and Estimation of the Demand for Consumer Durable Goods and Their Utilization: Appliance Choice and the Demand for Electricity, Working Paper No. MIT – EL 82 – 035WP, MIT Energy Laboratory, MIT, May.

129. Dufty, G., 2007, Electricity Pricing: Delivering Social Justice and Environmental Equity. *Just Policy: A Journal of Australian Social Policy*, (46).

130. Dupuit, J. , 1844, On the Measurementof the Utility of Public Works, *International Economic Papers*, 2.

131. Dwyer, T. , 2006, Urban Water Policy: In Need of Economics. *Agenda*, 13 (1) .

132. Edwards, G. , 2005, Demand Management for Melbourne's Water, Working Paper Presented to Economic Society of Australia Conference of Economists, University of Melbourne, September.

133. Edwards, G. , 2007, The Efficiency and Equity Implications of Increasing Block Urban Water Tariffs, *Australian Water Policy: The Impact of Change and Uncertainty*, L. Crase, Washington, RFF Press.

134. Elnaboulsi, J. , 2001, Organization, Management and Delegation in the French Water Industry [J] . *Annals of Public and Cooperative Economics*, 72 (4) .

135. Espey, J. A. and M. Espey, 2004, Turning on the Lights: A Meta – Analysis of Residential Electricity Demand Elasticities. *Journal of Agricultural and Applied Economics*, 36 (1): 65 – 82.

136. Espey, M. , J. Espey and W. D. Shaw, 1997, Price Elasticity of Residential Demand for Water: A Meta – Analysis. *Water Resources Research*, 33 (6) .

137. Esrey, S. , S. Clive, R. Leslie and J. Potash, 1989, Health Benefits for Improvements in Water Supply and Sanitation: Survey and Analysis of the Literature on Selected Diseases. WASH Technical Report No. 66. USAID: Washington D. C. 63 pages.

138. European Commission, 2000, Pricing Policy for Enhancing the Sustainability of Water Resources, Brussels, COM (2000) 477 final.

139. Fadel, R. , I. Segal, 2009, The Communication Cost of Selfishness. *Journal of Economic Theory*, 144 (5) .

140. Faruqui, A. , 2008, Inclining Toward Efficiency. *Public Utilities Fortnightly*.

141. Faulhaber, G. R. , J. C. Panzar, 1977, Optimal Two – Part Tariffs with Self – Selection. Bell Laboratories Economics Discussion Paper No. 74.

142. Feldstein, M. S. , 1972a, Equity and Efficiency in Public Pricing: the

Optimal Two – Part Tariff. *Quarterly Journal of Economics*, 86 (2) .

143. Feldstein, M. S. , 1972b, Distributional Equity and the Optimal Structure of Public Prices, *American Economic Review*, 62 (1/2) .

144. Filipović, S. and G. Tanić, 2008, The Policy of Consumer Protection in the Electricity Market [J] . *Economic annals*, 53 (178 – 179) .

145. Filippini, M. , 2011, Short and Long – Run Time – of – Use Price Elasticities in Swiss Residential Electricity Demand, *Energy Policy*, 39 (10) .

146. Filippín, C. , Larsen, S. F. , Mercado, V. , 2011, Winter Energy Behaviour in Multi – Family Block Buildings in a Temperate – Cold Climate in Argentina. *Renewable and Sustainable Energy Reviews*, 15 (1) .

147. Friedman, J. , Levinsohn, J. , 2002, The Distributional Impacts of Indonesia's Financial Crisis on Household Welfare: A "Rapid Response" Methodology. *The World Bank Economic Review*, 16 (3) .

148. Fudenberg, D. , Tirole, J. , 1991, *Game Theory*. Cambridge, USA: MIT Press.

149. Fujii, Edwin T. and Clifford B. Hawley, 1988, On the Accuracy of Tax Perceptions. *The Review of Economics and Statistics*, 70 (2) .

150. Gabor, A. , 1955, A Note on Block Tariffs. *Review of Economic Studies*, Vol. 23, No. 1.

151. Garcia – Valinas, M. A. , 2005, Efficiency and Equity in Natural Resources Pricing: A Proposal for Urban Water Distribution Service. *Environmental and Resource Economics*, 32.

152. Gasmi, F. , J. J. Laffont, W. W. Sharkey, 1999, Empirical Evaluation of Regulatory Regimes in Local Telecommunications Markets. *Journal of Economics and Management Strategy*, 8 (1) .

153. Gaudin, S. , R. C. Griffin and R. C. Sickles, 2001, Demand Specification for Municipal Water Management: Evaluation of the Stone – Geary Form. *Land Economics*, 77 (3) .

154. Gilboa, I. , E. Zemel, 1989, Nash and Correlated Equilibria: Some Complexity Considerations. *Games and Economic Behavior*, 1 (1) .

155. Giles, B. and M. Paglin, 1981, Lifeline Electricity Rates as an Income Transfer Device. *Land Economics*, Vol. 57, No. 1.

156. Goldman, M. B. , H. E. Leland, D. S. Sibley, 1984, Optimal Nonuniform Pricing. *Review of Economic Studies*, 51 (2) .

157. Gorman, W. M. , *Some Engel Curves in the Theory AND Measurement of Consumer Behavior*, Cambridge: Cambridge University Press, 1981.

158. Griffin, R. C. and C. Chang, 1990, Pretest Analysis of Water Demand in Thirty Communities. *Water Resources Research*, 26 (10) .

159. Griffin, R. C. , 2002, Effective Water Pricing. *Journal of the American Water Resources Association*, Vol. 37, No. 5.

160. Griffin, R. C. , 2001, Effective Water Pricing. *Journal of the American Water Resources Association*, 37 (5) .

161. Guesnerie, R. , Laffont, J. , 1984, A Complete Solution to a Class of Principal – agent Problems with an Application to the Control of a Self – managed Firm. *Journal of Public Economics*, 25.

162. Hall, D. C. and W. M. Hanemann, 1996, Urban Water Rate Design Based on Marginal Cost. In: D. C. Hall (ed.) *Advances in the Economics of Environmental Resources: Marginal Cost Rate Design and Wholesale Water Markets*, Greenwich, CT: JAI Press.

163. Hall, R. , 1973, Wages, Income, and Hours of Work in the U. S. Labor Force, in G. Cain and H. Watts (eds.) *Income Maintenance and Labor Supply*, New York: Academic Press.

164. Hanemann, W. , 2006, The Economic Conception of Water. in: Rogers, P. et al. , *Water Crisis: Myth or Reality*. London: Taylor and Francis Press.

165. Hanemann, W. M. , 1984, Welfare Evaluations in Contingent Valuation Experiments with Discrete Responses. *American Journal of Agricultural Economics*, 66.

166. Hanemann, W. M. , 1984, Discrete/continuous models of consumer demand. *Econometrica*, 52.

167. Harstad, R. M. , M. H. Rothkopf, 1994, On the Role of Discrete Bid Levels in Oral Auctions. *European Journal of Operations Research*, 74 (3) .

168. Hartlin, J. D. , A. Karlin, 2007, Profit Maximization in Mechanism Design, In: Nisan, N. at al. (ed.), *Algorithmic Game Theory*, Cambridge,

UK: Cambridge University Press.

169. Hartlin, J. D. , T. Roughgarden, 2009, Simple versus Optimal Mechanisms, In: *Proceeding of the 10th ACM Conference on Electronic Commerce*, New York, July.

170. Hausman, J. A. , Kinnucan, M. , McFadden, D. , 1979, A two – level electricity demand model: evaluation of the Connecticut time – of – day pricingtest, *J. Econometrics*, 10.

171. Hausman, J. A. and W. E. Taylor, 1981, Panel Data and Unobservable Individual Effects. *Econometrica*, 49 (6) .

172. Hausman, J. A. , 1985, The Econometrics of Nonlinear Budget Sets. *Econometrica*, 53 (6) .

173. Hausman, J. , G. Leonard, 2002, *The Competitive Effects of a New Product Introduction: A Case Study. Journal of Industrial Economics*, 50 (3) .

174. Hausman, J. , G. Leonard, D. Zona, 1994, *Competitive Analysis with Differentiated Products. Annalesd' Eeonometrieet de Statistique*, 34 (2) .

175. He, Y. X. , L. F. Yang, H. Y. He, T. Luo and Y. J. Wang, 2011, Electricity Demand Price Elasticity in China Based on Computable General Equilibrium Model Analysis. *Energy*, 36 (2) .

176. Hellwig, M. F. , 2004, Optimal Income Taxation, Public – Goods Provision and Public – Sector Pricing: A Contribution to the Foundations of Public Economics, Preprints of the Max Planck Institute for Research on Collective Goods, Kurt – Schumacher – Str. 10, D – 53113 Bonn, Germany.

177. Hennessy, M. and D. M. Keane, 1989, Lifeline Rates in California: Pricing Electricity to Attain Social Goals. *Evaluation Review*, 13 (2) .

178. Hennessy, M. , 1984, Evaluation of Lifeline Electricity Rates: Methods and Myths. *Evaluation Review*, 8 (3) .

179. Herriges, J. A. , K. K. King, 1994, Residential Demand for Electricity under Inverted Block Rates: Evidence from a Controlled Experiment. *Journal of Business and Economic Statistics*, 12 (4) .

180. Heshmati, A. , 2012, Survey of Models on Demand, Customer Base – Line and Demand Response and Their Relationships in the Power Market,

IZA Discussion Paper No. 6637, Bonn Germany.

181. Holland, S. P., Mansur, E. T., 2008, Is Real – Time Pricing Green? The Environmental Impacts of Electricity Demand Variance. *The Review of Economics and Statistics*, 90 (3).

182. Holtedahl, P. and F. L. Joutz, 2004, Residential electricity demand in Taiwan. *Energy Economics*, 26 (2).

183. Hoppe, H., B. Moldovanu, E. Ozdenoren, 2010, "Coarse Matching with Incomplete Information". *Economic Theory*, 47 (1).

184. Houthakker, H. S., P. K. Verleger and D. P. Sheehan, 1974, Dynamic Demand Analysis for Gasoline and Residential Electricity. *American Journal of Agricultural Economics*, 56 (2).

185. Howe, C. W., 1997, Water Pricing: An Overview, Paper Presented at the World Bank Seminar on Pricing of Sanitation and Water Services, February 18 – 19.

186. Howe, C. W., 2005, The Functions, Impacts and Effectiveness of Water Pricing: Evidence from the United States and Canada. *Water Resources Development*, 21 (1).

187. Howitt, J. A. and W. M. Haneman, 1995, A Discrete/ Continuous Choice Approach to Residential Water Demand under Block Rate Pricing, *Land Economics*, 71 (2).

188. Hurwicz, L., 1977, On the Dimensional Requirements of Informationally Decentralized Pareto – Satisfactory Processes. In: Arrow, K. J., L. Hurwicz (eds.) *Studies in Resource Allocation Processes*. New York: Cambridge University Press.

189. Ito, Koichiro, 2012, Do Consumers Respond to Marginal or Average Price? Evidence from Nonlinear Electricity Pricing. NBER Working Paper No. 18533.

190. Ito, Koichiro, 2014, Do Consumers Respond to Marginal or Average Price? Evidence from Nonlinear Electricity Pricing. *American Economic Review*, 104 (2).

191. Iyengar, S. S., M. R. Lepper, 2000, "When Choice is Demotivating: Can One Desire too Much of a Good Thing". *Journal of Personality and*

Social Psychology, 79（6）.

192. Jessoe, Katrina and David Rapson, 2012, Knowledge is（Less）Power: Experimental Evidence from Residential Energy Use. Working Paper 18344, National Bureau of Economic Research.

193. Jones, T. , 1998, Recent Developments in the Pricing of Water Services in OECD Countries, Paper Presented at the World Bank Sponsored Workshop on *Political Economy of Water Pricing Implementation*, Washington D. C. , November, 3 - 5.

194. Jordan, J. L. , 1999, Pricing to Encourage Conservation: Which Price? Which Rate Structure, *Water Resources Update*, Vol. 114.

195. Joskow, P. , 2000, Why do We Need Electricity Retailers? or Can You Get It Cheaper Wholesale?. Working Paper, Center for Energy and Environmental Policy Research, MIT.

196. Joskow, P. , Schmalensee, R. , 1986, Incentive Regulation for Electric Utilities. *Yale Journal on Regulation*.

197. Kamerschen, D. R. and D. V. Porter, 2004, The demand for residential, industrial and total electricity, 1973 - 1998. *Energy Economics*, 26（1）.

198. Katrina Jessoe et al. , 2011, *The Effect of a Mandatory Time - of - Use Pricing Reform on Residential Electricity Use.* Working Paper.

199. Klawitter, S. , 2004, A Methodical Approach to Multi Criteria Sustainability Assessment of Water Pricing in Urban Areas, in: K. Jacob, M. Binder and A. Wieozorek（eds.）*Governance for Industrial Transformation*, Proceeding of the 2003 Berlin Conference on the Human Dimension of Global Environmental Change.

200. Kos, N. , 2008a, Asking Questions. Working Paper, Northwestern University.

201. Kos, N. , 2008b, Communication and Efficiency in Auctions. Working Paper, Northwestern University.

202. Kushilevitz, E. , N. Nisan, 1997, *Communication Complexity.* Cambridge, UK: Cambridge University Press.

203. Laffont, J. , Martimont, D. , 2002, *The Theory of Incentives: The Principal - agent Model*[M]. Princeton: Princeton University Press, Appendix

3. 1 & 3. 3.

204. Laffont, J. J. , J. Tirole, 1986, Using Cost Observation to Regulate Firms. *Journal of Political Economy*.

205. Laffont, J. J. , J. Tirole, 1993, *A Theory of Incentives in Procurement and Regulation*, Cambridge, USA: MIT Press.

206. Laffont, J. , Maskin, E. , Rochet, J. , 1987, Optimal Nonlinear Pricing with Two – dimensional Characteristics. In: Groves, T. , Radner, R. , Reiter, S. (ed.) *Information, Incentives and Economic Mechanisms: Essays in Honor of Leonid Hurwicz*. Minneapolis: University of Minnesota Press.

207. Laffont, J. , Tirole, J. , 1993, *A Theory of Incentives in Procurement and Regulation*. Cambridge, USA: MIT Press, Ch. 2 & 6.

208. Laffont, J. – J. , Jean Tirole, 1994, *A Theory of Procurement and Regulation*. MIT Press.

209. Leland, H. , Meyer, R. , 1976, Monopoly Pricing Structures with Imperfect Discrimination. *Bell Journal of Economics*, 7.

210. Liebman, Jeffrey, 1998, The Impact of the Earned Income Tax Credit on Incentives and Income Distribution. *Tax Policy and the Economy*: 83 – 119.

211. Liebman, J. B. , Zeckhauser, R. J. , 2004, Schmeduling. Harvard University Working Paper.

212. Littlechild, S. C. , 2000, Why We Need Electricity Retailers: A Reply to Joskow on Wholesale Spot Price Pass – Through, Working Paper, The Judge Institute of Management Studies, University of Cambridge.

213. Madarasz, K. , A. Prat, 2010, Approximate Nonlinear Pricing. Working Paper, London School of Economics.

214. Maddock, R. and E. Castato, 1991, The Welfare Impact of Rising Block Pricing: Electricity in Colombia. *The Energy Journal*, 12 (4) .

215. Marcus, W. B. and G. Ruszovan, 2007, Know Your Customers: A Review of Load Research Data and Economic, Demographic and Appliance Saturation Characteristics of California Utility Residential Customers, Prepared on Behalf of The Utility Reform Network for California Public Utilities Commission App. 06 – 03 – 005 Dynamic Pricing Phase, December, 11.

216. Martinez – Espineira, R. , 2002, Residential Water Demand in the Northwest of Spain. *Environmental and Resource Economics*, 21 (2) .

217. Martinez – Espineira, R. , 2003, Estimating Water Demand under Increasing Block Tariffs Using Aggregate Data and Proportions of Users per Block. *Environmental and Resource Economics* 26 (1) .

219. Maskin, E. , J. Riley, 1984, "Monopoly with Incomplete Information" . *Rand Journal of Economics*, 15 (2) .

220. Maskin, E. , Sjostrom, T. , 2002, Implementation Theory. In: Arrow, K. , Sen, A. , Suzumura, K. (eds.) *Handbook of Social Choice and Welfare* (Vol. 1) . Amsterdam: Elsevier Science.

221. Maskin, E. , 1999, Nash Equilibrium and Welfare Optimality. *Review of Economic Studies*, 66.

222. Mayston, D. , 1975, Optimal Licensing in Public Sector Tariff Structures. Mimeo.

223. McAfee, R. P. , 2002, Coarse Matching. *Econometrica*, 70 (5) .

224. McFadden, D. , C. Puig and D. Kirshner, 1977, Determinants of the Long – Run Demand for Electricity, in American Statistical Association. *Proceedings of the Business and Economic Statistics Section* (*Part* 2) .

225. Meran, G. and C. Von Hirschhausen, 2009, Increasing Block Tariffs in the Water Sector: A Semi – Welfarist Approach, DIW Berlin Discussion Paper No. 902 in German Institute for Economic Research.

226. Michelsen, A. M. , R. Taylor, R. Huffaker and T. McGuckin, 1999, Emerging Agricultural Water Conservation Price Incentives. *Journal of Agricultural and Resource Economics*, 24 (1) .

227. Milgrom, P. , 2008, Simplified Mechanisms with an Application to Sponsored – Search Auctions. *Games and Economic Behavior*, 70 (1) .

227. Miravete, E. J. , 2007, The Limited Gains from Complex Tariffs. Working Paper, University of Pennsylvania.

227. Mirrlees, J. , 1971, An Exploration in the Theory of Optimal Income Taxation. *Review of Economic Studies*, 38.

229. Mirrlees, J. , 1976, Optimal Tax Theory: A Synthesis. *Journal of Public Economics*, 6.

230. Miyawaki, K., Omori, Y., Hibiki, A., 2014, Exact Estimation of Demand Functions under Block – Rate Pricing [J]. *Econometric Reviews* (1).

231. Miyawaki, K., Omori, Y., Hibiki, A., 2014, A Discrete/Continuous Choice Model on the Nonconvex Budget Set. CIRJE, Faculty of Economics, University of Tokyo.

232. Miyawaki, K., Y. Omori and A. Hibiki, 2010, Bayesian Estimation of Demand Functions under Block – Rate Pricing, CIRJE Discussion Papers, Jan..

232. Moffitt, R., 1986, The Econometrics of Piecewise – Linear Budget Constraint: A Survey and Exposition of Maximum Likelihood Method. *Journal of Business and Economics Statistics*, 4 (3).

234. Moffitt, R., 1990, The Econometrics of Kinked Budget Constraint. *Journal of Economics Perspectives*, 4 (2).

235. Moncur, J., 1987, Urban Water Pricing and Drought Management. *Water Resources Research*, 23 (3).

236. Monteiro, H., 2010, Residential Water Demand in Portugal: Checkingfor Efficiency – based Justifications for Increasing Block Tariffs. *Working Paper*, ISCTE, UNIDE, Economic Research Centre.

237. Monteiro, H., 2005, Water Pricing Models: A Survey, Working Paper 2005/45, DINAMIA, Centro de Estudos sobre a Mudanca Socioeconomica, Lisbon, Portugal.

238. Montginoul, M., 2007, Analysing the Diversity of Water Pricing Structures: The Case of France. *Water Resources Management*, 21, 5.

239. Mount, K., S. Reiter, 1974, The Information Size of Message Spaces. *Journal of Economic Theory*, 28.

240. Murphy, M. M., 1977, Price Discrimination, Market Separation and the Multi – Part Tariff, *Economic Inquiry*, 15 (4).

241. Musgrave, R. A. and P. B. Musgrave, 1989, *Public Finance in Theory and Practice*, 5th edition. McGraw – Hill, New York.

242. Mussa, M., S. Rosen, 1978, Monopoly and Product Quality. *Journal of Economic Theory*, 18 (2).

243. Myles, G., 1995, *Public Economics*. Cambridge, UK: CambridgeUniversity Press.

244. Nataraj, S., 2008, Does Marginal Price Matter? A Regression Discontinuity Approach to Estimating Water Demand under Increasing Block Pricing, Working Paper in Department of Agricultural and Resource Economics, University of California, Berkeley.

245. Nauges, C. and A. Thomas, 2003, Long – Run Study of Residential Water Consumption. *Environmental and Resource Economics*, 26 (1).

246. Nauges, C., Thomas, 2000, A., Privately – Operated Water Utilities, Municipal Price Negotiation and Estimation of Residential Water Demand: the Case of France. *Land Economics*, 76 (1).

247. Ng, Y. K., M. Weisser, 1974, Optimal Pricing with a Budget Constraint – the Case of the Two – part Tariff. *Review of Economic Studies*, 41 (3).

248. Nieswiadomy, M. L. and D. J. Molina, 1988, Urban Water Demand Estimates under Increasing Block Rates, *Growth and Change* 19 (Winter).

249. Nieswiadomy, M. L. and D. J. Molina, 1989, Comparing Residential Water Demand Estimates under Decreasing and Increasing Block Rates Using Household Data. *Land Economics*, 65 (3).

250. Nisan, N., I. Segal, 2006, The Communication Requirements of Efficient Allocations and Supporting Prices. *Journal of Economic Theory*, 129 (1).

251. Nordin, J. A., 1976, A proposed modification of Taylor's demand analysis: Comment. *The Bell Journal of Economics*.

252. OECD, 1987, Pricing of Water Services, OECD, Paris.

253. OECD, 1989, Water Resources Management: Integrated Policies. OECD, Paris.

254. OECD, 1999, Industrial Water Pricing, OECD, Paris.

255. OECD, 2003, Water – Performance and Challenges in OECD Countries, *Environmental Performance Reviews*, OECD – Organization for Economic Cooperation and Development, Paris.

256. OECD, 2006, Water: The Experiences in OECD Countries, *Environmental Performance Reviews*, OECD – Organization for Economic Cooperation

and Development, Paris.

257. OECD, 2009, Managing Water for All: An OECD Perspective on Pricing and Financing. Organization for Economic Cooperation and Development.

258. Oi, W. , 1971, A Disneyland Dilemma: Two – part Tariffs for a Mickey Mouse Monopoly. *Quarterly Journal of Economics*.

259. Olmstead, S. M. , 2009, Reduced – form Versus Structural Models of Water Demand Under Nonlinear Prices. *Journal of Business & Economic Statistics*, 27 (1) .

260. Olmstead, S. M. , Hanemann, W. M. , Stavins, R. N. , 2007, Water Demand Under Alternative Price Structures. *Journal of Environmental Economics and Management*, 54 (2) .

261. Olmstead, S. M. , W. M. Hanemann and R. N. Stavins, 2003, Does Price Structure Matter? Household Water Demand under Increasing – Block and Uniform Prices, Working Paper, School of Forestry and Environmental Studies, YaleUniversity, New Haven.

262. Opaluch, J. J. , 1982, Urban Residential Demand for Water in the United States: Further Discussion. *Land Economics*, 58 (2) .

263. Opaluch, J. J. , 1984, A Test of Consumer Demand Response to Water Prices: Reply. *Land Economics*, 60 (4) .

264. Pashardes, P. and S. Hajisprou, 2002, Consumer Demand and Welfare under Increasing Block Pricing, Working Paper in Department of Economics, University of Cyprus.

265. Pashardes, P. , P. Koundouri and S. Hajisprou, 2001, Household Demand and Welfare Implications for Water Pricing in Cyprus, Working Papers in Department of Economics, University of Cyprous.

266. Pint, E. M. , 1999, Household Responses to Increased Water Rates During the California Drought. *Land Economics*, 75 (2) .

267. Poi, B. P. , 2012, Easy Demand – System Estimation with Quaids. *Stata Journal*, 12 (3) .

268. Poi, B. P. , 2002, Dairy Policy and Consumer Welfare. In *Three Essays in Applied Econometrics*, Chapter II, Doctoral thesis. Department of Economics, University of Michigan.

269. Porter, R. C. , 1996, The Economics of Water and Waste: A Case Study of Jakarta, Indonesia. Aldershot, U. K. : Avebury Publishing Co.

270. Puller, Steven L. , 2007, Pricing and Firm Conduct in California's Deregulated Electricity Market. *Review of Economics and Statistics*, 89 (1) .

271. Qi, F. , Zhang, L. Z. , Wei, B. , Que, G. H. , 2009, An Application of Ramsey Pricing in Solving the Cross – subsidies in Chinese Electricity Tariffs. IEEE. 442 – 447.

272. Ramsey, F. P. , 1927, A Contribution to the Theory of Taxation. *Economic Journal*, 37.

273. Rapson, D. , 2014, Durable Goods and Long – Run Electricity Demand: Evidence from Air Conditioner Purchase Behavior. *Journal of Environmental Economics and Management*, Vol. 68, No. 1.

274. Ray, R. , 1983, Measuring the Costs of Children: An Alternative Approach [J] . *Journal of Public Economics*, 22 (1) .

275. Rayo, L. , 2005, Monopolistic Signal Provision, B. *E. Journal in Theoretical Economics*, 13 (1) .

276. Reichelstain, S. , 1992, Constructing Incentive Schemes for Government Contracts: An Application of Agency Theory. *Accounting Review*, 67 (4) .

277. Reiss, P. C. and M. W. White, 2005, Household Electricity Demand, Revisited. *Review of Economic Studies*, Vol. 72, No. 3.

278. Reneses, J. , T. Gomez, J. Rivier, J. L. Angarita, 2011, Electricity Tariff Design for Transition Economies Application to the Libyan Power System. *Energy Economics*, 33 (1) .

279. Renwick, M. E. and S. O. Archibald, 1998, Demand Side Management Policies for Residential Water Use: Who Bears the Conservation Burden? *Land Economics*, 74 (3) .

280. Reynaud, A. , S. Renzetti, M. Villeneuve, 2005, Residential Water Demand with Endogenous Pricing: The Canadian Case. *Water Resources Research*, 41 (11) , W11409.

281. Rietveld, P. , J. Rouwendal and B. Zwart, 1997, Estimating Water Demand in Urban Indonesia: A Maximum Likelihood Approach to Block Rate Pricing Data, Amsterdam: Tinbergen Institute.

282. Rietveld, P., Rouwendal, J. and B. Zwart, 2000, Block Rate Pricing of Water in Indonesia: An Analysis of Welfare Effects. *Bulletin of Indonesian Economic Studies*, 36 (3).

283. Rochet, J. C., L. A., Stole, 2003, The Economics of Multidimensional Screening, In: Dewatripont, M., L. P. Hansen, S. J. Turnovsky (ed.), *Advances in Economics and Econometrics: Theory and Application*, Eighth World Congress, Cambridge: Cambridge University Press.

284. Rogers, P. et al., 1998, Water as Social and Economic Good: How to Put Principles into Practice, Global Water Partnership, TAC Background Paper.

285. Rogers, P., R. de Silva and R. Bhatia, 2002, Water is an Economic Good: How to Use Prices to Promote Equity, Efficiency and Sustainability, *Water Policy*, 4.

286. Rogerson, W. P., 2003, Simple Menus of Contracts in Cost – Based Procurement and Regulation. *American Economic Review*, 93 (3).

287. Roseta – Palma, C. and H. Monteiro, 2008, Pricing for Scarcity, Working Paper, DINAMIA – Centro de Estudos sobre a Mudanca Socioeconomica.

288. Ruijs, A., 2009, Welfare and Distribution Effects of Water Pricing Policies. *Environmental and Resource Economics*, 43 (2).

289. Saez, E., J. Slemrod and S. H. Giertz, 2012, The Elasticity of Taxable Income with Respect to Marginal Tax Rates: A Critical Review. *Journal of Economic Literature*, 50 (1).

290. Saez, Emmanuel, 2010, Do Taxpayers Bunch at Kink Points? . *American Economic Journal: Economic Policy*, 2 (3).

291. Schefter, J. E. and E. L. David, 1985, Estimating Residential Water Demand under Multi – Part Tariffs Using Aggregate Data. *Land Economics*, 61, 3 (Aug.).

292. Schmalensee, R., 1981, Monopolistic Two – part Pricing Arrangements [J] . *Bell Journal of Economics*, 12.

293. Scott, F. A. Jr., 1981, Estimating Recipient Benefits and Waste from Lifeline Electricity Rates, *Land Economics*, 57 (4).

294. Segal, I. , 2001, Communication Complexity and Coordination by Authority. *Advances in Theoretical Economics*, 4.

295. Segal, I. , 2007, The Communication Requirements of Social Choice Rules and Supporting Budget Sets. *Journal of Economic Theory*, 136 (1).

296. Seim, K. , V. B. , Viard, 2003, The Effect of Entry and Market Structure on Cellular Market Tactics. Working Paper, Stanford University Graduate School of Business.

297. Seung – Hoon Yoo, Joo Suk Lee, Seung – Jun Kwak, 2007, Estimation of residential electricity demand function Seoul by correction for sample selection bias. *Energy Policy*, 35.

298. Sharkey, W. , Sibley, D. , 1993, Optimal Nonlinear Pricing with Regulatory Preference over Customer Type. *Journal of Public Economics*, 50 (2).

299. Shi, G. , X. Zheng and F. Song, 2012, "Estimating Elasticity for Residential Electricity Demand in China". *The Scientific World Journal*, Volume 2012, Article ID 395629.

300. Shin, J. S. , 1985, Perception of Price When Information is Costly: Evidence from Residential Electricity Demand. *Review of Economics and Statistics*, 67.

301. Sibly, H. , 2006a, Efficient Urban Water Pricing. *Australian Economic Review*, 39 (2).

302. Sibly, H. , 2006b, Urban Water Pricing. *Agenda* 13 (1).

303. Silk, J. I. and F. L. Joutz, Short and Long – run Elasticities in US Residential Electricity Demand: A Co – integration Approach. *Energy Economics*, 1997, 19 (4).

304. Spulber, D. , 1990, *Optimal Nonlinear Pricing and Contingent Contracts*, Mimeo, Northwestern University.

305. Spulber, D. , 1992, "Optimal Nonlinear Pricing and Contingent Contracts", *International Economic Review*, 33 (4).

306. Srinagesh, P. , 1985, Nonlinear Prices with Heterogeneous Consumers and Uncertain Demand. *Indian Economic Review*, 20.

307. Stein, E. M. , R. Shakarchi, 2003, *Fourier Analysis: An Introduction.* Princeton, New Jersey: Princeton University Press.

308. Stevens, T. H. , J. Miller and C. Willis, 1992, Effect of Price Structure on Residential Water Demand. *Water Resources Bulletin,* 28 (4).

309. Stoft, S. , 2002, *Power System Economics.* IEEE Press.

310. Stole, L. A. , 1995, "Nonlinear Pricing and Oligopoly". *Journal of Economics and Management Strategy,* 4.

311. Stole, L. A. , 2005, Price Discrimination in Competitive Environments, In: Armstrong, M. , R. H. Porter (eds.) *Handbook of Industrial Organization* (Vol. 3), North – Holland.

312. Sueyoshi, T. , 1999, Tariff Structure of Japanese Electric Power Companies: An Empirical Analysis Using DEA. *European Journal of Operational Research,* 118 (2).

313. Sundararajan, A. , 2004, Nonlinear Pricing of Information Goods. *Management Science,* 50 (12).

314. Szabo, A. , 2014, The Value of Free Water: Analyzing South Africa's Free Basic Water policy. Mimeo, University of Minnesota.

315. Taylor, L. D. , 1975, *The Demand for Electricity: A Survey. The Bell Journal of Economics.*

316. Taylor, T. , Schwarz, P. M. , Cochell, J. , 2005, 24/7 hourly responses to electricity prices: Pricing with up to eight summers' experience. *Journal of Regulatory Economics,* 27 (3).

317. Terza, J. V. and W. P. Welch, 1982, Estimating Demand under Block Rates: Electricity and Water. *Land Economics,* 58, 2 (May).

318. Thomas, J. F. and G. J. Syme, 1988, Estimating Residential Price Elasticity of Demand for Water: A Contingent Valuation Approach. *Water Resources Research,* 24 (11).

319. Tirole, J. , 1988, *Theory of Industrial Organization.* Cambridge, USA: MIT Press.

320. United Nations, 1993, Agenda 21: The UN Program of Action from Rio, UN, New York.

321. Vaage, K. , 2000, Heating Technology and Energy Use: A Discrete/Con-

tinuous Choice Approach to Norwegian Household Energy Demand. *Energy Economics*, 22 (6).

322. Vu, L., Glewwe, P., 2011, Impacts of Rising Food Prices on Poverty and Welfare in Vietnam. *Journal of Agricultural and Resource Economics*, 36 (1).

323. Waldman, D. M., 2000, A Discrete/Continuous Choice Approach to Residential Water Demand Under Block Rate Pricing: Comment. *Land Economics*, 76.

324. Waldman, D. M., 2005, Erratum, A Discrete/Continuous Choice Approach to Residential Water Demand Under Block Rate Pricing: Comment. *Land Economics*, 81 (2).

325. Ward, F. A. and M. Pulido – Velazquez, 2008, Efficiency, Equity and Sustainability in a Water Quantity – quality Optimization Model in the Rio Grande Basin. *Ecological Economics*, 66.

326. Werning, I., 2007, Pareto Efficient Income Taxation. Working Paper, April.

327. Whittington, D., 1992, Possible Adverse Effects of Increasing Block Water Tariffs in Developing Countries. *Economic Development and Cultural Change*, 41 (1).

328. Whittington, D., 2003, Municipal Water Pricing and Tariff Design: A Reform Agenda for South Asia. *Water Policy*, 5.

329. Whittington, D. and M. Hoffman, 2008, An Empirical Survey of Residential Water Demand Modeling. *Journal of Economic Surveys*, 22 (5).

330. Whittington, D., 1992, Possible Adverse Effects of Increasing Block Water Tariffs in Developing Countries. *Economic Development and Cultural Change*, 41 (1).

331. Williams, S. R., 1986, Realization and Nash Implementation: Two Aspects of Mechanism Design". *Econometrica*, 54 (1).

332. Willig, R. D., 1978, Pareto Superior Non – Linear Outlay Schedules. *Bell Journal of Economics* 9, 56 – 59.

333. Wilson, R., 1997, *Nonlinear Pricing*. Oxford University Press, New York.

334. Wilson, R., 1989, Efficient and Competitive Rationing. *Econometrica*, 57 (1).

335. Wilson, R., 1996, Nonlinearpricing and Mechanismdesign. *Handbook of Computational Economics*, 1.

336. Wolak, F. A., 2011, Do Residential Customers Respond to Hourly Prices? Evidence from a Dynamic Pricing Experiment. *The American Economic Review*, 101 (3).

337. World Health Organization, 1997, Health and Environment in Sustainable Development: Five Years after the Earth Summit, Geneva, 53.

338. Worthington, A. C., Hoffman, M., 2008, An empirical survey of residential water demand modelling. *Journal of Economic Surveys*, 22 (5).

339. Yao, A., 1979, Some Complexity Questions Related to Distributive Computing (Preliminary Report), In: *Proceeding of the 11th Annual ACM Symposium on Theory of Computing*, ACM.

340. Yaron, D., 1991, Quotas and Pricing Policy in Agriculture, *Economic Quarterly*, 150.

341. Yepes, G., 1998, Do Cross – Subsidies Help the Poor Benefit from Water and Wastewater Services? World Bank TWU Infrastructure, Washington D. C..

342. You, Jung S. et al., 2013, *Welfare Effects of Nonlinear Electricity Pricing*. Working paper.

343. Young, C. E., K. R. Kingsley and W. E. Sharpe, 1983, Impact on Residential Water Consumption of an Increasing Rate Structure. *Water Resources Bulletin*, 19 (1).

344. Young, R. A., 1996, Measuring Economic Benefits for Water Investments and Policies, World Bank, World Bank Technical Paper No. 338, Washington D. C., USA.

345. Zusman, P., 1997, Informational Imperfections in Water Resource Systems and the Political Economy of Water Supply and Pricing in Israel, in: Parker, D. D. and Y. Tsur (eds.) *Decentralization and Coordination of Water Resource Management*, Kluwer.